합격의 행복 ITQ **한글** NEO(2016) 자료 다운로드 방법

렉스미디어 자료 다운로드 받기

1. 렉스미디어 홈페이지(www.rexmedia.net)에 접속한 후 **[자료실]-[대용량 자료실]**을 클릭합니다. 그런 다음 렉스미디어 자료실 페이지가 나타나면 **[수험서 관련]-[합격의 행복]** 폴더를 클릭합니다.

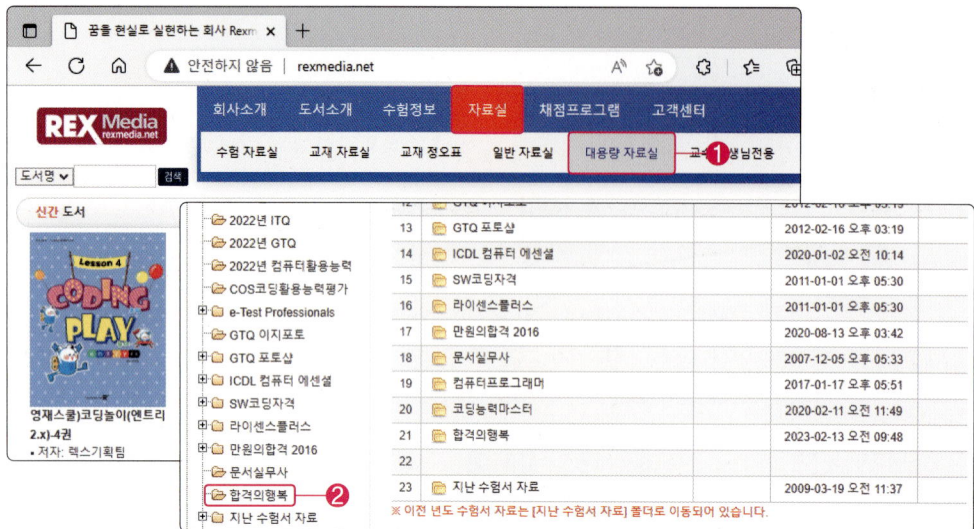

2. 합격의행복 페이지가 나타나면 **[(합격의행복) ITQ 한글NEO(2016).zip]을 클릭**합니다.

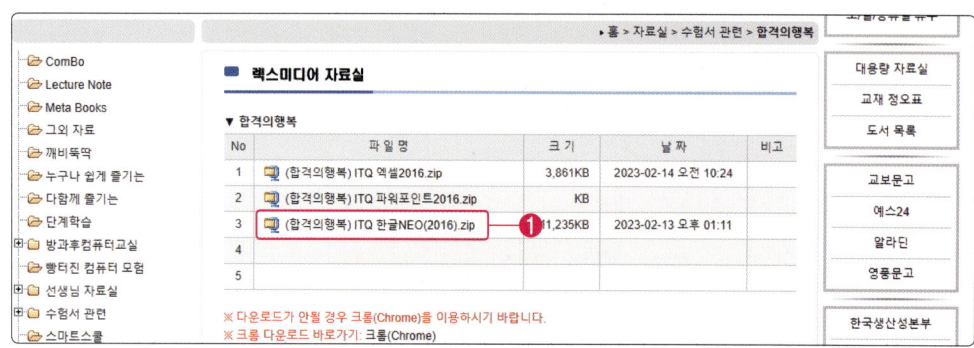

3. 파일 다운로드가 완료되면 **[폴더에 표시]**를 클릭합니다.

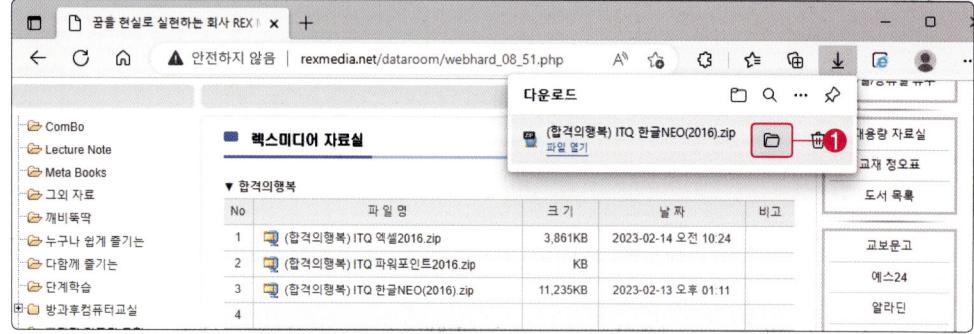

4. 파일 탐색기가 실행되면 파일을 압축 해제한 후 (합격의행복) ITQ 한글NEO(2016) 자료를 확인합니다.

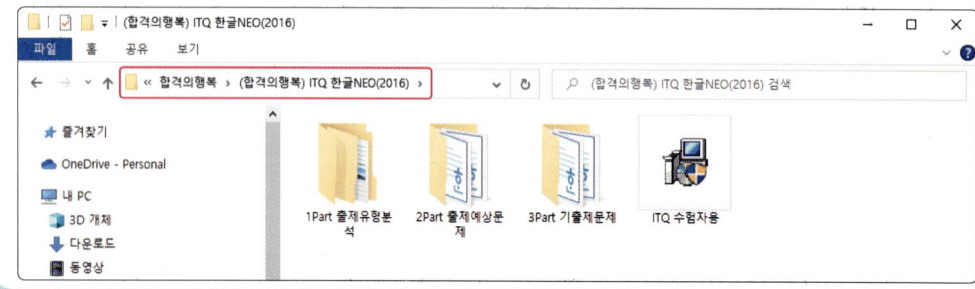

채점프로그램 다운로드 방법

1. 렉스미디어 홈페이지(www.rexmedia.net)에 접속한 후 [채점프로그램]-[ITQ]를 클릭합니다. 그런 다음 ITQ 채점프로그램 페이지가 나타나면 [(합격의행복) ITQ 한글2016 [ver x.x.x]]를 클릭합니다.

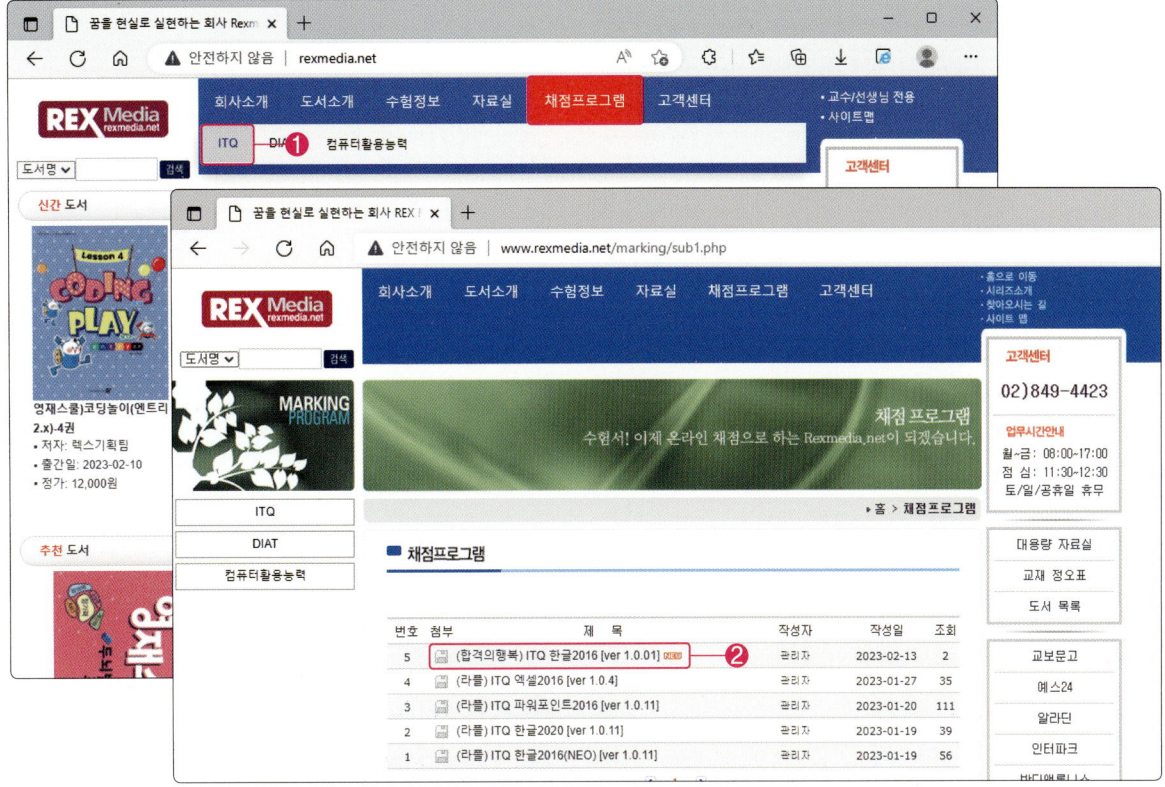

※ 채점 프로그램은 주기적으로 업데이트가 진행됩니다.

2. 채점프로그램 다운로드 및 설치를 완료한 후 채점을 진행합니다.

이 책의 차례

PART 01 출제유형 분석

Chapter 1 • 수험자 유의사항 및 답안 작성요령 …………………………………… 6
Chapter 2 • 기능평가 – Ⅰ 스타일 ……………………………………………………… 12
Chapter 3 • 기능평가 – Ⅰ 표 …………………………………………………………… 16
Chapter 4 • 기능평가 – Ⅰ 차트 ………………………………………………………… 22
Chapter 5 • 기능평가 – Ⅱ 수식 ………………………………………………………… 28
Chapter 6 • 기능평가 – Ⅱ 개체 ………………………………………………………… 32
Chapter 7 • 문서작성 능력평가 – 1 …………………………………………………… 42
Chapter 8 • 문서작성 능력평가 – 2 …………………………………………………… 50

PART 02 출제예상문제

제01회 출제예상문제 ………………… 62
제02회 출제예상문제 ………………… 66
제03회 출제예상문제 ………………… 70
제04회 출제예상문제 ………………… 74
제05회 출제예상문제 ………………… 78
제06회 출제예상문제 ………………… 82
제07회 출제예상문제 ………………… 86
제08회 출제예상문제 ………………… 90
제09회 출제예상문제 ………………… 94
제10회 출제예상문제 ………………… 98
제11회 출제예상문제 ………………… 102
제12회 출제예상문제 ………………… 106
제13회 출제예상문제 ………………… 110
제14회 출제예상문제 ………………… 114
제15회 출제예상문제 ………………… 118
제16회 출제예상문제 ………………… 122
제17회 출제예상문제 ………………… 126
제18회 출제예상문제 ………………… 130

PART 03 기출제문제

제01회 기출제문제(2023년 2월 A형) …… 136
제02회 기출제문제(2023년 2월 B형) …… 140
제03회 기출제문제(2023년 2월 C형) …… 144
제04회 기출제문제(2023년 1월 A형) …… 148
제05회 기출제문제(2023년 1월 B형) …… 152
제06회 기출제문제(2023년 1월 C형) …… 156
제07회 기출제문제(2022년 12월 A형) … 160
제08회 기출제문제(2022년 12월 B형) … 164
제09회 기출제문제(2022년 12월 C형) … 168
제10회 기출제문제(2022년 11월 A형) … 172
제11회 기출제문제(2022년 11월 B형) … 176
제12회 기출제문제(2022년 11월 C형) … 180
제13회 기출제문제(2022년 10월 A형) … 184
제14회 기출제문제(2022년 10월 C형) … 188
제15회 기출제문제(2022년 9월 A형) … 192
제16회 기출제문제(2022년 9월 B형) … 196
제17회 기출제문제(2022년 9월 C형) … 200
제18회 기출제문제(2022년 8월 A형) …… 204

PART 01
출제유형 분석

Chapter 1 수험자 유의사항 및 답안 작성요령

Chapter 2 기능평가 - Ⅰ 스타일

Chapter 3 기능평가 - Ⅰ 표

Chapter 4 기능평가 - Ⅰ 차트

Chapter 5 기능평가 - Ⅱ 수식

Chapter 6 기능평가 - Ⅱ 개체

Chapter 7 문서작성 능력평가 - 1

Chapter 8 문서작성 능력평가 - 2

Chapter 01 수험자 유의사항 및 답안 작성요령

ITQ 한글 시험에서는 한글을 실행한 후 수험자 유의사항과 답안 작성요령에 따라 답안 작성을 준비한 다음 답안을 작성하며 답안은 KOAS 수험자용 프로그램을 사용하여 감독위원 PC로 전송합니다. 따라서 KOAS 수험자용 프로그램을 사용하는 방법과 수험자 유의사항과 답안 작성요령에 따라 답안 작성을 준비하는 방법 등에 대해 알고 있어야 합니다.

수험자 유의사항

- 수험자는 문제지를 받는 즉시 문제지와 **수험표상의 시험과목(프로그램)이 동일한지 반드시 확인**하여야 합니다.
- 파일명은 본인의 "수험번호-성명"으로 입력하여 답안폴더(내 PC\문서\ITQ)에 하나의 파일로 저장해야 하며, 답안문서 파일명이 "수험번호-성명"과 일치하지 않거나, 답안파일을 전송하지 않아 미제출로 처리될 경우 실격 처리합니다(예:12345678-홍길동.hwp).
- 답안 작성을 마치면 파일을 저장하고, '답안 전송' 버튼을 선택하여 감독위원 PC로 답안을 전송하십시오. 수험생 정보와 저장한 파일명이 다를 경우 전송되지 않으므로 주의하시기 바랍니다.
- 답안 작성 중에도 **주기적으로 저장하고, '답안 전송'**하여야 문제 발생을 줄일 수 있습니다. 작업한 내용을 저장하지 않고 전송할 경우 이전에 저장된 내용이 전송되오니 이점 유의하시기 바랍니다.
- 답안문서는 지정된 경로 외의 다른 보조기억장치에 저장하는 경우, 지정된 시험 시간 외에 작성된 파일을 활용할 경우, 기타 통신수단(이메일, 메신저, 네트워크 등)을 이용하여 타인에게 전달 또는 외부 반출하는 경우는 부정 처리합니다.
- 시험 중 부주의 또는 고의로 시스템을 파손한 경우는 수험자가 변상해야 하며, 〈수험자 유의사항〉에 기재된 방법대로 이행하지 않아 생기는 불이익은 수험생 당사자의 책임임을 알려 드립니다.
- 문제의 조건은 한컴오피스 2020 버전으로 설정되어 있으며 한컴오피스 NEO는 【 】에 표기되어 있습니다. 이와 관련하여 작성한 답안의 출력형태가 문제지와 다를 수 있습니다.
- 시험을 완료한 수험자는 답안파일이 전송되었는지 확인한 후 감독위원의 지시에 따라 문제지를 제출하고 퇴실합니다.

답안 작성요령

- 온라인 답안 작성 절차
  수험자 등록 ⇒ 시험 시작 ⇒ 답안파일 저장 ⇒ 답안 전송 ⇒ 시험 종료
- 공통 부문
  - 글꼴에 대한 기본설정은 함초롬바탕, 10포인트, 검정, 줄간격 160%, 양쪽정렬로 합니다.
  - 색상은 조건의 색을 적용하고 색의 구분이 안될 경우에는 RGB 값을 적용합니다
    (빨강 255,0,0 / 파랑 0,0,255 / 노랑 255,255,0).
  - 각 문항에 주어진 ≪조건≫에 따라 작성하고 언급하지 않은 조건은 ≪출력형태≫와 같이 작성합니다.
  - 용지여백은 왼쪽·오른쪽 11mm, 위쪽·아래쪽·머리말·꼬리말 10mm, 제본 0mm로 합니다.
  - 그림 삽입 문제의 경우 「내 PC\문서\ITQ\Picture」 폴더에서 지정된 파일을 선택하여 삽입하십시오.
  - 삽입한 그림은 반드시 문서에 포함하여 저장해야 합니다(미포함 시 감점 처리).
  - 각 항목은 지정된 페이지에 출력형태와 같이 정확히 작성하시기 바라며, 그렇지 않을 경우에 해당 항목은 0점 처리됩니다.
    ※ 페이지구분 : 1페이지 - 기능평가 Ⅰ (문제번호 표시 : 1. 2.),
    　　　　　　　 2페이지 - 기능평가 Ⅱ (문제번호 표시 : 3. 4.),
    　　　　　　　 3페이지 - 문서작성 능력평가
- 기능평가
  - 문제와 ≪조건≫은 입력하지 않으며 문제번호와 답(≪출력형태≫)만 작성합니다.
  - 4번 문제는 묶기를 했을 경우 0점 처리됩니다.
- 문서작성 능력평가
  - A4 용지(210mm×297mm) 1매 크기, 세로 서식 문서로 작성합니다.
  - ＿＿＿ 표시는 문서작성에 대한 지시사항이므로 작성하지 않습니다.

작업순서요약

① KOAS 수험자용 프로그램을 실행한 후 수험자 정보를 입력합니다.
② 한글 2016(NEO) 프로그램을 실행한 후 답안 작성을 준비합니다.
③ 답안을 저장하고 KOAS 수험자용 프로그램을 이용하여 답안을 전송합니다.

STEP 01

수험자 등록하기

 KOAS 수험자용.exe

01 KOAS 수험자용 프로그램을 실행하기 위해 바탕화면에서 KOAS 수험자용 아이콘을 더블클릭합니다.

02 [수험자 등록] 대화상자가 나타나면 수험자와 수험번호를 입력한 후 수험과목(아래한글)을 선택한 다음 [확인]을 클릭합니다.

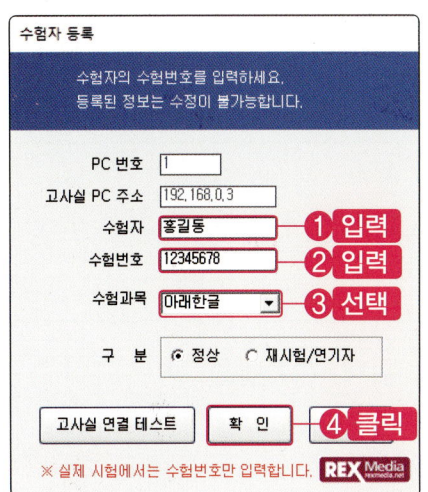

> 실제 시험에서는 수험번호(본인의 수험번호)만 입력합니다.

03 수험번호와 구분이 맞는지 묻는 대화상자가 나타나면 수험번호와 구분을 확인한 후 [예]를 클릭합니다.

04 [수험자 정보] 대화상자가 나타나면 수험번호, 성명, 수험과목, 좌석번호, 답안 폴더를 확인한 후 [확인]을 클릭합니다.

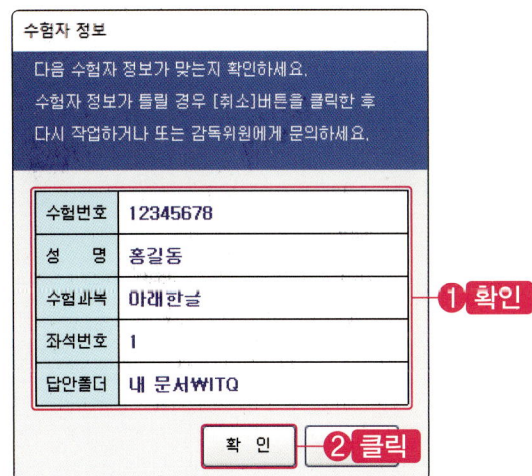

05 컴퓨터가 잠금 상태가 되면 [확인]을 클릭합니다.

- 시험에서는 감독위원이 시험을 시작할 때까지 대기합니다.
- 시험이 시작되면 바탕 화면 오른쪽 위에 KOAS 수험자용 프로그램이 나타납니다.

답안 작성 준비하기

01 한글을 실행하기 위해 [시작(⊞)]을 클릭한 후 앱 뷰에서 [한글(⬛)]을 클릭합니다.

02 한글 화면이 나타나면 [서식] 도구 상자에서 글꼴(함초롬바탕), 글자 크기(10), 글자 색(검정), 정렬 방식(양쪽 혼합(≣)), 줄 간격(160)을 확인합니다.

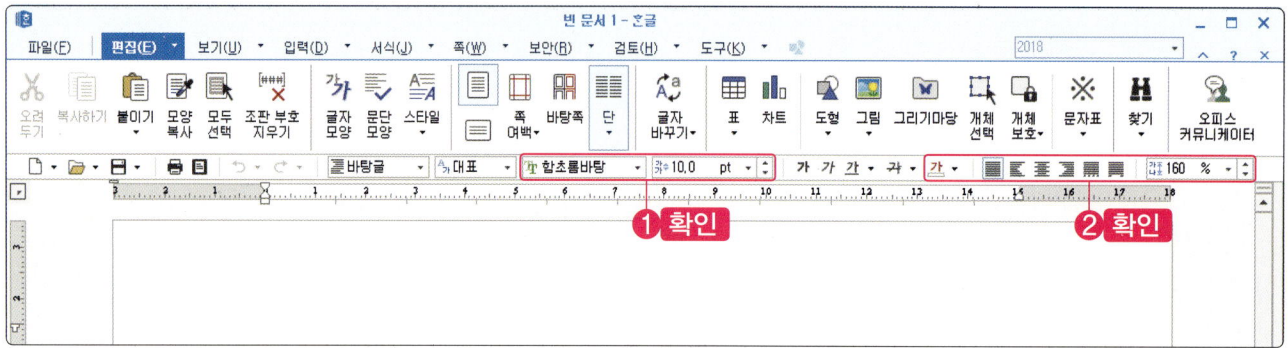

글자 색은 [서식] 도구 상자에서 [글자 색(가 ▼)]의 [목록(▼)] 단추를 클릭하면 확인할 수 있습니다.

03 편집 용지를 설정하기 위해 [쪽] 탭을 클릭한 후 [편집 용지]를 클릭합니다.

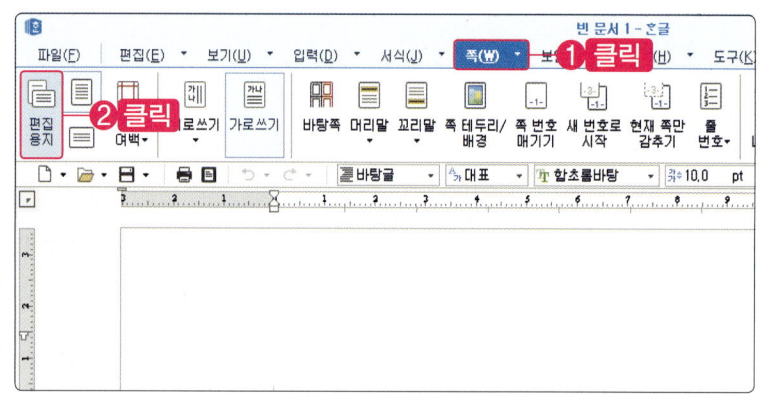

[쪽] 탭의 [목록(▼)] 단추를 클릭한 후 [편집 용지]를 클릭하거나 F7을 눌러 편집 용지를 설정할 수도 있습니다.

04 [편집 용지] 대화상자가 나타나면 [기본] 탭에서 용지 종류(A4(국배판) [210 × 297 mm]), 용지 방향(세로), 제본(한쪽)을 확인한 후 왼쪽/오른쪽 용지 여백(11), 위쪽/아래쪽/머리말/꼬리말 용지 여백(10), 제본 용지 여백(0)을 입력한 다음 [설정]을 클릭합니다.

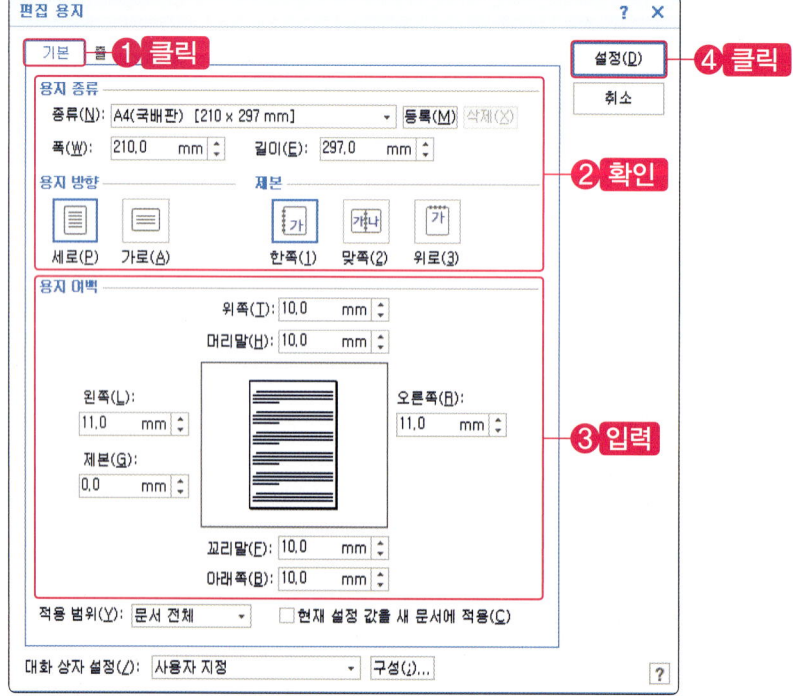

05 문제 번호 '1.'을 입력한 후 Enter를 5번 누른다음 '2.'를 입력하고 Enter를 4번 누릅니다.

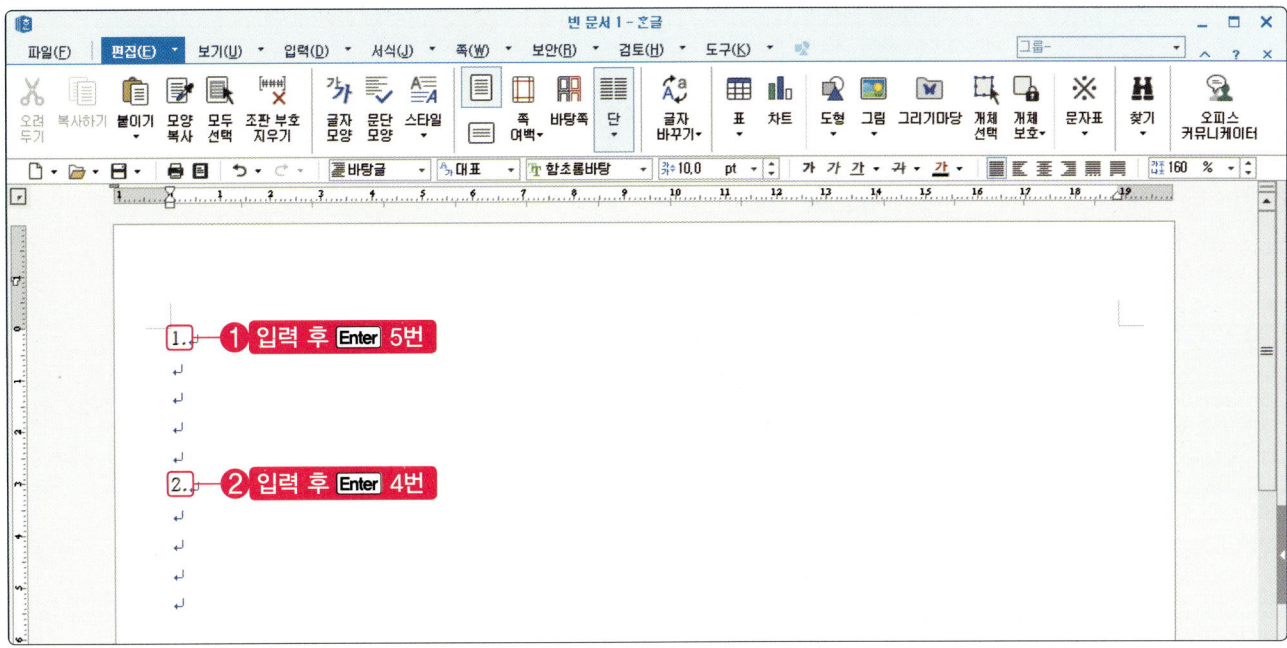

06 [쪽] 탭을 클릭한 후 [구역 나누기]를 클릭합니다.

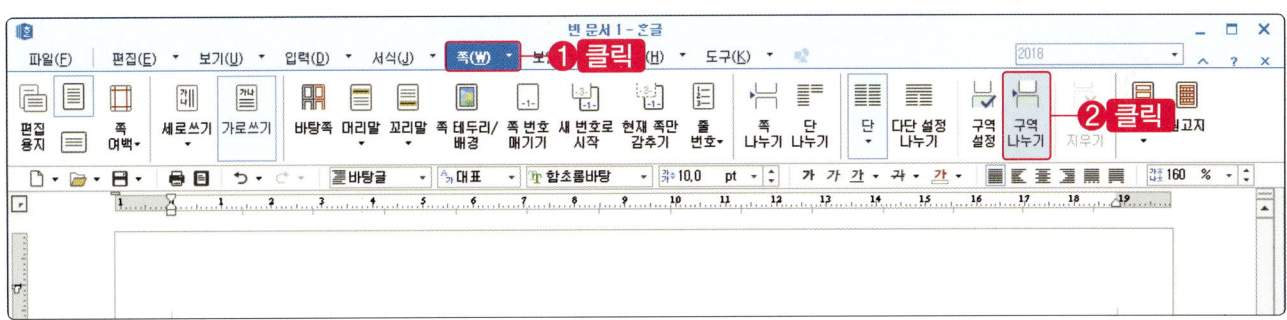

07 2페이지로 이동하면 문제 번호 '3.'을 입력한 후 Enter를 5번 누른다음 '4.'를 입력하고 Enter를 2번 누릅니다.

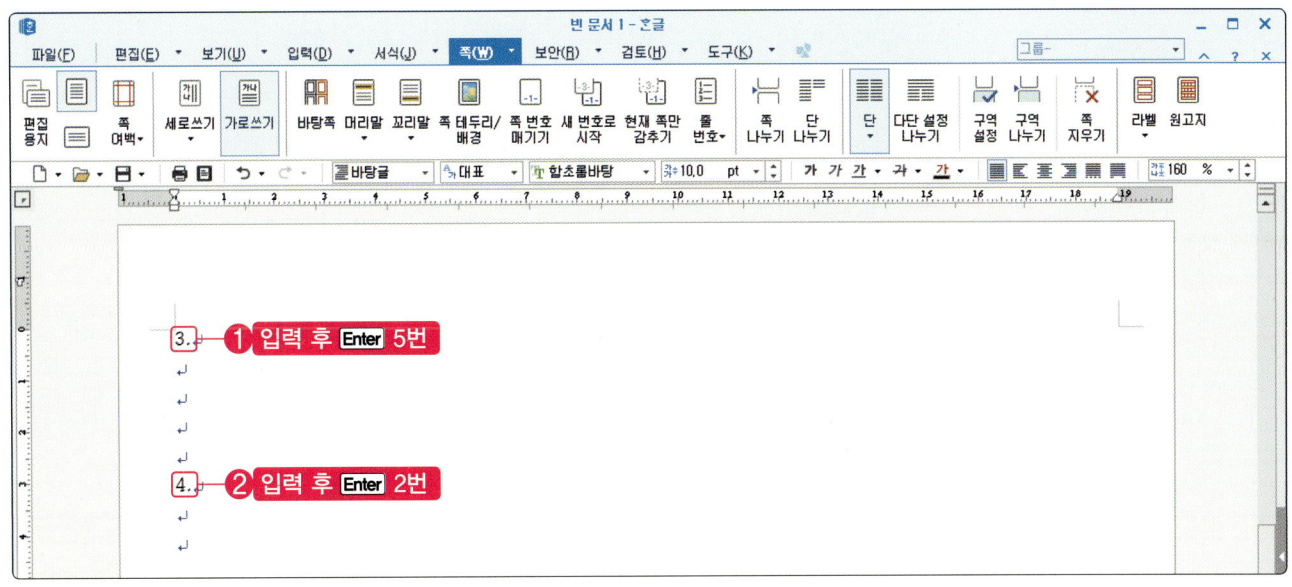

08 [쪽] 탭을 클릭한 후 [구역 나누기]를 클릭합니다. 문서가 3페이지의 구역으로 나누어집니다.

답안 저장하고 전송하기

01 답안을 저장하기 위해 [파일] 탭을 클릭한 후 [저장하기]를 클릭합니다.

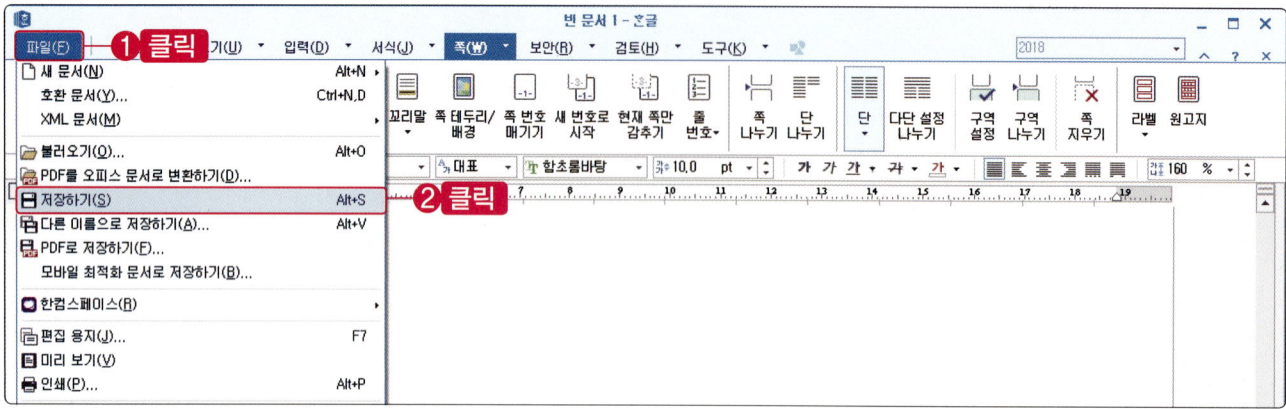

> [서식] 도구 상자에서 [저장하기(💾)]를 클릭하거나 Alt + S 를 눌러 답안을 저장할 수도 있습니다.

02 [다른 이름으로 저장하기] 대화상자가 나타나면 저장위치(내 PC₩문서₩ITQ)를 선택한 후 파일 이름(12345678-홍길동)을 입력한 다음 [저장]을 클릭합니다.

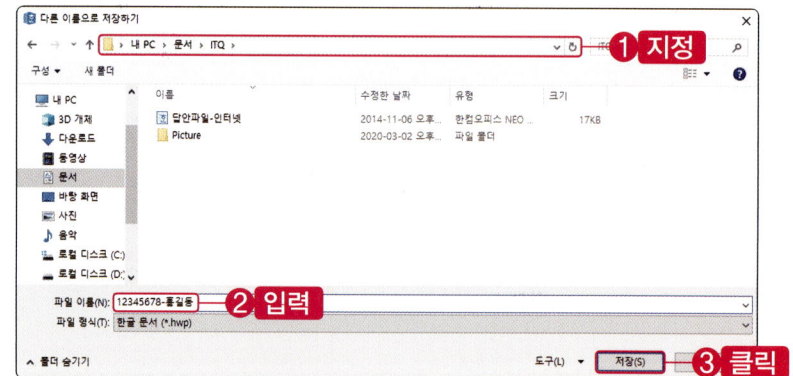

> 시험에서는 본인의 수험번호와 성명을 조합하여 '수험번호-성명' 형식의 파일 이름을 입력합니다.

03 다음과 같이 답안이 저장됩니다.

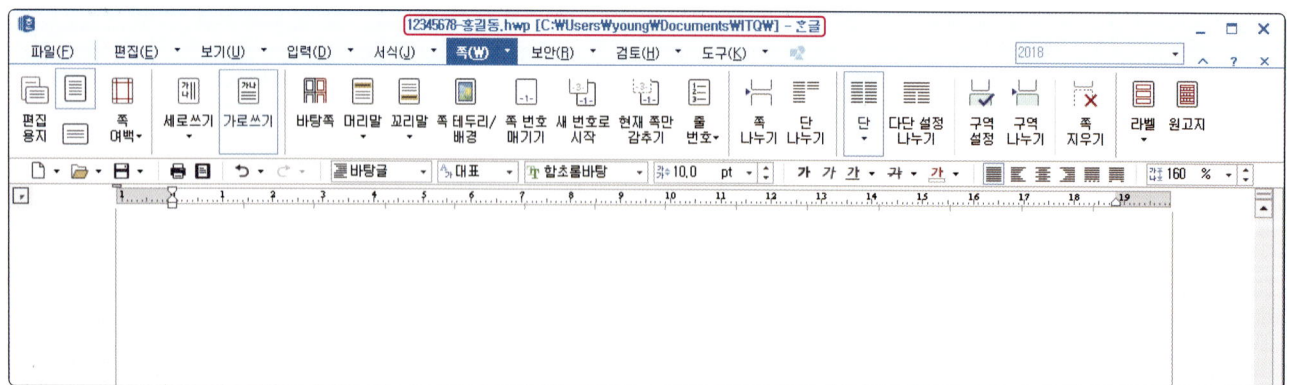

> 시험에서 위치나 파일 이름을 잘못 지정하여 답안을 저장한 경우에는 [파일] 탭에서 [다른 이름으로 저장하기]를 클릭해 답안을 다시 저장한 후 잘못 저장한 답안을 삭제합니다.

04 답안을 전송하기 위해 KOAS 수험자용 프로그램에서 [답안 전송]을 클릭합니다.

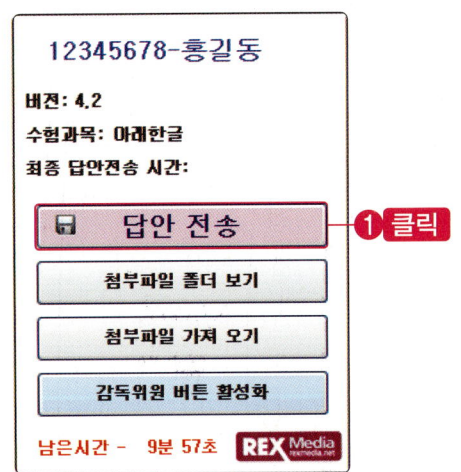

- 답안을 작성하는 도중에 주기적으로 [파일] 탭에서 [저장하기]를 클릭하거나 Alt+S를 눌러 답안을 저장한 후 감독위원 PC로 전송해 두면 오류가 발생한 경우, 전송된 답안을 불러와서 복구할 수 있습니다. 전송된 답안은 KOAS 수험자용 프로그램에서 [답안 가져오기] 단추를 클릭하여 불러오므로 오류가 발생한 경우, 감독위원에게 문의합니다.
- [첨부파일 폴더 보기] 단추를 클릭하면 답안을 작성할 때 사용할 그림이 있는지 확인할 수 있습니다.

05 지금 전송할 것인지 묻는 대화상자가 나타나면 [예]를 클릭합니다.

06 [답안전송] 대화상자가 나타나면 파일 목록(12345678-홍길동.hwp)과 존재(있음)를 확인한 후 [답안전송]을 클릭합니다.

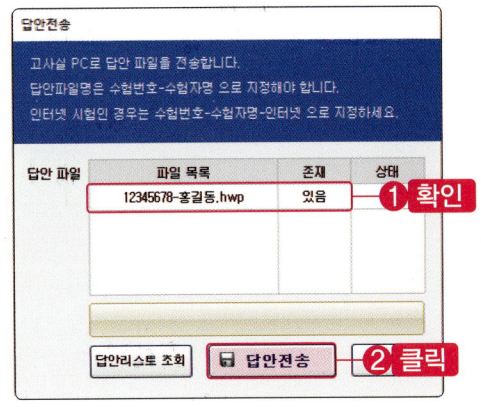

07 답안파일 전송을 성공하였다는 메시지가 나타나면 [확인]을 클릭합니다.

08 [답안전송] 대화상자가 다시 나타나면 [상태]에 '성공'이 표시되는지 확인한 후 [닫기]를 클릭합니다.

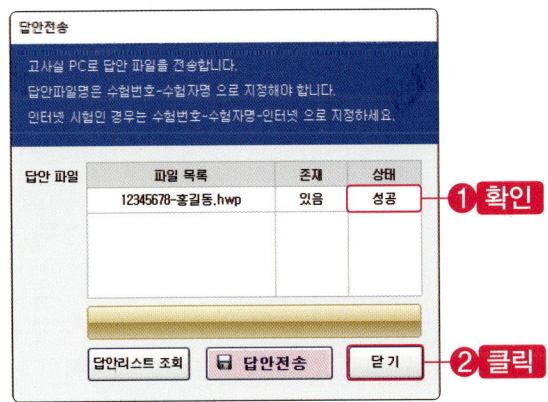

기능평가 Ⅰ - 스타일

'기능평가 Ⅰ'의 스타일에서는 새 스타일을 만들고 적용하는 방법에 대해 알고 있어야 합니다. 1페이지의 첫 번째 줄에 문제 번호를 입력한 후 작업하며 내용을 입력한 다음 새 스타일을 만들고 내용에 새 스타일을 적용하는 문제가 출제되고 있습니다.

문제

1. 다음의 《조건》에 따라 스타일 기능을 적용하여 《출력형태》와 같이 작성하시오. (50점)

《조건》 (1) 스타일 이름 - agriculture
　　　　 (2) 문단 모양 - 왼쪽 여백 : 15pt, 문단 아래 간격 : 10pt
　　　　 (3) 글자 모양 - 글꼴 : 한글(굴림)/영문(돋움), 크기 : 10pt, 장평 : 95%, 자간 : -5%

《출력형태》

The participation of urban residents in agricultural activities is spreading. Some of those activities are exemplified by growing vegetables or flowers in kitchen gardens or working on an educational farm.

도시지역에서 다양한 형태로 전개되는 농업은 신선하고 안전한 농산물을 공급하는 역할을 비롯하여, 체험이나 학습 기회를 제공하고 생물다양성을 유지하면서 이산화탄소를 저감하는 등의 역할이 높게 평가되고 있다.

작업순서요약

① 내용을 입력합니다.
② 새 스타일을 만들고 문단 모양과 글자 모양을 지정합니다.

STEP 01

내용 입력하기

01 1페이지로 이동한 후 다음과 같이 내용을 입력합니다.

> 1.
> The participation of urban residents in agricultural activities is spreading. Some of those activities are exemplified by growing vegetables or flowers in kitchen gardens or working on an educational farm.
> 도시지역에서 다양한 형태로 전개되는 농업은 신선하고 안전한 농산물을 공급하는 역할을 비롯하여, 체험이나 학습 기회를 제공하고 생물다양성을 유지하면서 이산화탄소를 저감하는 등의 역할이 높게 평가되고 있다.

- 답안을 작성하지 못한 경우에도 문제 번호는 입력합니다.
- 한글에서는 내용이 1줄을 넘어가면 자동으로 줄이 바꾸어지므로 문단을 바꾸기 전에는 Enter를 눌러 강제로 줄을 바꾸지 않습니다. 여기서는 'The participation ~ educational farm.'를 입력한 후 Enter를 눌러 줄을 바꾼 다음 '도시지역에서 ~ 평가되고 있다.'를 입력합니다.

STEP 02

새 스타일 만들고 적용하기

01 입력한 내용을 블록으로 설정한 후 [서식] 탭을 클릭한 다음 [스타일 추가하기]를 클릭합니다.

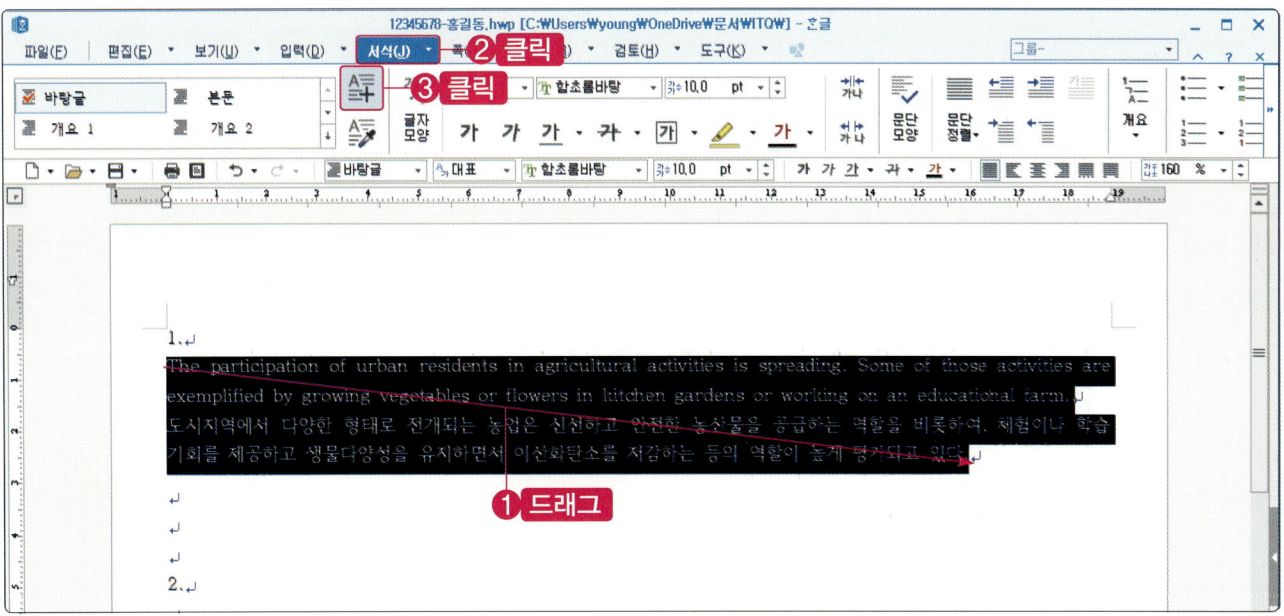

02 [스타일 추가하기] 대화상자가 나타나면 스타일 이름(agriculture)을 입력한 후 스타일 종류(문단)를 확인한 다음 [문단 모양]을 클릭합니다.

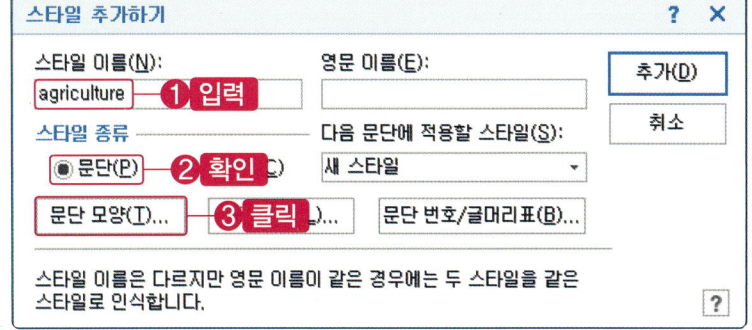

03 〔문단 모양〕 대화상자의 〔기본〕 탭이 나타나면 왼쪽 여백(15)과 문단 아래 간격(10)을 입력한 후 〔설정〕을 클릭합니다.

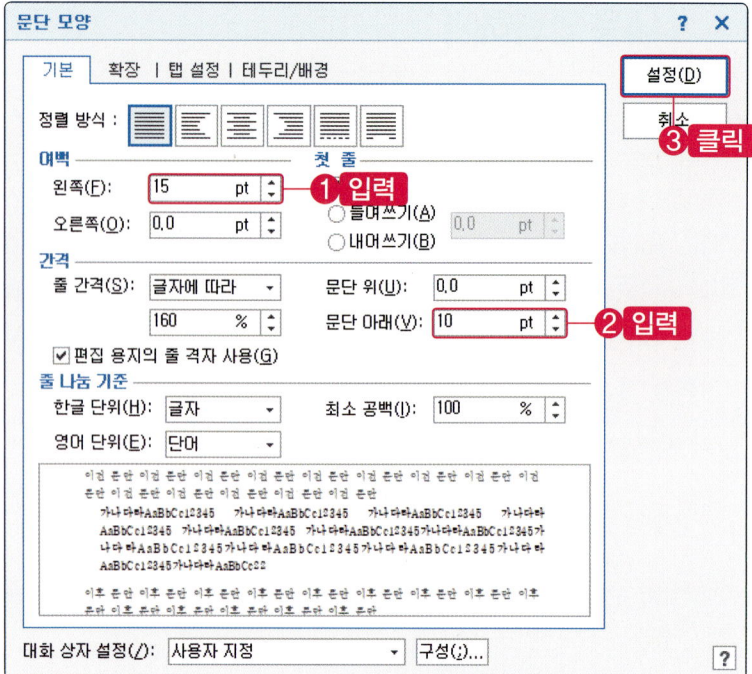

문단 위는 Enter를 누른 곳의 위쪽을 말하고, 문단 아래는 Enter를 누른 곳의 아래쪽을 말합니다.

04 〔스타일 추가하기〕 대화상자가 다시 나타나면 〔글자 모양〕을 클릭합니다.

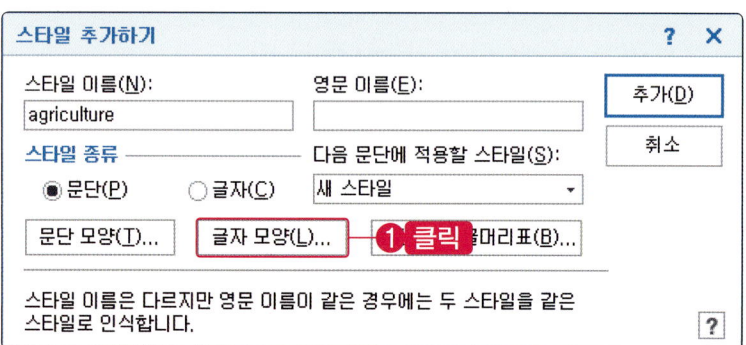

05 〔글자 모양〕 대화상자의 〔기본〕 탭이 나타나면 장평(95)을 입력한 후 자간(-5)을 입력합니다.

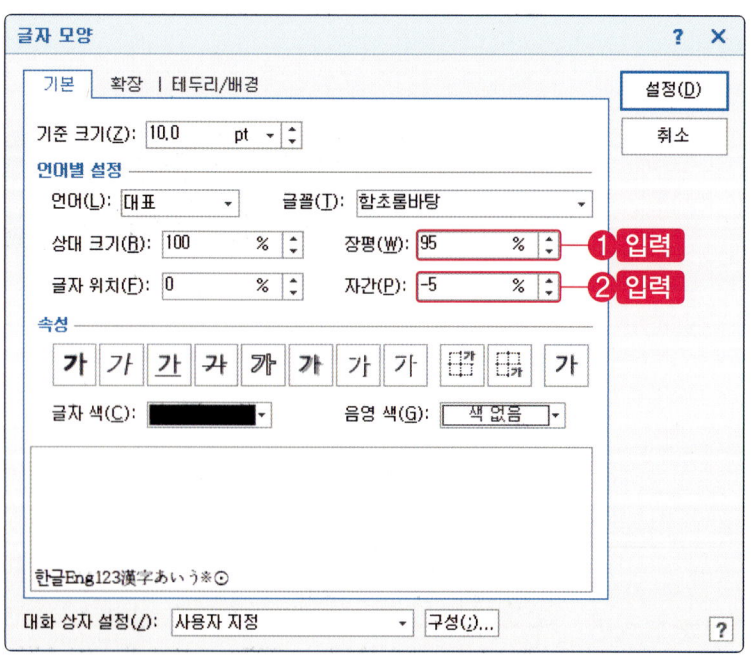

장평은 글자의 세로에 대한 가로의 비율이고, 자간은 글자와 글자 사이의 간격입니다. 장평이 100%보다 작으면 글자의 가로 폭이 세로 폭보다 좁아지고, 100%보다 크면 글자의 가로 폭이 세로 폭보다 넓어집니다.

06 언어(한글)와 글꼴(굴림)을 선택합니다. 그런다음 언어(영문)와 글꼴(돋움)을 선택한 후 [설정]을 클릭합니다.

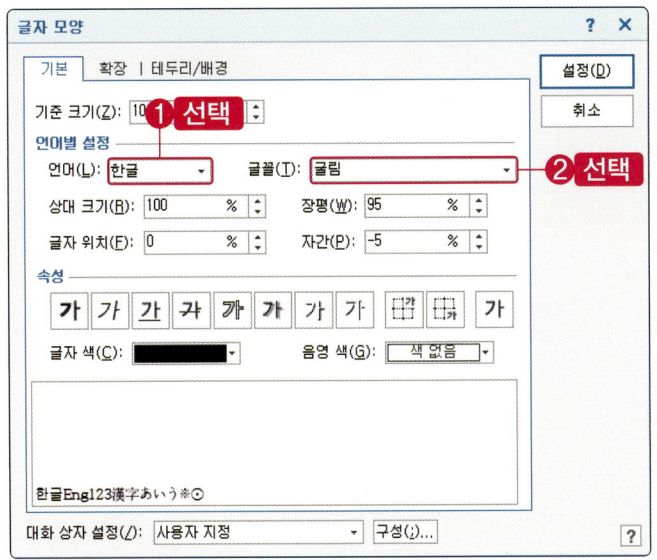 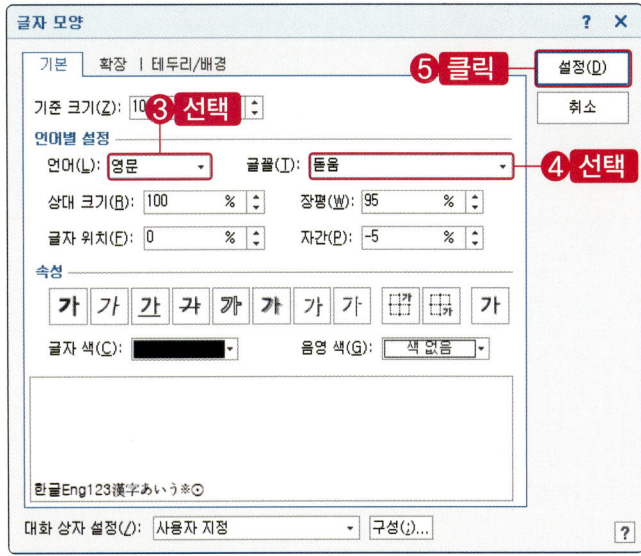

먼저 기준 크기, 장평, 자간을 입력한 후 한글 글꼴을 선택하면 영문 글꼴을 선택할 때 기준 크기, 장평, 자간을 입력할 필요가 없습니다.

07 [스타일 추가하기] 대화상자가 다시 나타나면 [추가]를 클릭합니다.

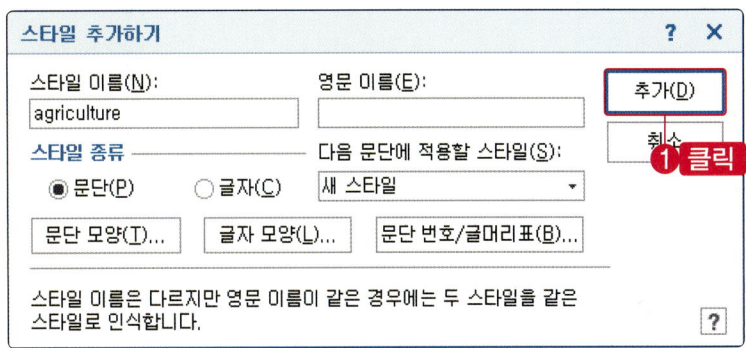

08 스타일이 추가되면 [서식] 탭에서 [스타일(agriculture)]을 클릭합니다.

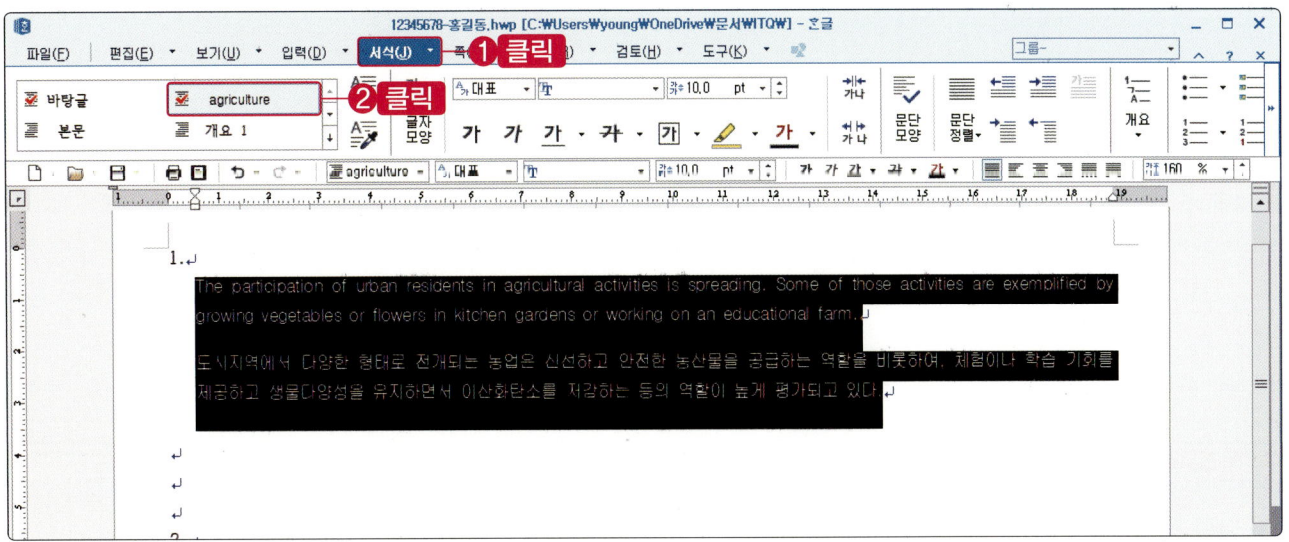

Chapter 03 기능평가 Ⅰ - 표

'기능평가 Ⅰ'의 표에서는 표를 작성하는 방법에 대해 알고 있어야 합니다. 1페이지의 내용 아래에 문제 번호를 입력한 후 작업하며 표를 만든 다음 셀 배경과 셀 테두리를 지정하고 합계(또는 평균)를 구하고 캡션을 넣는 문제가 출제되고 있습니다.

문제

2. 다음의 《조건》에 따라 《출력형태》와 같이 표와 차트를 작성하시오. (100점)

《표 조건》 (1) 표 전체(표, 캡션) - 돋움, 10pt
(2) 정렬 - 문자 : 가운데 정렬, 숫자 : 오른쪽 정렬
(3) 셀 배경(면색) : 노랑
(4) 한글의 계산 기능을 이용하여 빈칸에 합계를 구하고, 캡션 기능 사용할 것
(5) 선 모양은 《출력형태》와 동일하게 처리할 것

《출력형태》

도시농업관리사 자격증 발급 현황(단위 : 명)

구분	서울	부산	대구	인천	합계
2021년	260	180	105	85	
2020년	219	168	76	73	
2019년	262	223	109	74	
2018년	279	230	81	73	

작업순서요약

① 표를 작성합니다.
② 셀 블록을 지정한 후 셀 배경색과 셀 테두리를 지정합니다.
③ 블록 합계를 계산하고 캡션을 넣습니다.

STEP 01

표 작성하기

01 문제 번호(2.) 아래에 커서를 위치한 후 표를 작성하기 위해 〔입력〕 탭을 클릭한 다음 〔표〕를 클릭합니다.

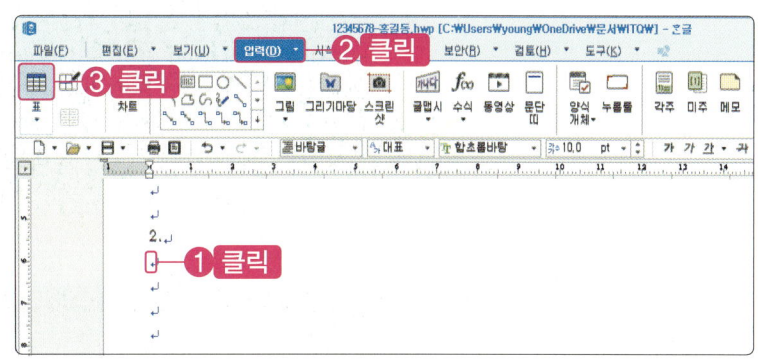

02 〔표 만들기〕 대화상자가 나타나면 줄 수 (5)와 칸 수(6)를 입력한 후 〔글자처럼 취급〕을 선택한 다음 〔만들기〕를 클릭합니다.

> 〔글자처럼 취급〕을 선택하면 표를 하나의 글자처럼 취급합니다.

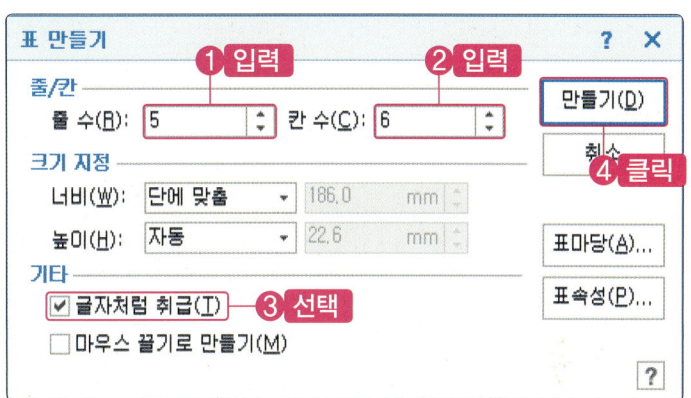

03 표가 삽입되면 다음과 같이 셀에 내용을 입력합니다.

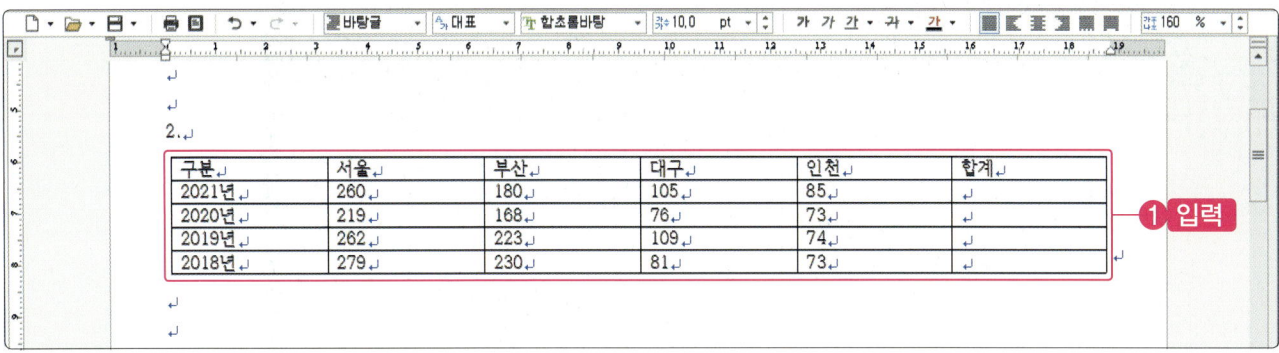

04 표 전체를 셀 블록으로 설정한 후 〔서식〕 도구 상자에서 글꼴(돋움)과 글자 크기(10)를 선택한 다음 〔가운데 정렬(≡)〕을 클릭합니다.

05 2줄 2칸~5줄 6칸을 셀 블록으로 설정한 후 [서식] 도구 상자에서 [오른쪽 정렬(≡)]을 클릭합니다.

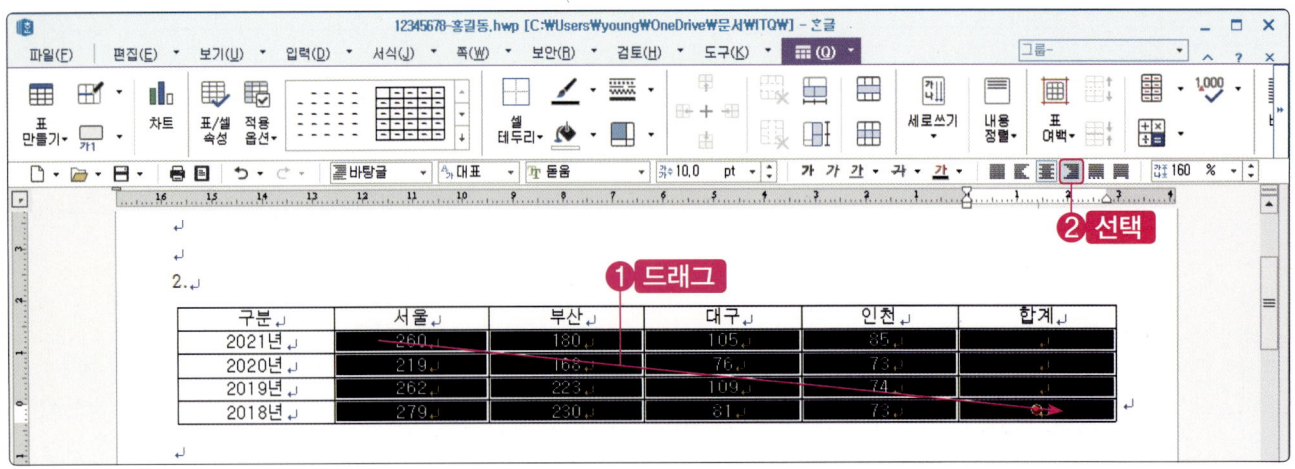

STEP 02

셀 배경색과 셀 테두리 지정하기

01 셀 배경색을 지정하기 위해 1줄 1칸 ~ 4줄 5칸을 셀 블록으로 설정합니다.

02 [표] 정황 탭을 클릭한 후 [셀 배경색]의 [목록(▼)] 단추를 클릭한 다음 [색상 테마(▶)]-[오피스]를 클릭합니다. 그런다음 색상 테마가 변경되면 [노랑(RGB: 255,255,0)]을 클릭합니다.

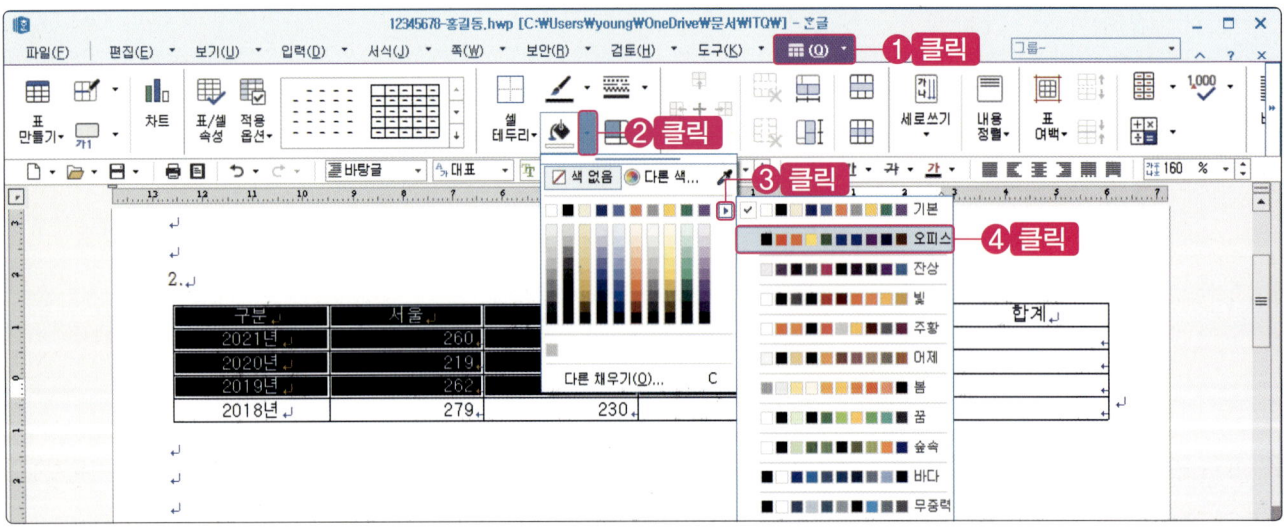

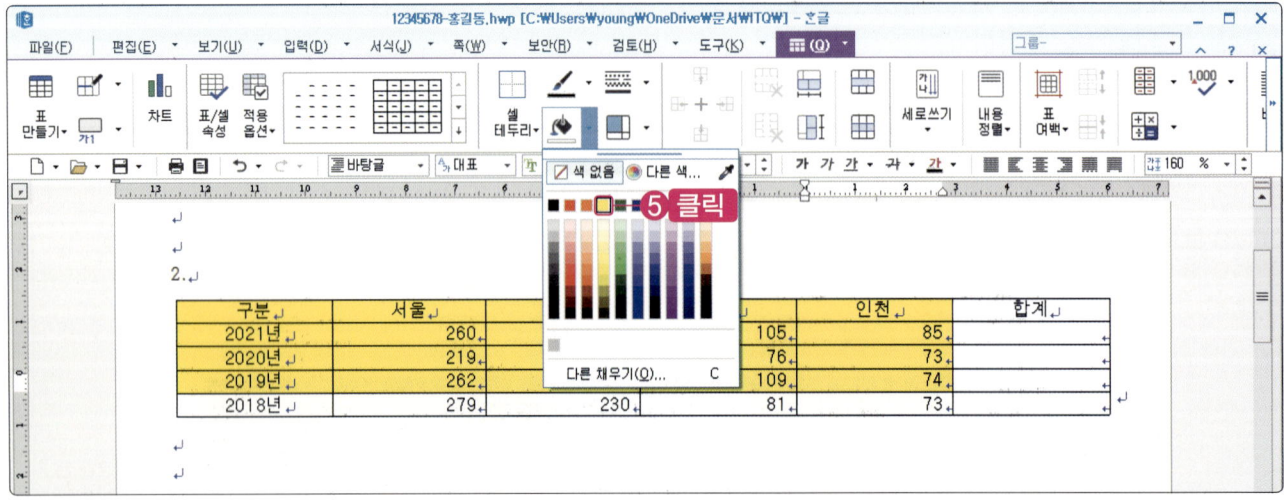

03 셀 테두리를 지정하기 위해 표 전체를 셀 블록으로 설정합니다.

04 표 전체가 셀 블록으로 설정되면 마우스 오른쪽 버튼을 클릭한 후 [셀 테두리/배경]-[각 셀마다 적용]을 클릭합니다.

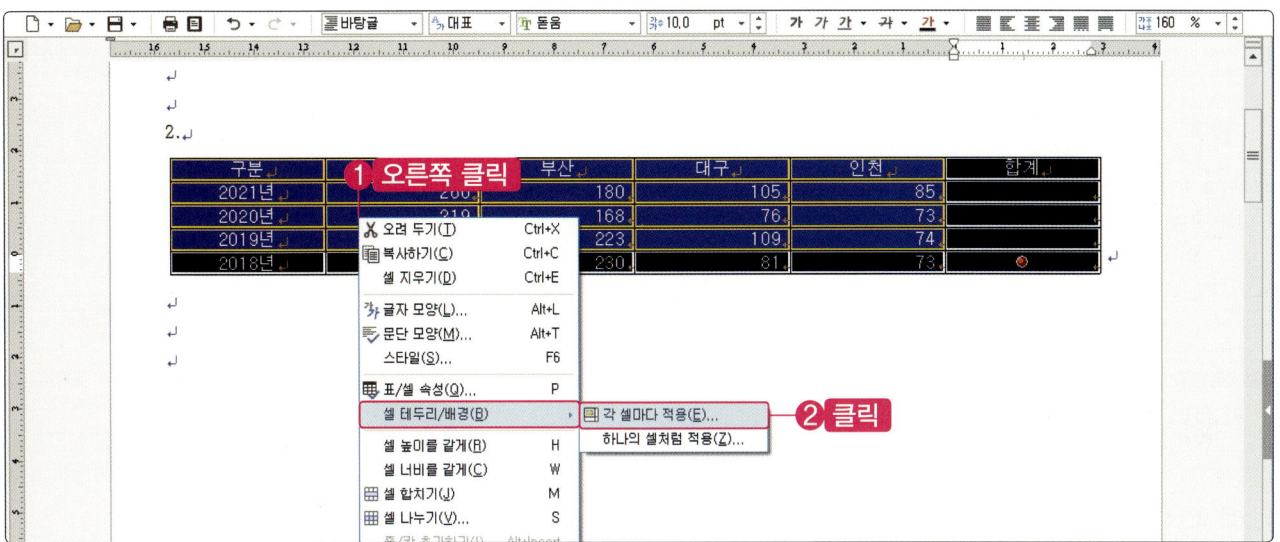

05 [셀 테두리/배경] 대화상자가 나타나면 [테두리] 탭에서 테두리 종류([이중 실선(═)])를 선택한 후 [바깥쪽(▦)]을 클릭한 다음 [설정]을 클릭합니다.

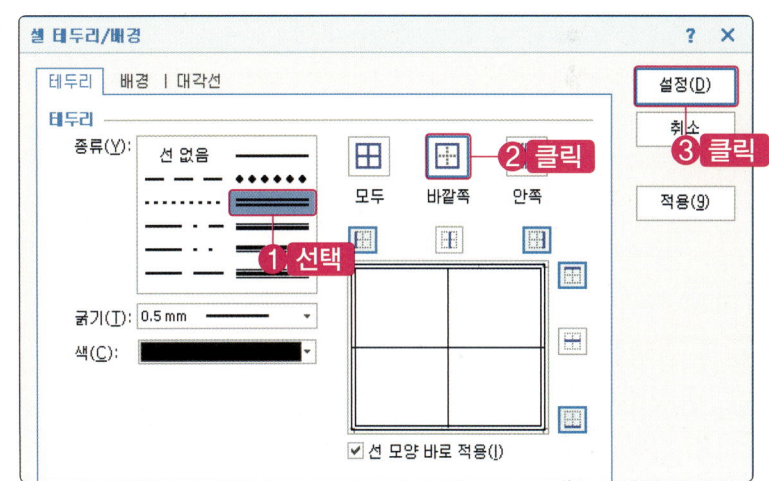

06 1줄 1칸 ~ 1줄 6칸을 셀 블록으로 설정한 후 마우스 오른쪽 버튼을 클릭한 다음 [셀 테두리/배경]-[각 셀마다 적용]을 클릭합니다.

07 [셀 테두리/배경] 대화상자가 나타나면 [테두리] 탭에서 테두리 종류([이중 실선(═)])를 선택한 후 [아래(▦)]를 클릭한 다음 [설정]을 클릭합니다.

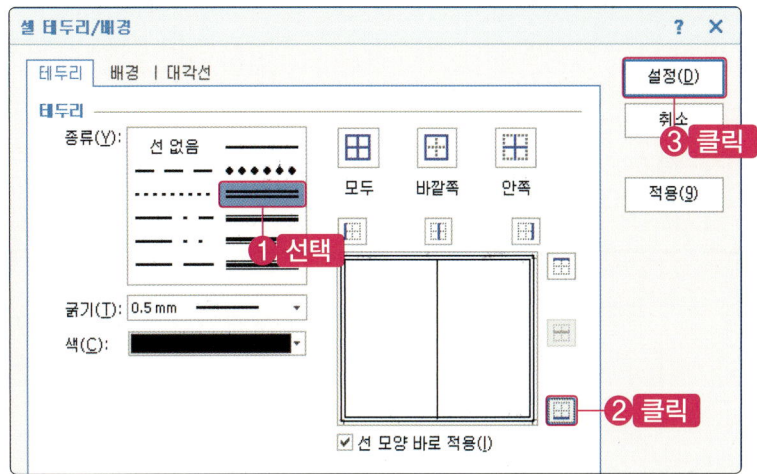

08 1줄 1칸 ~ 5줄 1칸을 셀 블록으로 설정한 후 마우스 오른쪽 버튼을 클릭한 다음 [셀 테두리/배경]-[각 셀마다 적용]을 클릭합니다.

09 [셀 테두리/배경] 대화상자가 나타나면 [테두리] 탭에서 테두리 종류([이중 실선(━━)])를 선택한 후 [오른쪽(▥)]을 클릭한 다음 [설정]을 클릭합니다.

10 셀에 대각선을 넣기 위해 5줄 6칸을 선택한 후 마우스 오른쪽 버튼을 클릭한 후 [셀 테두리/배경]-[각 셀마다 적용]을 클릭합니다.

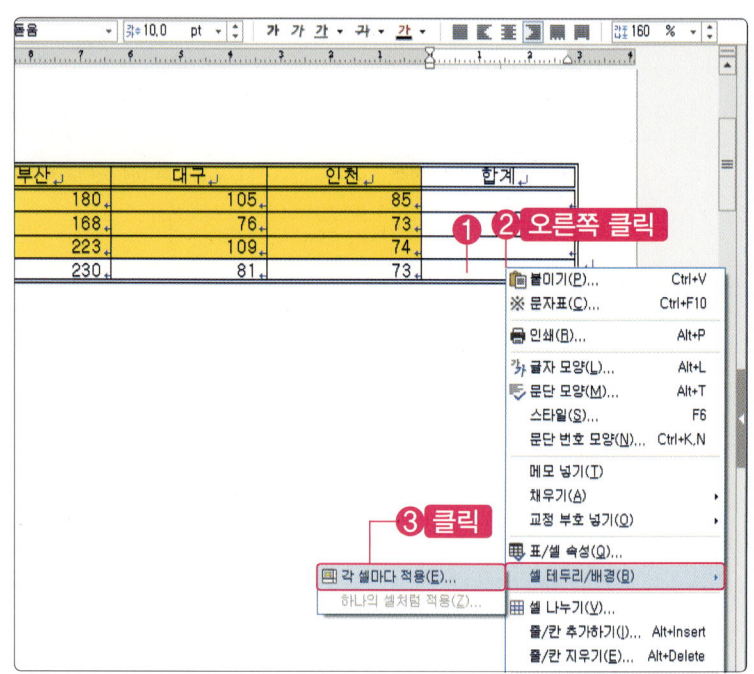

11 [셀 테두리/배경] 대화상자가 나타나면 [대각선] 탭에서 대각선 종류([실선(━━)])를 선택한 후 (1)▨과 (A)▨를 선택한 다음 [설정]을 클릭합니다.

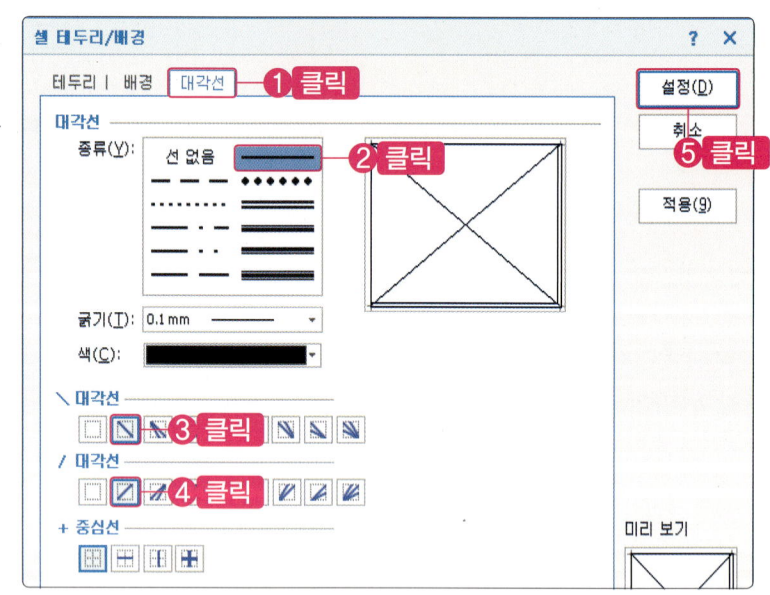

12 다음과 같이 5줄 6칸에 대각선이 지정됩니다.

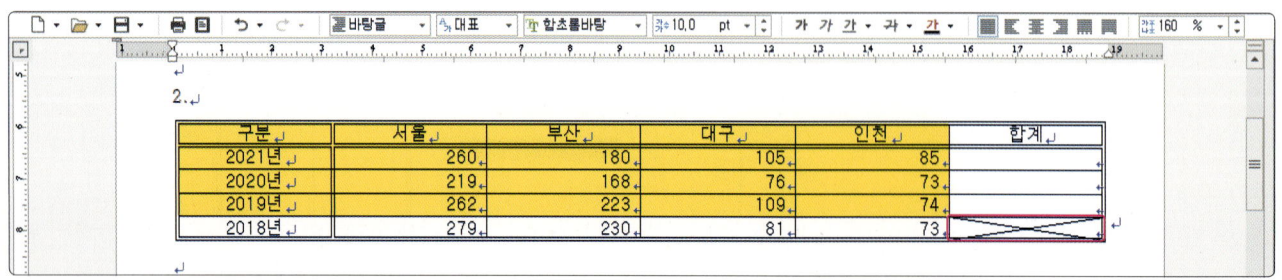

STEP 03
합계 구하고 캡션 넣기

01 합계를 계산하기 위해 2줄 2칸 ~ 4줄 6칸을 셀 블록으로 설정한 후 [표] 정황 탭을 클릭한 다음 [계산식(⊞)]을 클릭하고 [블록 합계]를 클릭합니다.

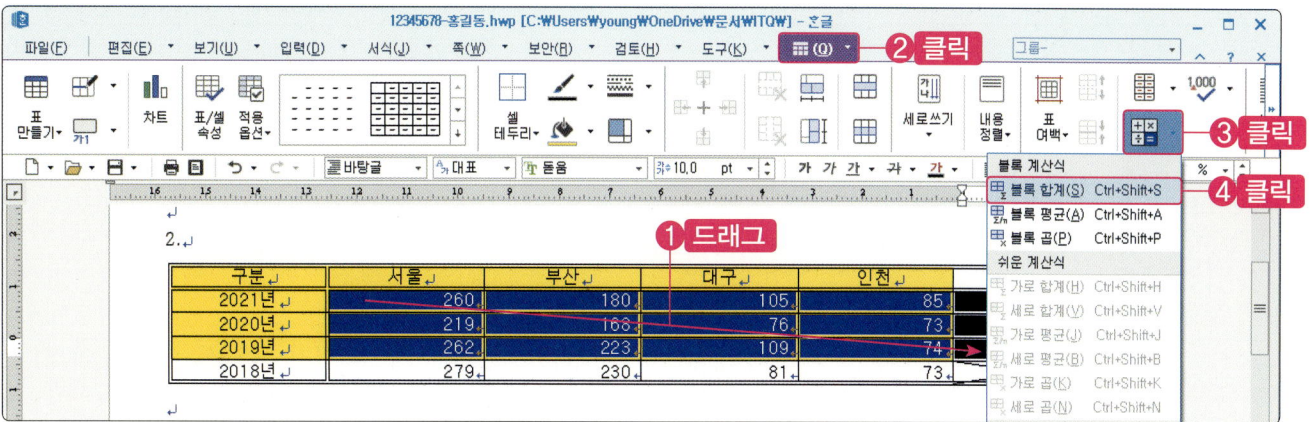

02 캡션을 넣기 위해 표를 선택한 후 [표] 정황 탭을 클릭한 다음 [캡션(⊞ ▼)]의 [목록(▼)]단추를 클릭하고 [위]를 클릭합니다.

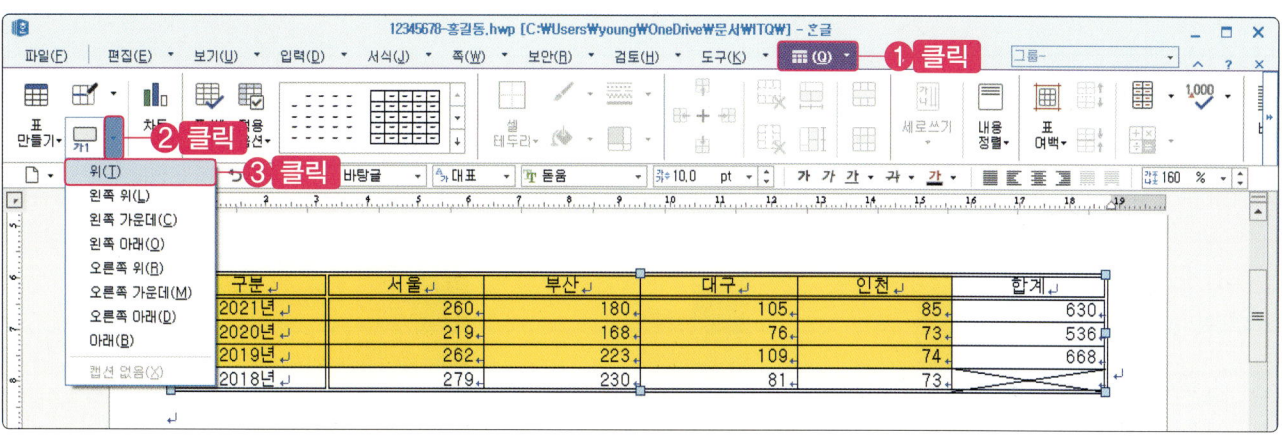

03 캡션이 넣어지면 다음과 같이 캡션 내용을 수정한 후 캡션에 글자 모양과 문단 모양을 지정하기 위해 캡션 내용을 블록으로 설정한 다음 [서식] 도구 상자에서 글꼴(돋움)과 글자 크기(10)를 선택하고 [오른쪽 정렬(≡)]을 클릭합니다.

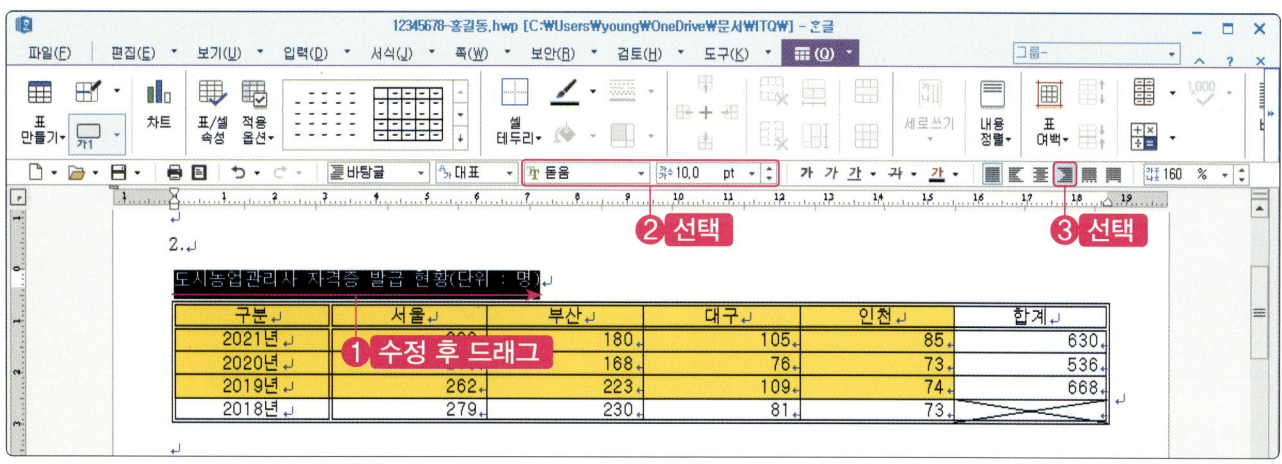

04 표 전체를 셀 블록으로 설정한 후 Ctrl을 누른 상태에서 ←와 ↓를 눌러 표의 크기를 조절합니다.

Chapter 04 기능평가 Ⅰ - 차트

'기능평가 Ⅰ'의 차트에서는 차트를 작성하는 방법에 대해 알고 있어야 합니다. 1페이지의 표 아래에 작업하며 표의 차트 데이터(차트로 작성될 자료)를 사용하여 차트를 만든 후 차트 제목, 범례, 세로 값 축 제목, 세로 값 축 제목 이름표, 가로 항목 축 이름표를 편집하는 문제가 출제되고 있습니다.

문제

2. 다음의 《조건》에 따라 《출력형태》와 같이 표와 차트를 작성하시오. (100점)

《차트 조건》 (1) 차트 데이터는 표 내용에서 지역별 2021년, 2020년, 2019년의 값만 이용할 것
　　　　　　(2) 종류 - 〈묶은 세로 막대형〉으로 작업할 것
　　　　　　(3) 제목 - 궁서, 진하게, 12pt, 속성 - 채우기(하양), 테두리, 그림자(대각선 오른쪽 아래)
　　　　　　　【궁서, 진하게, 12pt, 배경 - 선 모양(한 줄로), 그림자(2pt)】
　　　　　　(4) 제목 이외의 전체 글꼴 - 궁서, 보통, 10pt
　　　　　　(5) 축제목과 범례는 《출력형태》와 동일하게 처리할 것

《출력형태》

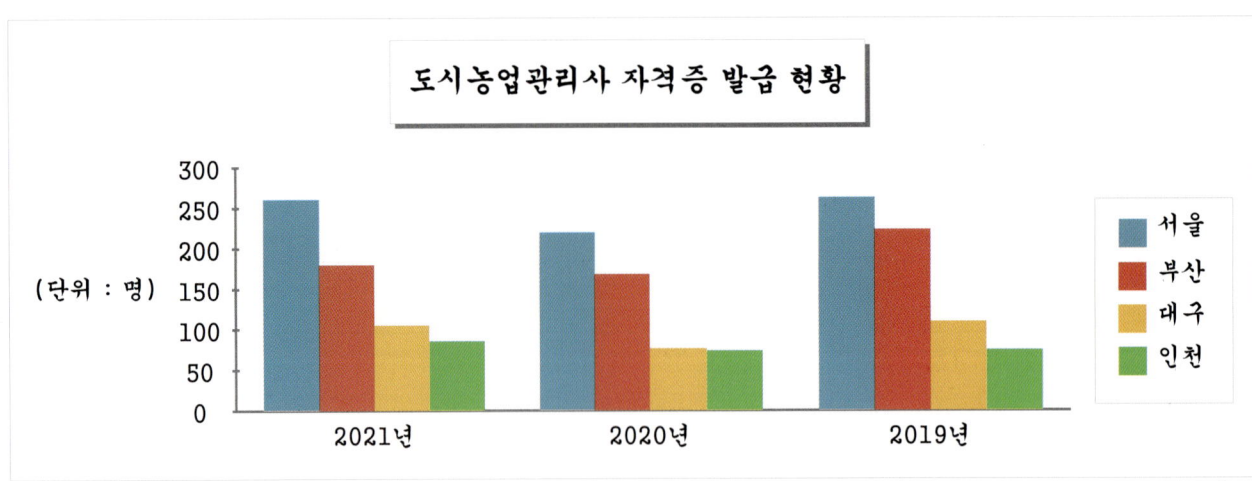

작업순서요약

① 표 데이터를 이용하여 차트를 작성합니다.
② 차트 제목, 범례, 가로 값 축 제목, 세로 항목 축 이름표, 가로 값 축 이름표를 각각 지정합니다.

STEP 01

차트 작성하기

01 1줄1칸~4줄5칸을 블록으로 설정한 후 [표] 정황 탭에서 [차트]를 클릭합니다.

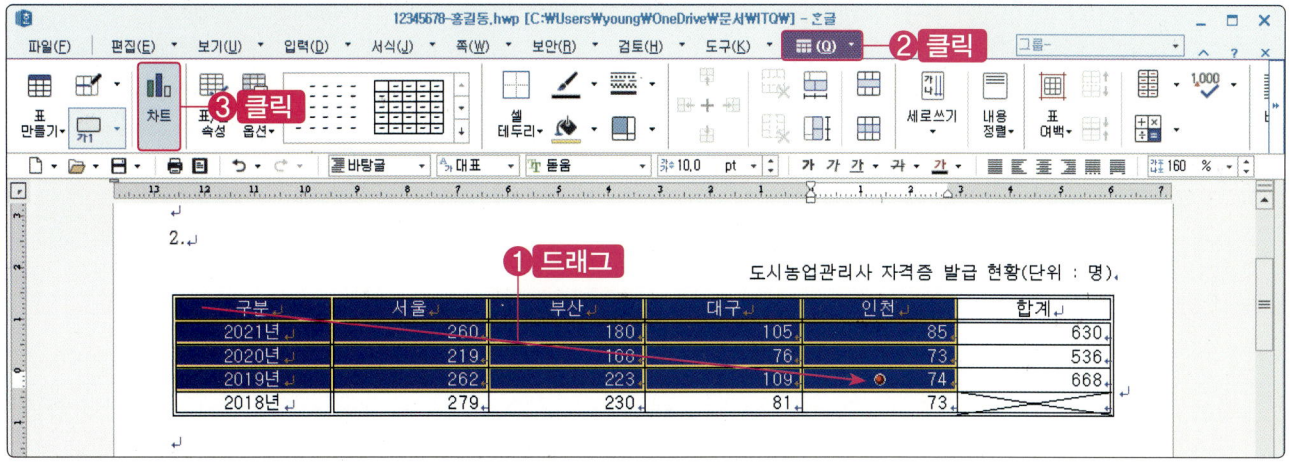

02 차트가 삽입되면 크기 조절점을 드래그하여 크기를 조절합니다.

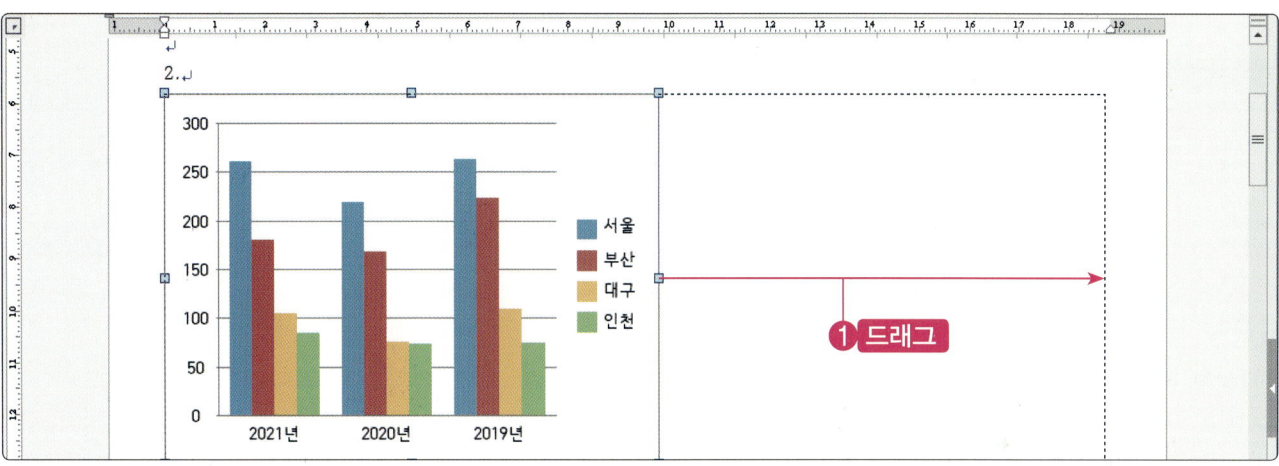

03 차트의 크기가 조절되면 [차트] 정황 탭에서 [글자처럼 취급]을 선택합니다. 그런다음 차트를 아래로 드래그하여 차트 위치를 이동시킵니다.

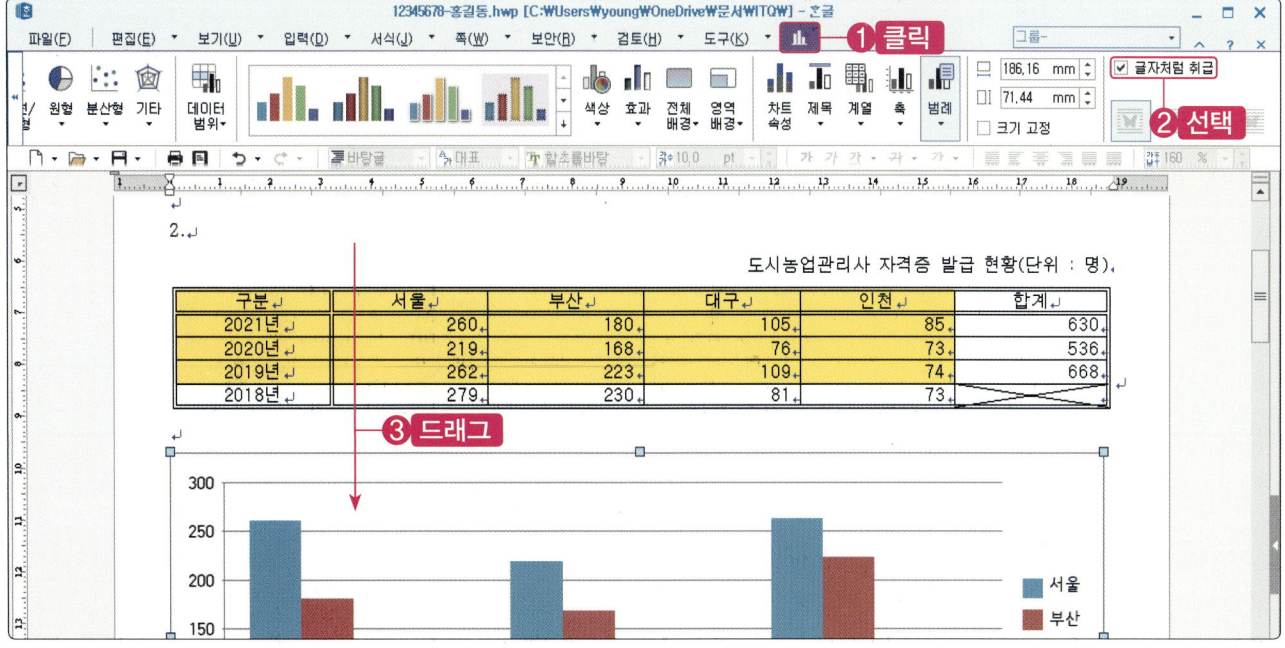

04 차트를 더블클릭하여 차트 편집 상태로 전환한 후 바로가기 메뉴의 [차트 마법사]를 클릭합니다.

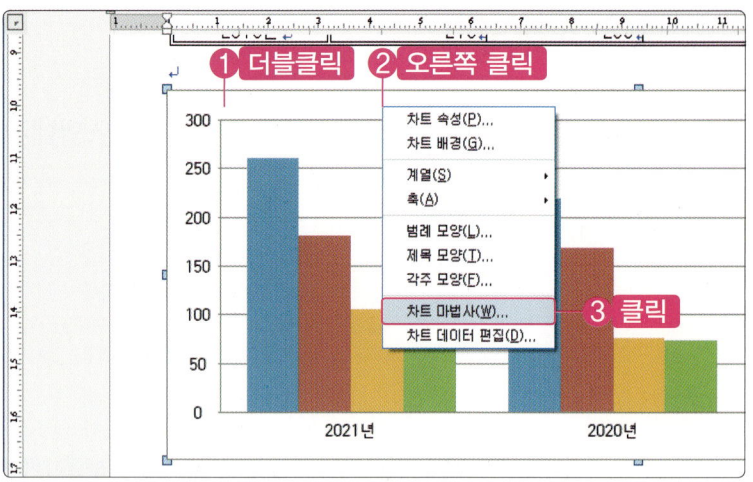

05 [차트 마법사 - 3단계 중 1단계] 대화상자가 나타나면 [표준 종류] 탭에서 차트 종류(세로 막대형)와 차트 모양([묶은 세로 막대형(
)])을 선택한 후 [다음]을 클릭합니다. 그런다음 [차트 마법사 3단계 중 2단계]대화상자가 나타나면 방향(열)을 선택한 후 [다음]을 클릭합니다.

 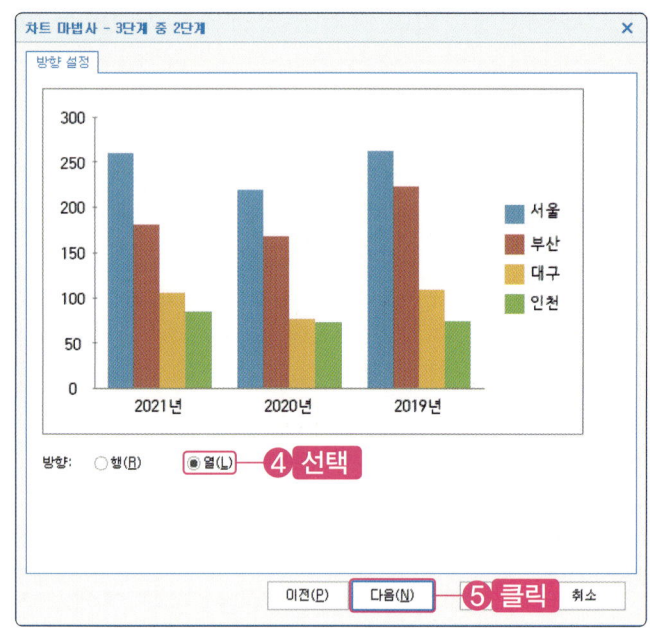

06 [차트 마법사 - 마지막 단계] 대화상자가 나타나면 [제목] 탭에서 차트 제목과 Y(값) 축을 입력한 후 [확인]을 클릭합니다.

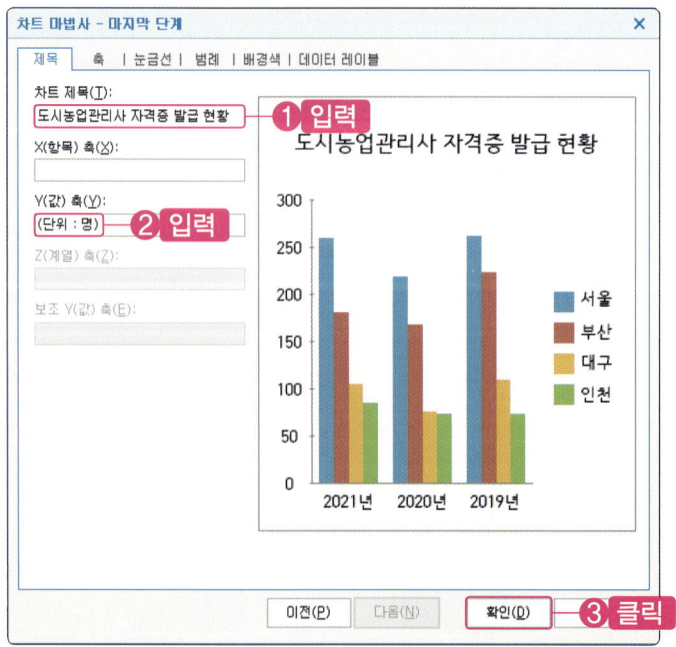

차트 편집하기

01 차트 제목을 편집하기 위해 차트를 더블클릭하여 차트 편집 상태로 전환한 후 차트 제목을 더블클릭합니다.

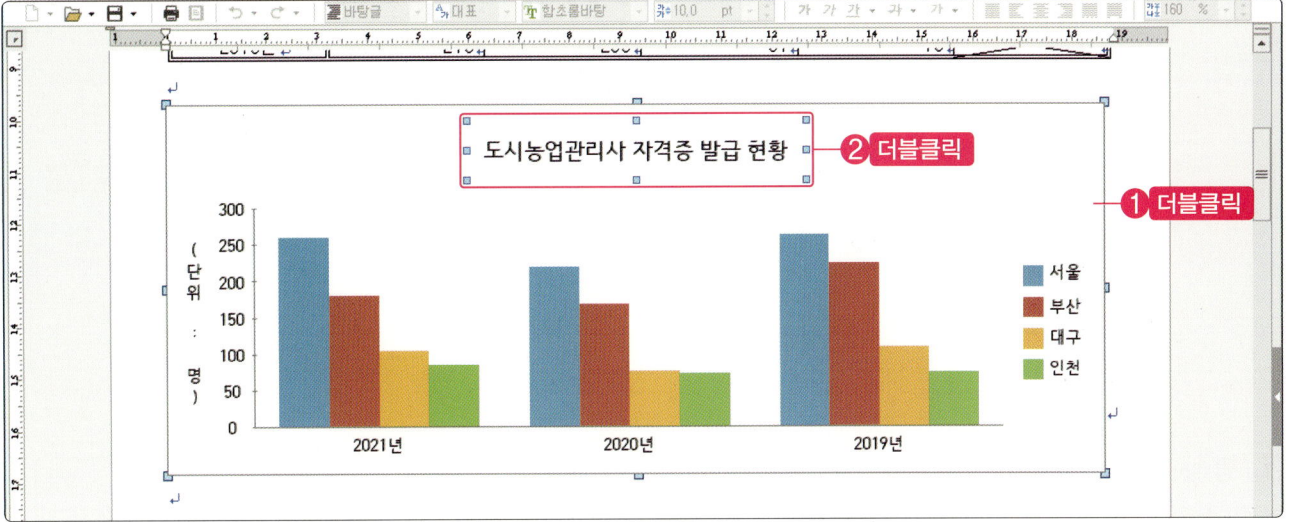

02 〔제목 모양〕 대화상자가 나타나면 〔배경〕 탭에서 선 모양 종류(한 줄로)를 선택한 후 〔그림자〕를 선택한 다음 위치(2)를 입력합니다.

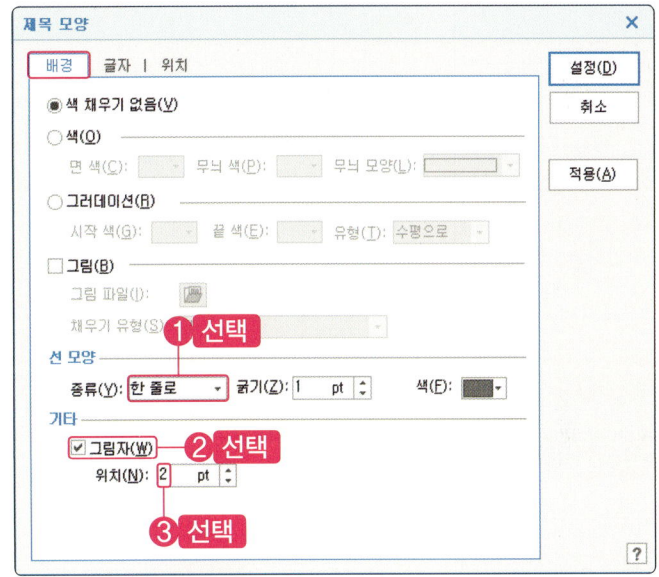

03 〔글자〕 탭을 클릭한 후 글자 방향(〔가로로〕)을 클릭한 다음 글꼴(궁서)과 크기(12)를 선택하고 속성(〔진하게〕)을 선택하고 〔설정〕을 클릭합니다.

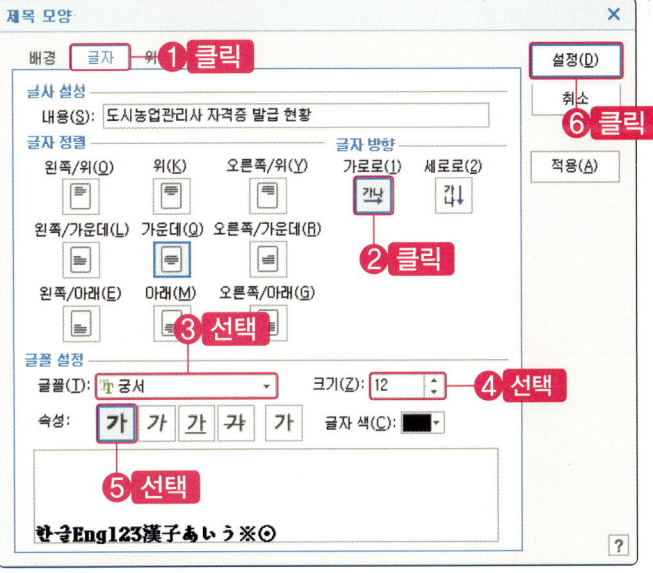

04 범례를 편집하기 위해 [범례]를 더블클릭합니다.

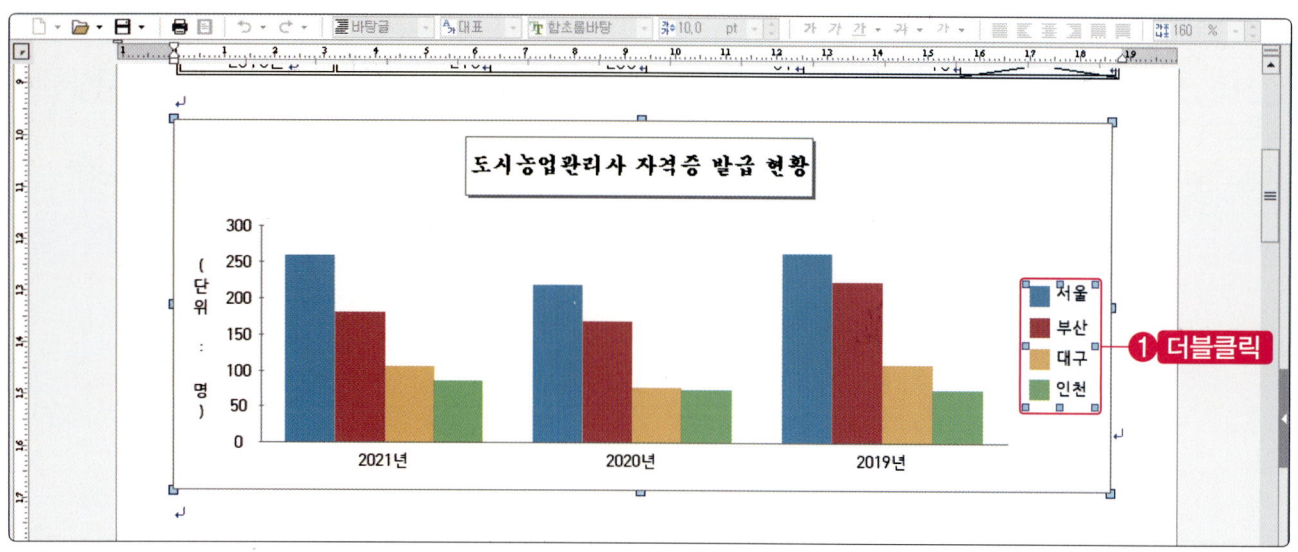

05 [범례 모양] 대화상자가 나타나면 [배경] 탭에서 선 모양 종류(한 줄로)를 선택합니다.

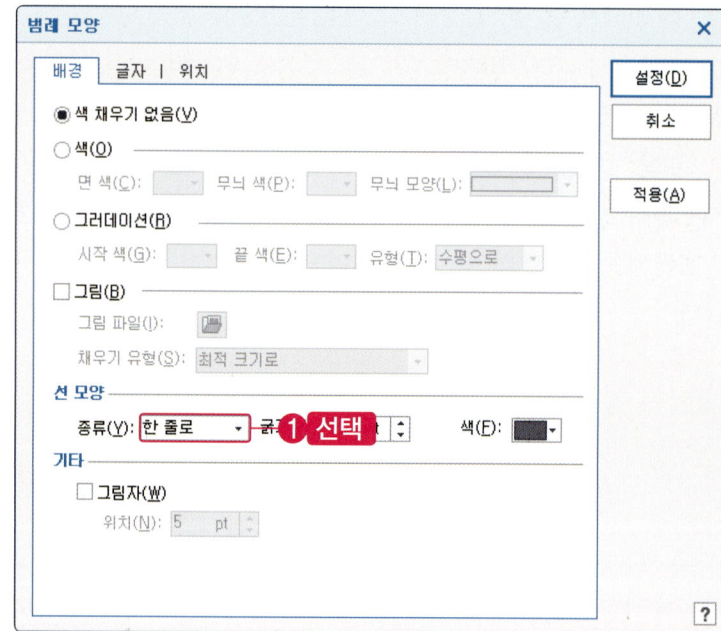

> 별도 지시사항이 없는 축 제목과 범례는 《출력형태》와 동일하게 처리합니다.

06 [글자] 탭을 클릭한 후 글꼴(궁서), 크기(10)를 선택한 다음 속성([보통 모양(가)])을 선택하고 [설정]을 클릭합니다.

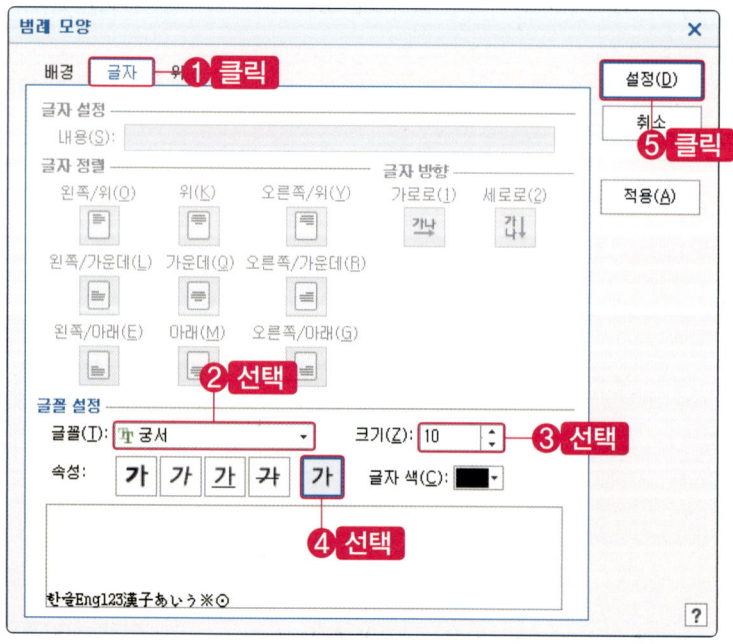

07 가로 값 축 제목을 편집하기 위해 가로 값 축 제목을 더블클릭합니다.

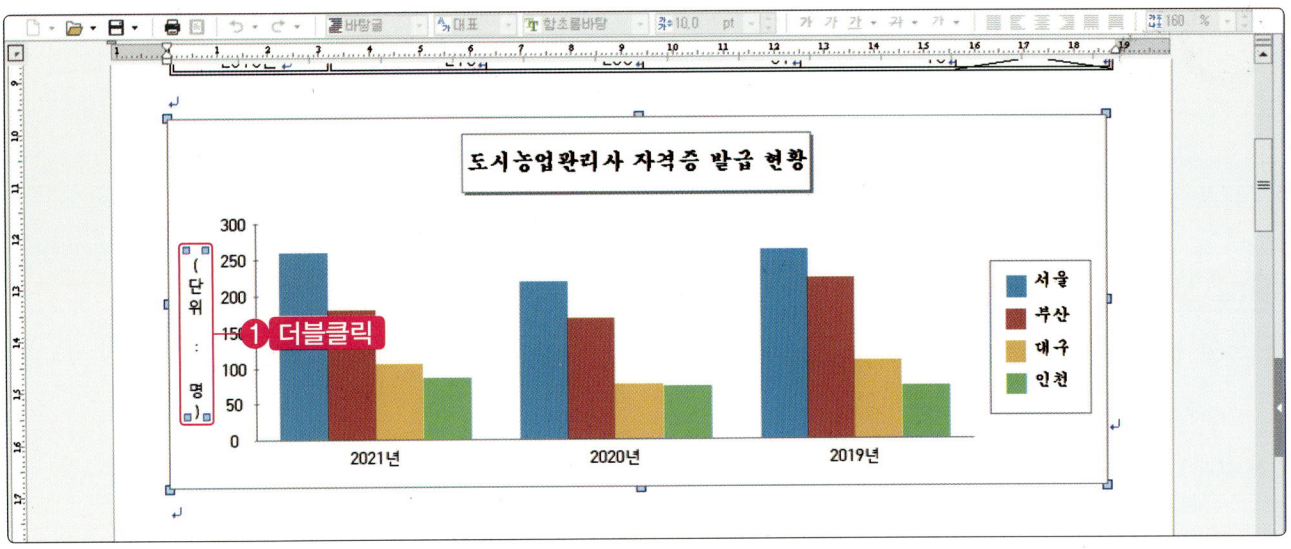

08 〔축 제목 모양〕 대화상자가 나타나면 〔글자〕 탭에서 글자 방향(〔가로로( )〕)을 클릭한 후 글꼴(궁서), 크기(10)를 선택한 다음 속성(〔보통 모양( )〕)을 선택하고 〔설정〕을 클릭합니다.

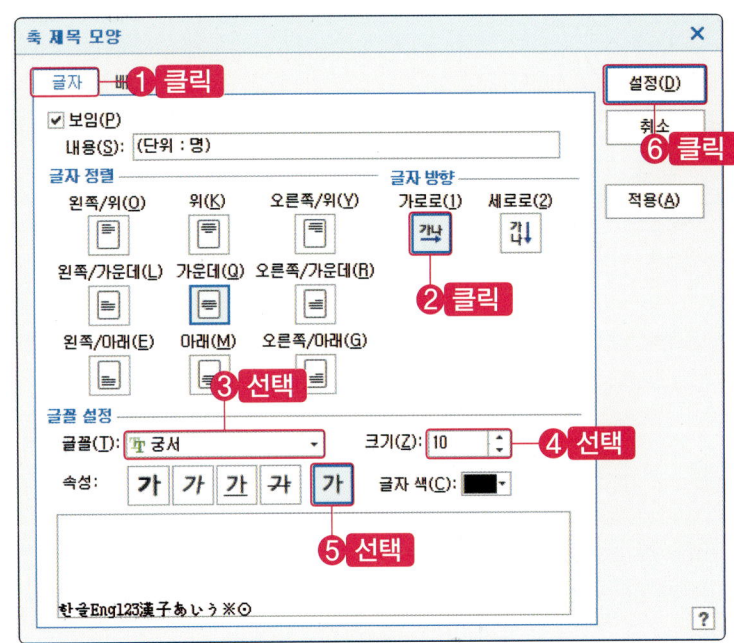

09 같은 방법으로 세로 항목 축 이름표와 가로 값 축 이름표를 편집합니다.

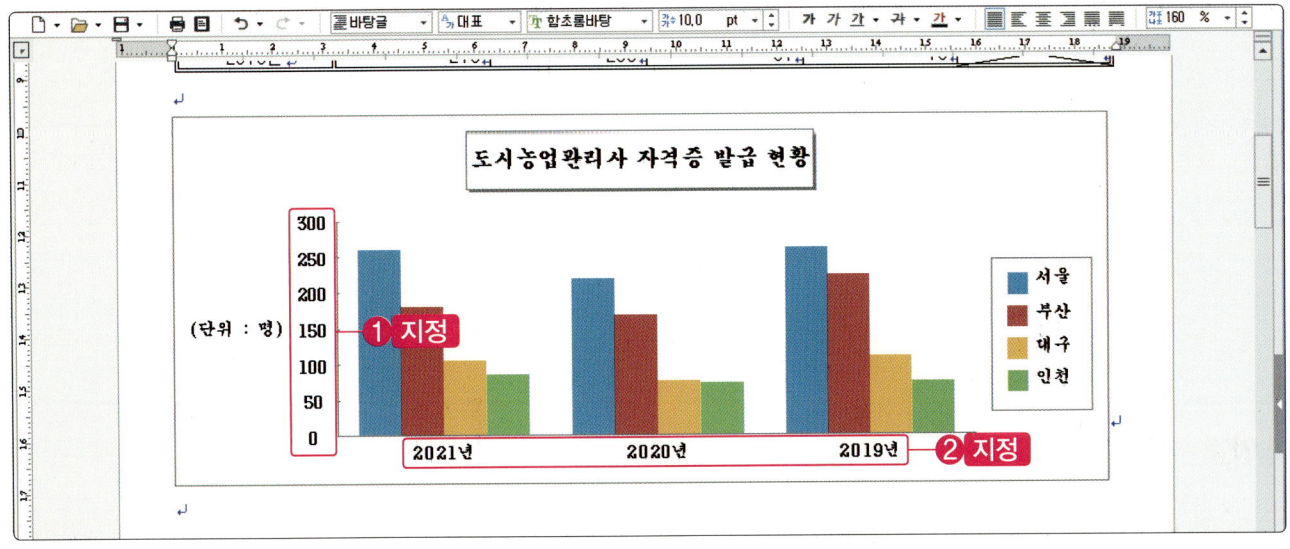

Chapter 05 기능평가 Ⅱ - 수식

'기능평가 Ⅱ'의 수식에서는 분수, 근호, 적분, 극한 등의 수식을 입력하는 방법에 대해 알고 있어야 합니다. 2페이지의 첫 번째 줄에 문제 번호를 입력한 후 작업하며 두 종류의 수식을 입력하는 문제가 출제되고 있습니다.

문제

3. 다음의 (1), (2)의 수식을 수식 편집기로 각각 입력하시오. (40점)

《출력형태》

(1) $\dfrac{1}{d} = \sqrt{n^2} = \sqrt{\dfrac{3kT}{m}}$

(2) $m_2 - m_1 = \dfrac{5}{2} log \dfrac{h_1}{h_2}$

작업순서요약

① 문제 번호를 입력하고 첫 번째 수식을 작성합니다.
② 두 번째 수식을 작성합니다.

STEP 01
첫 번째 수식 작성하기

Chapter05.hwp

01 2페이지의 두 번째 줄에 문제 번호 '(1) '을 입력합니다. 그런다음 첫 번째 수식을 입력하기 위해 [입력] 탭을 클릭한 후 [수식]을 클릭합니다.

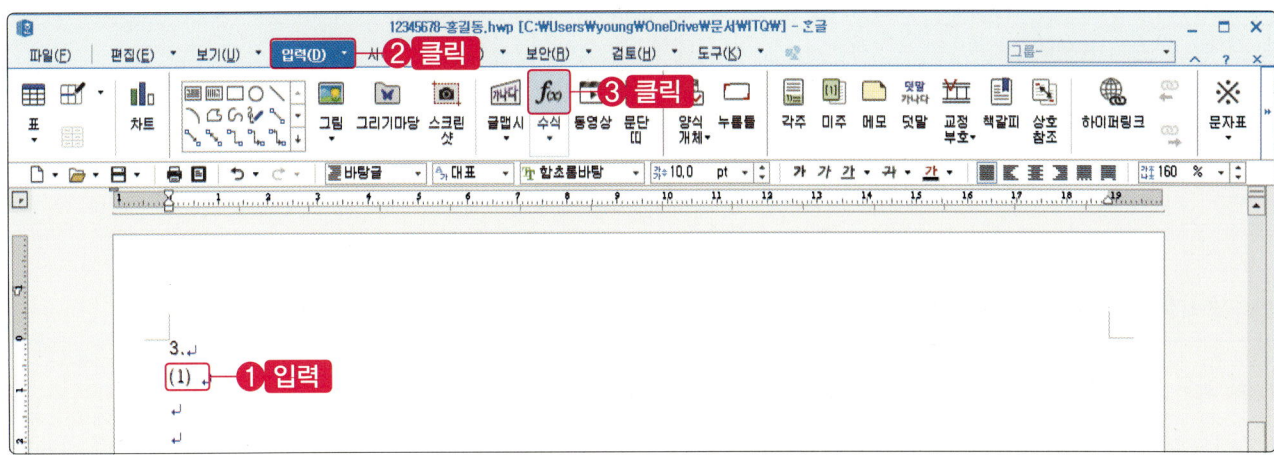

02 [수식] 도구 상자에서 [분수(믐)]를 클릭합니다. 그런다음 [분수]가 삽입되면 '1'를 입력한 후 [수식] 도구 상자에서 [다음 항목(⇨)]을 클릭한 다음 'd'를 입력하고 [다음 항목(⇨)]을 클릭한 후 '='를 입력합니다.

 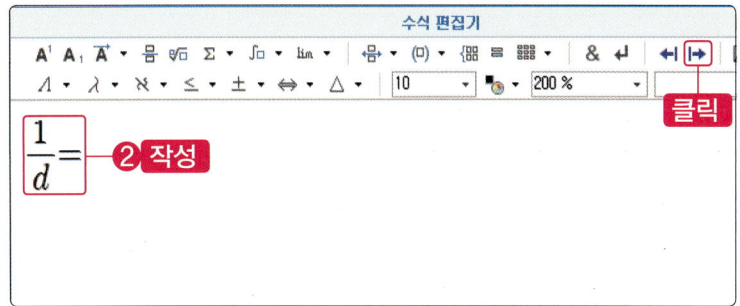

03 [수식] 도구 상자에서 [근호(√)]를 클릭한 후 'n'를 입력합니다.

 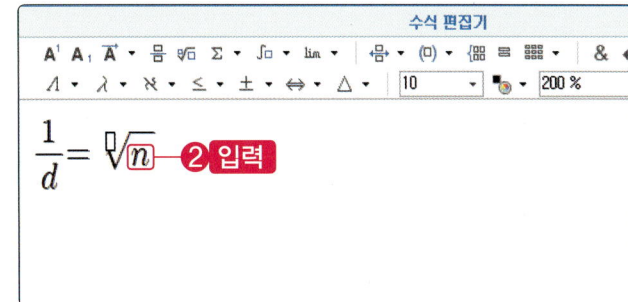

04 [수식] 도구 상자에서 [윗첨자(A¹)]를 클릭한 후 '2'를 입력합니다.

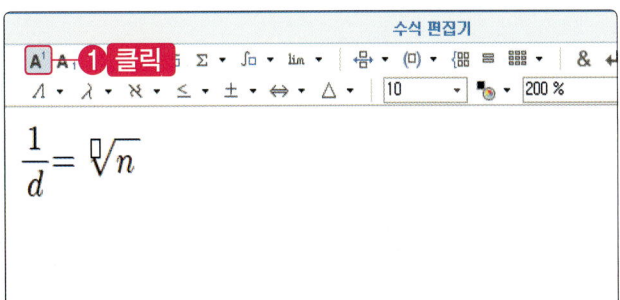 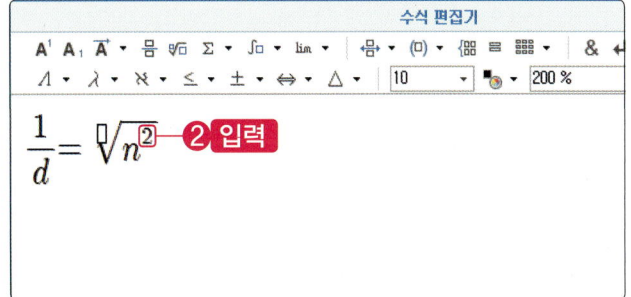

05 '='을 입력한 후 [수식] 도구 상자에서 [근호(√☐)]를 클릭한 다음 [수식] 도구 상자에서 [분수(믐)]를 클릭합니다.

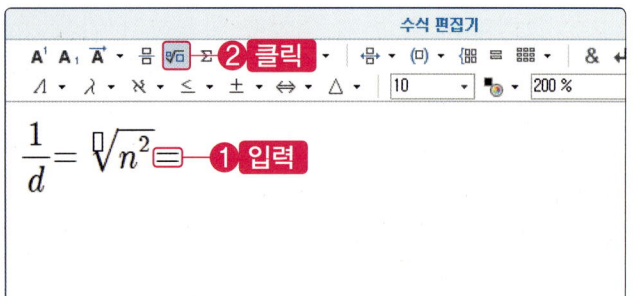

06 '3kT'를 입력한 후 [다음 항목(▶)]을 클릭한 다음 'm'을 입력합니다.

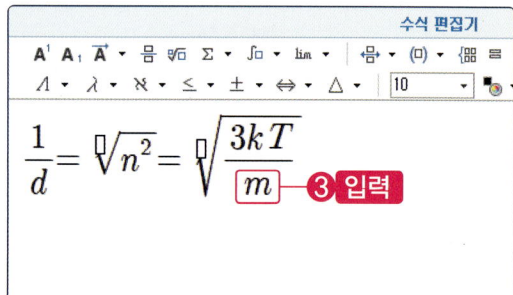

07 수식 작성이 완료되면 [수식] 도구 상자에서 [넣기(→)]를 클릭합니다.

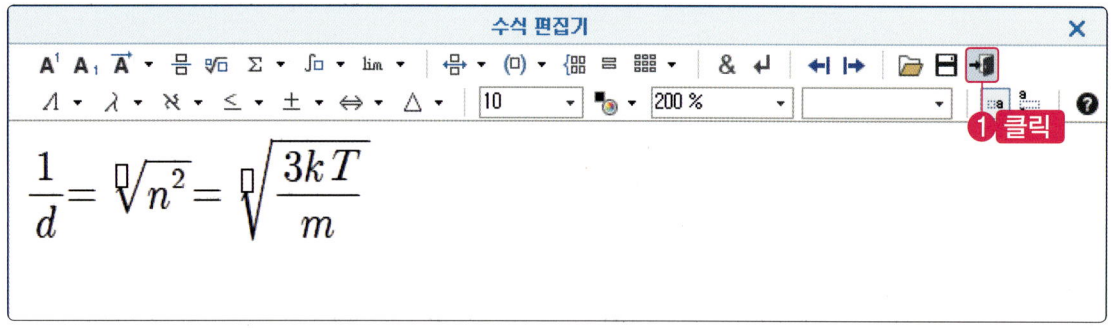

08 다음과 같이 문서에 첫 번째 수식이 삽입됩니다.

> 수식을 더블클릭하면 수식을 수정할 수 있습니다.

STEP 02

두 번째 수식 작성하기

01 첫 번째 수식 뒤에 커서를 둔 후 Tab을 3~4번 눌러 칸을 띄운 다음 '(2) '를 입력합니다. 그런다음 두 번째 수식을 입력하기 위해 [입력] 탭을 클릭한 후 [수식]을 클릭합니다.

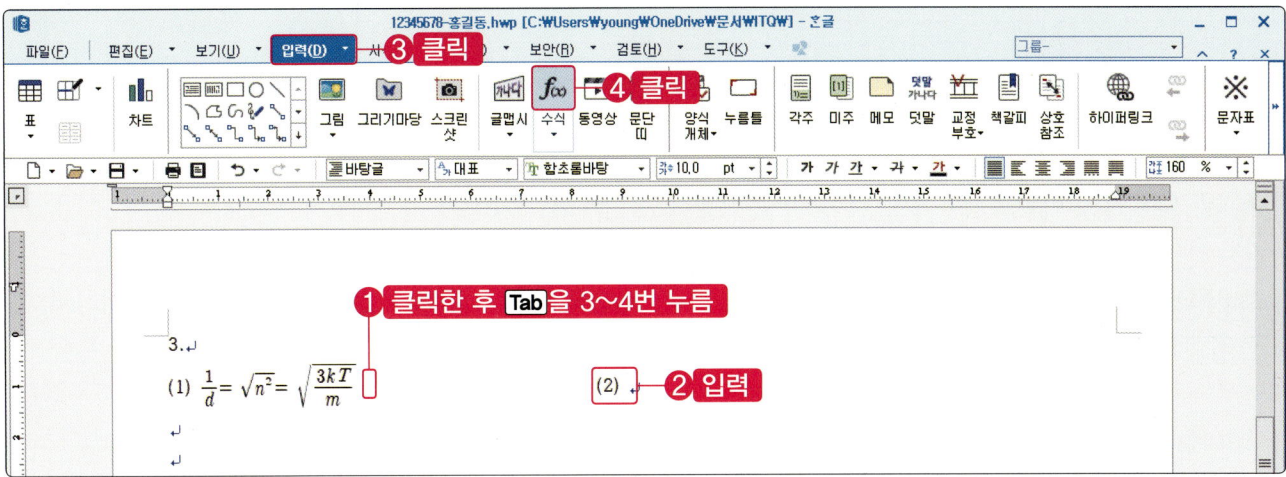

02 [수식 편집기]가 나타나면 다음과 같이 두 번째 수식을 작성한 후 [넣기]를 클릭합니다.

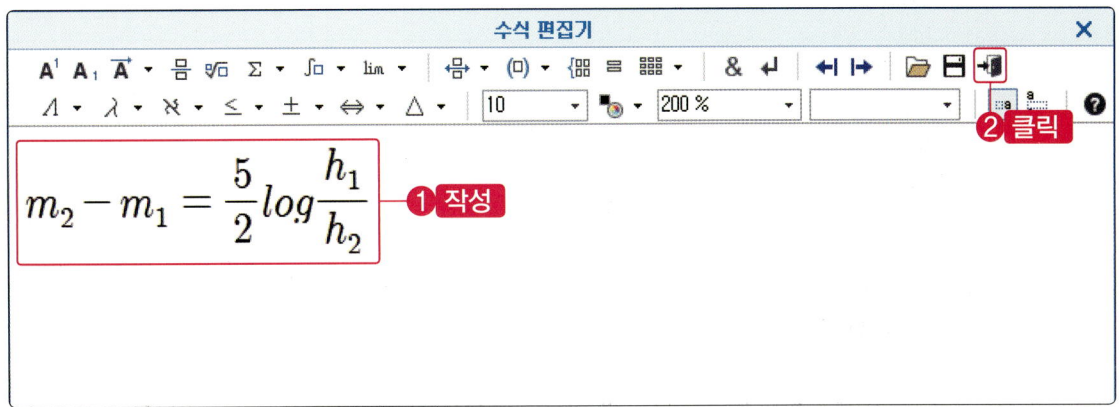

> **두 번째 수식 입력** : 'm'을 입력한 후 [아래첨자(A_1)]를 클릭한 다음 '2'를 입력 → [다음 항목]을 클릭 → 'm'을 입력한 후 [아래첨자(A_1)]를 클릭한 다음 '1'을 입력 → [다음 항목]을 클릭한 후 '='을 입력 → [분수(몸)]를 클릭한 후 '5'를 입력 → [다음 항목]을 클릭한 후 '2'를 입력 → [다음 항목]을 클릭한 후 'log'를 입력 → [분수(몸)]를 클릭한 후 'h'를 입력 → [아래첨자(A_1)]을 클릭한 후 '1'을 입력 → [다음 항목]을 2번 클릭한 후 'h'를 입력 → [아래첨자(A_1)]를 클릭한 후 '2'를 입력

03 다음과 같이 문서에 두 번째 수식이 삽입됩니다.

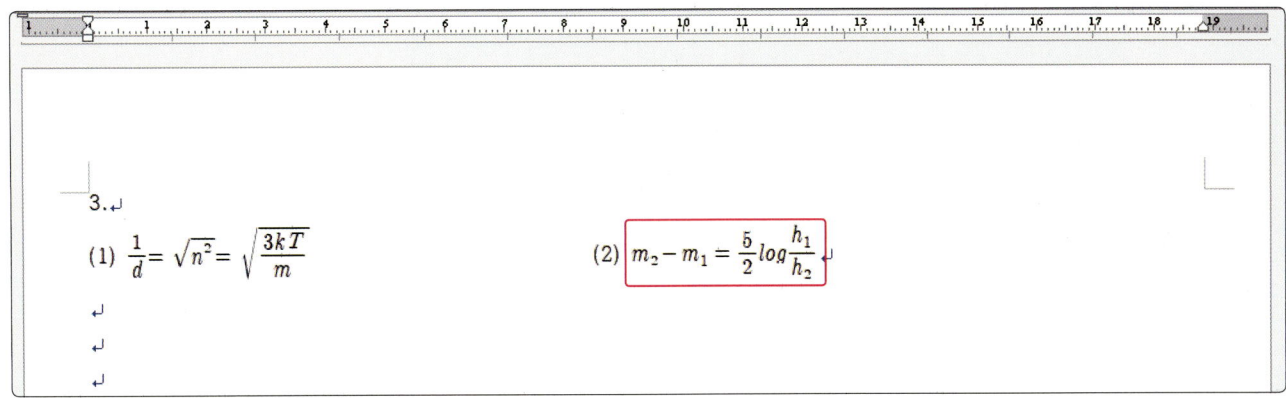

Chapter 06 기능평가 Ⅱ - 개체

'기능평가 Ⅱ'의 개체에서는 개체를 사용하는 방법과 하이퍼링크를 지정하는 방법에 대해 알고 있어야 합니다. 문제 번호(4.) 아래에 작업하며 개체를 사용하여 《출력형태》와 같이 작성한 후 그림이나 글맵시에 하이퍼링크를 지정하는 문제가 출제되고 있습니다. 하이퍼링크를 지정하려면 먼저 3페이지의 첫 번째 줄에 '문제작성 능력평가'의 제목을 입력한 후 책갈피를 넣어야 합니다.

문제

4. 다음의 《조건》에 따라 《출력형태》와 같이 문서를 작성하시오. (110점)

《조건》
(1) 그리기 도구를 이용하여 작성하고, 모든 도형(글맵시, 지정된 그림 포함)을 《출력형태》와 같이 작성하시오.
(2) 도형의 면색은 지시사항이 없으면 색 없음을 제외하고 서로 다르게 임의로 지정하시오.

《출력형태》

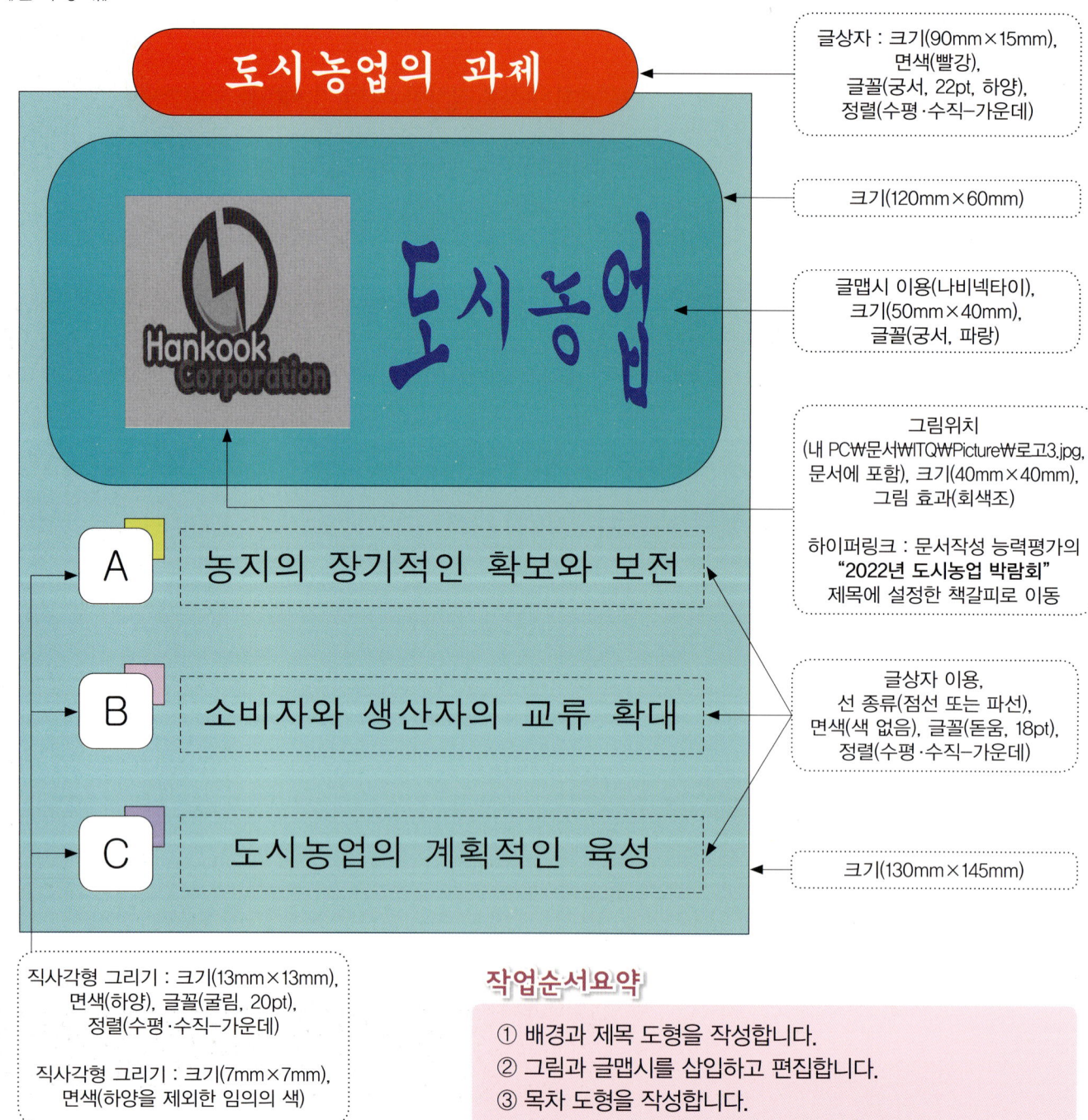

STEP 01

배경과 제목 작성하기

Chapter06.hwp

01 첫 번째 배경 도형을 삽입하기 위해 [입력] 탭을 클릭한 후 [직사각형(▭)]을 클릭합니다. 그런다음 마우스 포인터가 + 모양으로 변경되면 다음과 같이 드래그하여 첫 번째 배경 도형을 삽입합니다.

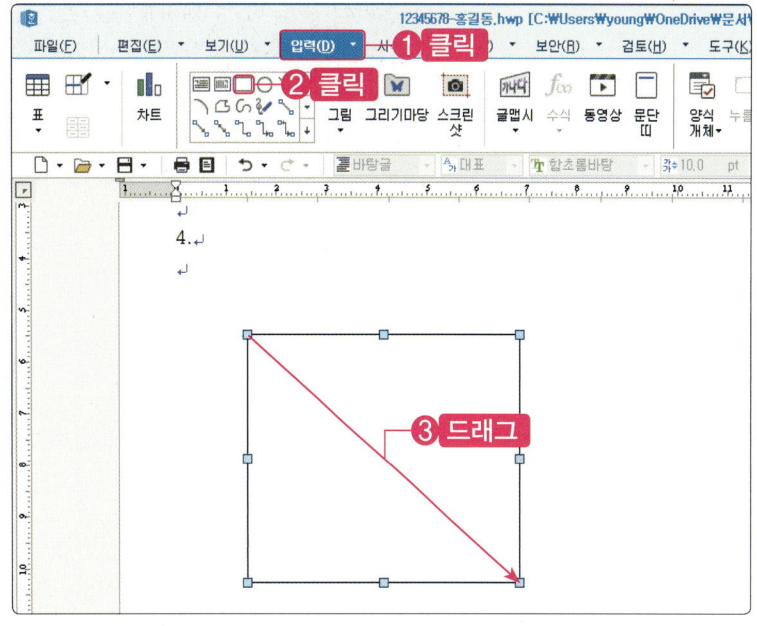

02 도형을 선택한 후 바로가기 메뉴의 [개체 속성]을 클릭합니다.

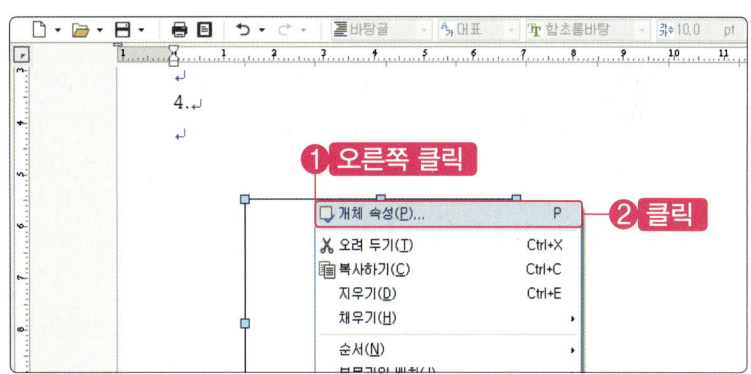

03 [개체 속성] 대화상자가 나타나면 [기본] 탭에서 너비(130)와 높이(145)를 입력한 후 [크기 고정]을 선택합니다. 그런다음 [채우기] 탭을 클릭한 후 면 색(임의의 색)을 선택한 다음 [설정]을 클릭합니다.

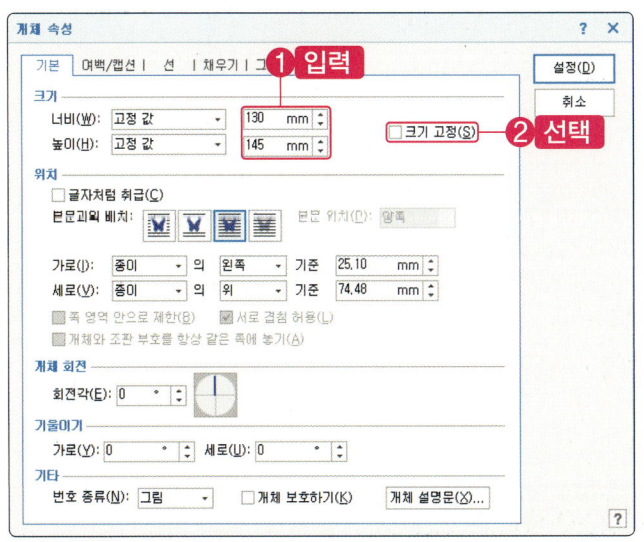 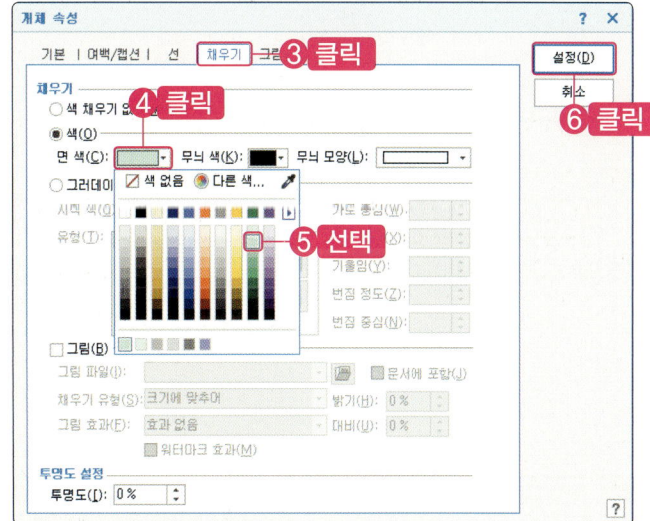

- [크기 고정]을 선택하면 개체의 크기가 변경되는 것을 미연에 방지할 수 있습니다.
- 시험에서 지시사항에 면 색이 명시되어 있지 않으면 임의의 면 색으로 지정합니다.

04 두 번째 배경 도형을 삽입하기 위해 [입력] 탭을 클릭한 후 [직사각형(☐)]을 클릭합니다. 그런다음 마우스 포인터가 + 모양으로 변경되면 다음과 같이 드래그하여 두 번째 배경 도형을 삽입합니다.

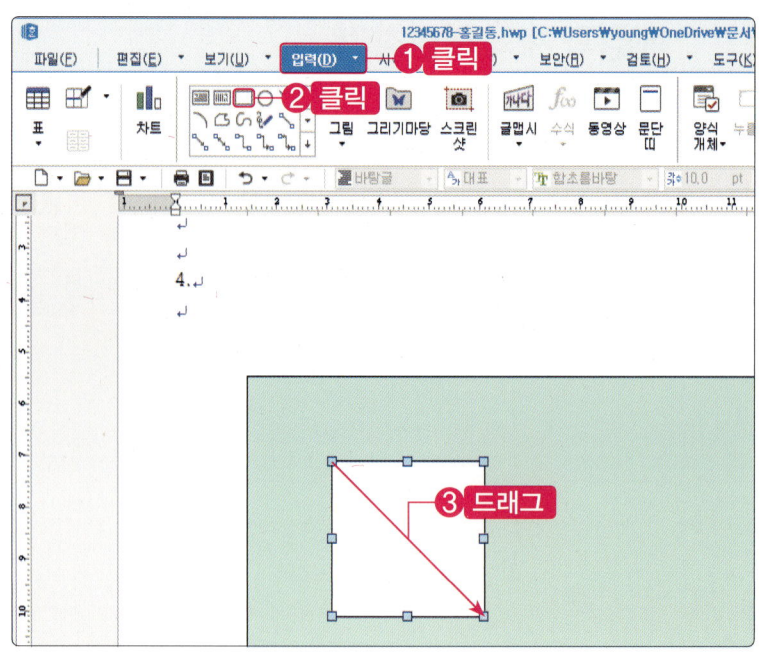

05 도형을 선택한 후 바로가기 메뉴의 [개체 속성]을 클릭합니다.

06 [개체 속성] 대화상자가 나타나면 [기본] 탭에서 너비(120)와 높이(60)를 입력한 후 [크기 고정]을 선택합니다. 그런다음 [선] 탭을 클릭한 후 사각형 모서리 곡률([둥근 모양(☐)])을 선택합니다.

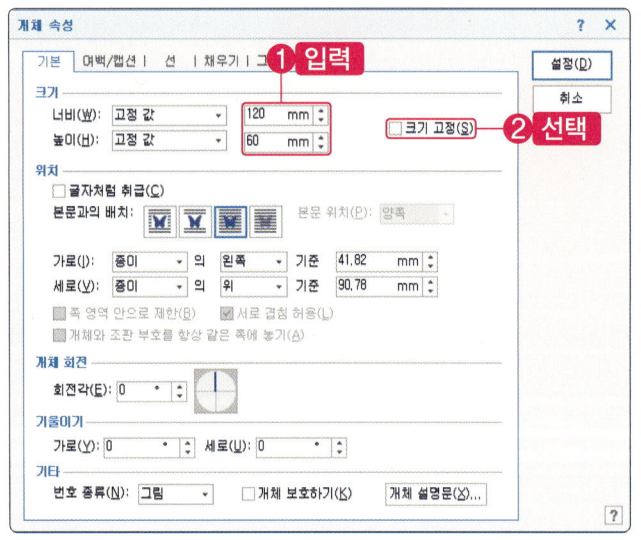
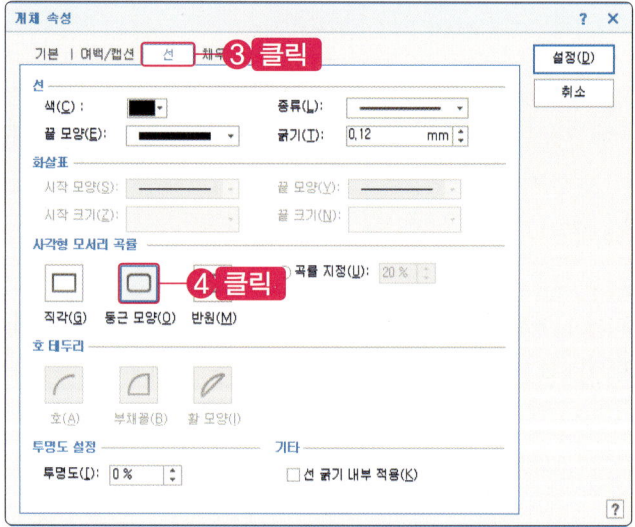

07 [채우기] 탭을 클릭한 후 면 색(임의의 색)을 선택한 다음 [설정]을 클릭합니다.

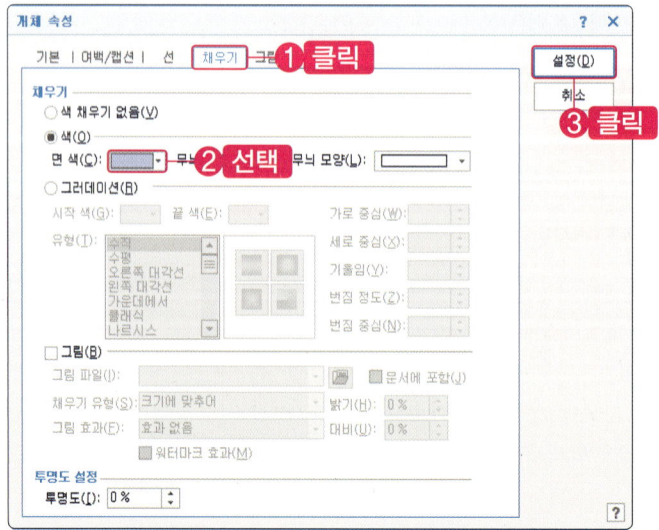

08 제목 글상자를 작성하기 위해 [입력] 탭을 클릭한 후 [가로 글상자(☰)]를 클릭합니다. 그런다음 마우스 포인터가 + 모양으로 변경되면 다음과 같이 드래그하여 가로 글상자를 삽입합니다.

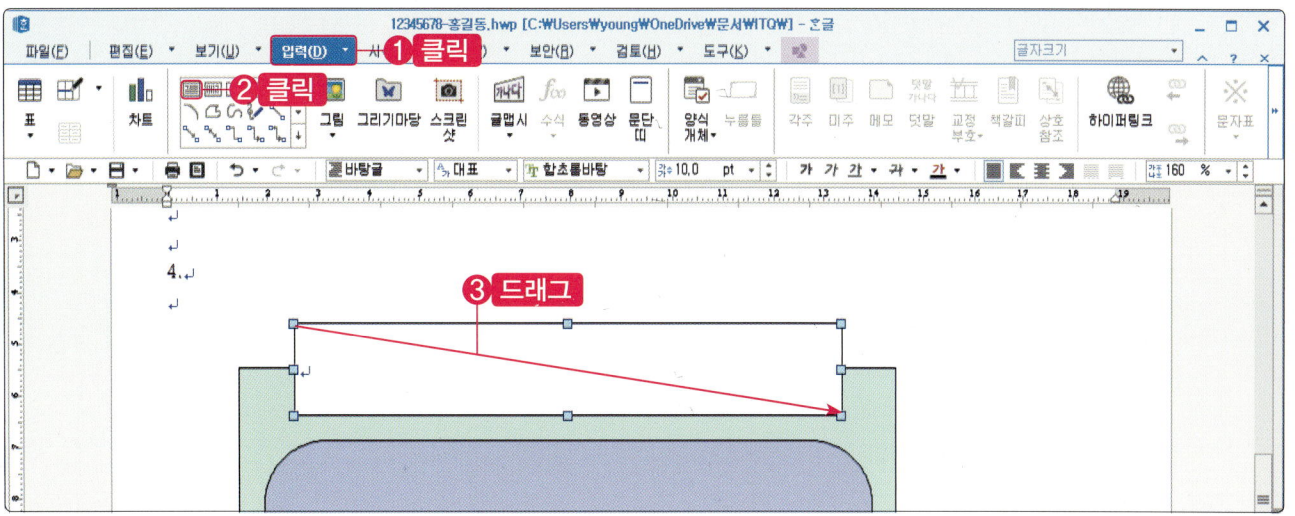

09 가로 글상자를 선택한 후 바로가기 메뉴의 [개체 속성]을 클릭합니다.

10 [개체 속성] 대화상자가 나타나면 [기본] 탭에서 너비(90)와 높이(15)를 입력한 후 [크기 고정]을 선택합니다. 그런다음 [선] 탭을 클릭한 후 사각형 모서리 곡률([반원(◯)])을 선택합니다.

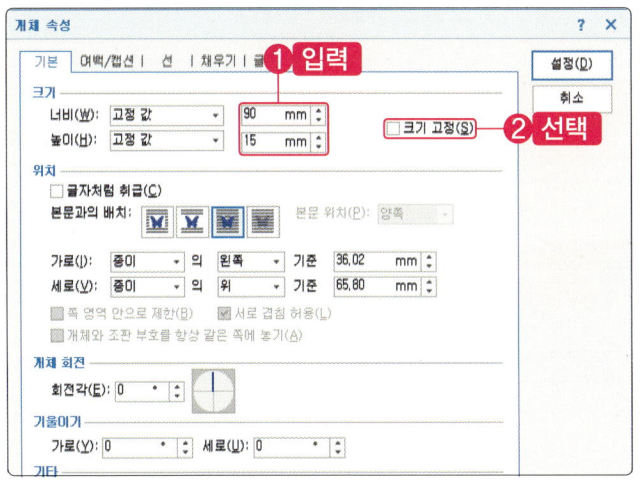 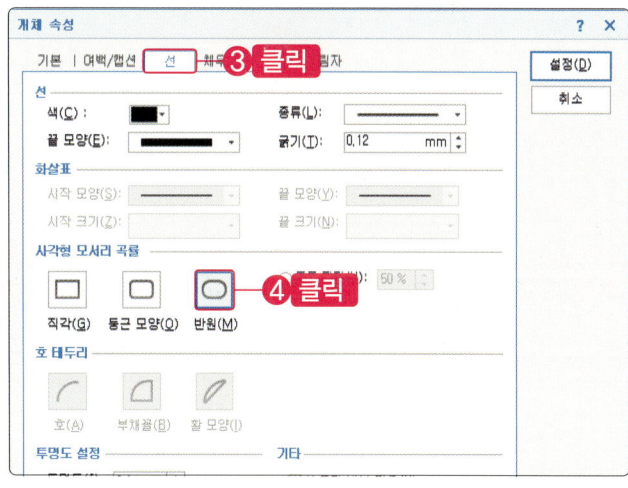

11 [채우기] 탭을 클릭한 후 [면 색]을 클릭한 다음 [색상 테마(▶)]-[오피스]를 클릭합니다. 그런다음 색상 테마가 변경되면 [빨강(RGB: 255,0,0)]을 선택한 후 [설정]을 클릭합니다.

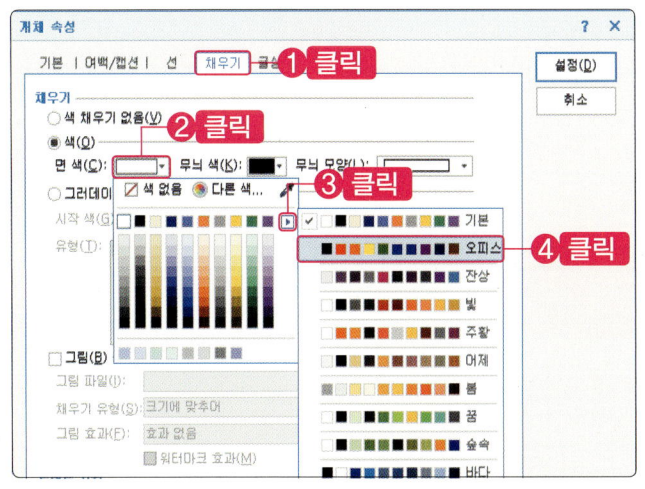 

06 · 기능평가 II - 개체 35

12 제목 글상자에 내용(도시 농업의 과제)을 입력합니다.

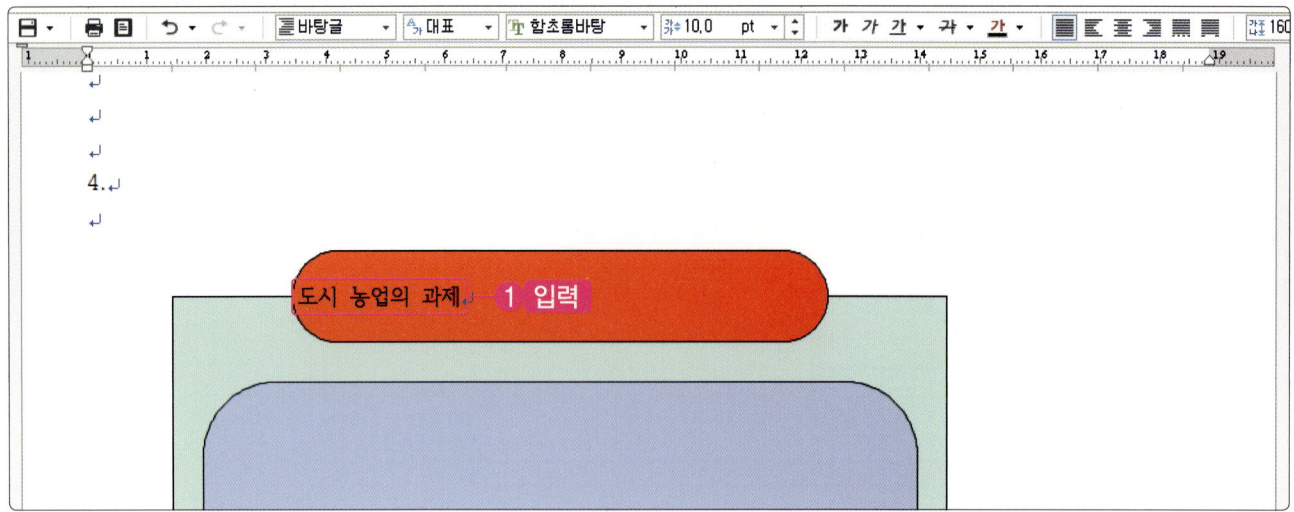

13 제목 글상자에 글자 모양과 문단 모양을 지정하기 위해 제목 글상자를 선택한 후 [서식] 도구 상자에서 글꼴(궁서)과 글자 크기(22)를 지정한 다음 글자 색(하양(RGB: 255,255,255))을 선택하고 [가운데 정렬(≡)]을 클릭합니다.

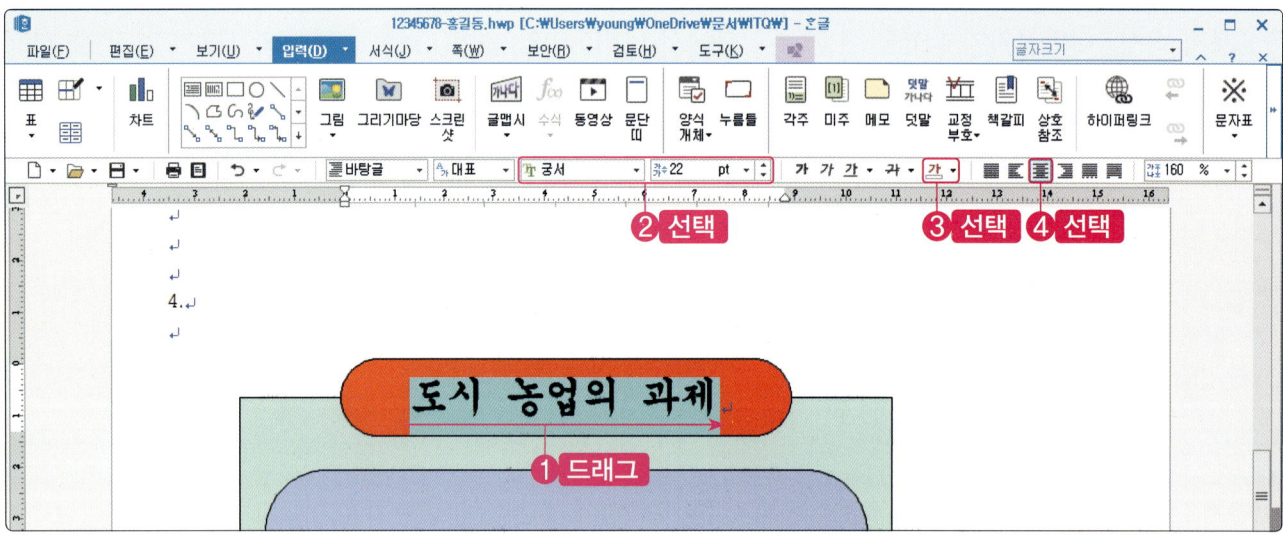

- 시험에서 지시사항에 '흰색'은 '하양(RGB: 255,255,255)'을 선택하면 됩니다. '하양(RGB: 255,255,255)'은 '기본' 색상 테마에 있습니다.
- 개체를 선택한 후 Delete 를 누르면 개체를 지울 수 있습니다.

14 제목 글상자가 가운데 위치하도록 드래그하여 위치를 조절합니다.

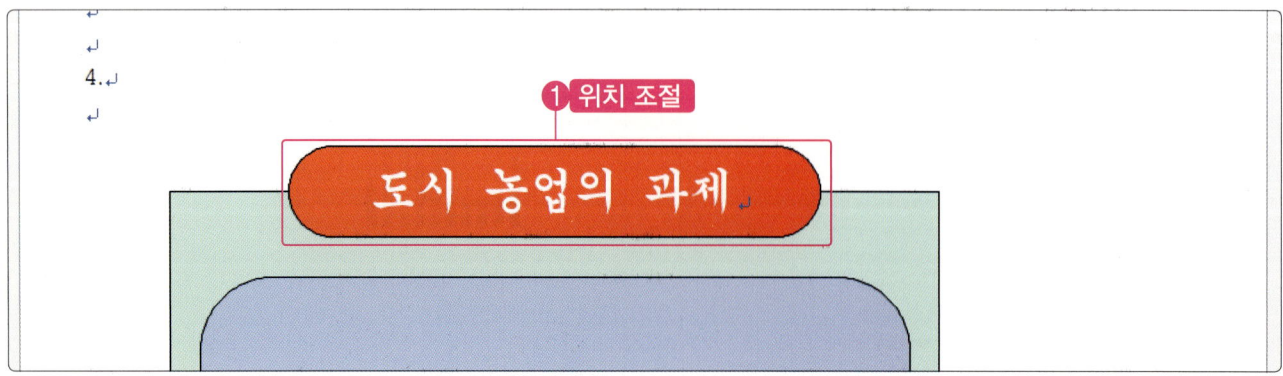

36 Hangul 2016

그림과 글맵시 삽입하고 편집하기

01 그림을 삽입하기 위해 [입력] 탭을 클릭한 후 [그림(📷)]을 클릭합니다.

02 [그림 넣기] 대화상자가 나타나면 찾는 위치(내 PC₩문서₩ITQ₩Picture)를 지정한 후 그림(로고3)을 선택한 다음 [문서에 포함]을 선택하고 [넣기]를 클릭합니다.

> [글자처럼 취급]과 [마우스로 크기 지정]은 선택 해제합니다.

03 그림을 선택한 후 바로가기 메뉴의 [개체 속성]을 클릭합니다.

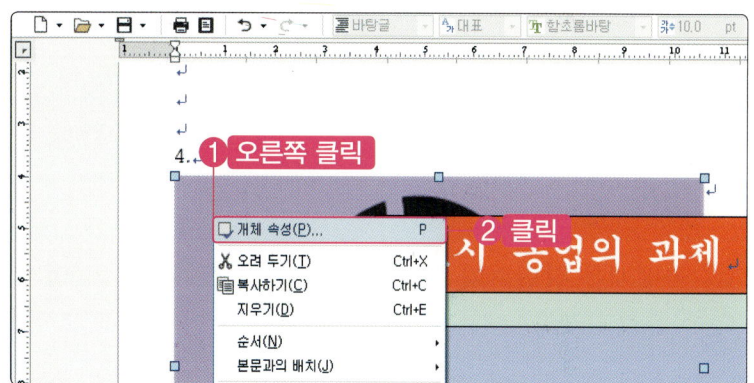

04 [개체 속성] 대화상자가 나타나면 [기본] 탭에서 너비(40)와 높이(40)를 입력한 후 [크기 고정]을 선택한 다음 본문과의 배치([글 앞으로(▣)])를 선택합니다. 그런다음 [그림] 탭을 클릭한 후 그림 효과([회색조(▣)])를 선택한 다음 [설정]을 클릭합니다.

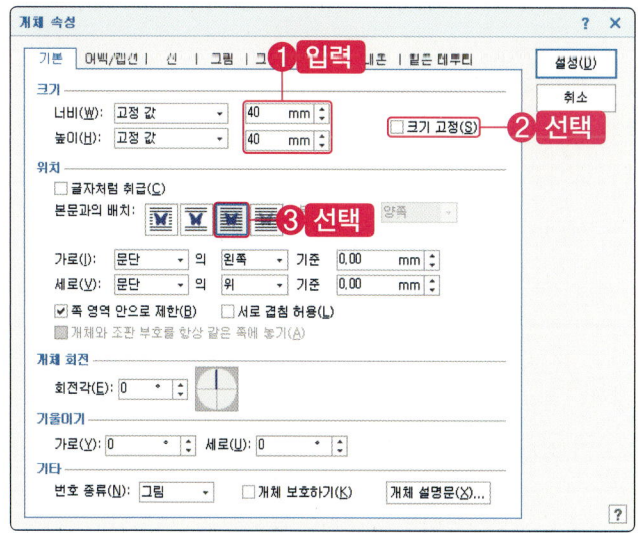
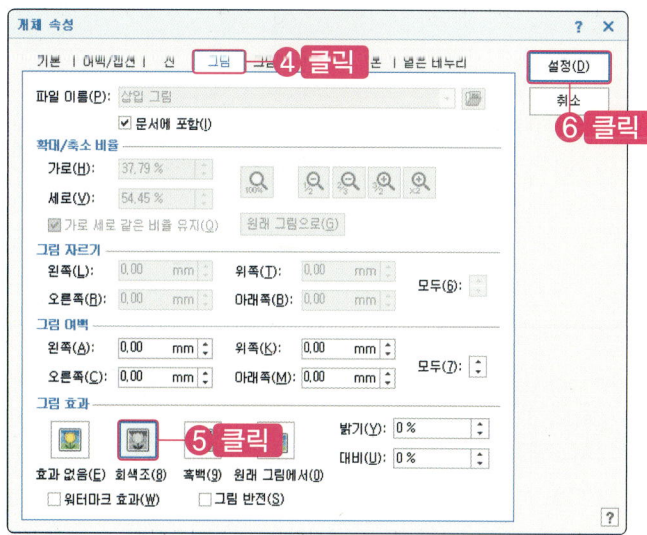

05 그림의 속성이 지정되면 드래그하여 위치를 조정합니다.

06 글맵시를 삽입하기 위해 [입력] 탭을 클릭한 후 [글맵시]를 클릭합니다.

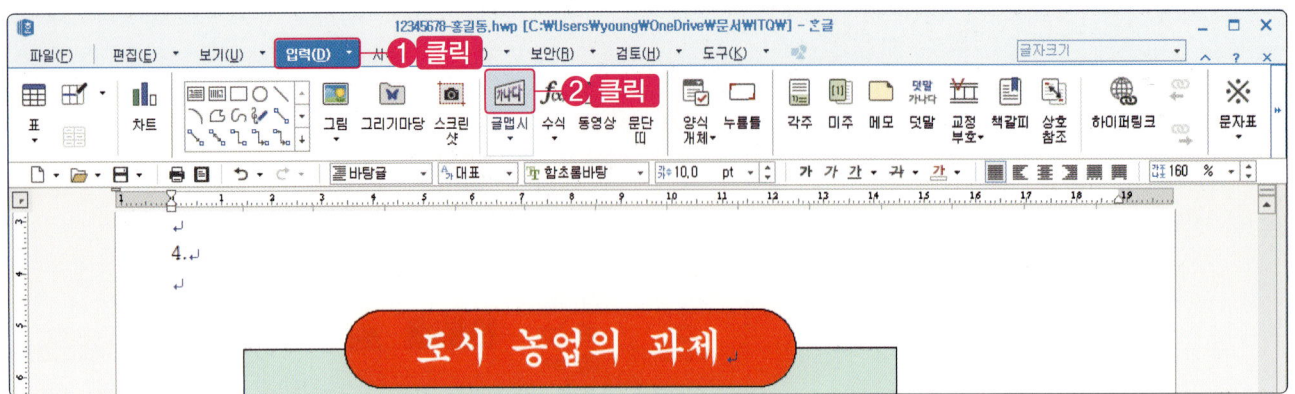

07 [글맵시 만들기] 대화상자가 나타나면 내용(도시농업)을 입력한 후 글꼴(궁서)과 글맵시 모양([나비넥타이(▶◀)])을 선택한 다음 [설정]을 클릭합니다.

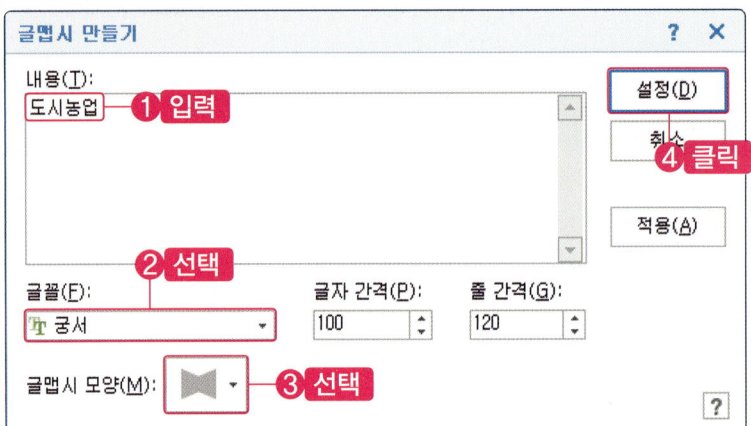

08 글맵시를 삽입하기 위해 [입력] 탭을 클릭한 후 [글맵시]를 클릭합니다.

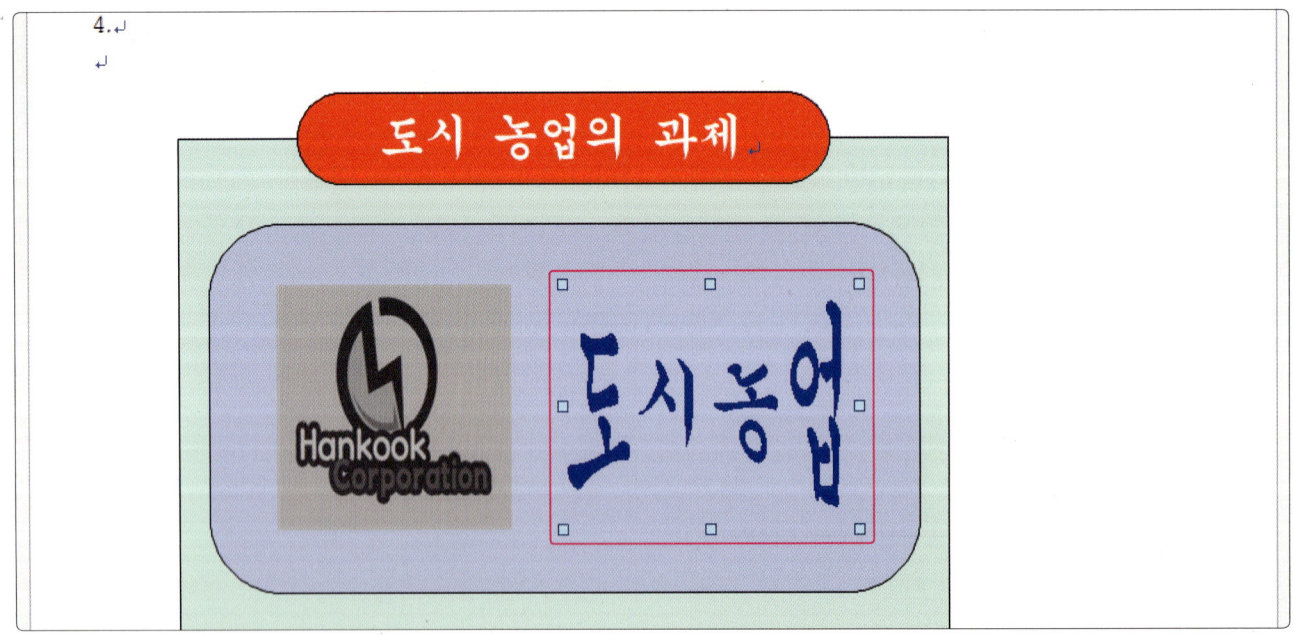

> **글맵시의 속성 지정** : [글맵시]를 선택한 후 바로가기 메뉴의 [개체 속성]을 클릭 → [개체 속성] 대화상자의 [기본] 탭에서 너비(50)와 높이(40)를 입력한 후 [크기 고정]을 선택한 다음 본문과의 배치([글 앞으로(▣)])를 선택 → [채우기] 탭에서 면 색(파랑(RGB: 0,0,255))을 선택한 후 [설정]을 클릭

목차 작성하기

01 다음과 같이 목차 'A'를 작성합니다.

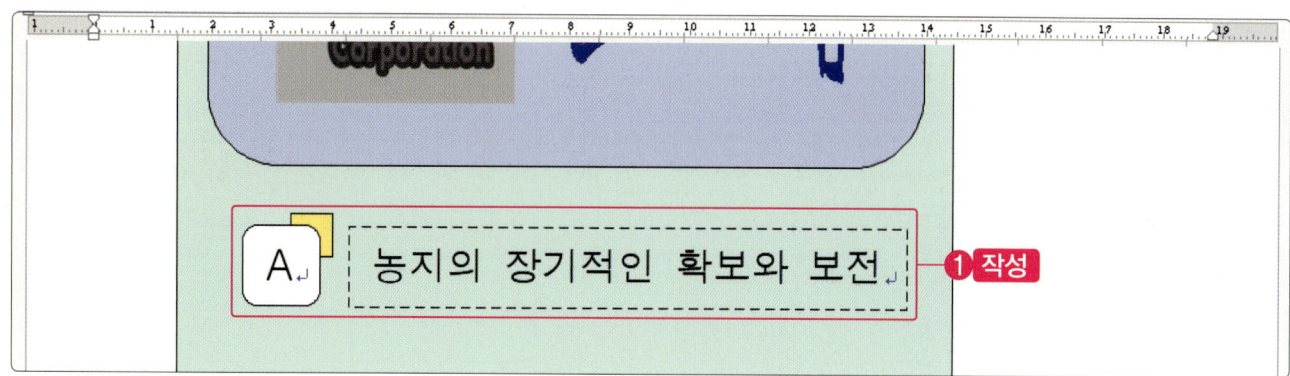

- **목차 'A'의 목차 도형 작성** : [입력] 탭에서 [직사각형(☐)]을 클릭한 후 드래그하여 목차 도형을 삽입 → 도형을 선택한 후 바로가기 메뉴의 [개체 속성]을 클릭 → [개체 속성] 대화상자의 [기본] 탭에서 너비(7)와 높이(7)를 입력한 후 [크기 고정]을 선택 → [채우기] 탭에서 면 색(임의의 색)을 선택한 후 [설정]을 클릭 → 도형 위치를 조정
- **목차 'A'의 첫 번째 글상자 작성** : [입력] 탭에서 [가로 글상자(▤)]를 클릭한 후 드래그하여 글상자를 삽입 → 글상자를 선택한 후 바로가기 메뉴의 [개체 속성]을 클릭 → [개체 속성] 대화상자의 [기본] 탭에서 너비(13)와 높이(13)를 입력한 후 [크기 고정]을 선택 → [선] 탭에서 사각형 모서리 곡률([둥근 모양(☐)])을 선택 → [채우기] 탭에서 면 색(하양(RGB: 255,255,255))을 선택한 후 [설정]을 클릭 → 글상자의 위치 조정 → 텍스트(A)를 입력한 후 드래그하여 블록 설정 → [서식] 도구 상자에서 글꼴(굴림)과 글자 크기(20)를 선택한 후 [가운데 정렬(홀)]을 클릭
- **목차 'A'의 두 번째 글상자 작성** : [입력] 탭에서 [가로 글상자(▤)]를 클릭한 후 드래그하여 글상자를 삽입 → 글상자를 선택한 후 바로가기 메뉴의 [개체 속성]을 클릭 → [선] 탭에서 선 종류([점선 또는 파선(- -)])를 선택 → [채우기] 탭에서 [채우기 없음]을 선택한 후 [설정]을 클릭 → 글상자의 위치 조정 → 텍스트(농지의 장기적인 확보와 보전)를 입력한 후 드래그하여 블록 설정 → [서식] 도구 상자에서 글꼴(돋움)과 글자 크기(18)를 선택한 후 [가운데 정렬(홀)]을 클릭

02 목차 'A'가 완성되면 목차 도형을 모두 선택한 후 Ctrl과 Shift를 누른 상태에서 드래그하여 목차 'A'를 복사합니다.

03 목차 'A'가 복사되면 같은 방법으로 다음과 같이 목차 'A'를 한 개더 복사한 후 내용을 수정한 다음 'B'의 첫 번째 도형의 면색(임의의 색)과 목차 'C'의 첫 번째 도형의 면색(임의의 색)을 변경합니다.

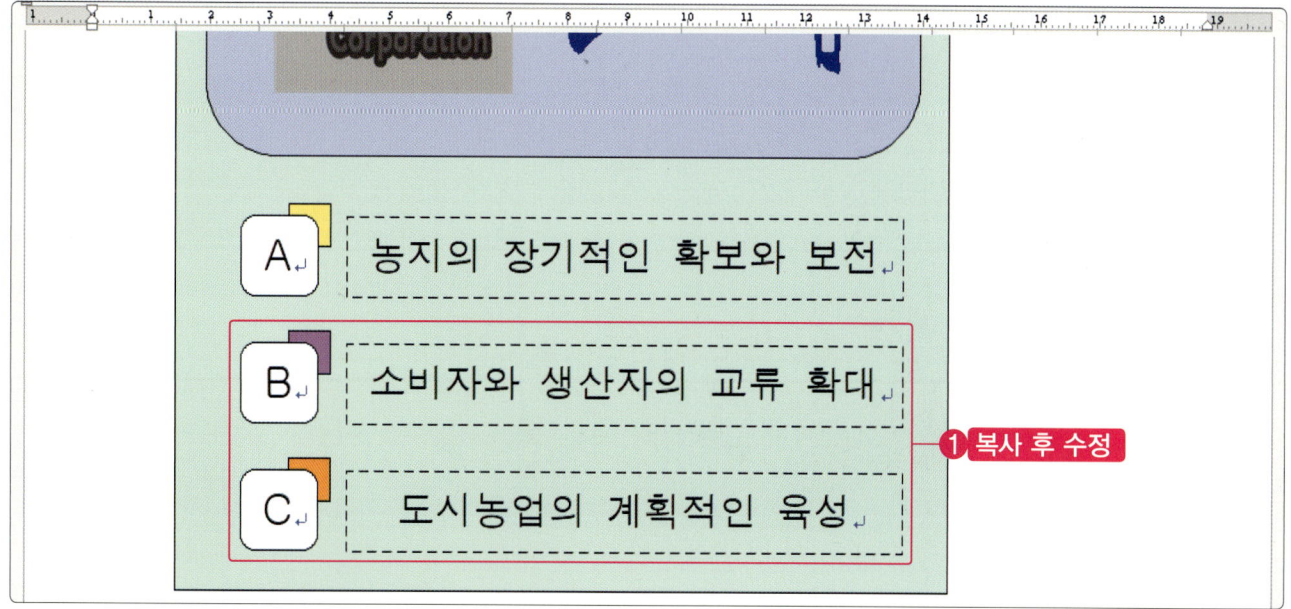

책갈피 삽입하고 하이퍼링크 지정하기

01 책갈피를 삽입하기 위해 3페이지의 첫 번째 줄에 '문서작성 능력평가'의 제목(2022년 도시농업박람회)을 입력한 후 '2022년' 앞에 커서를 둔 다음 [입력] 탭을 클릭하고 [책갈피(📑)]를 클릭합니다.

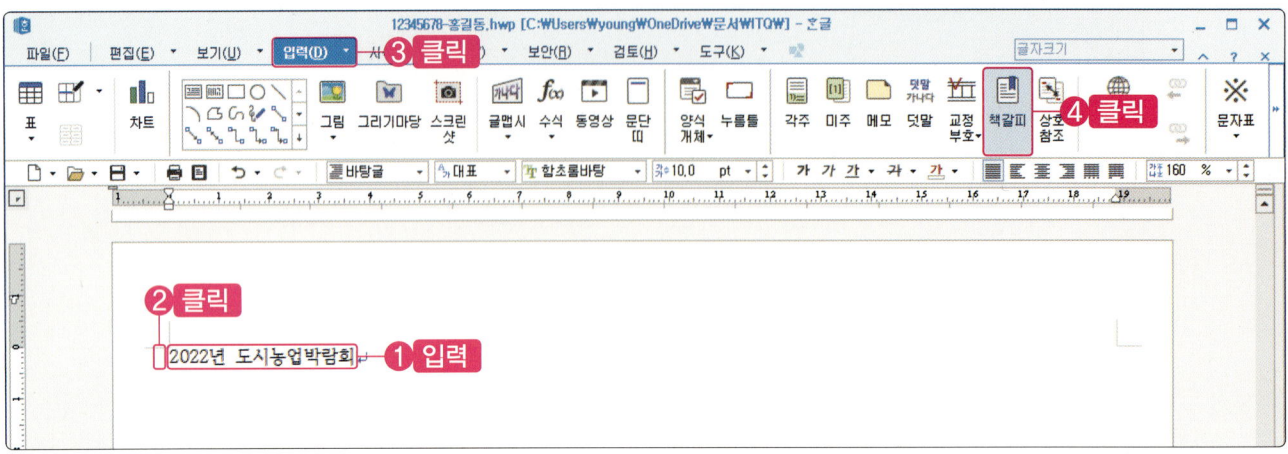

02 [책갈피] 대화상자가 나타나면 책갈피 이름(도시농업)을 입력한 후 [넣기]를 클릭합니다.

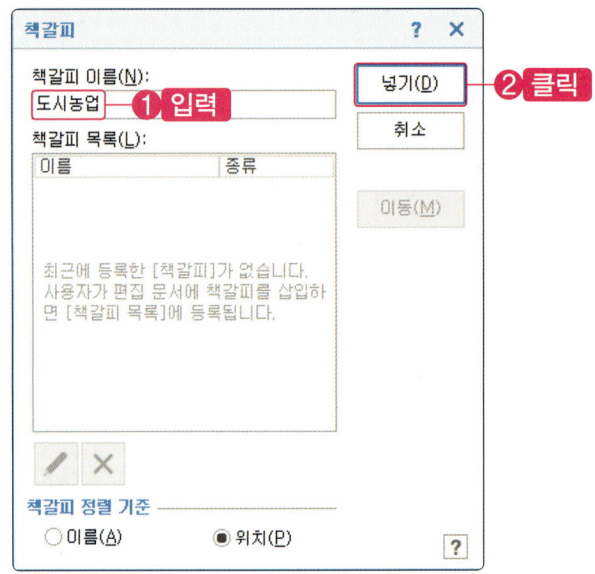

03 책갈피가 삽입되면 그림에 하이퍼링크를 지정하기 위해 2페이지에서 그림을 선택한 후 [입력] 탭을 클릭한 다음 [하이퍼링크]를 클릭합니다.

04 〔하이퍼링크〕 대화상자가 나타나면 책갈피(도시농업)를 선택한 후 〔넣기〕를 클릭합니다.

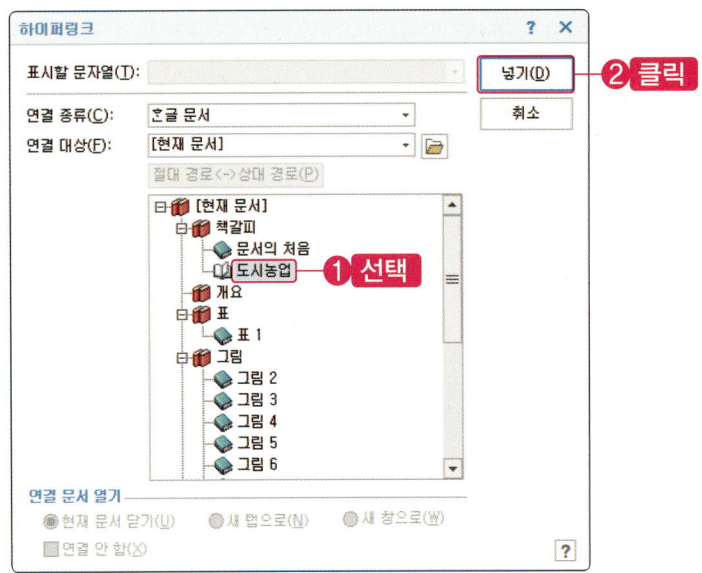

05 그림에 하이퍼링크가 지정되면 마우스 포인터를 가져가면 마우스 포인터 모양이 🖑 모양으로 변경되고 그림을 클릭하면 '문서작성 능력평가'의 제목으로 이동합니다.

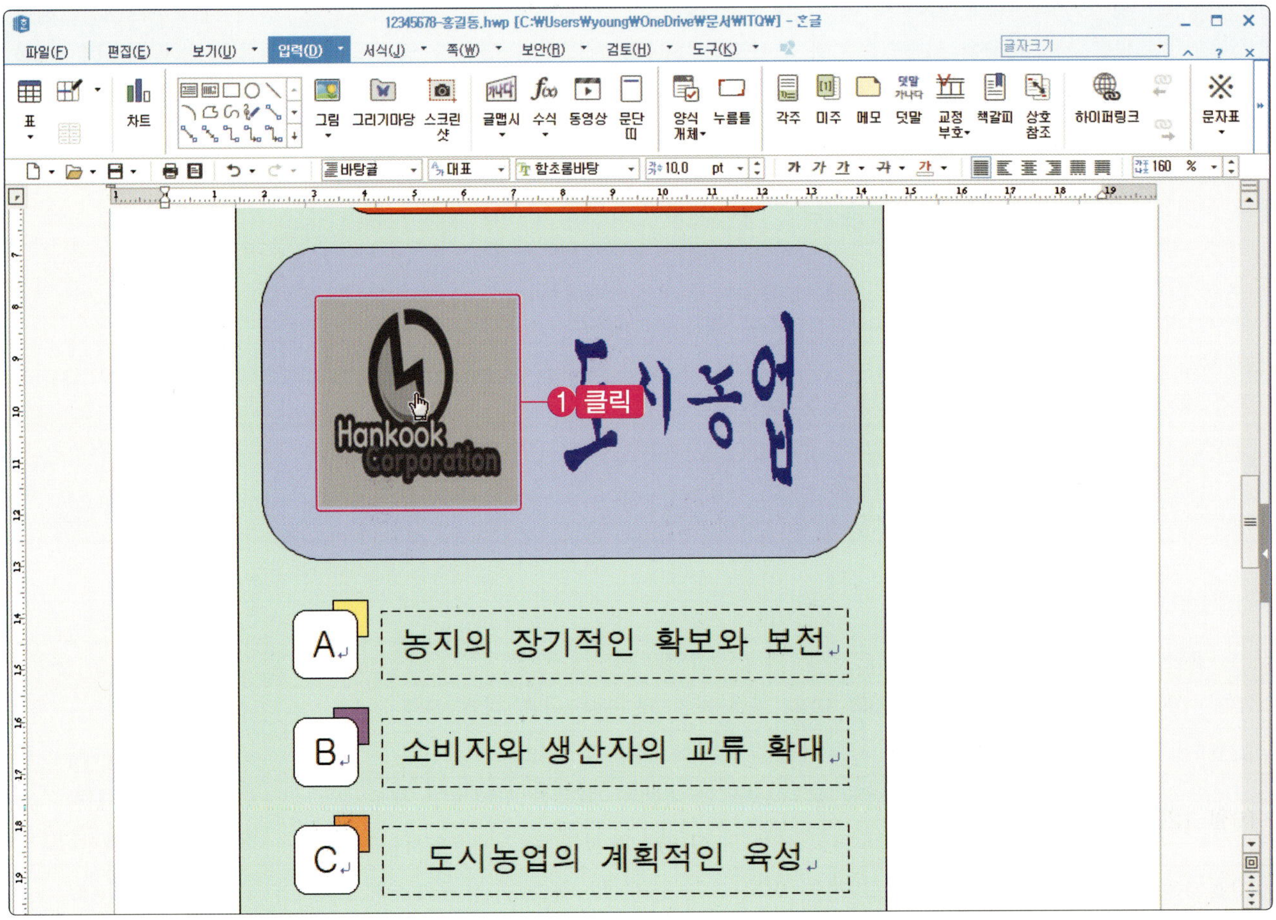

- 하이퍼링크가 지정된 개체는 Alt (또는 Shift)를 누른 상태에서 클릭해야 선택할 수 있습니다.
- 그림을 선택한 후 〔입력〕 탭에서 〔하이퍼링크〕를 클릭하면 하이퍼링크를 수정할 수 있습니다.

문서작성 능력평가 - 1

'문서작성 능력평가'에서는 문서를 작성하는 방법에 대해 알고 있어야 합니다. 3페이지에 작업하며 문서를 작성하는 문제(머리말, 덧말, 문단 첫 글자 장식, 각주 등)가 출제되고 있습니다.

문제

글꼴 : 궁서, 18pt, 진하게, 가운데 정렬
책갈피 이름 : 도시농업
덧말 넣기

머리말 기능
굴림, 10pt, 오른쪽 정렬 → 도시농업

문단 첫 글자 장식 기능
글꼴 : 궁서, 면색 : 노랑

각주

2022년 빌딩 숲 도시농업 도시농업 박람회

농림축산식품부는 도시농업육성법 개정 법률 시행을 통해 도시농업의 정의를 새롭게 하고 도시농업관리사 국가전문자격㉮을 도입(導入)하였다. 도시농업의 정의를 기존의 농작물 재배에서 수목, 화초재배, 곤충사육, 양봉까지 확대하고 도시농업의 날(매년 4월 11일)을 법정기념일로 지정하여 국민들이 농업에 관심을 가질 수 있도록 하였다. 기존의 농작물, 특히 무나 배추 등 채소 위주의 도시농업에서 벗어나 그 소재까지 확대하고 도시농업의 가치를 널리 알리는 계기로 마련함에 따라 도시농업의 확산(擴散)에 크게 기여할 것으로 기대된다. 특히 세계 최초로 도시농업 관련 국가전문자격 제도를 시행함으로써 도시농업 분야의 체계적인 전문가 양성도 가능할 것으로 분석된다. 아울러 일자리 연계를 위해 국가 및 지방자치단체가 도시농업 관련 교육 및 훈련을 수행하는 경우에는 교육 및 훈련인원 40명당 도시농업관리사 1명을 의무적으로 배치하도록 규정하였다.

한편, 정부는 도시농업의 가치 및 도시농업관리사 전문 자격 홍보를 위하여 박람회를 기획하고 있다. 농림축산식품부와 도시농업지원센터가 주최하는 본 박람회는 도시농업의 유익한 정보를 제공할 계획이다.

♣ 도시농업 박람회 소개
도시농업 일상의 발견
이런 사무실 어때요? 그린오피스
성취감 쑥, 스트레스 뚝, 학교 텃밭에서 누려요
도시농업 체험 프로그램
작은 씨앗에서 무성한 허브로 압축 배양토
나만의 반려 식물 새싹을 키워보는 식물 정원

표 전체 글꼴 : 돋움, 10pt, 가운데 정렬
셀 배경(그러데이션) : 유형(가로)【수평】,
시작색(하양), 끝색(노랑)

♣ 도시농업 미래 박람회

일시	주제	비고
10월 10일(월)	도시농업의 현황, 도시농업 및 귀농/귀촌 실태 분석	기타 자세한 사항은 센터 홈페이지를 참고하기 바랍니다.
10월 11일(화)	도시농업 활성화 의의 및 방법	
10월 12일(수)	사무실, 가정, 학교 등 일상생활 속에서 가능한 도시농업 활용사례	
	첨단기술을 활용한 가정 또는 도심에서 체험할 수 있는 도시농업 소개	
10월 13일(목)	도시농업을 주제로 하는 이색 소재 공유 및 귀농/귀촌 우수사례 소개	

도시농업박람회사무국

각주 구분선 : 5cm

㉮ 국가전문자격은 정부 부처 관련 각 개별법에 의해 규정한 자격을 말함

작업순서요약

① 내용을 입력(한자, 특수문자)한 후 표를 작성합니다.
② 머리말을 삽입하고 제목에 덧말 및 글자 모양을 지정합니다.
③ 문단 첫 글자를 장식하고 각주를 삽입합니다.

STEP 01

내용 입력하기

 Chapter07.hwp

01 3페이지의 제목 뒤에 커서를 둔 후 Enter를 2번 눌러 줄을 바꿉니다. 그런다음 다음과 같이 내용을 입력합니다.

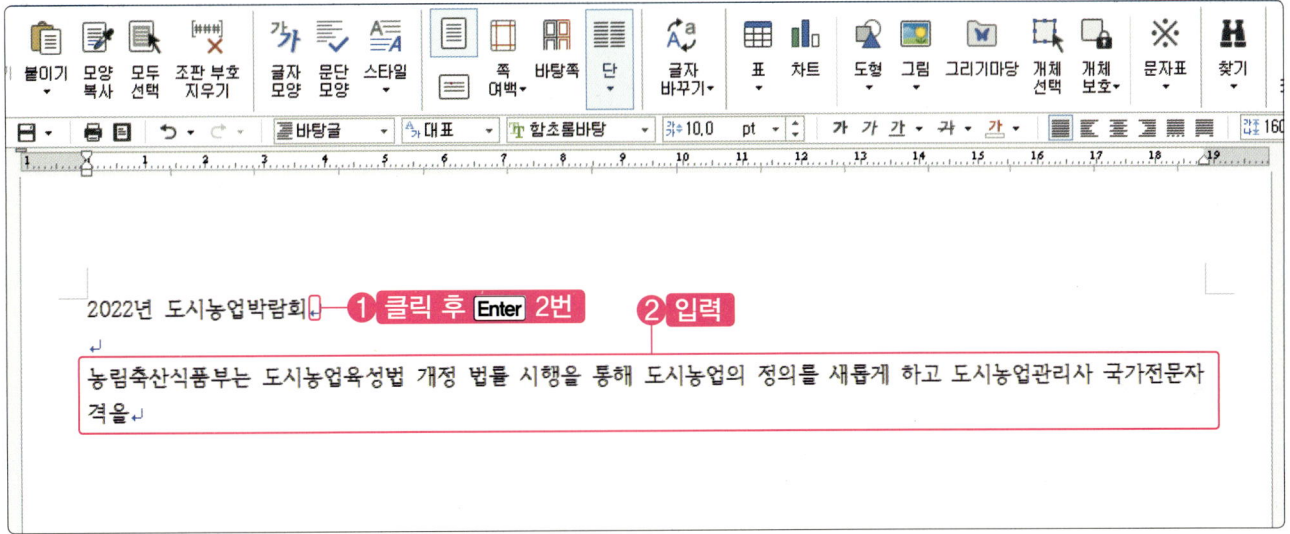

제목은 이미 '기능평가 Ⅱ'의 개체에서 작업하여 입력되어 있습니다.

02 한자를 입력하기 위해 '도입'을 입력한 후 [입력] 탭 을 클릭한 다음 [한자 입력(🈯)]을 클릭합니다.

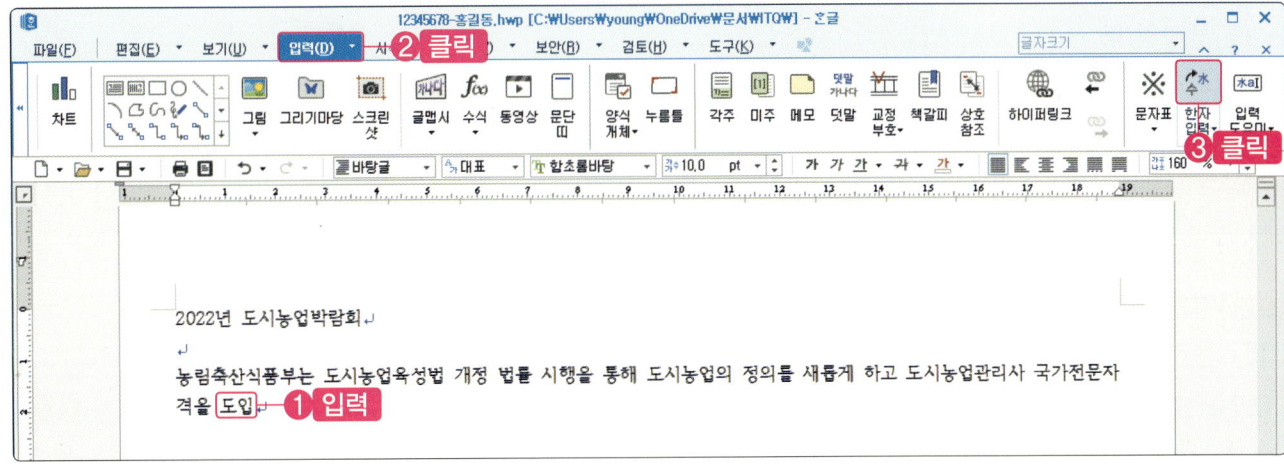

- 한자는 먼저 한글을 입력한 후 한글을 한자로 바꾸어서 입력합니다. 여기서는 '도입'을 '도입(導入)'로 바꾸어서 입력하기 위해 '도입'을 입력한 후 [입력] 탭을 클릭한 다음 [한자 입력(🈯)]을 클릭한 것입니다.
- '도입'을 입력한 후 [입력] 탭의 (목록▼) 단추를 클릭한 다음 [한자 입력]-[한자로 바꾸기]를 클릭하거나 F9(또는 한자)를 눌러 한자를 입력할 수도 있습니다.

03 [한자로 바꾸기] 대화상자가 나타나면 한자(導入)와 입력 형식(한글(漢字))을 선택한 후 [바꾸기] 단추를 클릭합니다.

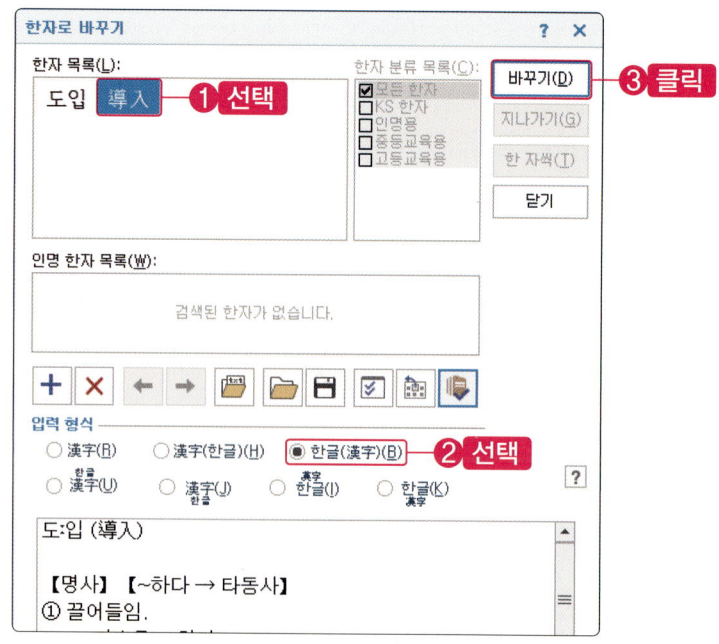

04 한자가 입력되면 같은 방법으로 내용을 입력한 후 Enter를 2번 눌러 줄을 바꿉니다.

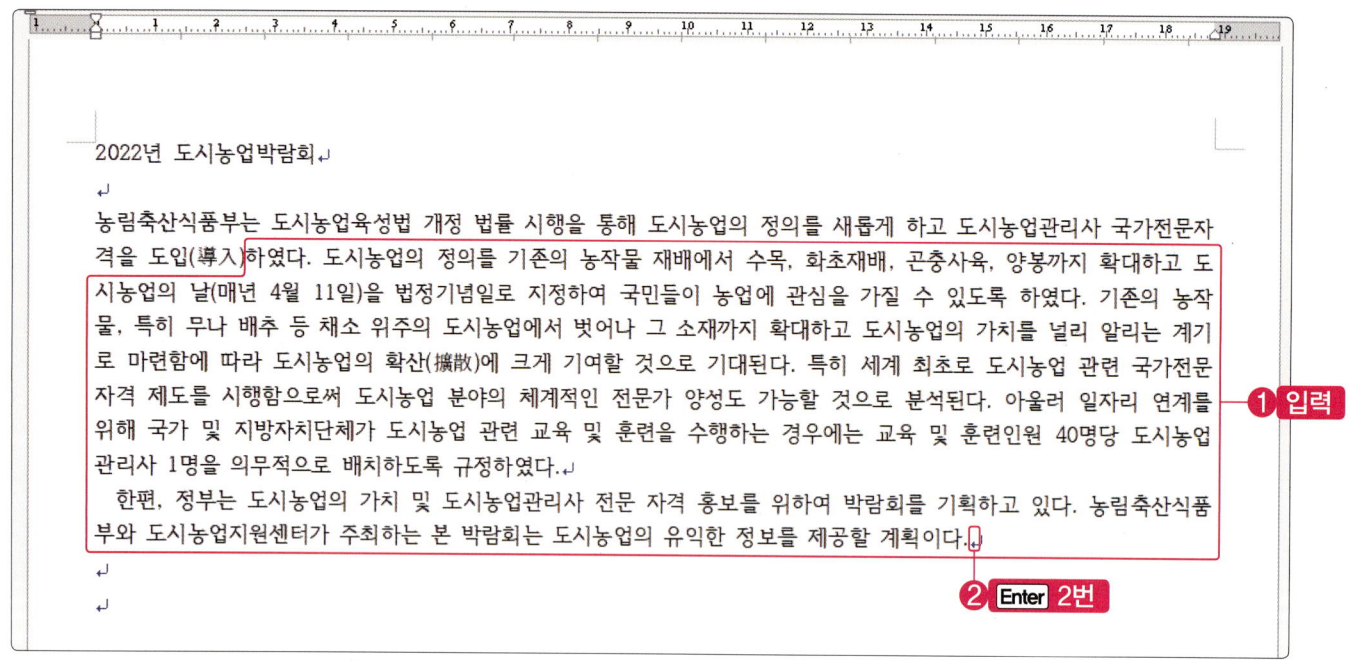

05 특수 문자를 입력하기 위해 [입력] 탭을 클릭한 후 [문자표]를 클릭한 다음 [문자표]를 클릭합니다.

06 [문자표 입력] 대화상자가 나타나면 [글(HNC) 문자표] 탭에서 문자 영역(전각 기호(일반))을 선택한 후 문자(♣)를 선택한 다음 [넣기]를 클릭합니다.

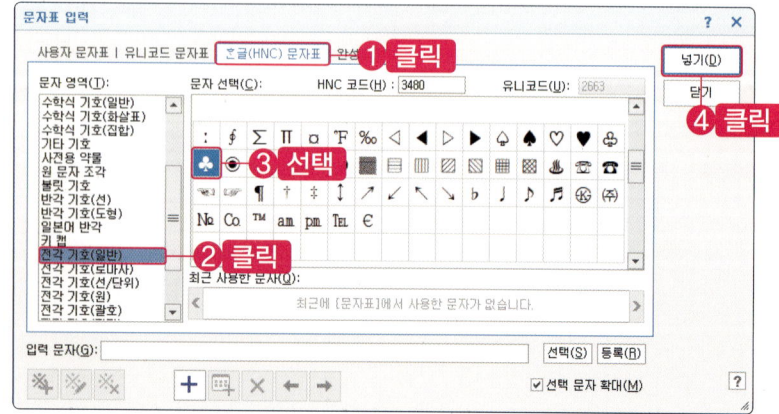

07 특수문자가 삽입되면 같은 방법으로 나머지 내용을 작성합니다.

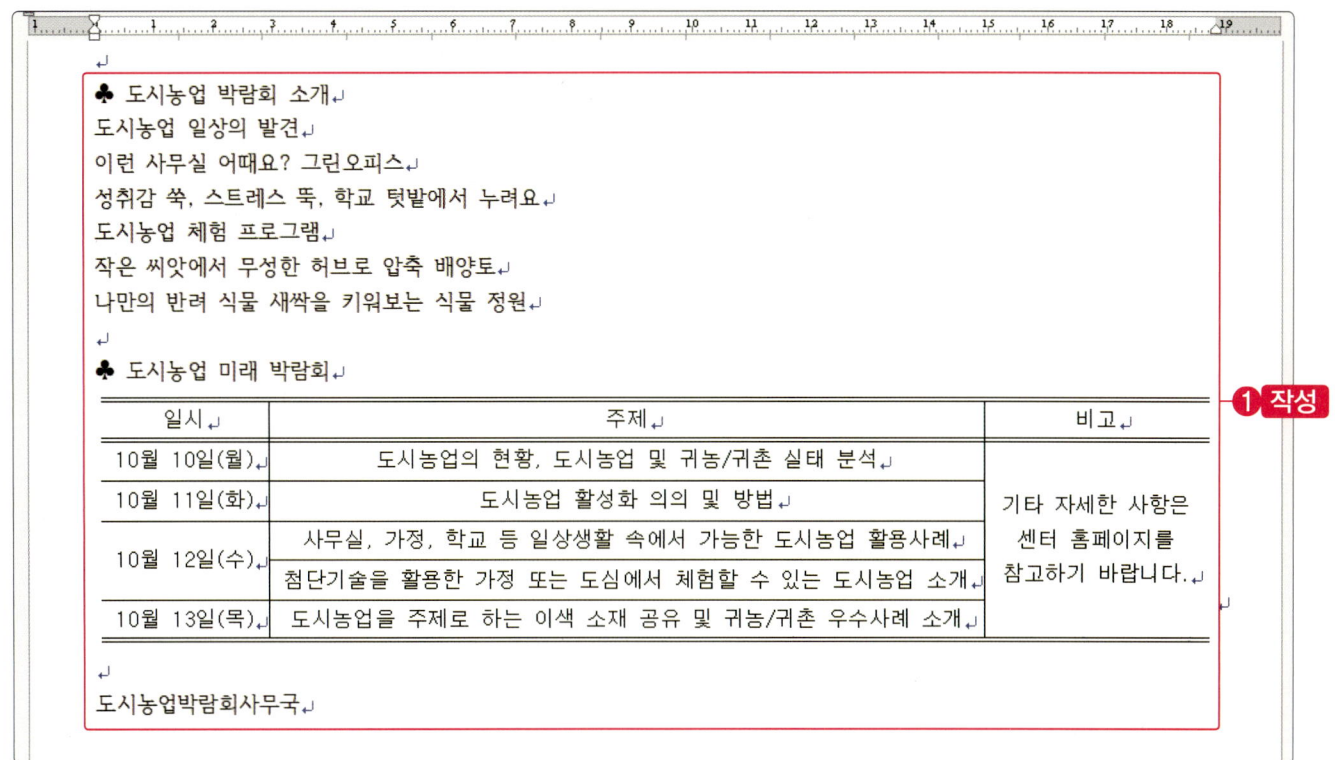

- '도시농업 박람회 소개 ~ 나만의 반려 식물 새싹을 키워보는 식물 정원' 앞의 'A', 'B', '1.', '2.'은 문단 번호이므로 입력하지 않습니다.
- 표 작성 : [입력] 탭에서 [표]를 클릭 → [표 만들기] 대화상자에서 줄 수(6)와 칸 수(3)를 입력한 후 [글자처럼 취급]을 선택한 다음 [만들기]를 클릭 → 4줄 1칸 ~ 5줄 1칸을 셀 블록으로 설정한 후 [표] 정황 탭에서 [셀 합치기]를 클릭, 같은 방법으로 2줄 3칸 ~ 6줄 3칸을 셀 합치기를 하여 하나의 셀로 만듦 → 각 셀에 내용을 입력 → 셀 블록을 설정한 후 셀 너비를 조절(셀 블록 후 **Alt**+방향키(←, →)) → 표 전체를 셀 블록으로 설정한 후 [서식] 도구 상자에서 글꼴(돋움)과 글자 크기(10)를 선택한 다음 [가운데 정렬(≡)]을 클릭 → 바로가기 메뉴의 [셀 테두리/배경]-[각 셀마다 적용]을 클릭 → [셀 테두리/배경] 대화상자의 [테두리] 탭에서 테두리 종류([이중 실선(━)])와 테두리 굵기(0.5 mm)를 선택한 후 [위]와 [아래]를 클릭한 다음 [적용]을 클릭, 그런다음 다시 테두리 종류(선 없음)를 선택한 후 [왼쪽]과 [오른쪽]을 클릭한 다음 [위]와 [아래]를 클릭하여 선택 해제하고 [설정]을 클릭 → 1줄 1칸 ~ 1줄 3칸을 셀 블록으로 설정한 후 [표] 정황 탭의 [목록] 단추를 클릭한 다음 [셀 테두리/배경]-[각 셀마다 적용]을 클릭 → [셀 테두리/배경] 대화상자의 [테두리] 탭에서 테두리 종류([이중 실선(━)])와 테두리 굵기(0.5 mm)를 선택한 후 [아래]를 클릭

08 1줄 1칸 ~ 1줄 3칸을 셀 블록으로 설정한 후 바로가기 메뉴의 [셀 테두리/배경]-[각 셀마다 적용]을 클릭합니다.

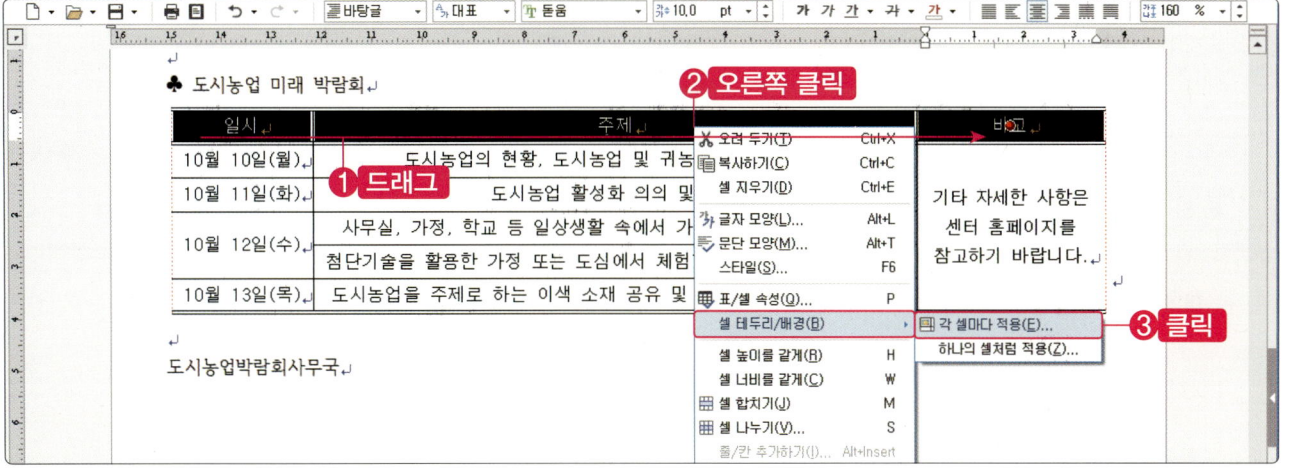

09 〔셀 테두리/배경〕 대화상자가 나타나면 〔배경〕 탭에서 〔그러데이션〕을 선택한 후 시작 색(흰색(RGB: 255,255,255))과 끝 색(노랑(RGB: 255,255,0))을 선택한 다음 유형(수평)을 클릭하고 〔설정〕을 클릭합니다.

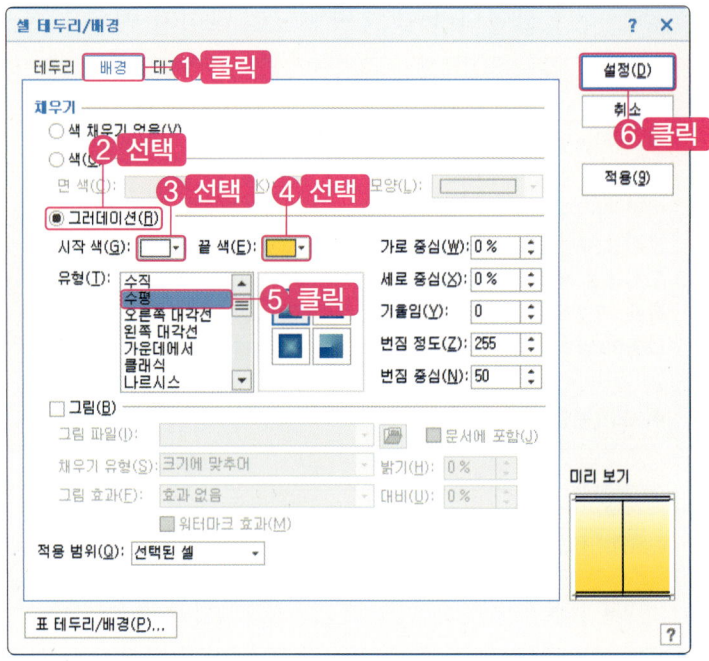

10 다음과 같이 셀 배경이 지정됩니다.

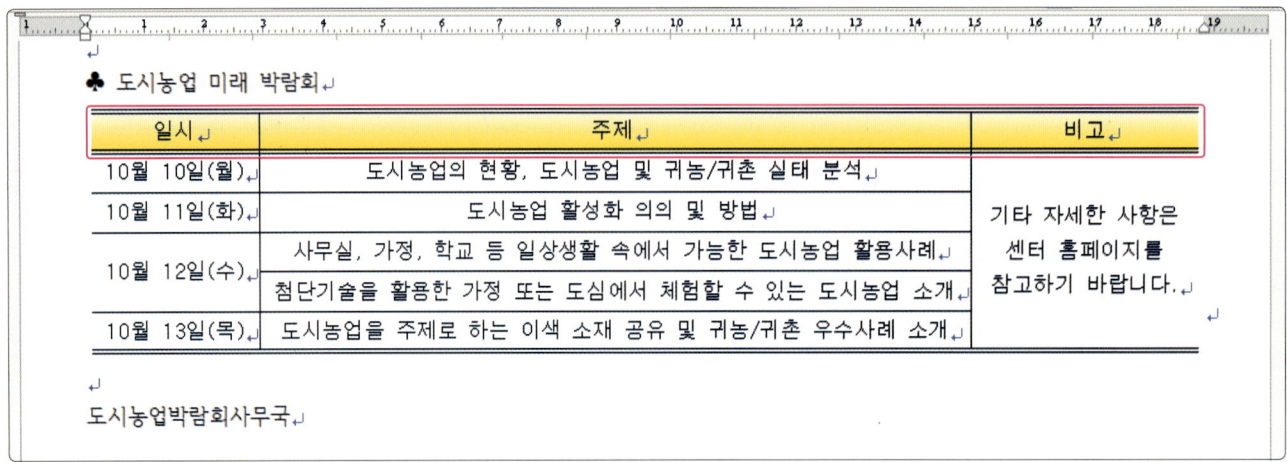

STEP 02
머리말 삽입하고 제목 작성하기

01 머리말을 삽입하기 위해 〔쪽〕 탭을 클릭한 후 〔머리말〕을 클릭한 다음 〔위쪽〕-〔모양 없음〕을 클릭합니다.

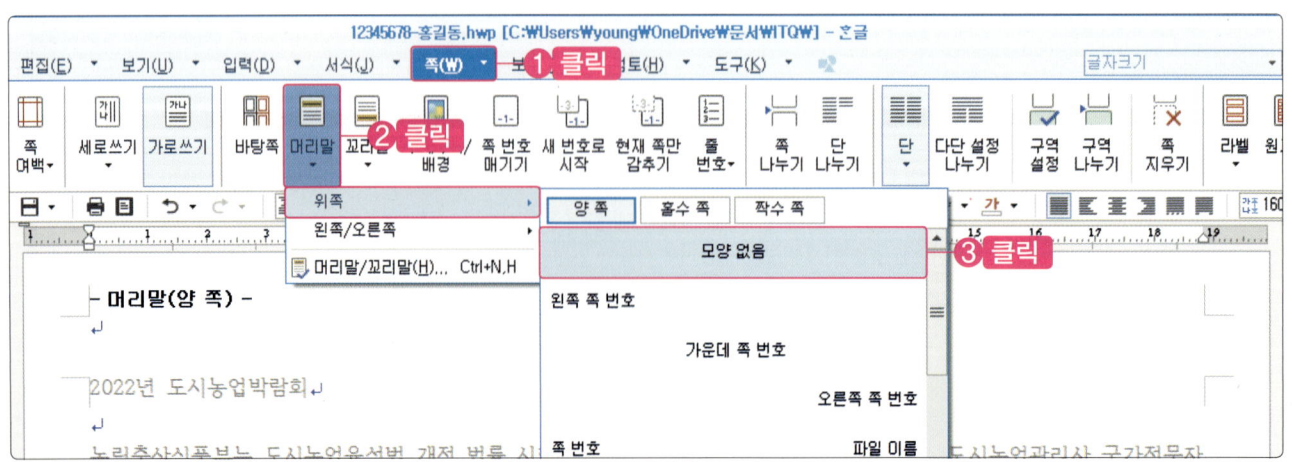

02 머리말 입력 화면이 나타나면 머리말(도시농업)을 입력한 후 머리말을 블록으로 설정한 다음 [서식] 도구 상자에서 글꼴(굴림)과 글자 크기(10)를 선택하고 [오른쪽 정렬(≡)]을 클릭합니다.

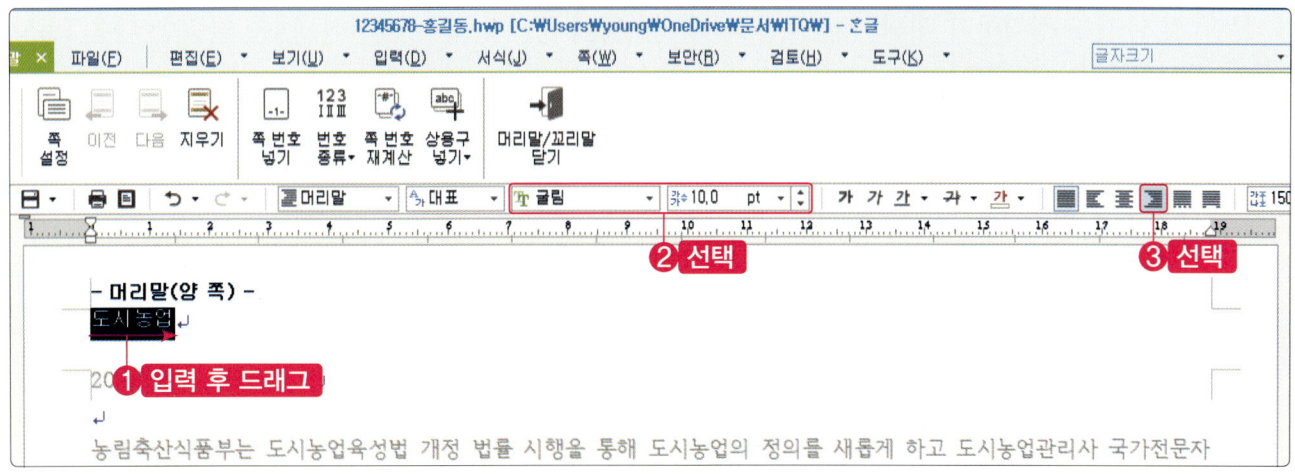

03 머리말 입력을 닫기 위해 [머리말/꼬리말] 탭에서 [머리말/꼬리말 닫기]를 클릭합니다.

04 제목을 작성하기 위해 제목을 블록으로 설정한 후 [서식] 도구 상자에서 글꼴(궁서)을 선택한 다음 글자 크기(18)를 입력하고 [진하게(가)]와 [가운데 정렬(≡)]을 클릭합니다. 그런다음 덧말을 넣기 위해 [입력] 탭을 클릭한 후 [덧말]을 클릭합니다.

05 [덧말 넣기] 대화상자가 나타나면 덧말(빌딩 숲 도시농업)을 입력한 후 위치(위)를 선택한 다음 [넣기]를 클릭합니다.

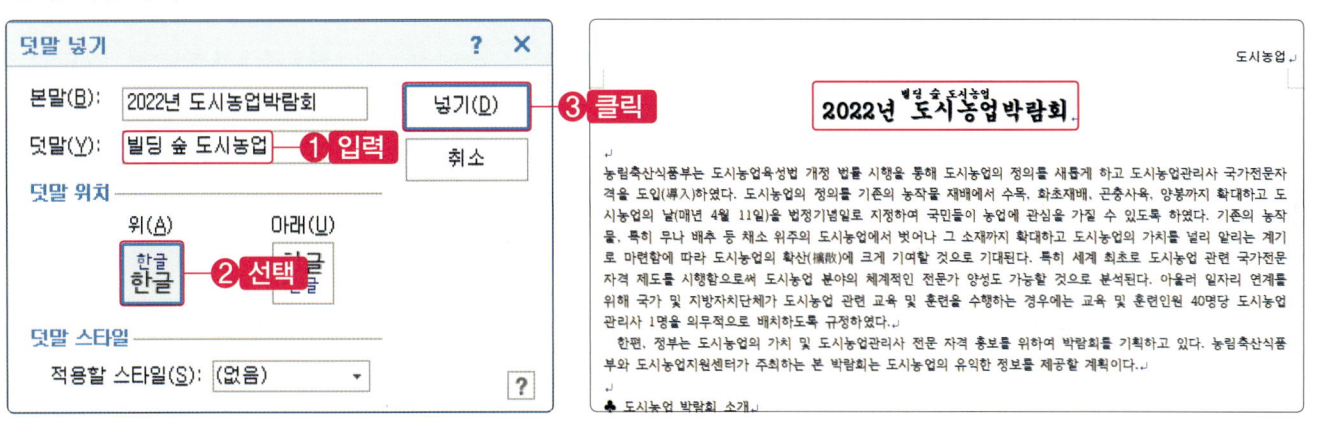

STEP 03
문단 첫 글자 장식하고 각주 삽입하기

01 문단 첫 글자를 장식하기 위해 '농림축산식품부는' 앞에 커서를 둔 후 [서식] 탭을 클릭한 다음 [문단 첫 글자 장식(갸)]을 클릭합니다.

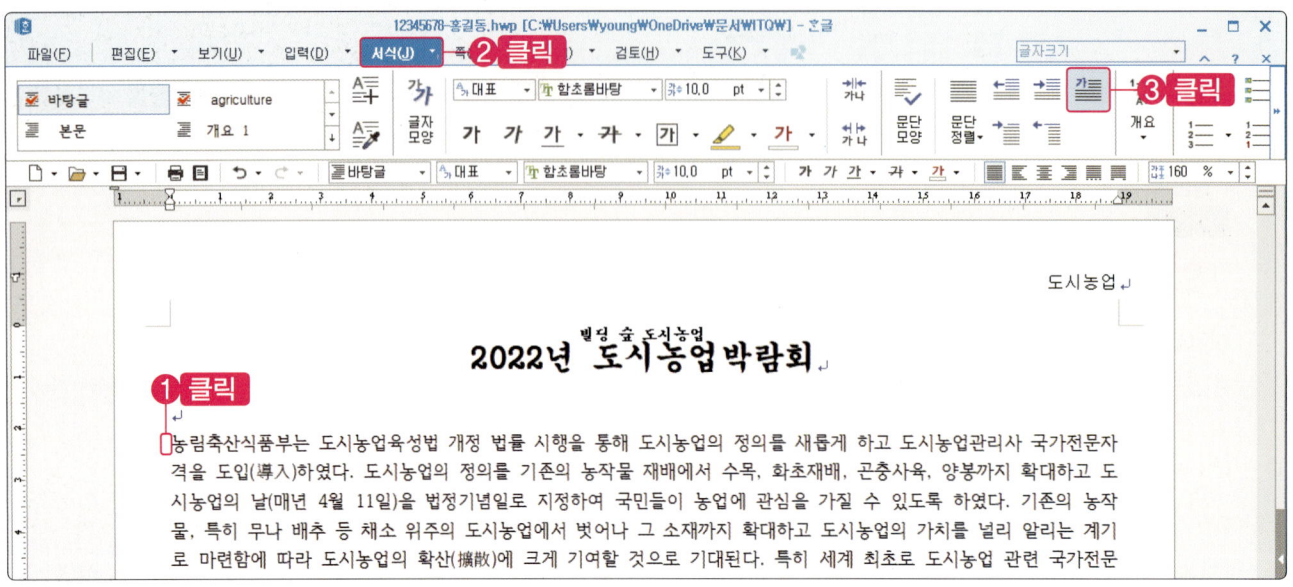

02 [문단 첫 글자 장식] 대화상자가 나타나면 모양([2줄(≣)])을 선택한 후 글꼴(궁서)과 면 색(노랑(RGB: 255,255,0))을 선택한 다음 [설정]을 클릭합니다.

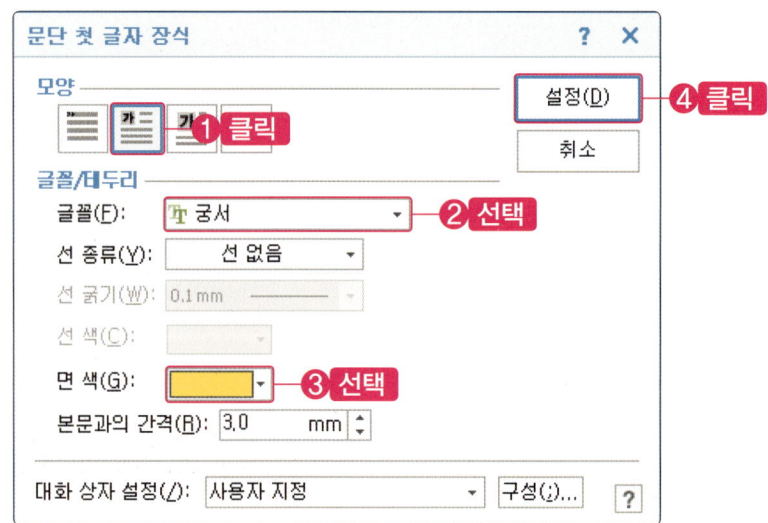

[없음(≣)]을 선택하면 문단 첫 글자 장식을 제거할 수 있습니다.

03 각주를 삽입하기 위해 '국가전문자격' 뒤에 커서를 둔 후 [입력] 탭을 클릭한 다음 [각주]를 클릭합니다.

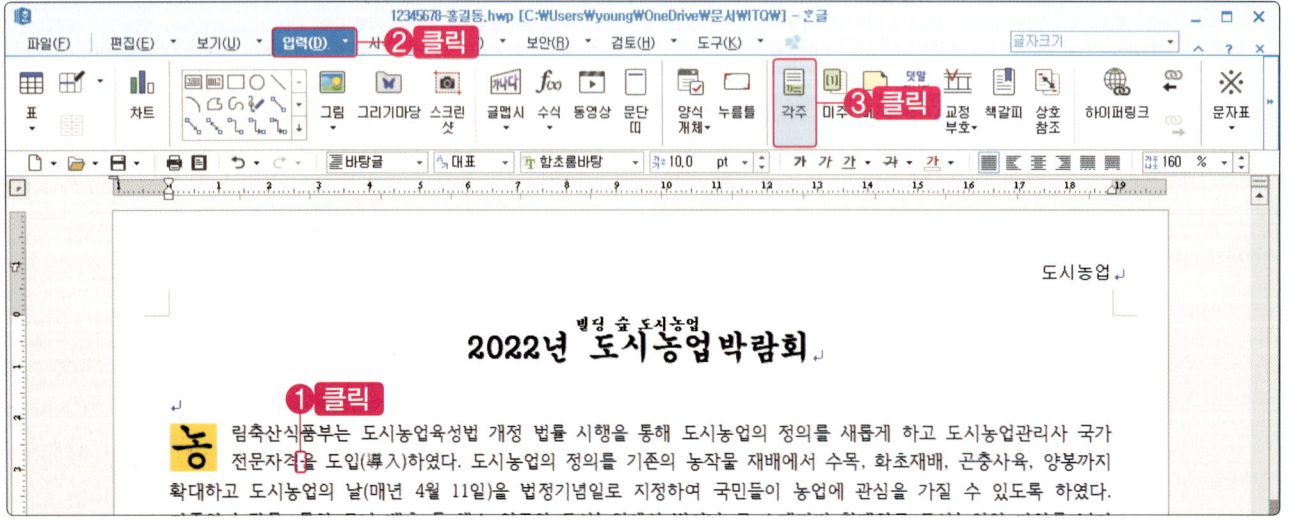

04 각주 입력 화면이 나타나면 [주석] 정황 탭에서 [각주/미주 모양 고치기]를 클릭합니다.

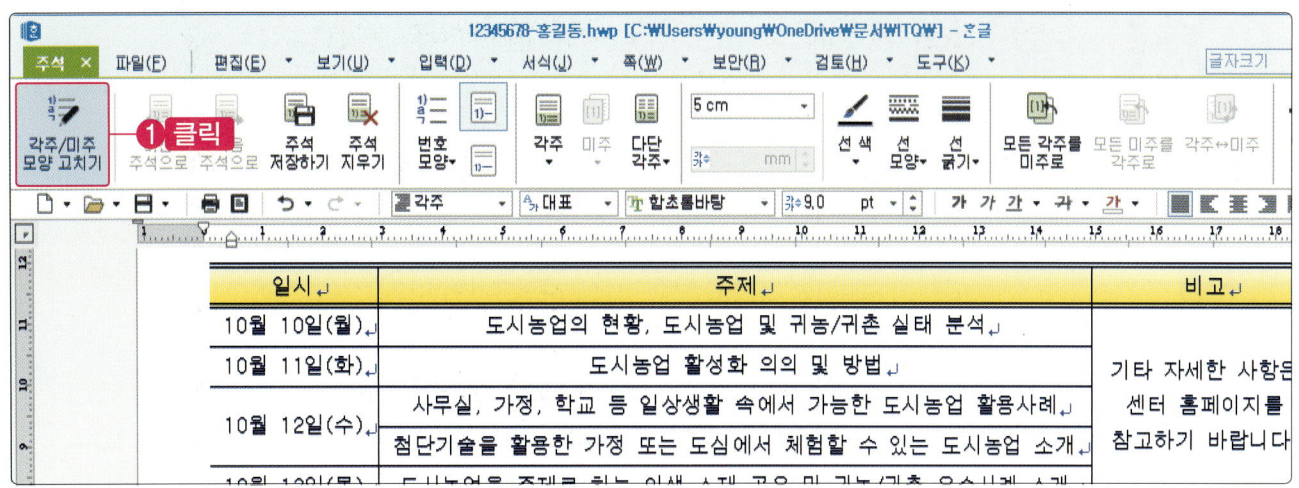

05 [주석 모양] 대화상자가 나타나면 번호 모양(㉮,㉯,㉰)을 선택한 후 구분선 길이(5cm)를 확인한 다음 [설정]을 클릭합니다.

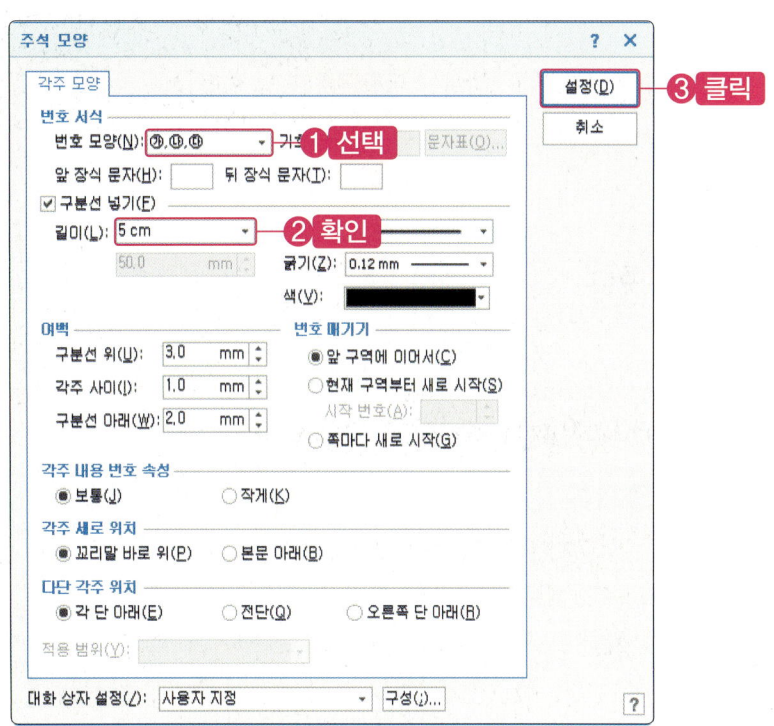

06 각주 번호 모양이 변경되면 다음과 같이 각주 내용을 입력합니다. 그런다음 각주 입력 화면을 닫기 위해 [주석] 정황 탭에서 [닫기]를 클릭합니다.

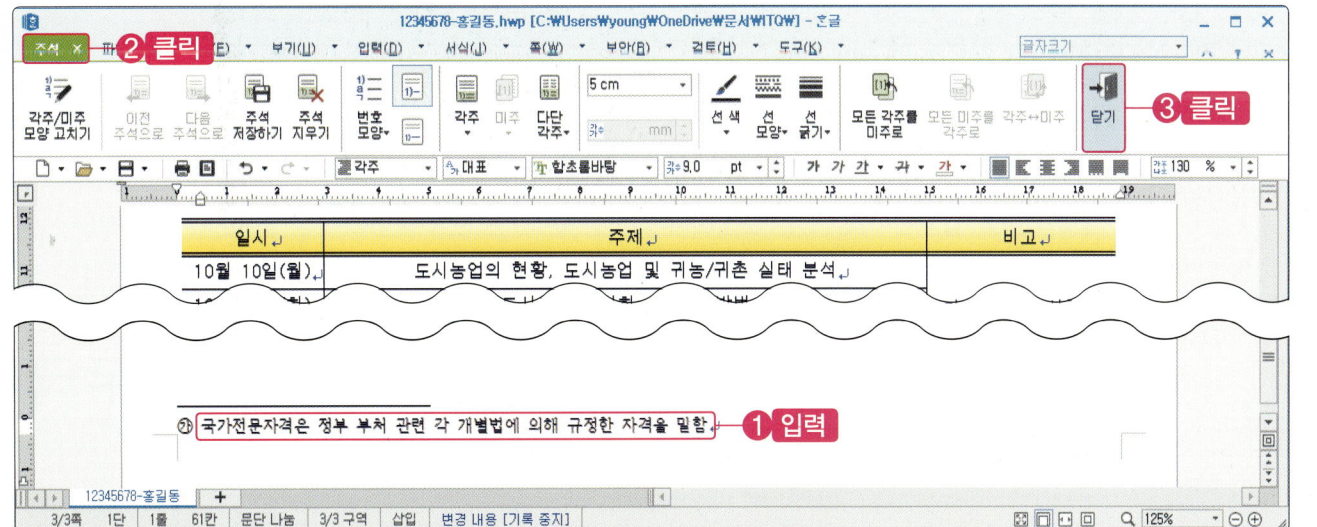

2022년 도시농업 박람회

농림축산식품부는 도시농업육성법 개정 법률 시행을 통해 도시농업의 정의를 새롭게 하고 도시농업관리사 국가전문자격㉮을 도입(導入)하였다. 도시농업의 정의를 기존의 농작물 재배에서 수목, 화초재배, 곤충사육, 양봉까지 확대하고 도시농업의 날(매년 4월 11일)을 법정기념일로 지정하여 국민들이 농업에 관심을 가질 수 있도록 하였다. 기존의 농작물, 특히 무나 배추 등 채소 위주의 도시농업에서 벗어나 그 소재까지 확대하고 도시농업의 가치를 널리 알리는 계기로 마련함에 따라 도시농업의 확산(擴散)에 크게 기여할 것으로 기대된다. 특히 세계 최초로 도시농업 관련 국가전문자격 제도를 시행함으로써 도시농업 분야의 체계적인 전문가 양성도 가능할 것으로 분석된다. 아울러 일자리 연계를 위해 국가 및 지방자치단체가 도시농업 관련 교육 및 훈련을 수행하는 경우에는 교육 및 훈련인원 40명당 도시농업관리사 1명을 의무적으로 배치하도록 규정하였다.

한편, 정부는 도시농업의 가치 및 도시농업관리사 전문 자격 홍보를 위하여 박람회를 기획하고 있다. 농림축산식품부와 도시농업지원센터가 주최하는 본 박람회는 도시농업의 유익한 정보를 제공할 계획이다.

♣ 도시농업 박람회 소개

- A. 도시농업 일상의 발견
    1. 이런 사무실 어때요? 그린오피스
    2. 성취감 쑥, 스트레스 뚝, 학교 텃밭에서 누려요
- B. 도시농업 체험 프로그램
    1. 작은 씨앗에서 무성한 허브로 압축 배양토
    2. 나만의 반려 식물 새싹을 키워보는 식물 정원

♣ 도시농업 미래 박람회

일시	주제	비고
10월 10일(월)	도시농업의 현황, 도시농업 및 귀농/귀촌 실태 분석	기타 자세한 사항은 센터 홈페이지를 참고하기 바랍니다.
10월 11일(화)	도시농업 활성화 의의 및 방법	
10월 12일(수)	사무실, 가정, 학교 등 일상생활 속에서 가능한 도시농업 활용사례	
	첨단기술을 활용한 가정 또는 도심에서 체험할 수 있는 도시농업 소개	
10월 13일(목)	도시농업을 주제로 하는 이색 소재 공유 및 귀농/귀촌 우수사례 소개	

도시농업박람회사무국

㉮ 국가전문자격은 정부 부처 관련 각 개별법에 의해 규정한 자격을 말함

작업순서요약

① 그림을 삽입하고 크기 및 자르기를 이용하여 편집합니다.
② 소제목을 작성하고 문단 번호 및 줄 간격을 지정합니다.
③ 표 제목과 기관 이름을 작성하고 쪽 번호를 매깁니다.

STEP 01

그림 삽입하고 편집하기

Chapter08.hwp

01 그림을 삽입하기 위해 〔입력〕 탭을 클릭한 후 〔그림〕을 클릭합니다.

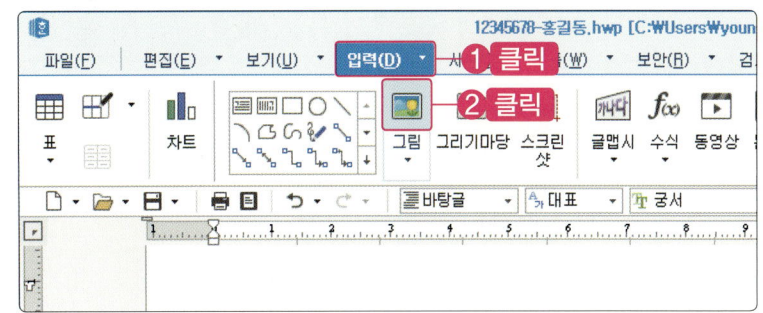

02 〔그림 넣기〕 대화상자가 나타나면 찾는 위치(내 PC₩문서₩ITQ₩Picture)를 지정한 후 그림(그림4)을 선택한 다음 〔문서에 포함〕을 선택하고 〔넣기〕를 클릭합니다.

〔글자처럼 취급〕과 〔마우스로 크기 지정〕은 선택 해제합니다.

03 그림이 삽입되면 〔그림〕 정황 탭에서 〔자르기〕를 클릭합니다.

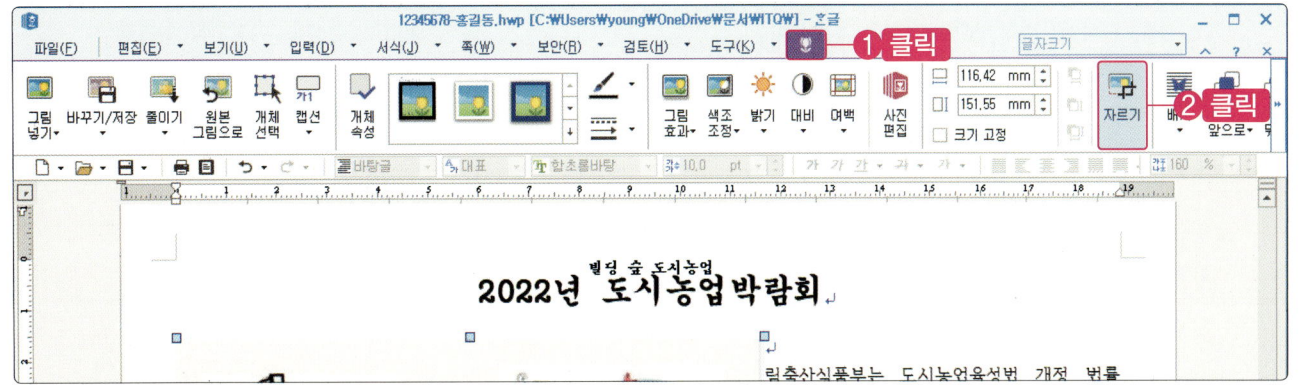

04 그림의 자르기 조정 핸들(┐)을 드래그하여 그림을 자릅니다.

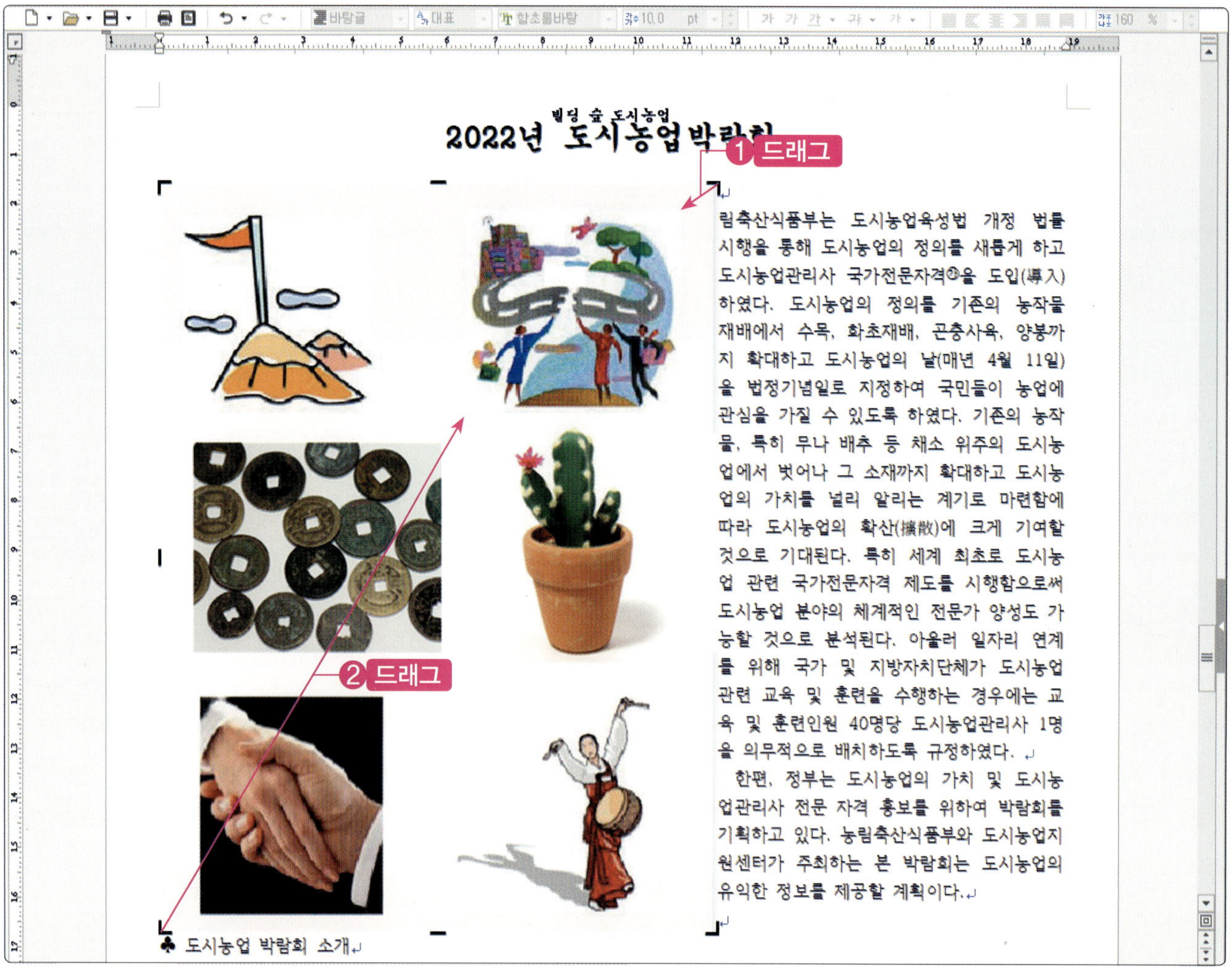

> 그림을 선택한 후 Shift 를 누른 상태에서 그림의 크기 조정 핸들(□)로 마우스 포인터를 가져가면 마우스 포인터 모양이 자르기 핸들 모양(└ 모양이나 ┐ 모양 등)으로 변경됩니다.

05 그림에 속성을 지정하기 위해 그림을 선택한 후 바로가기 메뉴의 [개체 속성]을 클릭합니다.

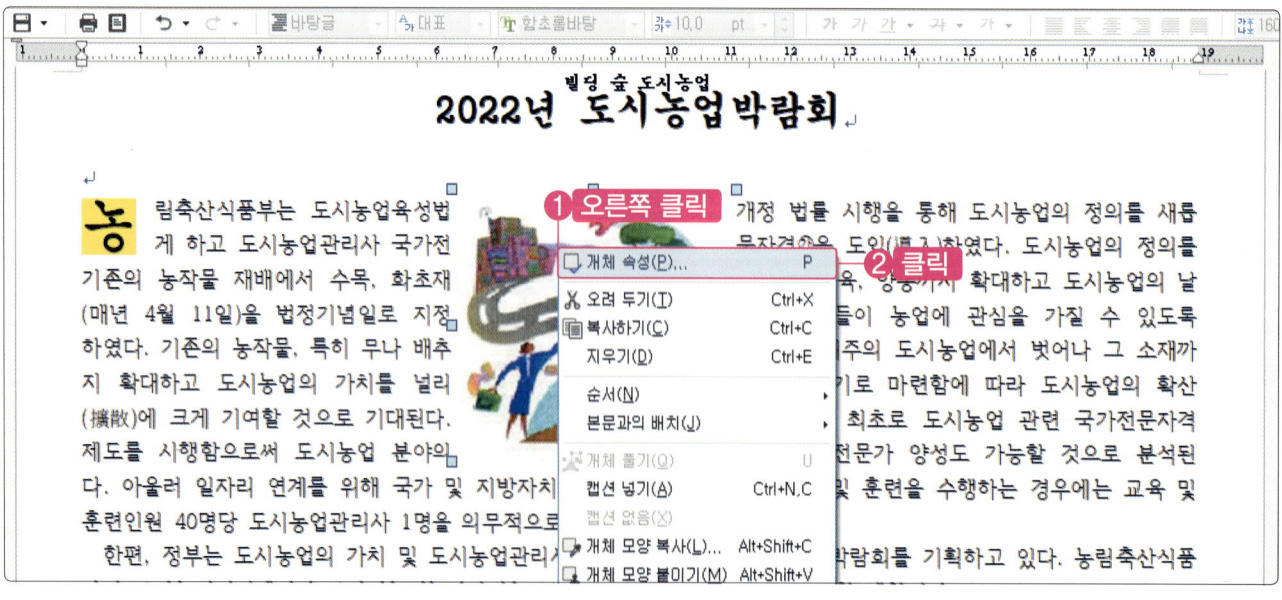

06 〔개체 속성〕 대화상자가 나타나면 〔기본〕 탭에서 너비(40)와 높이(40)를 입력한 후 〔크기 고정〕을 선택합니다. 그런다음 〔여백/캡션〕 탭을 클릭한 후 바깥 여백(2)을 입력한 다음 〔설정〕을 클릭합니다.

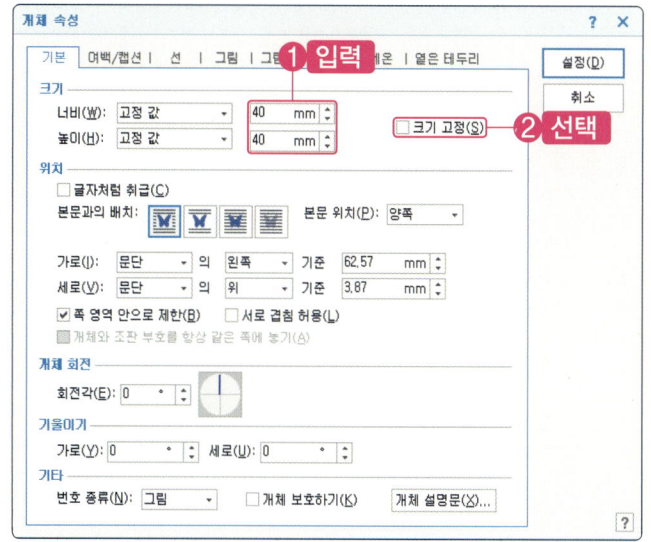 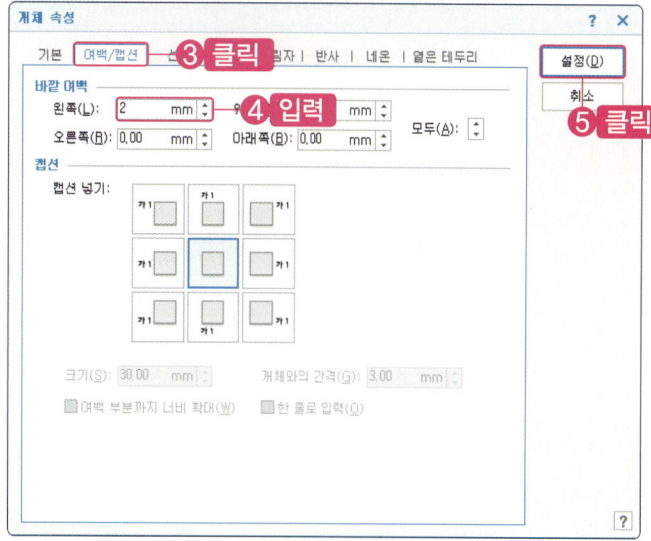

07 그림의 속성이 지정되면 다음과 같이 그림의 위치를 조정합니다.

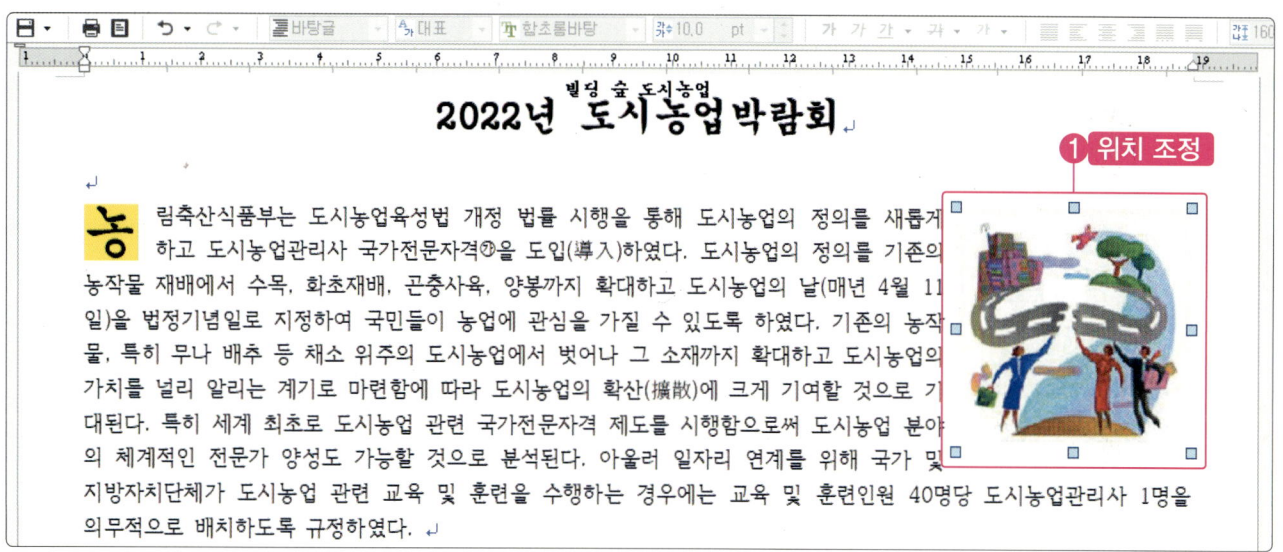

STEP 02

소제목 작성하고 문단 번호 지정하기

01 소제목을 작성하기 위해 소제목을 블록으로 설정한 후 〔서식〕 도구 상자에서 글꼴(굴림)을 선택한 다음 글자 크기(18)를 선택합니다.

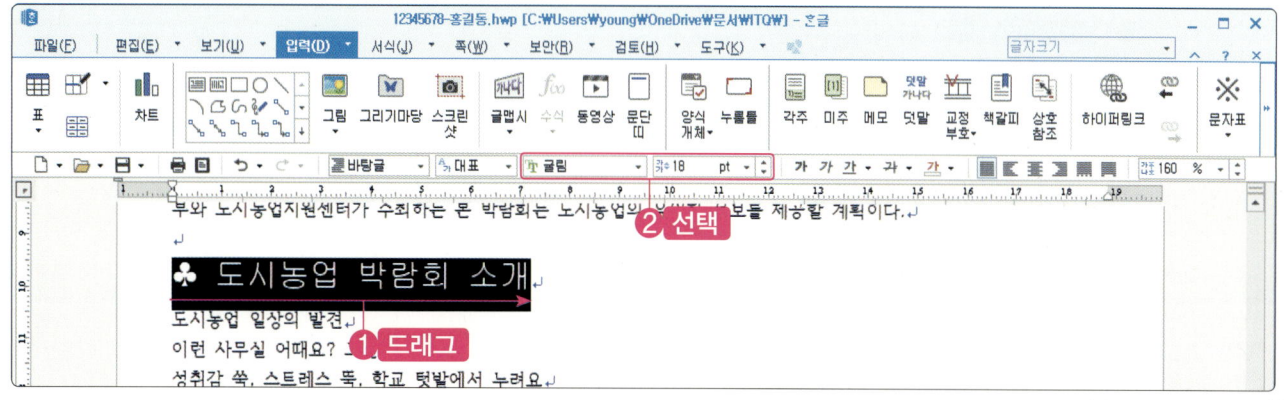

02 '도시농업 박람회 소개'를 블록으로 설정한 후 [서식] 탭을 클릭한 다음 [글자 모양]을 클릭합니다.

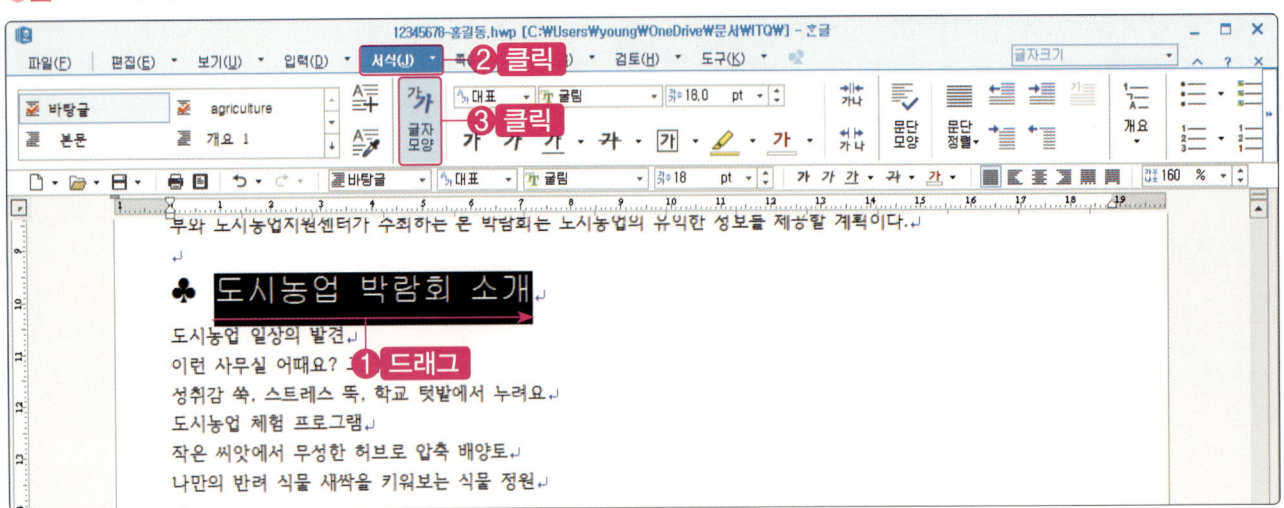

03 [글자 모양] 대화상자가 나타나면 [기본] 탭에서 글자 색(하양(RGB: 255,255,255))과 음영 색(파랑(RGB: 0,0,255))을 선택한 후 [설정]을 클릭합니다.

> 하양 색은 '기본' 색상 테마에 있고 파랑은 '오피스' 색상 테마에 있습니다.

04 문단 번호를 지정하기 위해 '도시농업 ~ 식물 정원'을 블록으로 설정한 후 [서식] 탭의 [목록(▼)]을 클릭한 다음 [문단 번호 모양]을 클릭합니다.

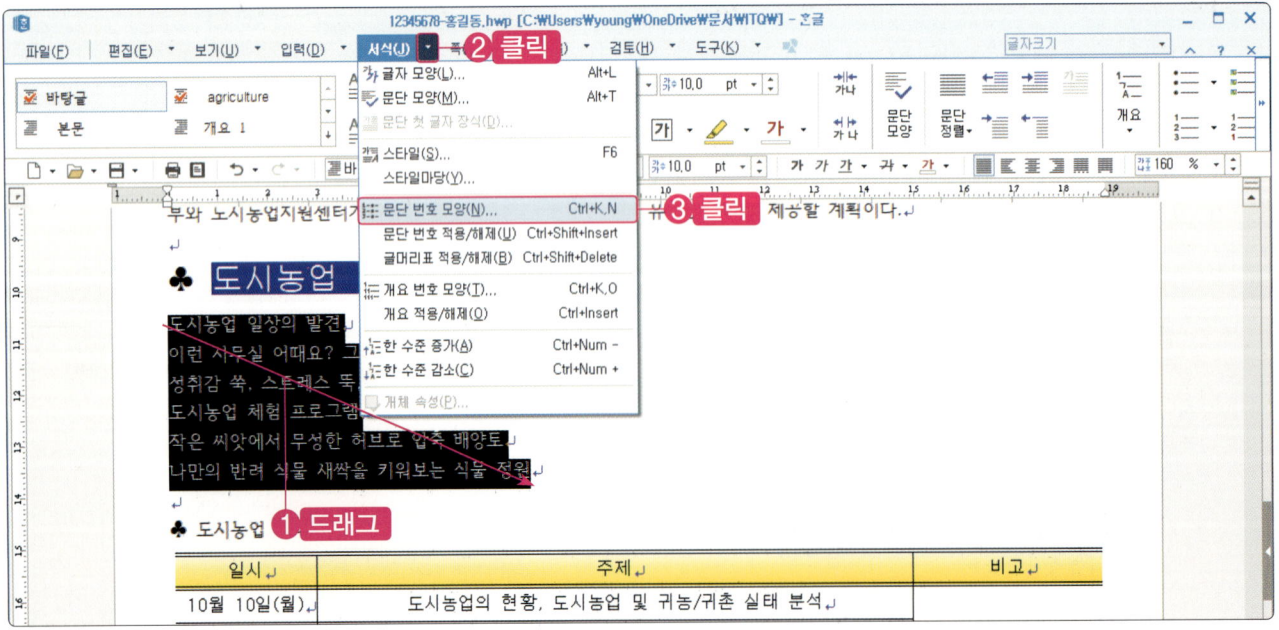

05 〔문단 번호/글머리표〕 대화상자가 나타나면 〔문단 번호〕 탭에서 문단 번호 모양(1. 가. 1) 가))을 선택한 후 〔사용자 정의〕 단추를 클릭합니다.

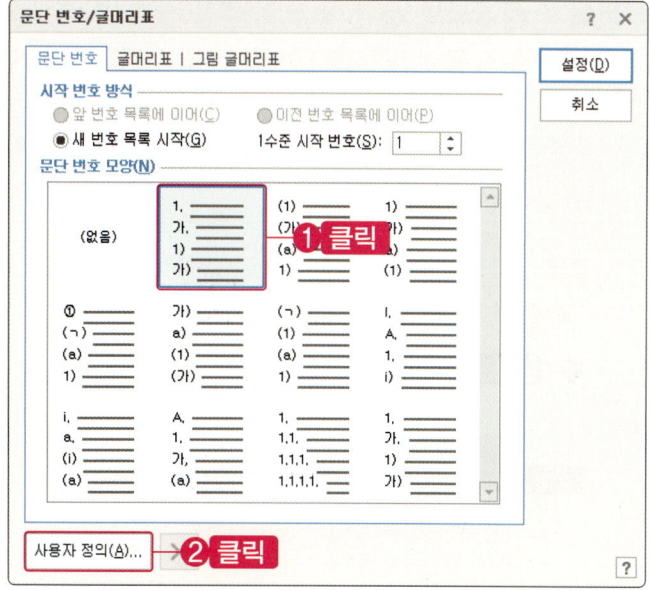

'없음'을 선택하면 문단 번호를 제거할 수 있습니다.

06 〔문단 번호 사용자 정의 모양〕 대화상자가 나타나면 번호 모양(A,B,C)을 선택한 후 너비 조정(20)을 입력한 다음 정렬(오른쪽)을 선택합니다. 그런다음 수준(2 수준)을 선택한 후 번호 모양(1,2,3)을 선택한 다음 너비 조정(30)을 입력하고 정렬(오른쪽)을 선택한 후 〔설정〕을 클릭합니다.

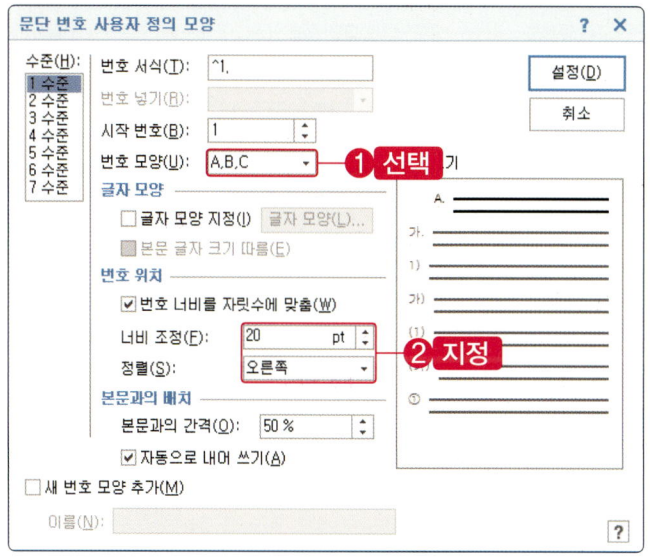
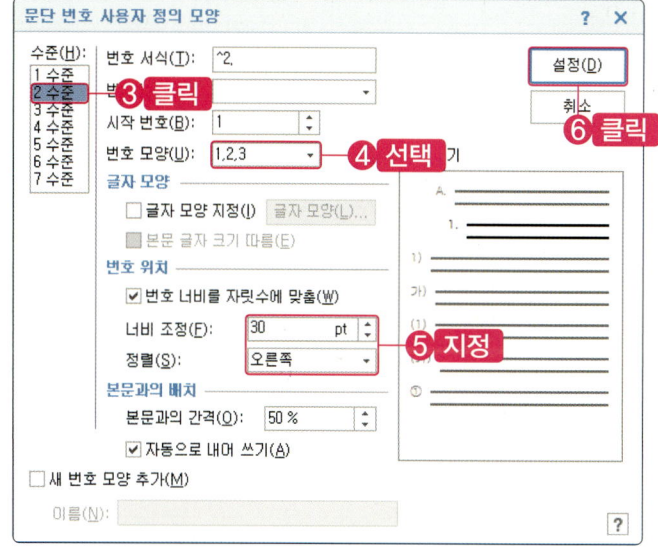

07 〔문단 번호/글머리표〕 대화상자가 다시 나타나면 〔설정〕을 클릭합니다.

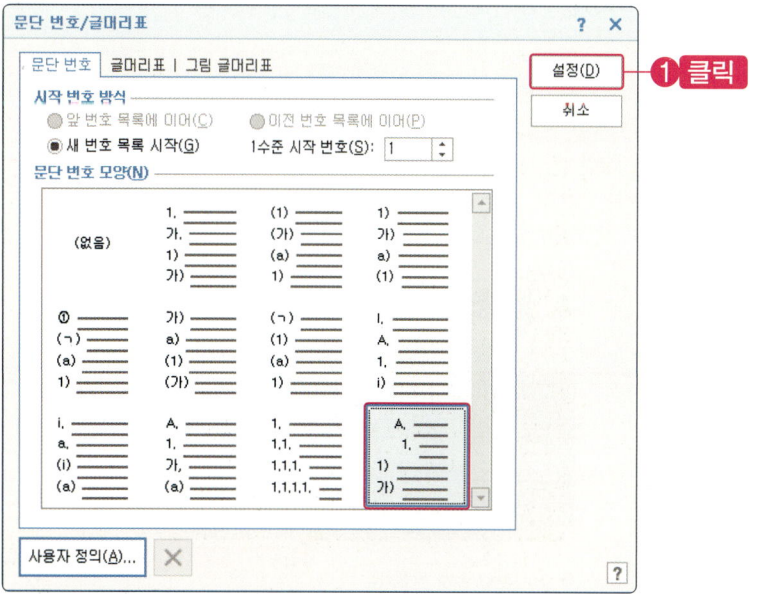

08 문단 번호가 지정되면 문단 번호 수준을 낮추기 위해 '이런 사무실 ~ 텃밭에서 누려요'를 블록으로 설정한 후 [서식] 탭을 클릭한 다음 [한 수준 감소()]를 클릭합니다.

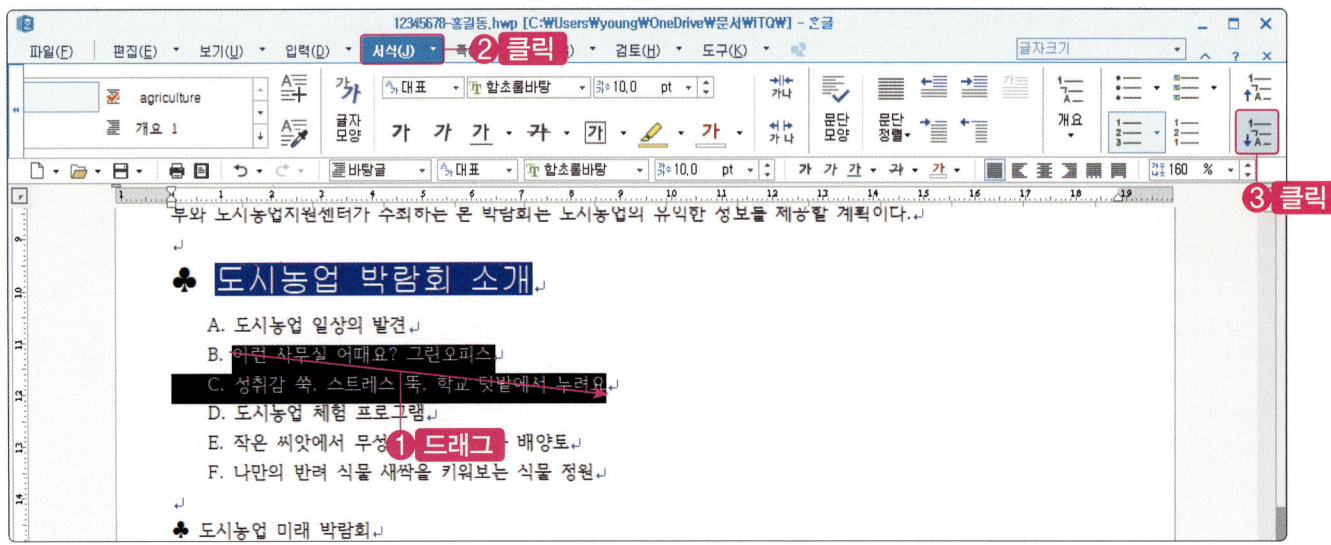

09 같은 방법으로 다음과 같이 '작은 씨앗에서 ~ 식물 정원'의 문단 번호 수준을 한 수준 낮춥니다.

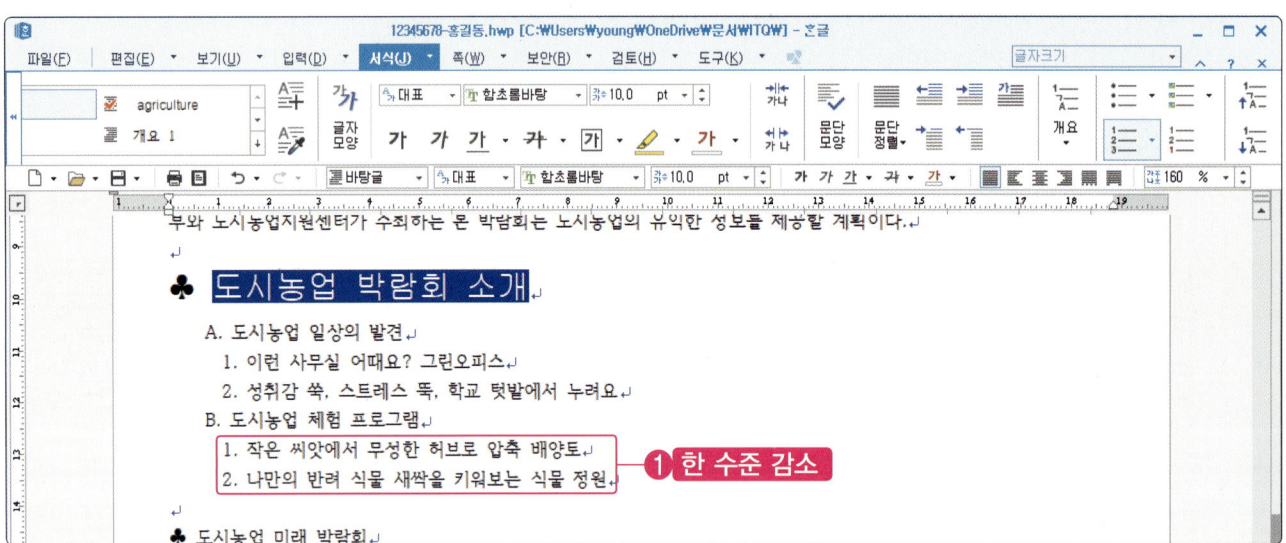

10 줄 간격을 지정하기 위해 '도시농업 일상의 ~ 식물 정원'을 블록으로 설정한 후 [서식] 도구 상자에서 줄 간격(180)을 선택합니다.

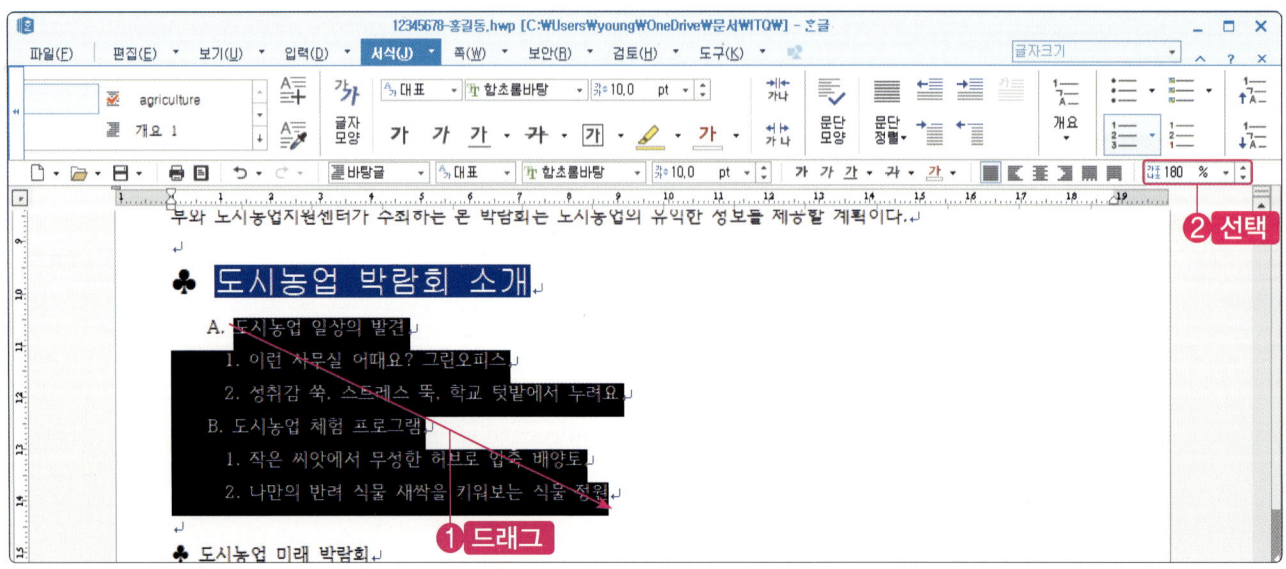

표 제목과 기관 이름 작성하고 쪽 번호 매기기

01 표 제목을 작성하기 위해 소제목을 블록으로 설정한 후 [서식] 도구 상자에서 글꼴(굴림)을 선택한 다음 글자 크기(18)를 선택합니다.

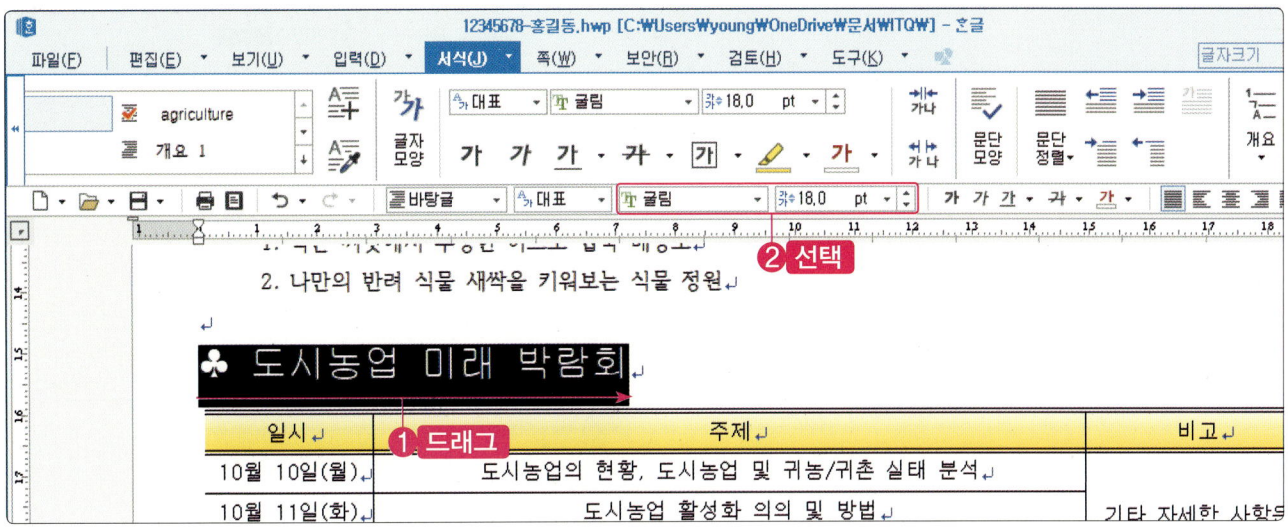

02 '도시농업 미래 박람회'를 블록으로 설정한 후 [서식] 도구 상자에서 [밑줄(<u>가</u>)]을 선택합니다.

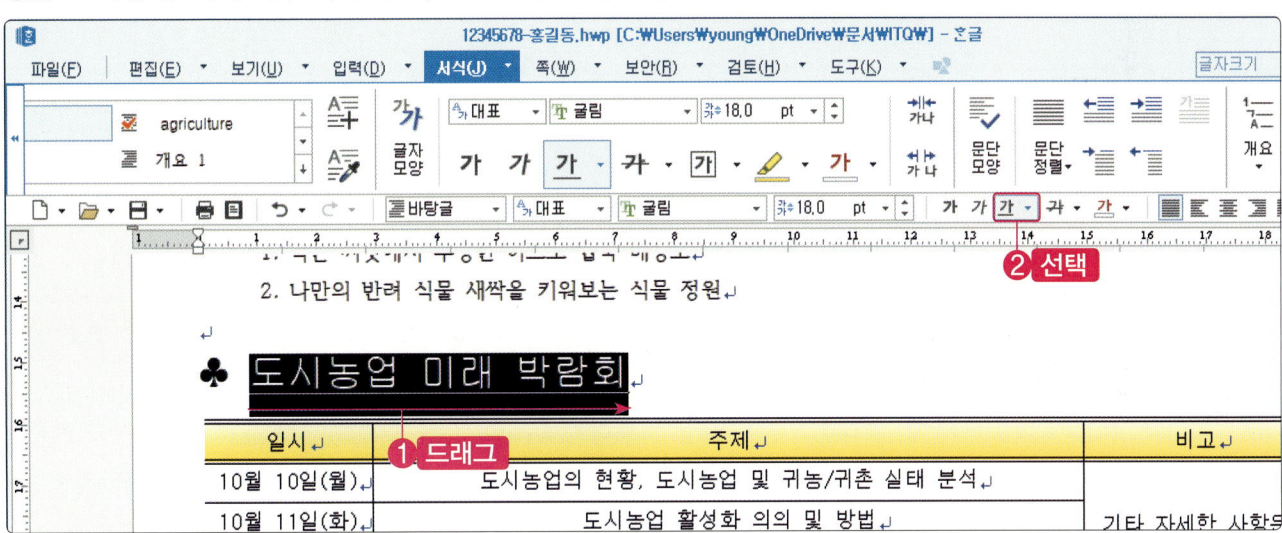

03 '도시농업'을 블록으로 설정한 후 [서식] 탭을 클릭한 다음 [글자 모양]을 클릭합니다.

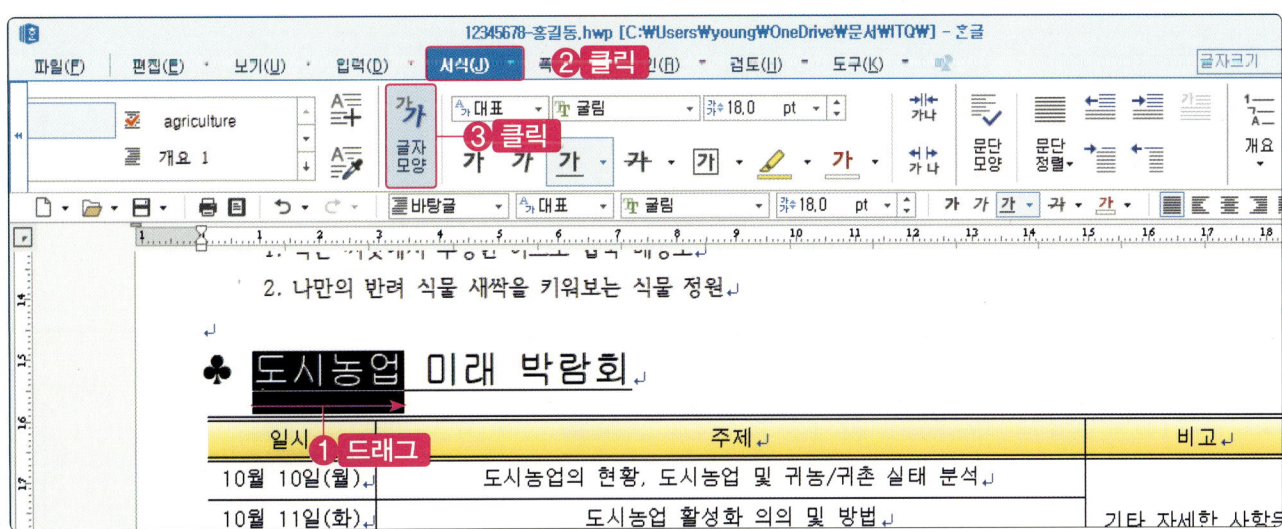

04 〔글자 모양〕 대화상자가 나타나면 〔확장〕 탭에서 강조점(⸚)을 선택한 후 〔설정〕을 클릭합니다.

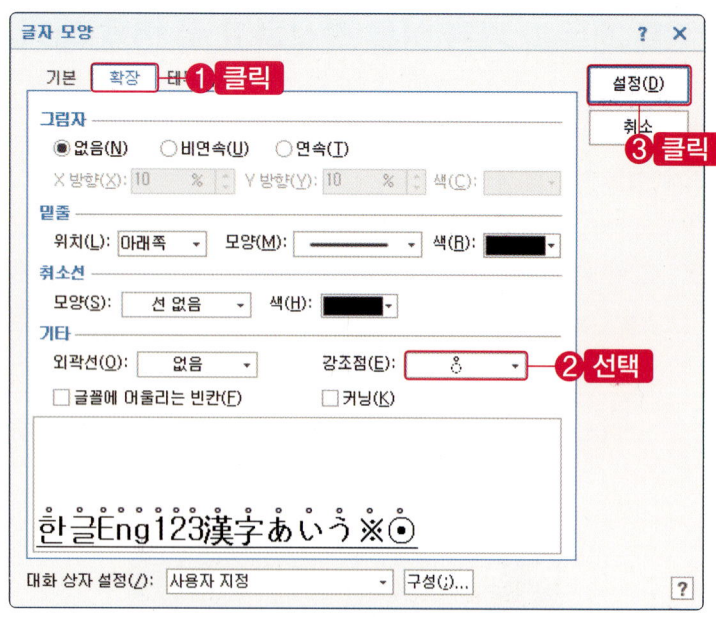

05 같은 방법으로 다음과 같이 '박람회'에 강조점을 지정합니다.

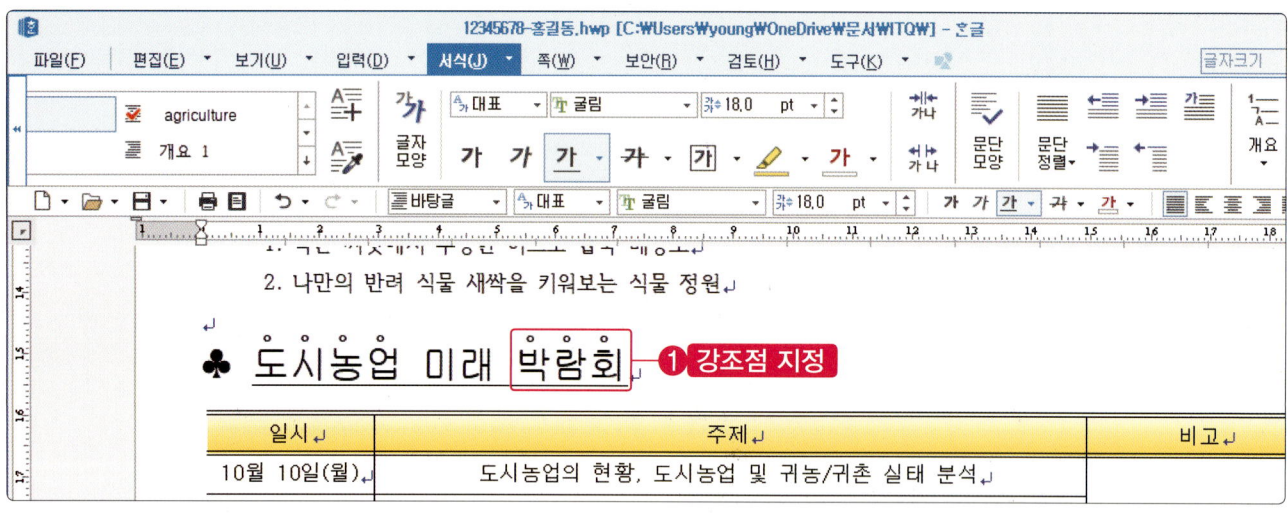

06 기관 이름을 작성하기 위해 기관 이름을 블록으로 설정한 후 〔서식〕 도구 상자에서 〔오른쪽 정렬〕을 선택한 다음 〔서식〕 탭을 클릭하고 〔글자 모양〕을 클릭합니다.

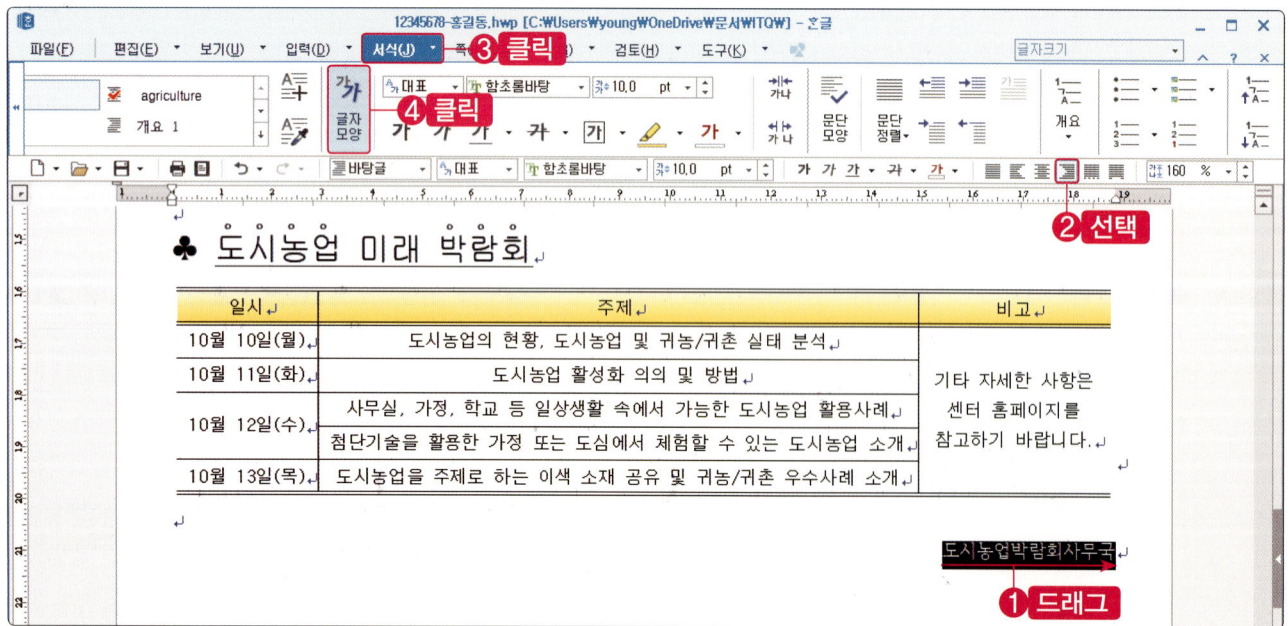

58   Hangul 2016

07 [글자 모양] 대화상자가 나타나면 [기본] 탭에서 기준 크기(24)를 입력한 후 글꼴(돋움)을 선택한 다음 장평(105)을 입력하고 [진하게(가)]를 선택한 후 [설정]을 클릭합니다.

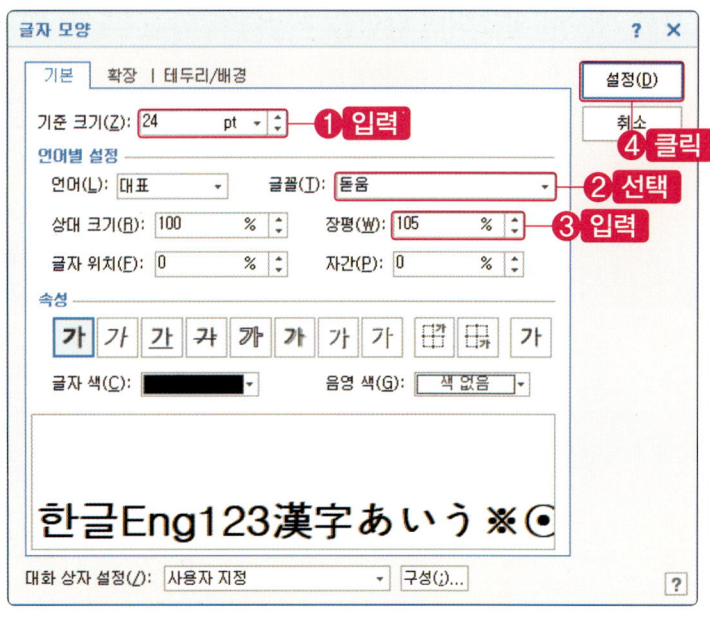

08 기관 이름 작성이 완료되면 쪽 번호를 매기기 위해 [쪽] 탭을 클릭한 후 [쪽 번호 매기기]를 클릭합니다.

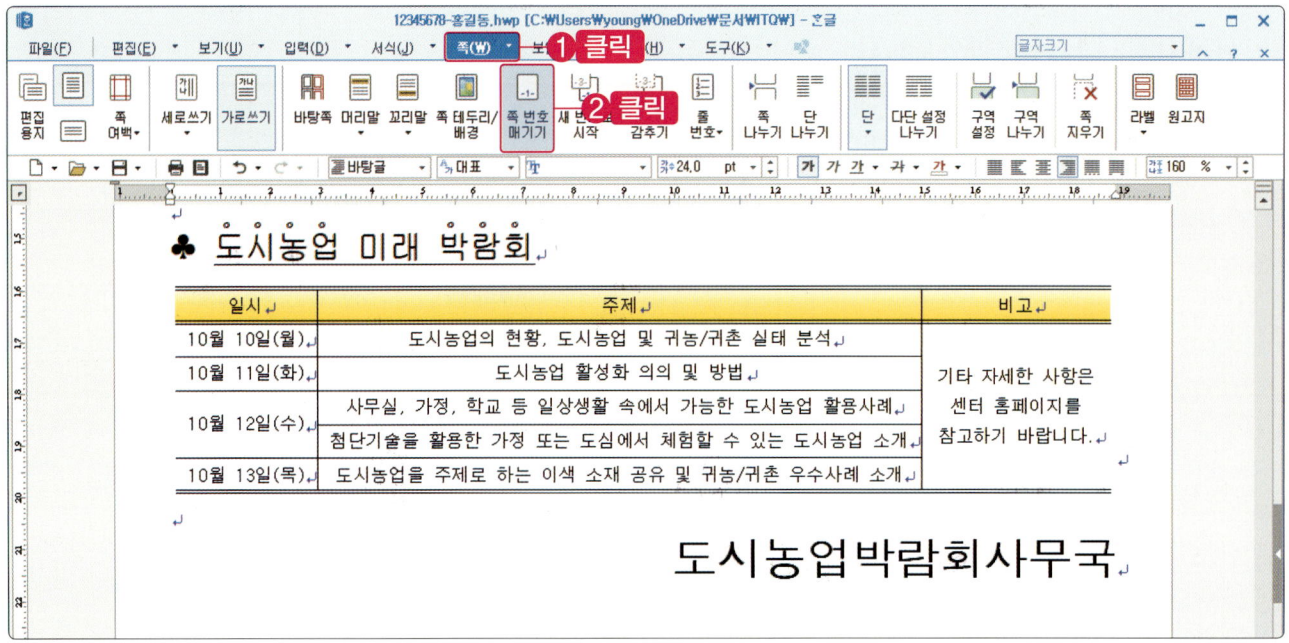

09 [쪽 번호 매기기] 대화상자가 나타나면 번호 위치(오른쪽 아래)를 선택한 후 번호 모양(A,B,C)을 선택한 다음 [줄표 넣기]를 선택 해제하고 시작 번호(6)를 입력한 후 [넣기]를 클릭합니다.

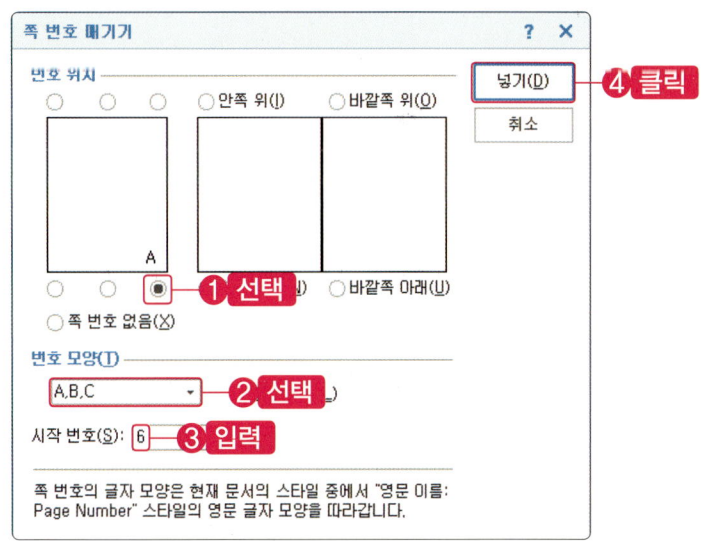

10 모든 작성이 완료되면 답안을 저장하기 위해 [파일] 탭을 클릭한 후 [저장하기]를 클릭합니다.

11 답안을 전송하기 위해 KOAS 수험자용 프로그램에서 [답안 전송]을 클릭합니다.

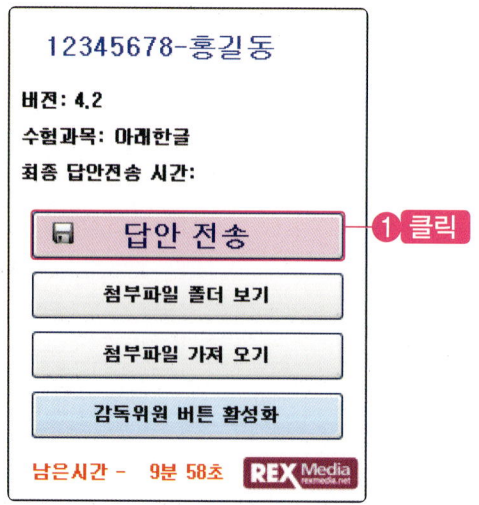

12 지금 전송할 것인지 묻는 대화상자가 나타나면 [예]를 클릭합니다.

13 [답안전송] 대화상자가 나타나면 파일 목록(12345678-홍길동.hwp)과 존재(있음)를 확인한 후 [답안전송]을 클릭합니다.

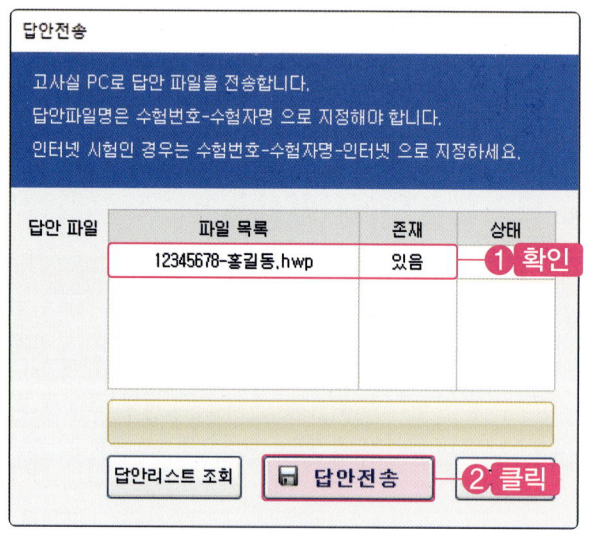

14 답안파일 전송을 성공하였다는 메시지가 나타나면 [확인]을 클릭합니다.

15 [답안전송] 대화상자가 다시 나타나면 [상태]에 '성공'이 표시되는지 확인한 후 [닫기]를 클릭합니다.

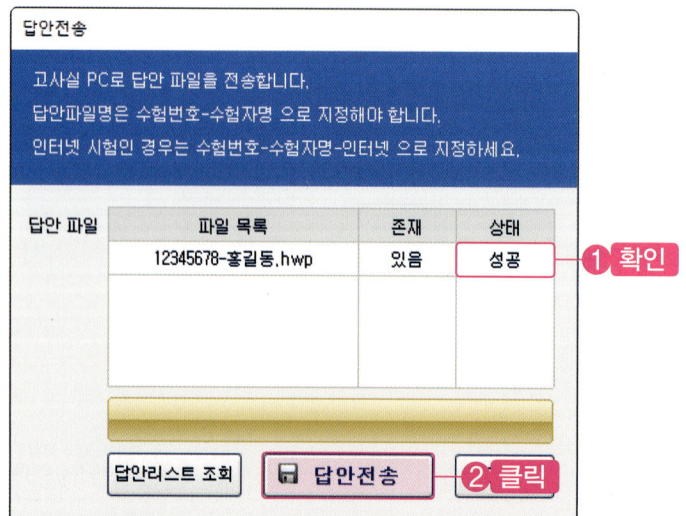

PART 02
출제예상문제

제01회 출제예상문제	**제10회** 출제예상문제
제02회 출제예상문제	**제11회** 출제예상문제
제03회 출제예상문제	**제12회** 출제예상문제
제04회 출제예상문제	**제13회** 출제예상문제
제05회 출제예상문제	**제14회** 출제예상문제
제06회 출제예상문제	**제15회** 출제예상문제
제07회 출제예상문제	**제16회** 출제예상문제
제08회 출제예상문제	**제17회** 출제예상문제
제09회 출제예상문제	**제18회** 출제예상문제

제 01 회 ITQ 출제예상문제

과목	코드	문제유형	시험시간	수험번호	성명
아래한글	1111	A	60분		

수험자 유의사항

- 수험자는 문제지를 받는 즉시 문제지와 **수험표상의 시험과목(프로그램)이 동일한지 반드시 확인**하여야 합니다.
- 파일명은 본인의 "수험번호-성명"으로 입력하여 답안폴더(내 PC₩문서₩ITQ)에 하나의 파일로 저장해야 하며, 답안문서 파일명이 "수험번호-성명"과 일치하지 않거나, 답안파일을 전송하지 않아 미제출로 처리될 경우 실격 처리합니다(예:12345678-홍길동.hwp).
- 답안 작성을 마치면 파일을 저장하고, '답안 전송' 버튼을 선택하여 감독위원 PC로 답안을 전송하십시오. 수험생 정보와 저장한 파일명이 다를 경우 전송되지 않으므로 주의하시기 바랍니다.
- 답안 작성 중에도 **주기적으로 저장하고, '답안 전송'**하여야 문제 발생을 줄일 수 있습니다. 작업한 내용을 저장하지 않고 전송할 경우 이전에 저장된 내용이 전송되오니 이점 유의하시기 바랍니다.
- 답안문서는 지정된 경로 외의 다른 보조기억장치에 저장하는 경우, 지정된 시험 시간 외에 작성된 파일을 활용할 경우, 기타 통신수단(이메일, 메신저, 네트워크 등)을 이용하여 타인에게 전달 또는 외부 반출하는 경우는 부정 처리합니다.
- 시험 중 부주의 또는 고의로 시스템을 파손한 경우는 수험자가 변상해야 하며, 〈수험자 유의사항〉에 기재된 방법대로 이행하지 않아 생기는 불이익은 수험생 당사자의 책임임을 알려 드립니다.
- 문제의 조건은 한컴오피스 2020 버전으로 설정되어 있으며 한컴오피스 NEO는 【 】에 표기되어 있습니다. 이와 관련하여 작성한 답안의 출력형태가 문제지와 다를 수 있습니다.
- 시험을 완료한 수험자는 답안파일이 전송되었는지 확인한 후 감독위원의 지시에 따라 문제지를 제출하고 퇴실합니다.

답안 작성요령

- 온라인 답안 작성 절차
  수험자 등록 ⇒ 시험 시작 ⇒ 답안파일 저장 ⇒ 답안 전송 ⇒ 시험 종료
- 공통 부문
  ○ 글꼴에 대한 기본설정은 함초롬바탕, 10포인트, 검정, 줄간격 160%, 양쪽정렬로 합니다.
  ○ 색상은 조건의 색을 적용하고 색의 구분이 안될 경우에는 RGB 값을 적용합니다
    (빨강 255,0,0 / 파랑 0,0,255 / 노랑 255,255,0).
  ○ 각 문항에 주어진 ≪조건≫에 따라 작성하고 언급하지 않은 조건은 ≪출력형태≫와 같이 작성합니다.
  ○ 용지여백은 왼쪽·오른쪽 11mm, 위쪽·아래쪽·머리말·꼬리말 10mm, 제본 0mm로 합니다.
  ○ 그림 삽입 문제의 경우 「내 PC₩문서₩ITQ₩Picture」 폴더에서 지정된 파일을 선택하여 삽입하십시오.
  ○ 삽입한 그림은 반드시 문서에 포함하여 저장해야 합니다(미포함 시 감점 처리).
  ○ 각 항목은 지정된 페이지에 출력형태와 같이 정확히 작성하시기 바라며, 그렇지 않을 경우에 해당 항목은 0점 처리됩니다.
    ※ 페이지구분 : 1페이지 - 기능평가 Ⅰ (문제번호 표시 : 1. 2.),
                2페이지 - 기능평가 Ⅱ (문제번호 표시 : 3. 4.),
                3페이지 - 문서작성 능력평가
- 기능평가
  ○ 문제와 ≪조건≫은 입력하지 않으며 문제번호와 답(≪출력형태≫)만 작성합니다.
  ○ 4번 문제는 묶기를 했을 경우 0점 처리됩니다.
- 문서작성 능력평가
  ○ A4 용지(210mm×297mm) 1매 크기, 세로 서식 문서로 작성합니다.
  ○ 　　　 표시는 문서작성에 대한 지시사항이므로 작성하지 않습니다.

kpc 한국생산성본부

기능평가 I (150점)

1. 다음의 ≪조건≫에 따라 스타일 기능을 적용하여 ≪출력형태≫와 같이 작성하시오. (50점)

≪조건≫ (1) 스타일 이름 – ntis
(2) 문단 모양 – 왼쪽 여백 : 15pt, 문단 아래 간격 : 10pt
(3) 글자 모양 – 글꼴 : 한글(굴림)/영문(돋움), 크기 : 10pt, 장평 : 95%, 자간 : 5%

≪출력형태≫

NTIS(National Science & Technology Information Service) is a business project, in the one place the information on national research and development projects, such as HR.

국가과학기술지식정보서비스는 각 부처나 연구자들이 신규 사업을 조정하고 평가할 때 중복투자를 방지하고 정보 활용을 극대화함으로써 국가 연구개발 사업을 관리한다.

2. 다음의 ≪조건≫에 따라 ≪출력형태≫와 같이 표와 차트를 작성하시오. (100점)

≪표 조건≫ (1) 표 전체(표, 캡션) – 돋움, 10pt
(2) 정렬 – 문자 : 가운데 정렬, 숫자 : 오른쪽 정렬
(3) 셀 배경(면색) : 노랑
(4) 한글의 계산 기능을 이용하여 빈칸에 합계를 구하고, 캡션 기능 사용할 것
(5) 선 모양은 ≪출력형태≫와 동일하게 처리할 것

≪출력형태≫

국가 연구개발 추진 현황(단위 : 백 건)

구분	1월	2월	3월	4월	5월
교육부	9	39	16	19	18
과학기술정보통신부	15	26	8	10	10
중소벤처기업부	10	19	12	8	11
합계					

≪차트 조건≫ (1) 차트 데이터는 표 내용에서 구분별 1월, 2월, 3월, 4월의 값만 이용할 것
(2) 종류 – 〈묶은 세로 막대형〉으로 작업할 것
(3) 제목 – 궁서, 진하게, 12pt, 속성 – 채우기(하양), 테두리, 그림자(대각선 오른쪽 아래)
【궁서, 진하게, 12pt, 배경 – 선 모양(한 줄로), 그림자(2pt)】
(4) 제목 이외의 전체 글꼴 – 궁서, 보통, 10pt
(5) 축제목과 범례는 ≪출력형태≫와 동일하게 처리할 것

≪출력형태≫

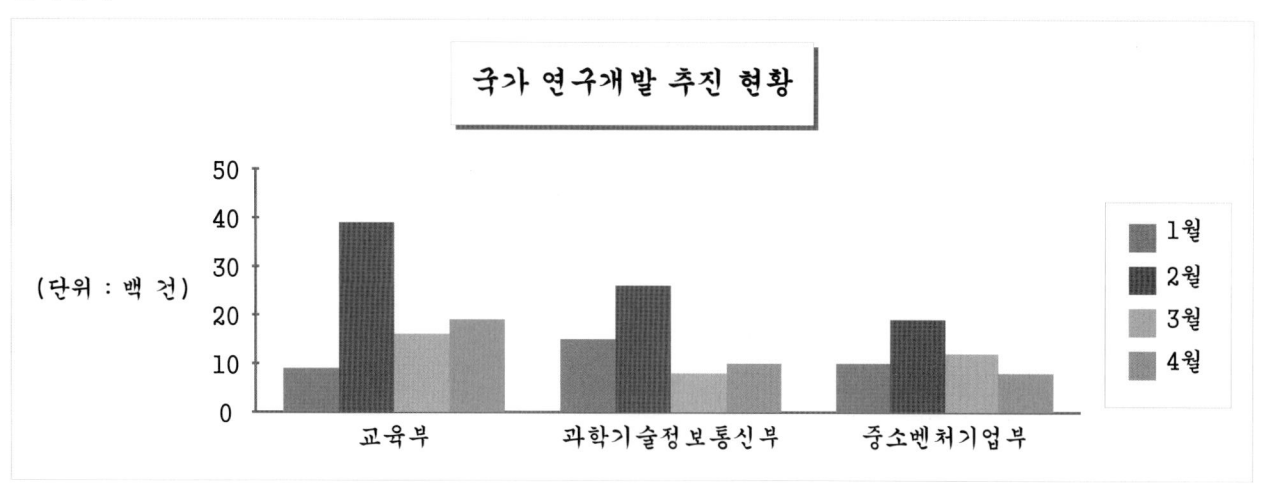

기능평가 Ⅱ (150점)

3. 다음의 (1), (2)의 수식을 수식 편집기로 각각 입력하시오. (40점)

≪출력형태≫

(1) $B_1 = \pi r^2 + \dfrac{1}{\sqrt{2}} \times 2\pi r \times 1$

(2) $\dfrac{F}{h_2} = t_2 k_1 \dfrac{t_1}{d} = 2 \times 10^{-7} \dfrac{t_1 t_2}{d}$

4. 다음의 ≪조건≫에 따라 ≪출력형태≫와 같이 문서를 작성하시오. (110점)

≪조건≫
(1) 그리기 도구를 이용하여 작성하고, 모든 도형(글맵시, 지정된 그림 포함)을 ≪출력형태≫와 같이 작성하시오.
(2) 도형의 면색은 지시사항이 없으면 색 없음을 제외하고 서로 다르게 임의로 지정하시오.

≪출력형태≫

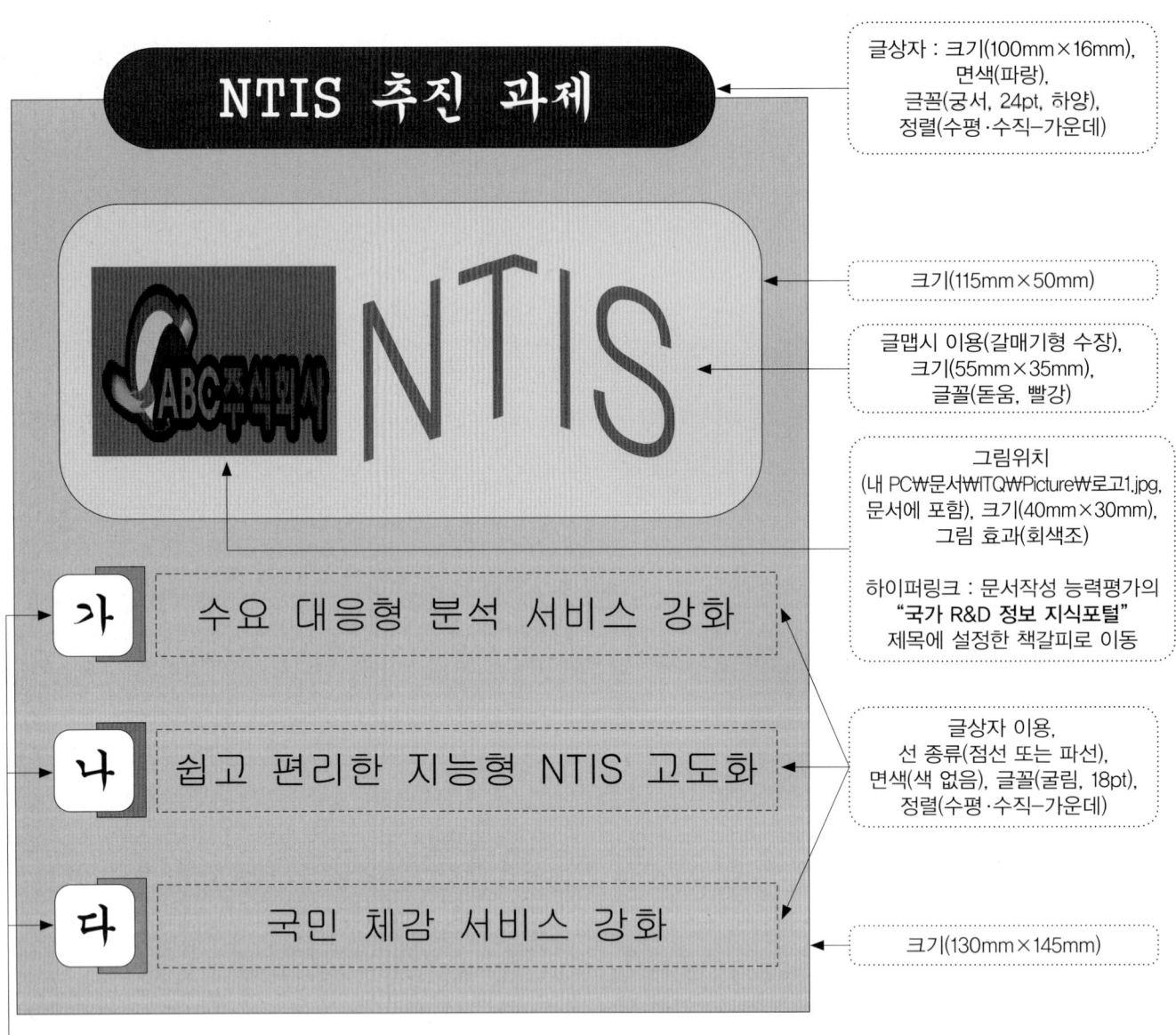

국가 R&D 정보 지식포털

국가연구개발사업의 효율적 관리와 국가 차원의 장비 활용도를 극대화하고 후속 연구 및 사업화 기반을 제공(提供)하기 위해 구축한 NTIS(국가과학기술지식정보서비스)는 2008년 과학기술부의 주관하에 연구개발의 기획에서 성과 활용까지 전 주기에 걸쳐 연구개발 투자 효율화를 제고하기 위해 국가 R&D 정보 지식포털로서 구축(構築)되었다. 2008년 10월에는 국제표준 ISO 2000 인증을 획득하였으며 2015년에는 안드로이드, IOS 두 분야에서 동시에 모바일 보안과 콘텐츠의 적절성 항목에서 모바일 서비스 품질을 인증받았다. 이후 웹 접근성 인증ⓐ을 획득, 데이터보안 인증 2레벨을 획득하여 정보 보안 관리 체계를 강화하였다.

　NTIS 추진 체계는 과학기술부, 연계 부처, 대표 전문기관이며 과학기술정보통신부는 사업 전반에 대한 기획과 업무 조정, 프로젝트 위험관리 및 운영 전반을 총괄한다. 또한, 연계된 부처에서는 관련 주요 업무 협의 및 의사결정과 부처의 대표 전문기관 시스템 개선 및 데이터베이스 확충을 위한 예산 확보 역할을 수행하고 있다.

♠ NTIS 정보활용 경진대회

　가. 대회 목적 및 일정
　　① 목적 : 다양한 분야의 과학기술 융합 아이디어 발굴
　　② 일정 : 2022년 7월 11일(월) - 10월 7일(금)
　나. 참가 자격 및 주최/주관
　　① 참가 자격 : 관심 있는 국민 누구나(개인 및 3인 이하 팀)
　　② 주최/주관 : 과학기술정보통신부/한국과학기술정보연구원

♠ 국가연구시설 장비관리

구축연도	장비명	과제명	금액(백만 원)
2015년	무선 탄성파 탐사 시스템	무선 탄성파 탐사 실증연구과제	413
	VEB 신호처리장치	한국형 발사체 개발 사업	92
2014년	연소기 시험설비		52
2012년	극초단 광양자빔 연구시설	극초단 광양자빔 연구시설 설치운영사업	37
2008년	국가나노기술집적센터	나노기술 집적센터 구축사업	45

과학기술정보통신부

ⓐ 웹 사이트에 제공하는 정보를 동등하게 접근하고 이용할 수 있도록 보장하는 것

제 02 회 ITQ 출제예상문제

과목	코드	문제유형	시험시간	수험번호	성명
아래한글	1111	B	60분		

수험자 유의사항

- 수험자는 문제지를 받는 즉시 문제지와 **수험표상의 시험과목(프로그램)이 동일한지 반드시 확인**하여야 합니다.
- 파일명은 본인의 "수험번호-성명"으로 입력하여 답안폴더(내 PC₩문서₩ITQ)에 하나의 파일로 저장해야 하며, 답안문서 파일명이 "수험번호-성명"과 일치하지 않거나, 답안파일을 전송하지 않아 미제출로 처리될 경우 실격 처리합니다(예:12345678-홍길동.hwp).
- 답안 작성을 마치면 파일을 저장하고, '답안 전송' 버튼을 선택하여 감독위원 PC로 답안을 전송하십시오. 수험생 정보와 저장한 파일명이 다를 경우 전송되지 않으므로 주의하시기 바랍니다.
- 답안 작성 중에도 **주기적으로 저장하고, '답안 전송'**하여야 문제 발생을 줄일 수 있습니다. 작업한 내용을 저장하지 않고 전송할 경우 이전에 저장된 내용이 전송되오니 이점 유의하시기 바랍니다.
- 답안문서는 지정된 경로 외의 다른 보조기억장치에 저장하는 경우, 지정된 시험 시간 외에 작성된 파일을 활용할 경우, 기타 통신수단(이메일, 메신저, 네트워크 등)을 이용하여 타인에게 전달 또는 외부 반출하는 경우는 부정 처리합니다.
- 시험 중 부주의 또는 고의로 시스템을 파손한 경우는 수험자가 변상해야 하며, 〈수험자 유의사항〉에 기재된 방법대로 이행하지 않아 생기는 불이익은 수험생 당사자의 책임임을 알려 드립니다.
- 문제의 조건은 한컴오피스 2020 버전으로 설정되어 있으며 한컴오피스 NEO는 【 】에 표기되어 있습니다. 이와 관련하여 작성한 답안의 출력형태가 문제지와 다를 수 있습니다.
- 시험을 완료한 수험자는 답안파일이 전송되었는지 확인한 후 감독위원의 지시에 따라 문제지를 제출하고 퇴실합니다.

답안 작성요령

- 온라인 답안 작성 절차
  수험자 등록 ⇒ 시험 시작 ⇒ 답안파일 저장 ⇒ 답안 전송 ⇒ 시험 종료
- 공통 부문
  - 글꼴에 대한 기본설정은 함초롬바탕, 10포인트, 검정, 줄간격 160%, 양쪽정렬로 합니다.
  - 색상은 조건의 색을 적용하고 색의 구분이 안될 경우에는 RGB 값을 적용합니다
    (빨강 255,0,0 / 파랑 0,0,255 / 노랑 255,255,0).
  - 각 문항에 주어진 ≪조건≫에 따라 작성하고 언급하지 않은 조건은 ≪출력형태≫와 같이 작성합니다.
  - 용지여백은 왼쪽·오른쪽 11mm, 위쪽·아래쪽·머리말·꼬리말 10mm, 제본 0mm로 합니다.
  - 그림 삽입 문제의 경우 「내 PC₩문서₩ITQ₩Picture」 폴더에서 지정된 파일을 선택하여 삽입하십시오.
  - 삽입한 그림은 반드시 문서에 포함하여 저장해야 합니다(미포함 시 감점 처리).
  - 각 항목은 지정된 페이지에 출력형태와 같이 정확히 작성하시기 바라며, 그렇지 않을 경우에 해당 항목은 0점 처리됩니다.
    ※ 페이지구분 : 1페이지 - 기능평가 Ⅰ (문제번호 표시 : 1. 2.),
                   2페이지 - 기능평가 Ⅱ (문제번호 표시 : 3. 4.),
                   3페이지 - 문서작성 능력평가
- 기능평가
  - 문제와 ≪조건≫은 입력하지 않으며 문제번호와 답(≪출력형태≫)만 작성합니다.
  - 4번 문제는 묶기를 했을 경우 0점 처리됩니다.
- 문서작성 능력평가
  - A4 용지(210mm×297mm) 1매 크기, 세로 서식 문서로 작성합니다.
  - ▢ 표시는 문서작성에 대한 지시사항이므로 작성하지 않습니다.

kpc 한국생산성본부

기능평가 I (150점)

1. 다음의 ≪조건≫에 따라 스타일 기능을 적용하여 ≪출력형태≫와 같이 작성하시오. (50점)

≪조건≫
(1) 스타일 이름 - privacy
(2) 문단 모양 - 왼쪽 여백 : 15pt, 문단 아래 간격 : 10pt
(3) 글자 모양 - 글꼴 : 한글(굴림)/영문(돋움), 크기 : 10pt, 장평 : 95%, 자간 : 5%

≪출력형태≫

PIPC(Personal Information Protection Commission) is a body established under the Personal Information Protection Act to protect the privacy rights of individuals.

개인정보 보호법이란 개인정보의 비밀을 보호함으로써 국민의 권리와 이익을 증진하고 개인의 존엄과 가치를 구현하기 위하여 개인정보의 처리에 관한 사항을 규정하는 법률을 말한다.

2. 다음의 ≪조건≫에 따라 ≪출력형태≫와 같이 표와 차트를 작성하시오. (100점)

≪표 조건≫
(1) 표 전체(표, 캡션) - 돋움, 10pt
(2) 정렬 - 문자 : 가운데 정렬, 숫자 : 오른쪽 정렬
(3) 셀 배경(면색) : 노랑
(4) 한글의 계산 기능을 이용하여 빈칸에 합계를 구하고, 캡션 기능 사용할 것
(5) 선 모양은 ≪출력형태≫와 동일하게 처리할 것

≪출력형태≫

개인정보 침해 사례 현황(단위 : 백만 건)

구분	2016년	2017년	2018년	2019년	2020년
정보 유출	11	14	17	19	20
정보 매매	10	13	16	18	19
정보 오남용	8	10	14	16	17
합계					

≪차트 조건≫
(1) 차트 데이터는 표 내용에서 구분별 2016년, 2017년, 2018년, 2019년의 값만 이용할 것
(2) 종류 - 〈묶은 세로 막대형〉으로 작업할 것
(3) 제목 - 궁서, 진하게, 12pt, 속성 - 채우기(하양), 테두리, 그림자(대각선 오른쪽 아래)
【궁서, 진하게, 12pt, 배경 - 선 모양(한 줄로), 그림자(2pt)】
(4) 제목 이외의 전체 글꼴 - 궁서, 보통, 10pt
(5) 축제목과 범례는 ≪출력형태≫와 동일하게 처리할 것

≪출력형태≫

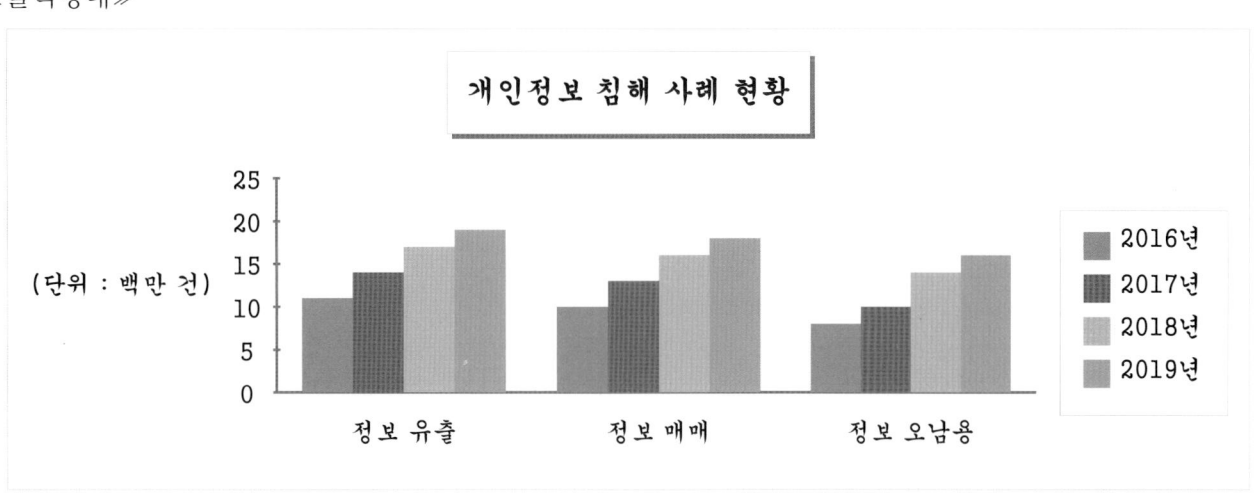

기능평가 II (150점)

3. 다음의 (1), (2)의 수식을 수식 편집기로 각각 입력하시오. (40점)

≪출력형태≫

(1) $a^2 = b^2 + c^2 - 2bcosA \Leftrightarrow cosA = \dfrac{b^2+c^2-a^2}{2bc}$

(2) $d^2 = \dfrac{x}{2}\sqrt{\dfrac{V_2-V_1}{V_2+V_1}}$

4. 다음의 ≪조건≫에 따라 ≪출력형태≫와 같이 문서를 작성하시오. (110점)

≪조건≫
(1) 그리기 도구를 이용하여 작성하고, 모든 도형(글맵시, 지정된 그림 포함)을 ≪출력형태≫와 같이 작성하시오.
(2) 도형의 면색은 지시사항이 없으면 색 없음을 제외하고 서로 다르게 임의로 지정하시오.

≪출력형태≫

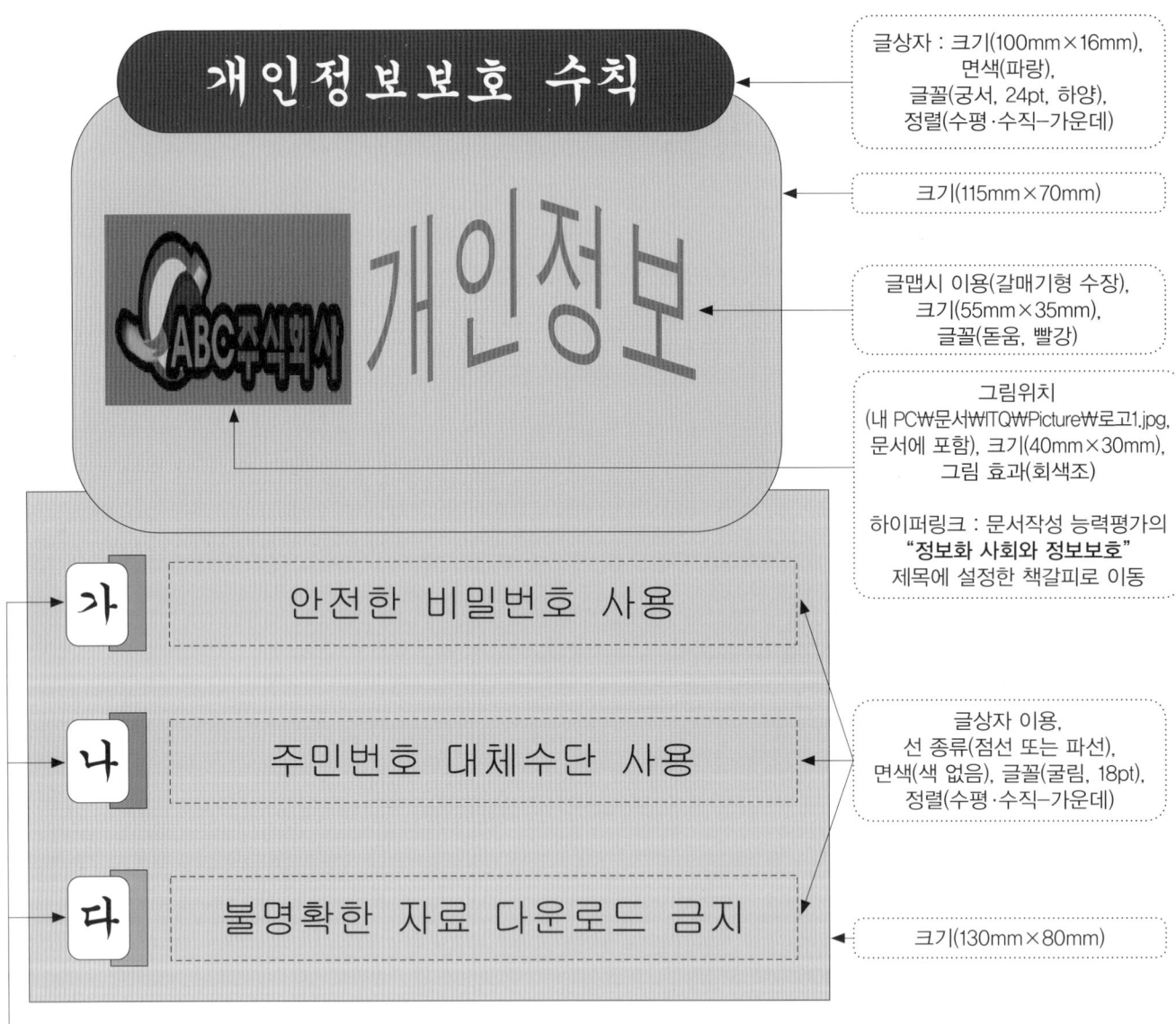

개인정보 보호

정보화 사회와 정보보호

소중한 개인정보

정보화 사회의 구성과 유지, 발전을 위해 필수적 요소로 작용하며 모든 영역에 걸쳐 수집과 이용이 보편화되어 있는 개인정보들은 전자상거래①, 고객 관리, 금융 거래 등 사회의 구성, 유지, 발전을 위한 필수적인 요소로 기능하고 있다. 이렇듯 생활에 편리함을 제공하고 사회의 경쟁력을 높이는 데 기여(寄與)하고 있으나 만약 악의적 고의로 잘못 사용될 경우 개인의 안전과 재산에 큰 피해를 줄 수 있다는 것 또한 개인정보의 특징이자 대책이 필요한 취약점이라 할 수 있다.

개인정보가 유출될 경우 신체의 위협은 물론 재산상의 손실, 사회적 평가 왜곡 등 심각한 불이익을 당할 수 있다. 이로 인한 온라인상의 피해는 일단 발생한 이상 회복이 어려울 뿐만 아니라 다른 게시판 등으로 해당 내용이 전달됨으로써 2차 피해까지 실시간으로 발생할 수 있다. 현대 사회의 기업들은 이용자의 개인정보를 활용하여 다양한 서비스를 제공하고 이를 통해 이익을 창출(創出)한다. 개인정보는 궁극적으로 그 소유가 정보 제공자에게 귀속되는 것이기에 기업은 고객의 개인정보에 대한 선량한 관리자의 역할을 다해야 할 것이다.

♥ I-PIN 인증과 주민등록번호 인증

가. I-PIN 인증
  ① 검증 방법 : 주민등록번호와 실명 확인 및 신원 확인
  ② 사용 방법 : 본인 확인 시 I-PIN 아이디/비밀번호 사용
나. 주민등록번호 인증
  ① 검증 방법 : 주민등록번호와 이름 일치 여부 확인
  ② 사용 방법 : 본인 확인 시 주민등록번호 사용

♥ 개인정보의 유형

구분		주요 항목
신체적 사항	신체정보	지문, 홍채, DNA, 신장, 가슴둘레 등
	의료정보	의료기록, 신체장애, 혈액형, 약물 테스트 등
사회적 사항	교육정보	학교 출석 사항, 최종학력, 성적, 기술 자격증 및 전문 면허증
재산적 사항	소득정보	현재 봉급액, 경력, 상여금 및 수수료, 이자소득, 사업소득
	부동산정보	소유 주택, 토지, 자동차, 건물

개인정보보호위원회

---

① 인터넷이나 PC 통신을 이용하여 상품을 사고파는 행위

제03회 ITQ 출제예상문제

과목	코드	문제유형	시험시간	수험번호	성명
아래한글	1111	C	60분		

수험자 유의사항

- 수험자는 문제지를 받는 즉시 문제지와 **수험표상의 시험과목(프로그램)이 동일한지 반드시 확인**하여야 합니다.
- 파일명은 본인의 "수험번호-성명"으로 입력하여 답안폴더(내 PC₩문서₩ITQ)에 하나의 파일로 저장해야 하며, 답안문서 파일명이 "수험번호-성명"과 일치하지 않거나, 답안파일을 전송하지 않아 미제출로 처리될 경우 실격 처리합니다(예:12345678-홍길동.hwp).
- 답안 작성을 마치면 파일을 저장하고, '답안 전송' 버튼을 선택하여 감독위원 PC로 답안을 전송하십시오. 수험생 정보와 저장한 파일명이 다를 경우 전송되지 않으므로 주의하시기 바랍니다.
- 답안 작성 중에도 **주기적으로 저장하고, '답안 전송'**하여야 문제 발생을 줄일 수 있습니다. 작업한 내용을 저장하지 않고 전송할 경우 이전에 저장된 내용이 전송되오니 이점 유의하시기 바랍니다.
- 답안문서는 지정된 경로 외의 다른 보조기억장치에 저장하는 경우, 지정된 시험 시간 외에 작성된 파일을 활용할 경우, 기타 통신수단(이메일, 메신저, 네트워크 등)을 이용하여 타인에게 전달 또는 외부 반출하는 경우는 부정 처리합니다.
- 시험 중 부주의 또는 고의로 시스템을 파손한 경우는 수험자가 변상해야 하며, 〈수험자 유의사항〉에 기재된 방법대로 이행하지 않아 생기는 불이익은 수험생 당사자의 책임임을 알려 드립니다.
- 문제의 조건은 한컴오피스 2020 버전으로 설정되어 있으며 한컴오피스 NEO는 【 】에 표기되어 있습니다. 이와 관련하여 작성한 답안의 출력형태가 문제지와 다를 수 있습니다.
- 시험을 완료한 수험자는 답안파일이 전송되었는지 확인한 후 감독위원의 지시에 따라 문제지를 제출하고 퇴실합니다.

답안 작성요령

- 온라인 답안 작성 절차
  수험자 등록 ⇒ 시험 시작 ⇒ 답안파일 저장 ⇒ 답안 전송 ⇒ 시험 종료
- 공통 부문
  - 글꼴에 대한 기본설정은 함초롬바탕, 10포인트, 검정, 줄간격 160%, 양쪽정렬로 합니다.
  - 색상은 조건의 색을 적용하고 색의 구분이 안될 경우에는 RGB 값을 적용합니다
    (빨강 255,0,0 / 파랑 0,0,255 / 노랑 255,255,0).
  - 각 문항에 주어진 ≪조건≫에 따라 작성하고 언급하지 않은 조건은 ≪출력형태≫와 같이 작성합니다.
  - 용지여백은 왼쪽·오른쪽 11mm, 위쪽·아래쪽·머리말·꼬리말 10mm, 제본 0mm로 합니다.
  - 그림 삽입 문제의 경우 「내 PC₩문서₩ITQ₩Picture」 폴더에서 지정된 파일을 선택하여 삽입하십시오.
  - 삽입한 그림은 반드시 문서에 포함하여 저장해야 합니다(미포함 시 감점 처리).
  - 각 항목은 지정된 페이지에 출력형태와 같이 정확히 작성하시기 바라며, 그렇지 않을 경우에 해당 항목은 0점 처리됩니다.
    ※ 페이지구분 : 1페이지 - 기능평가 Ⅰ (문제번호 표시 : 1. 2.),
       2페이지 - 기능평가 Ⅱ (문제번호 표시 : 3. 4.),
       3페이지 - 문서작성 능력평가
- 기능평가
  - 문제와 ≪조건≫은 입력하지 않으며 문제번호와 답(≪출력형태≫)만 작성합니다.
  - 4번 문제는 묶기를 했을 경우 0점 처리됩니다.
- 문서작성 능력평가
  - A4 용지(210mm×297mm) 1매 크기, 세로 서식 문서로 작성합니다.
  - ☐ 표시는 문서작성에 대한 지시사항이므로 작성하지 않습니다.

kpc 한국생산성본부

기능평가 I (150점)

1. 다음의 ≪조건≫에 따라 스타일 기능을 적용하여 ≪출력형태≫와 같이 작성하시오. (50점)

≪조건≫
(1) 스타일 이름 - science
(2) 문단 모양 - 왼쪽 여백 : 10pt, 문단 아래 간격 : 10pt
(3) 글자 모양 - 글꼴 : 한글(굴림)/영문(궁서), 크기 : 10pt, 장평 : 95%, 자간 : 5%

≪출력형태≫

Science is a systematic area that builds and organizes knowledge in the form of explanations and predictions about nature and the universe.

과학은 관찰 가능한 방법으로 얻어진 체계적이고 이론적인 지식의 체계이며, 과학자들은 자연계에서 관찰되는 현상들을 과학적 방법에 따라 자연적인 이론으로 설명하려고 한다.

2. 다음의 ≪조건≫에 따라 ≪출력형태≫와 같이 표와 차트를 작성하시오. (100점)

≪표 조건≫
(1) 표 전체(표, 캡션) - 궁서, 10pt
(2) 정렬 - 문자 : 가운데 정렬, 숫자 : 오른쪽 정렬
(3) 셀 배경(면색) : 노랑
(4) 한글의 계산 기능을 이용하여 빈칸에 합계를 구하고, 캡션 기능 사용할 것
(5) 선 모양은 ≪출력형태≫와 동일하게 처리할 것

≪출력형태≫

과학 교육기관 컴퓨터 보유 현황(단위 : 백 개)

구분	2017년	2018년	2019년	2020년	2021년
데스크탑	73	45	43	83	24
노트북	29	14	15	16	7
태블릿	9	16	18	16	13
합계					

≪차트 조건≫
(1) 차트 데이터는 표 내용에서 구분별 2017년, 2018년, 2019년, 2020년의 값만 이용할 것
(2) 종류 - 〈묶은 세로 막대형〉으로 작업할 것
(3) 제목 - 돋움, 진하게, 12pt, 속성 - 채우기(하양), 테두리, 그림자(대각선 오른쪽 아래)
【돋움, 진하게, 12pt, 배경 - 선 모양(한 줄로), 그림자(2pt)】
(4) 제목 이외의 전체 글꼴 - 돋움, 보통, 10pt
(5) 축제목과 범례는 ≪출력형태≫와 동일하게 처리할 것

≪출력형태≫

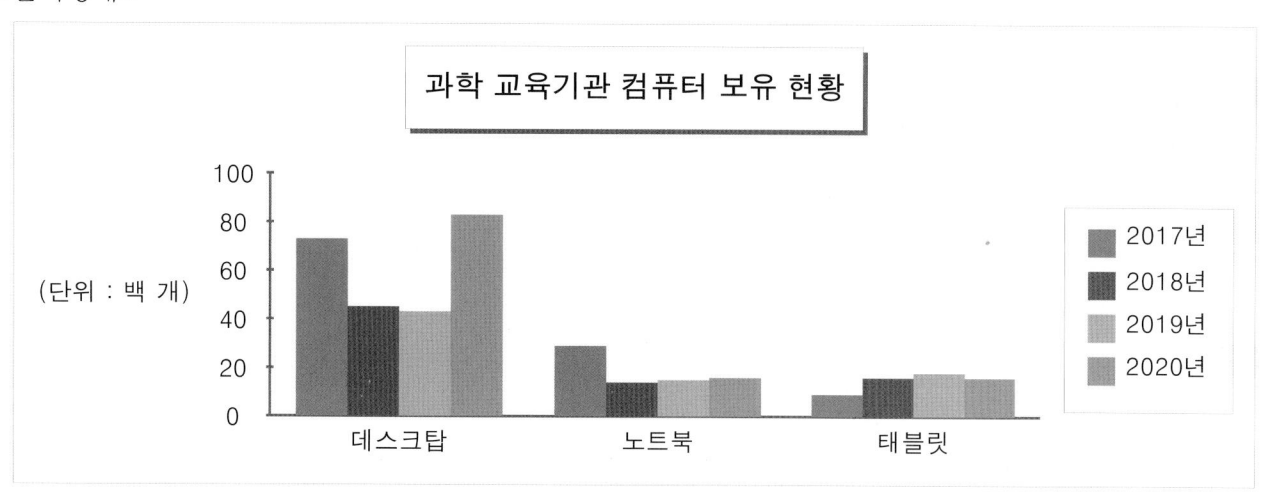

기능평가 Ⅱ (150점)

3. 다음의 (1), (2)의 수식을 수식 편집기로 각각 입력하시오. (40점)

≪출력형태≫

(1) $\dfrac{x}{\sqrt{a}-\sqrt{b}}=\dfrac{x\sqrt{a}+x\sqrt{b}}{a-b}$

(2) $K=\dfrac{a(1+r)((1+r)^n-1)}{r}$

4. 다음의 ≪조건≫에 따라 ≪출력형태≫와 같이 문서를 작성하시오. (110점)

≪조건≫
(1) 그리기 도구를 이용하여 작성하고, 모든 도형(글맵시, 지정된 그림 포함)을 ≪출력형태≫와 같이 작성하시오.
(2) 도형의 면색은 지시사항이 없으면 색 없음을 제외하고 서로 다르게 임의로 지정하시오.

≪출력형태≫

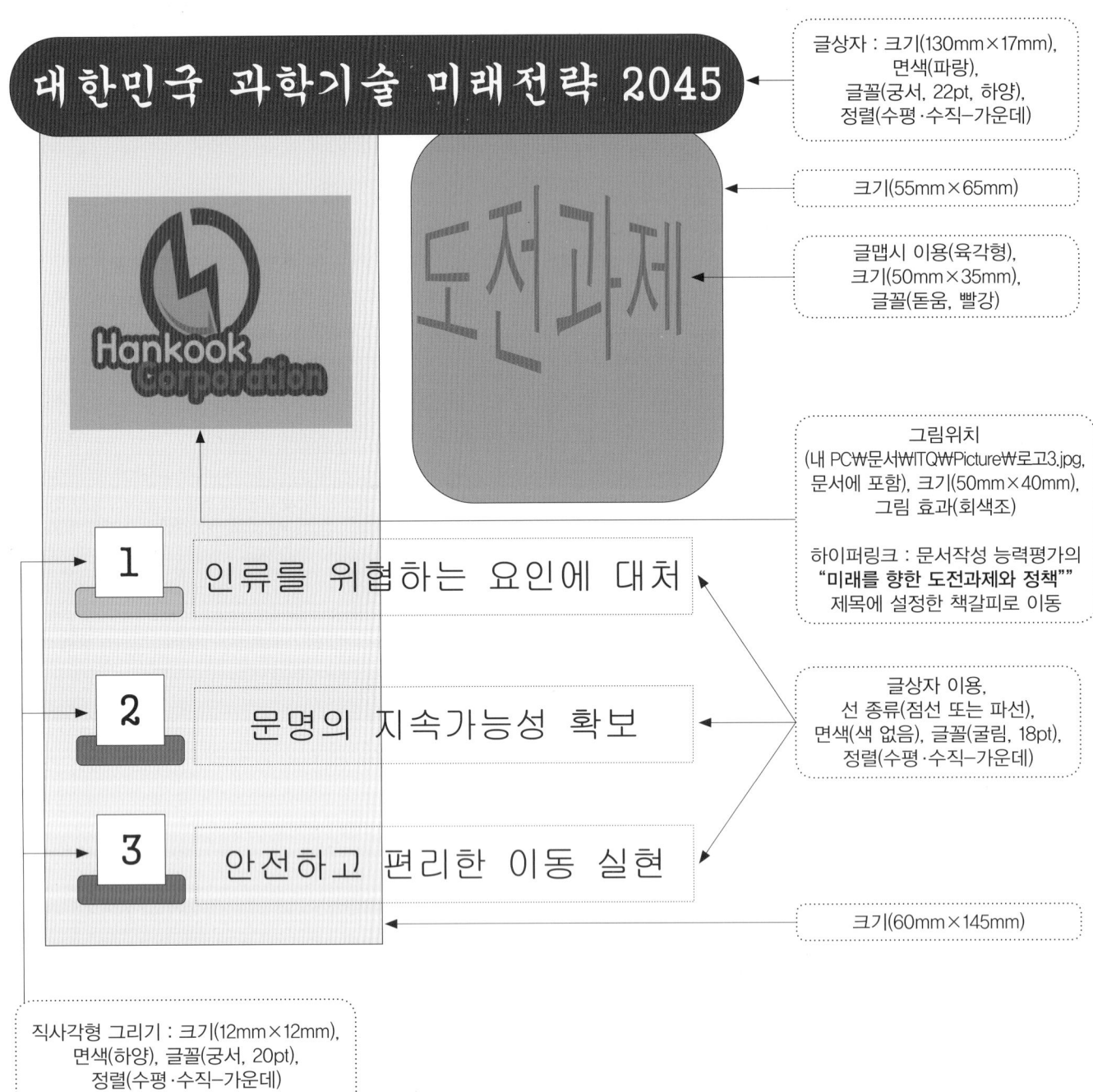

대한민국의 미래 100년
미래를 향한 도전과제와 정책

과학기술은 미래사회를 변화시키는 핵심 동인이며, 부존자원이 부족한 우리나라가 원하는 미래를 실현하는 데 가장 중요한 자산이라고 할 수 있다. 따라서 과학기술의 잠재력을 활용(活用)하여 우리가 원하는 미래를 개척해 나가기 위한 과학기술 미래전략의 중요성은 아무리 강조해도 지나치지 않을 것이다.

대한민국 과학기술 미래전략 2045는 광복 100주년이 되는 2045년을 맞이하여, 우리가 희망하는 미래 모습과 이를 실현하기 위한 과학기술의 장기적인 비전과 전략을 제안하고 있다. 중점 사항으로는 첫째, 2025 과학기술발전 장기비전, 2040 과학기술 미래비전 등 역대 정부의 과학기술 미래전략을 발전적으로 계승(繼承)하고자 하였으며, 둘째, 그동안 우리 사회의 변화와 국민의 수요를 반영하여 과거 고속성장 과정에서 상대적으로 중요하게 고려하지 못했던 안전, 건강, 신뢰 등의 질적인 가치들을 추구해야 할 미래의 목표로 제시하였다. 셋째, 원하는 미래가 실현되기 위해 과학기술이 해결해야 하는 도전과제ⓐ들을 제시하고, 이를 해결하기 위해 과학기술정책이 어떤 방향으로 전환되어야 하는지를 제시하였다.

■ 대한민국의 미래상과 과학기술 정책 방향

    A. 우리가 원하는 대한민국의 미래상
      1. 안전하고 건강한 사회
      2. 인류 사회에 기여하는 대한민국
    B. 과학기술 정책 방향
      1. 사회문제를 해결하고 삶의 질을 제고하는 공공연구개발
      2. 국경 없는 글로벌 과학기술혁신 체계

■ *미래 과학기술에 대한 질문*

미래상	영역	질문 주제	기술개발 방향 제안
안전하고 건강한 사회	기후변화	인류의 생존	온실가스 감축과 기후변화 적응
	환경오염	오염 해결과 문명 번영	원자력의 안전한 활용 및 핵융합 기술 개발
풍요롭고 편리한 사회	우주 생활권	생활권 확대와 편리성	친환경, 지능형 기술로 편리한 이동 실현
	자원	생존에 필요한 자원	농어업, 제조업 스마트화
공정한 신뢰 사회	소통과 네트워크	사람의 소통 방식	소통의 현실감 제고 및 방식 다양화

과학기술정책연구원

ⓐ 인간의 신체적 능력 보완 등 과학기술 도전과제로 8가지 제시함

제 04 회 ITQ 출제예상문제

과목	코드	문제유형	시험시간	수험번호	성명
아래한글	1111	D	60분		

수험자 유의사항

- 수험자는 문제지를 받는 즉시 문제지와 **수험표상의 시험과목(프로그램)이 동일한지 반드시 확인**하여야 합니다.
- 파일명은 본인의 "수험번호-성명"으로 입력하여 답안폴더(내 PC₩문서₩ITQ)에 하나의 파일로 저장해야 하며, 답안문서 파일명이 "수험번호-성명"과 일치하지 않거나, 답안파일을 전송하지 않아 미제출로 처리될 경우 실격 처리합니다(예:12345678-홍길동.hwp).
- 답안 작성을 마치면 파일을 저장하고, '답안 전송' 버튼을 선택하여 감독위원 PC로 답안을 전송하십시오. 수험생 정보와 저장한 파일명이 다를 경우 전송되지 않으므로 주의하시기 바랍니다.
- 답안 작성 중에도 **주기적으로 저장하고, '답안 전송'**하여야 문제 발생을 줄일 수 있습니다. 작업한 내용을 저장하지 않고 전송할 경우 이전에 저장된 내용이 전송되오니 이점 유의하시기 바랍니다.
- 답안문서는 지정된 경로 외의 다른 보조기억장치에 저장하는 경우, 지정된 시험 시간 외에 작성된 파일을 활용할 경우, 기타 통신수단(이메일, 메신저, 네트워크 등)을 이용하여 타인에게 전달 또는 외부 반출하는 경우는 부정 처리합니다.
- 시험 중 부주의 또는 고의로 시스템을 파손한 경우는 수험자가 변상해야 하며, 〈수험자 유의사항〉에 기재된 방법대로 이행하지 않아 생기는 불이익은 수험생 당사자의 책임임을 알려 드립니다.
- 문제의 조건은 한컴오피스 2020 버전으로 설정되어 있으며 한컴오피스 NEO는 【 】에 표기되어 있습니다. 이와 관련하여 작성한 답안의 출력형태가 문제지와 다를 수 있습니다.
- 시험을 완료한 수험자는 답안파일이 전송되었는지 확인한 후 감독위원의 지시에 따라 문제지를 제출하고 퇴실합니다.

답안 작성요령

- 온라인 답안 작성 절차
  수험자 등록 ⇒ 시험 시작 ⇒ 답안파일 저장 ⇒ 답안 전송 ⇒ 시험 종료
- 공통 부문
  ○ 글꼴에 대한 기본설정은 함초롬바탕, 10포인트, 검정, 줄간격 160%, 양쪽정렬로 합니다.
  ○ 색상은 조건의 색을 적용하고 색의 구분이 안될 경우에는 RGB 값을 적용합니다
     (빨강 255,0,0 / 파랑 0,0,255 / 노랑 255,255,0).
  ○ 각 문항에 주어진 ≪조건≫에 따라 작성하고 언급하지 않은 조건은 ≪출력형태≫와 같이 작성합니다.
  ○ 용지여백은 왼쪽·오른쪽 11mm, 위쪽·아래쪽·머리말·꼬리말 10mm, 제본 0mm로 합니다.
  ○ 그림 삽입 문제의 경우 「내 PC₩문서₩ITQ₩Picture」 폴더에서 지정된 파일을 선택하여 삽입하십시오.
  ○ 삽입한 그림은 반드시 문서에 포함하여 저장해야 합니다(미포함 시 감점 처리).
  ○ 각 항목은 지정된 페이지에 출력형태와 같이 정확히 작성하시기 바라며, 그렇지 않을 경우에 해당 항목은 0점 처리됩니다.
     ※ 페이지구분 : 1페이지 - 기능평가 Ⅰ (문제번호 표시 : 1. 2.),
                    2페이지 - 기능평가 Ⅱ (문제번호 표시 : 3. 4.),
                    3페이지 - 문서작성 능력평가
- 기능평가
  ○ 문제와 ≪조건≫은 입력하지 않으며 문제번호와 답(≪출력형태≫)만 작성합니다.
  ○ 4번 문제는 묶기를 했을 경우 0점 처리됩니다.
- 문서작성 능력평가
  ○ A4 용지(210mm×297mm) 1매 크기, 세로 서식 문서로 작성합니다.
  ○ ☐ 표시는 문서작성에 대한 지시사항이므로 작성하지 않습니다.

kpc 한국생산성본부

기능평가 I (150점)

1. 다음의 ≪조건≫에 따라 스타일 기능을 적용하여 ≪출력형태≫와 같이 작성하시오. (50점)

   ≪조건≫
   (1) 스타일 이름 – business
   (2) 문단 모양 – 왼쪽 여백 : 10pt, 문단 아래 간격 : 10pt
   (3) 글자 모양 – 글꼴 : 한글(굴림)/영문(궁서), 크기 : 10pt, 장평 : 95%, 자간 : 5%

   ≪출력형태≫

   Business is the activity of providing goods and services. In order to maintain the perpetuity must establish a mid to long term business plan.

   벤처기업은 첨단기술을 가지고 고수익과 고성장을 추구하는 소규모이나 유망하고 창조적인 기업으로 창업과 일자리 창출에 기여함으로써 경제 주체들에게 활력소가 되어 왔다.

2. 다음의 ≪조건≫에 따라 ≪출력형태≫와 같이 표와 차트를 작성하시오. (100점)

   ≪표 조건≫
   (1) 표 전체(표, 캡션) – 궁서, 10pt
   (2) 정렬 – 문자 : 가운데 정렬, 숫자 : 오른쪽 정렬
   (3) 셀 배경(면색) : 노랑
   (4) 한글의 계산 기능을 이용하여 빈칸에 합계를 구하고, 캡션 기능 사용할 것
   (5) 선 모양은 ≪출력형태≫와 동일하게 처리할 것

   ≪출력형태≫

   벤처확인기업 현황(단위 : 개)

구분	제조업	정보처리S/W	도소매업	건설운수	연구개발서비스
인천	612	78	14	6	4
부산	839	245	15	33	33
대구	371	58	2	8	2
합계					

   ≪차트 조건≫
   (1) 차트 데이터는 표 내용에서 지역별 제조업, 정보처리S/W, 도소매업, 건설운수의 값만 이용할 것
   (2) 종류 – 〈묶은 세로 막대형〉으로 작업할 것
   (3) 제목 – 돋움, 진하게, 12pt, 속성 – 채우기(하양), 테두리, 그림자(대각선 오른쪽 아래)
   【돋움, 진하게, 12pt, 배경 – 선 모양(한 줄로), 그림자(2pt)】
   (4) 제목 이외의 전체 글꼴 – 돋움, 보통, 10pt
   (5) 축제목과 범례는 ≪출력형태≫와 동일하게 처리할 것

   ≪출력형태≫

   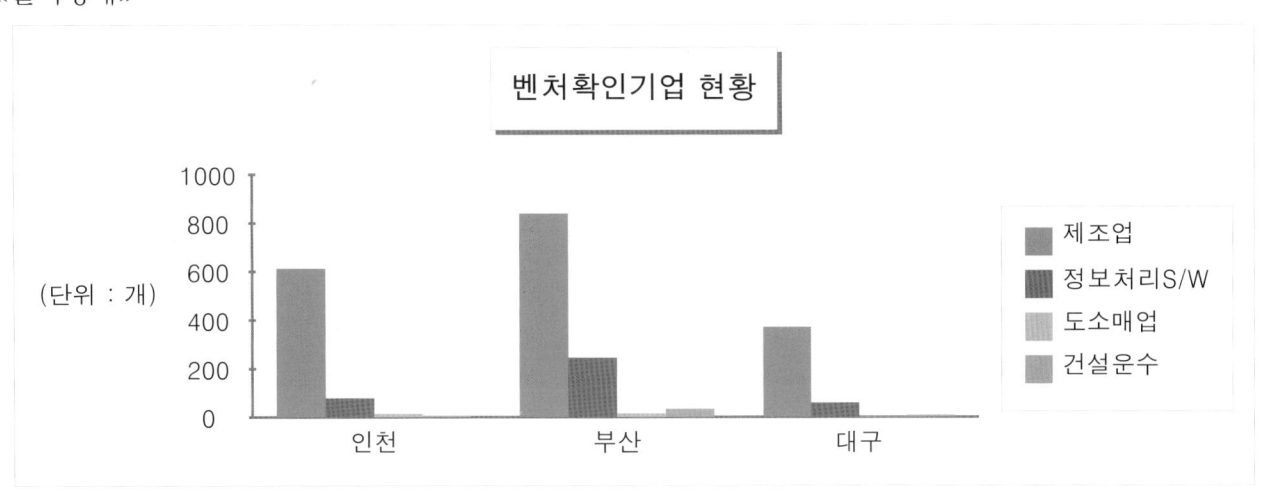

기능평가 Ⅱ (150점)

3. 다음의 (1), (2)의 수식을 수식 편집기로 각각 입력하시오. (40점)

≪출력형태≫

(1) $\dfrac{b}{\sqrt{a^2+b^2}} = \dfrac{2\tan\theta}{1+\tan^2\theta}$

(2) $A^3 + \sqrt{\dfrac{gL}{2\pi}} = \dfrac{gT}{2\pi}$

4. 다음의 ≪조건≫에 따라 ≪출력형태≫와 같이 문서를 작성하시오. (110점)

≪조건≫

(1) 그리기 도구를 이용하여 작성하고, 모든 도형(글맵시, 지정된 그림 포함)을 ≪출력형태≫와 같이 작성하시오.
(2) 도형의 면색은 지시사항이 없으면 색 없음을 제외하고 서로 다르게 임의로 지정하시오.

≪출력형태≫

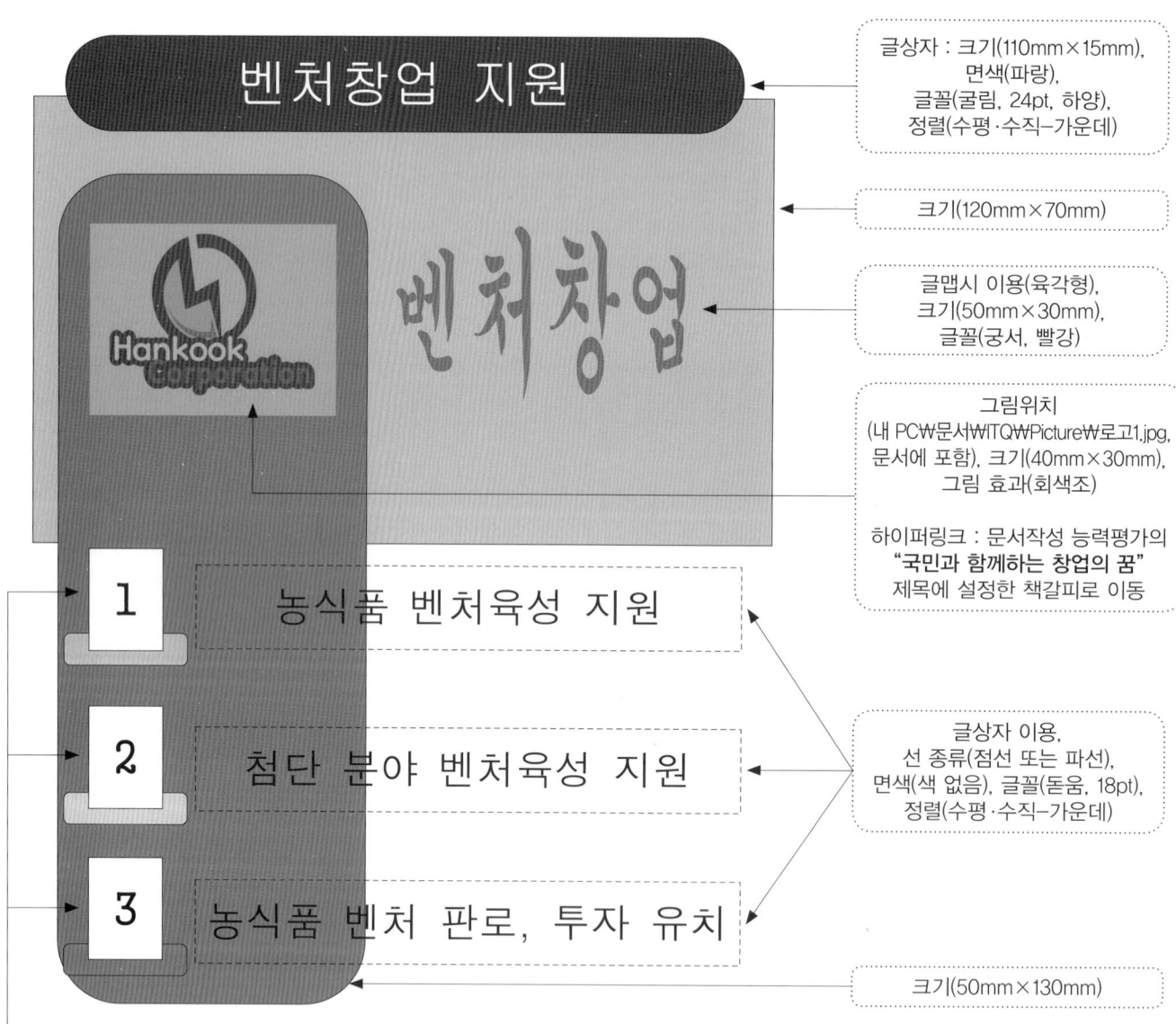

국민과 함께하는 창업의 꿈

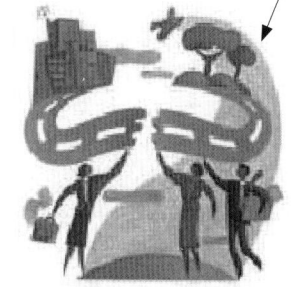

창의적인 아이디어와 신기술을 활용(活用)한 창업이야말로 우리 경제를 살아 숨 쉬게 하는 원동력 역할을 한다는 것이 경제 전문가들의 공통된 의견이다. 정부에서도 창업을 일자리 늘리기를 비롯한 경제 살리기의 버팀목으로 삼기 위해 창업 절차를 대폭 간소화하여 빠르고 쉽게 사업을 시작할 수 있도록 돕고 있다. 역대 최대 규모로 개최(開催)될 이번 대한민국창업대전은 명실공히 대한민국의 대표적 창업 기업 행사로서 그 위상을 대내외에 알리는 계기가 될 것으로 기대되고 있다.

이번 창업대전에서는 그동안 우리나라의 기술 창업 발전에 기여한 중소기업 관계자들과 지원 기관 및 유공 기관들을 발굴하여 포상함으로써 국내 경제의 성장 잠재력에 대한 자신감을 되새겨 보는 자리를 만들고자 한다. 부대 행사로서 우수한 창업 기업들이 참여하는 대규모 전시회와 함께 국제 비즈니스 교류의 장으로서 수출 상담회, MD⒜ 상담회, 창업 경진 대회, 창업 투자 마트, 문화 행사 등의 실속 있는 다양한 프로그램도 진행된다. 창업에 대한 확신과 기업가 정신을 드높일 수 있는 대한민국창업대전에 예비 창업자와 기업인들의 많은 참여를 바란다.

♣ 대한민국창업대전 개요

(1) 행사의 성격과 목적
  (가) 창의적이고 실현 가능한 아이디어 발굴로 창업 문화 확산 도모
  (나) 스타 창업 기업으로 육성하여 일자리 창출에 기여
(2) 행사의 주최와 주관
  (가) 주최 : 중소벤처기업부
  (나) 주관 : 창업진흥원, 신용보증기금, 기술보증기금

♣ 창업 지원 프로그램

프로그램	개요	지원 대상	지원 규모	문의
청소년 비즈쿨	기업가 정신을 갖춘 인재양성	비즈쿨 학교	500개교	창업진흥원
창업 아카데미	창업 저변 확대	대학생 및 일반인	6개 대학, 4개 지역센터	
스마트 창작터	창업교육, 사업모델 검증	지식서비스 사업	135팀	
시니어 기술창업	성공적인 창업 지원	만 40세 이상	25개 시니어 기술창업센터	
스포츠산업	스포츠산업분야 경쟁력 제고	인프라 보유 기관	사업화 지원비	스포츠개발원

중소벤처기업부

⒜ 소비자의 구매 패턴과 소비유형을 파악하여 시장성 있는 상품을 선정, 구매하는 사람

제05회 ITQ 출제예상문제

과목	코드	문제유형	시험시간	수험번호	성명
아래한글	1111	E	60분		

수험자 유의사항

- 수험자는 문제지를 받는 즉시 문제지와 **수험표상의 시험과목(프로그램)이 동일한지 반드시 확인**하여야 합니다.
- 파일명은 본인의 "수험번호-성명"으로 입력하여 답안폴더(내 PC\문서\ITQ)에 하나의 파일로 저장해야 하며, 답안문서 파일명이 "수험번호-성명"과 일치하지 않거나, 답안파일을 전송하지 않아 미제출로 처리될 경우 실격 처리합니다(예:12345678-홍길동.hwp).
- 답안 작성을 마치면 파일을 저장하고, '답안 전송' 버튼을 선택하여 감독위원 PC로 답안을 전송하십시오. 수험생 정보와 저장한 파일명이 다를 경우 전송되지 않으므로 주의하시기 바랍니다.
- 답안 작성 중에도 **주기적으로 저장하고, '답안 전송'**하여야 문제 발생을 줄일 수 있습니다. 작업한 내용을 저장하지 않고 전송할 경우 이전에 저장된 내용이 전송되오니 이점 유의하시기 바랍니다.
- 답안문서는 지정된 경로 외의 다른 보조기억장치에 저장하는 경우, 지정된 시험 시간 외에 작성된 파일을 활용할 경우, 기타 통신수단(이메일, 메신저, 네트워크 등)을 이용하여 타인에게 전달 또는 외부 반출하는 경우는 부정 처리합니다.
- 시험 중 부주의 또는 고의로 시스템을 파손한 경우는 수험자가 변상해야 하며, 〈수험자 유의사항〉에 기재된 방법대로 이행하지 않아 생기는 불이익은 수험생 당사자의 책임임을 알려 드립니다.
- 문제의 조건은 한컴오피스 2020 버전으로 설정되어 있으며 한컴오피스 NEO는 【 】에 표기되어 있습니다. 이와 관련하여 작성한 답안의 출력형태가 문제지와 다를 수 있습니다.
- 시험을 완료한 수험자는 답안파일이 전송되었는지 확인한 후 감독위원의 지시에 따라 문제지를 제출하고 퇴실합니다.

답안 작성요령

- 온라인 답안 작성 절차
  수험자 등록 ⇒ 시험 시작 ⇒ 답안파일 저장 ⇒ 답안 전송 ⇒ 시험 종료
- 공통 부문
  - 글꼴에 대한 기본설정은 함초롬바탕, 10포인트, 검정, 줄간격 160%, 양쪽정렬로 합니다.
  - 색상은 조건의 색을 적용하고 색의 구분이 안될 경우에는 RGB 값을 적용합니다
    (빨강 255,0,0 / 파랑 0,0,255 / 노랑 255,255,0).
  - 각 문항에 주어진 ≪조건≫에 따라 작성하고 언급하지 않은 조건은 ≪출력형태≫와 같이 작성합니다.
  - 용지여백은 왼쪽·오른쪽 11mm, 위쪽·아래쪽·머리말·꼬리말 10mm, 제본 0mm로 합니다.
  - 그림 삽입 문제의 경우 「내 PC\문서\ITQ\Picture」 폴더에서 지정된 파일을 선택하여 삽입하십시오.
  - 삽입한 그림은 반드시 문서에 포함하여 저장해야 합니다(미포함 시 감점 처리).
  - 각 항목은 지정된 페이지에 출력형태와 같이 정확히 작성하시기 바라며, 그렇지 않을 경우에 해당 항목은 0점 처리됩니다.
    ※ 페이지구분 : 1페이지 - 기능평가 I (문제번호 표시 : 1. 2.),
    　　　　　　　　2페이지 - 기능평가 II (문제번호 표시 : 3. 4.),
    　　　　　　　　3페이지 - 문서작성 능력평가
- 기능평가
  - 문제와 ≪조건≫은 입력하지 않으며 문제번호와 답(≪출력형태≫)만 작성합니다.
  - 4번 문제는 묶기를 했을 경우 0점 처리됩니다.
- 문서작성 능력평가
  - A4 용지(210mm×297mm) 1매 크기, 세로 서식 문서로 작성합니다.
  - ◯ 표시는 문서작성에 대한 지시사항이므로 작성하지 않습니다.

kpc 한국생산성본부

기능평가 Ⅰ (150점)

1. 다음의 ≪조건≫에 따라 스타일 기능을 적용하여 ≪출력형태≫와 같이 작성하시오. (50점)

   ≪조건≫
   (1) 스타일 이름 – book
   (2) 문단 모양 – 왼쪽 여백 : 10pt, 문단 아래 간격 : 10pt
   (3) 글자 모양 – 글꼴 : 한글(굴림)/영문(궁서), 크기 : 10pt, 장평 : 95%, 자간 : 5%

   ≪출력형태≫

   Seoul International Book Fair connects those who make books with those who read them, bringing together publishers, writers, artists, editors.

   출판문화 산업 및 업계 발전과 국민 독서력 증진을 위한 2022 서울국제도서전이 '책을 넘어서, 출판과 독서의 새로운 정의'라는 슬로건으로 7월에 개최된다.

2. 다음의 ≪조건≫에 따라 ≪출력형태≫와 같이 표와 차트를 작성하시오. (100점)

   ≪표 조건≫
   (1) 표 전체(표, 캡션) – 궁서, 10pt
   (2) 정렬 – 문자 : 가운데 정렬, 숫자 : 오른쪽 정렬
   (3) 셀 배경(면색) : 노랑
   (4) 한글의 계산 기능을 이용하여 빈칸에 합계를 구하고, 캡션 기능 사용할 것
   (5) 선 모양은 ≪출력형태≫와 동일하게 처리할 것

   ≪출력형태≫

   서울국제도서전 관람객 현황(단위 : %)

구분	2017년	2018년	2019년	2020년	2021년
어린이	24	14	21	24	23
청소년	21	30	20	22	21
일반	33	32	36	33	31
합계					

   ≪차트 조건≫
   (1) 차트 데이터는 표 내용에서 구분별 2017년, 2018년, 2019년, 2020년의 값만 이용할 것
   (2) 종류 – 〈묶은 세로 막대형〉으로 작업할 것
   (3) 제목 – 돋움, 진하게, 12pt, 속성 – 채우기(하양), 테두리, 그림자(대각선 오른쪽 아래)
      【돋움, 진하게, 12pt, 배경 – 선 모양(한 줄로), 그림자(2pt)】
   (4) 제목 이외의 전체 글꼴 – 돋움, 보통, 10pt
   (5) 축제목과 범례는 ≪출력형태≫와 동일하게 처리할 것

   ≪출력형태≫

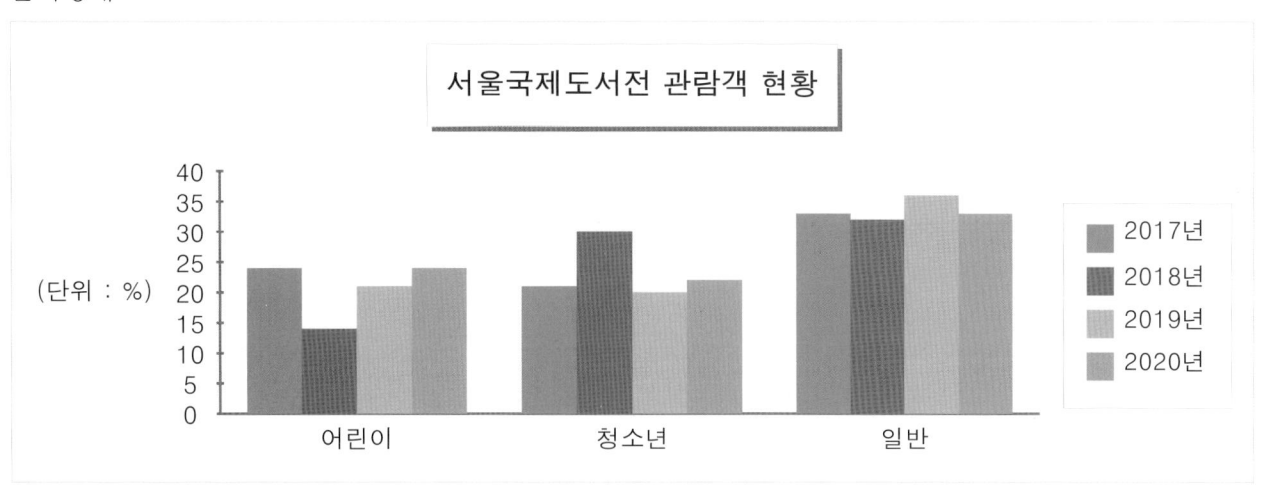

기능평가 Ⅱ (150점)

3. 다음의 (1), (2)의 수식을 수식 편집기로 각각 입력하시오. (40점)

≪출력형태≫

(1) $g = \dfrac{GM}{R^2} = \dfrac{6.67 \times 10^{-11} \times 6.0 \times 10^{24}}{(6.4 \times 10^7)^2}$

(2) $f(x) = \dfrac{\dfrac{x}{2} - \sqrt{5} + 2}{\sqrt{1-x^2}}$

4. 다음의 ≪조건≫에 따라 ≪출력형태≫와 같이 문서를 작성하시오. (110점)

≪조건≫
  (1) 그리기 도구를 이용하여 작성하고, 모든 도형(글맵시, 지정된 그림 포함)을 ≪출력형태≫와 같이 작성하시오.
  (2) 도형의 면색은 지시사항이 없으면 색 없음을 제외하고 서로 다르게 임의로 지정하시오.

≪출력형태≫

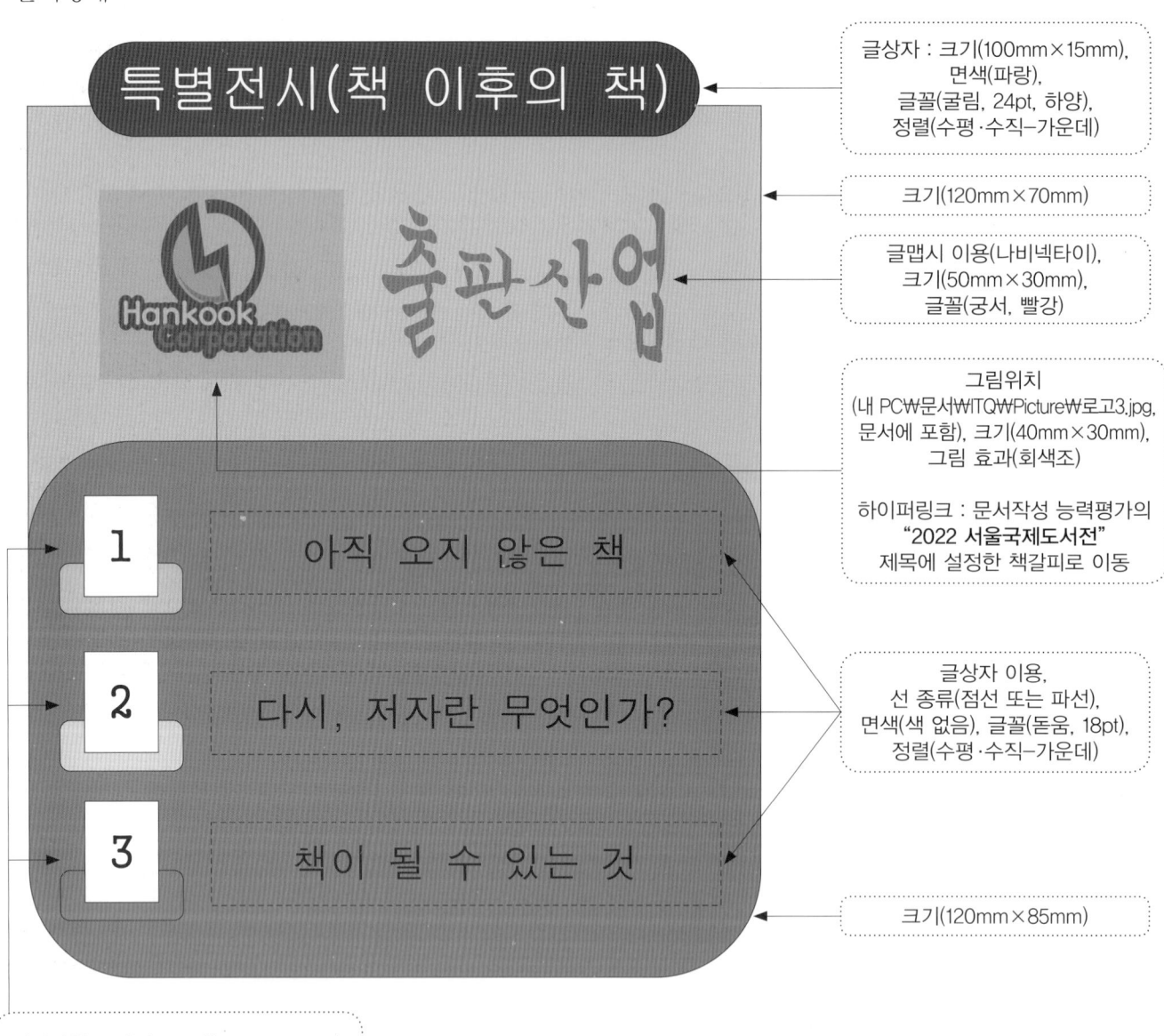

2022 서울국제도서전

서울국제도서전은 1954년 전국도서전시회로 시작하여 1995년 국제출판협회에서 공인하는 국제도서전으로 격상(格上)하였으며, 한국출판의 세계화, 출판 산업의 경쟁력 강화, 책을 읽는 사회 분위기 정착, 국민 문화 향유 기회의 확대라는 목표 아래 세계 주요 도서전 중 하나로 도약하고 있습니다. 국제도서전의 목적은 출판업의 발전과 교류를 도모(圖謀)하고 인류 상호 간의 이해를 증진하는 데 있습니다.

도서전의 세계화와 선진화를 위해 2008년부터 주빈국 지정 제도를 도입하여 해당 국가의 도서 작품 등을 특별 전시하고 있으며, 2022 서울국제도서전에서는 국내외출판사 저작권 담당자 및 저작권 전문 에이전시들이 수출입 상담 업무를 원활히 진행할 수 있도록 저작권센터를 운영하며 전자책Ⓐ, 저작권의 교류와 수출 등 출판계의 쟁점에 부합하는 주제의 전문가 프로그램을 개최하고 있습니다. 본 행사는 국내외출판사 저작권 담당자 및 저작권 전문 에이전시들이 수출입 상담 업무를 원활히 진행할 수 있는 최고의 기회로 서울도서전의 저작권 전문가로 등록하면 저작권센터, 국제출판 콜로키엄 등 다양한 행사에 참여할 수 있습니다.

♠ 서울국제도서전 개요

가) 기간 및 장소
　　a) 기간 : 2022년 7월 13일(수) - 7월 17일(일)
　　b) 장소 : 코엑스 A2홀, B2홀
나) 행사의 주제 및 후원
　　a) 주제 : 반걸음
　　b) 후원 : 문화체육관광부, 한국출판문화산업진흥원 등

♠ 도서전 행사 이용안내

형태	날짜	내용	행사
책문화	7월 13일	그 책, 제가 디자인한 건데요.	특별 기획전, 출판전문세미나, 책 문화 행사, 저자와의 만남, 북 콘서트 등
	7월 16일	17억 명의 상상 : 그림책과 다양성	
	7월 17일	메타버스와 스토리텔링, 녹색계급의 출현	
디지털북	7월 14일	지면에서 벗어난, 디지털 시대의 작가들	
	7월 15일	시와 문학, 작가 그리고 종이 책의 미래	
	7월 16일	종이에서 액정으로 옮겨가도 변하지 않는 것	

대한출판문화협회

Ⓐ 종이 대신 컴퓨터 화면에서 디지털 파일로 읽을 수 있는 전자 매체형 책

제06회 ITQ 출제예상문제

과목	코드	문제유형	시험시간	수험번호	성명
아래한글	1111	A	60분		

수험자 유의사항

- 수험자는 문제지를 받는 즉시 문제지와 **수험표상의 시험과목(프로그램)이 동일한지 반드시 확인**하여야 합니다.
- 파일명은 본인의 "수험번호-성명"으로 입력하여 답안폴더(내 PC₩문서₩ITQ)에 하나의 파일로 저장해야 하며, 답안문서 파일명이 "수험번호-성명"과 일치하지 않거나, 답안파일을 전송하지 않아 미제출로 처리될 경우 실격 처리합니다(예:12345678-홍길동.hwp).
- 답안 작성을 마치면 파일을 저장하고, '답안 전송' 버튼을 선택하여 감독위원 PC로 답안을 전송하십시오. 수험생 정보와 저장한 파일명이 다를 경우 전송되지 않으므로 주의하시기 바랍니다.
- 답안 작성 중에도 **주기적으로 저장하고, '답안 전송'**하여야 문제 발생을 줄일 수 있습니다. 작업한 내용을 저장하지 않고 전송할 경우 이전에 저장된 내용이 전송되오니 이점 유의하시기 바랍니다.
- 답안문서는 지정된 경로 외의 다른 보조기억장치에 저장하는 경우, 지정된 시험 시간 외에 작성된 파일을 활용할 경우, 기타 통신수단(이메일, 메신저, 네트워크 등)을 이용하여 타인에게 전달 또는 외부 반출하는 경우는 부정 처리합니다.
- 시험 중 부주의 또는 고의로 시스템을 파손한 경우는 수험자가 변상해야 하며, 〈수험자 유의사항〉에 기재된 방법대로 이행하지 않아 생기는 불이익은 수험생 당사자의 책임임을 알려 드립니다.
- 문제의 조건은 한컴오피스 2020 버전으로 설정되어 있으며 한컴오피스 NEO는 【 】에 표기되어 있습니다. 이와 관련하여 작성한 답안의 출력형태가 문제지와 다를 수 있습니다.
- 시험을 완료한 수험자는 답안파일이 전송되었는지 확인한 후 감독위원의 지시에 따라 문제지를 제출하고 퇴실합니다.

답안 작성요령

- 온라인 답안 작성 절차
  수험자 등록 ⇒ 시험 시작 ⇒ 답안파일 저장 ⇒ 답안 전송 ⇒ 시험 종료
- 공통 부문
  ○ 글꼴에 대한 기본설정은 함초롬바탕, 10포인트, 검정, 줄간격 160%, 양쪽정렬로 합니다.
  ○ 색상은 조건의 색을 적용하고 색의 구분이 안될 경우에는 RGB 값을 적용합니다
    (빨강 255,0,0 / 파랑 0,0,255 / 노랑 255,255,0).
  ○ 각 문항에 주어진 ≪조건≫에 따라 작성하고 언급하지 않은 조건은 ≪출력형태≫와 같이 작성합니다.
  ○ 용지여백은 왼쪽·오른쪽 11mm, 위쪽·아래쪽·머리말·꼬리말 10mm, 제본 0mm로 합니다.
  ○ 그림 삽입 문제의 경우 「내 PC₩문서₩ITQ₩Picture」 폴더에서 지정된 파일을 선택하여 삽입하십시오.
  ○ 삽입한 그림은 반드시 문서에 포함하여 저장해야 합니다(미포함 시 감점 처리).
  ○ 각 항목은 지정된 페이지에 출력형태와 같이 정확히 작성하시기 바라며, 그렇지 않을 경우에 해당 항목은 0점 처리됩니다.
    ※ 페이지구분 : 1페이지 - 기능평가 Ⅰ (문제번호 표시 : 1. 2.),
                    2페이지 - 기능평가 Ⅱ (문제번호 표시 : 3. 4.),
                    3페이지 - 문서작성 능력평가
- 기능평가
  ○ 문제와 ≪조건≫은 입력하지 않으며 문제번호와 답(≪출력형태≫)만 작성합니다.
  ○ 4번 문제는 묶기를 했을 경우 0점 처리됩니다.
- 문서작성 능력평가
  ○ A4 용지(210mm×297mm) 1매 크기, 세로 서식 문서로 작성합니다.
  ○ 표시는 문서작성에 대한 지시사항이므로 작성하지 않습니다.

kpc 한국생산성본부

기능평가 I (150점)

1. 다음의 ≪조건≫에 따라 스타일 기능을 적용하여 ≪출력형태≫와 같이 작성하시오. (50점)

   ≪조건≫
   (1) 스타일 이름 – fusion
   (2) 문단 모양 – 왼쪽 여백 : 15pt, 문단 아래 간격 : 10pt
   (3) 글자 모양 – 글꼴 : 한글(궁서)/영문(돋움), 크기 : 10pt, 장평 : 95%, 자간 : 5%

   ≪출력형태≫

   With the development research, computer functions are fused with objects in the physical world. It can be seen as a system that includes artificial intelligence such as medical, aviation, factory, and energy.

   사이버물리시스템은 융합연구의 발전 시스템으로, 일반적으로는 다양한 컴퓨터 기능들이 물리 세계의 일반적인 사물들과 융합된 형태인 시스템을 의미한다.

2. 다음의 ≪조건≫에 따라 ≪출력형태≫와 같이 표와 차트를 작성하시오. (100점)

   ≪표 조건≫
   (1) 표 전체(표, 캡션) – 돋움, 10pt
   (2) 정렬 – 문자 : 가운데 정렬, 숫자 : 오른쪽 정렬
   (3) 셀 배경(면색) : 노랑
   (4) 한글의 계산 기능을 이용하여 빈칸에 합계를 구하고, 캡션 기능 사용할 것
   (5) 선 모양은 ≪출력형태≫와 동일하게 처리할 것

   ≪출력형태≫

   사이버물리시스템 연도별 활용 현황(단위 : 개)

구분	2018년	2019년	2020년	2021년	합계
도시계획	13	15	10	22	
방재	23	29	12	20	
보건	21	13	10	12	
교통	18	16	19	16	

   ≪차트 조건≫
   (1) 차트 데이터는 표 내용에서 연도별 도시계획, 방재, 보건의 값만 이용할 것
   (2) 종류 – 〈묶은 세로 막대형〉으로 작업할 것
   (3) 제목 – 굴림, 진하게, 12pt, 속성 – 채우기(하양), 테두리, 그림자(대각선 오른쪽 아래)
       【굴림, 진하게, 12pt, 배경 – 선 모양(한 줄로), 그림자(2pt)】
   (4) 제목 이외의 전체 글꼴 – 굴림, 보통, 10pt
   (5) 축제목과 범례는 ≪출력형태≫와 동일하게 처리할 것

   ≪출력형태≫

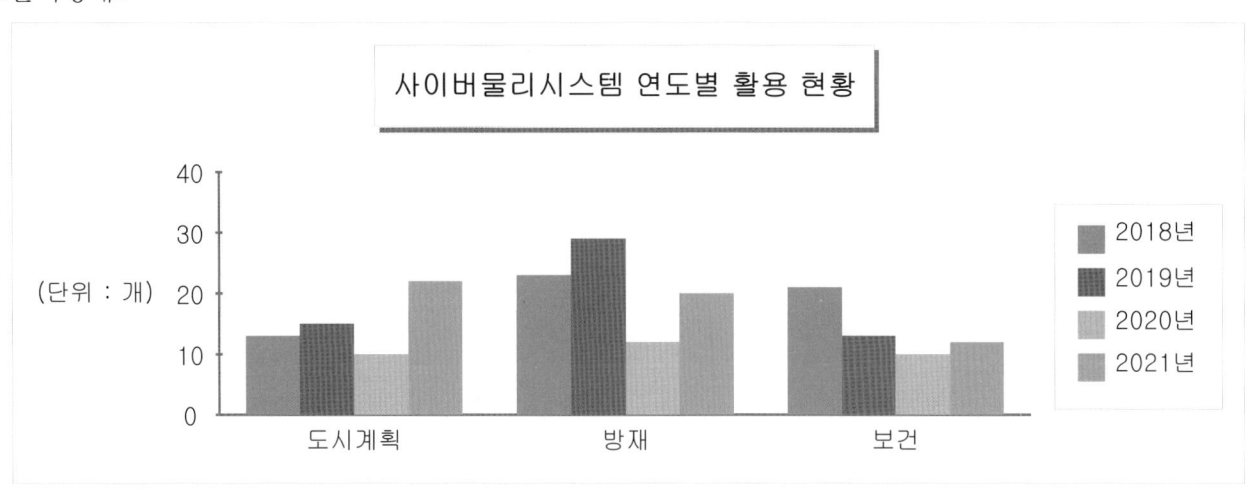

기능평가 Ⅱ (150점)

3. 다음의 (1), (2)의 수식을 수식 편집기로 각각 입력하시오. (40점)

≪출력형태≫

(1) $\dfrac{1}{\lambda} = 1.097 \times 10^5 \left(\dfrac{1}{2^2} - \dfrac{1}{n^2} \right)$

(2) $\displaystyle\int_0^3 \dfrac{\sqrt{6t^2 - 18t + 12}}{5} dt = 11$

4. 다음의 ≪조건≫에 따라 ≪출력형태≫와 같이 문서를 작성하시오. (110점)

≪조건≫
 (1) 그리기 도구를 이용하여 작성하고, 모든 도형(글맵시, 지정된 그림 포함)을 ≪출력형태≫와 같이 작성하시오.
 (2) 도형의 면색은 지시사항이 없으면 색 없음을 제외하고 서로 다르게 임의로 지정하시오.

≪출력형태≫

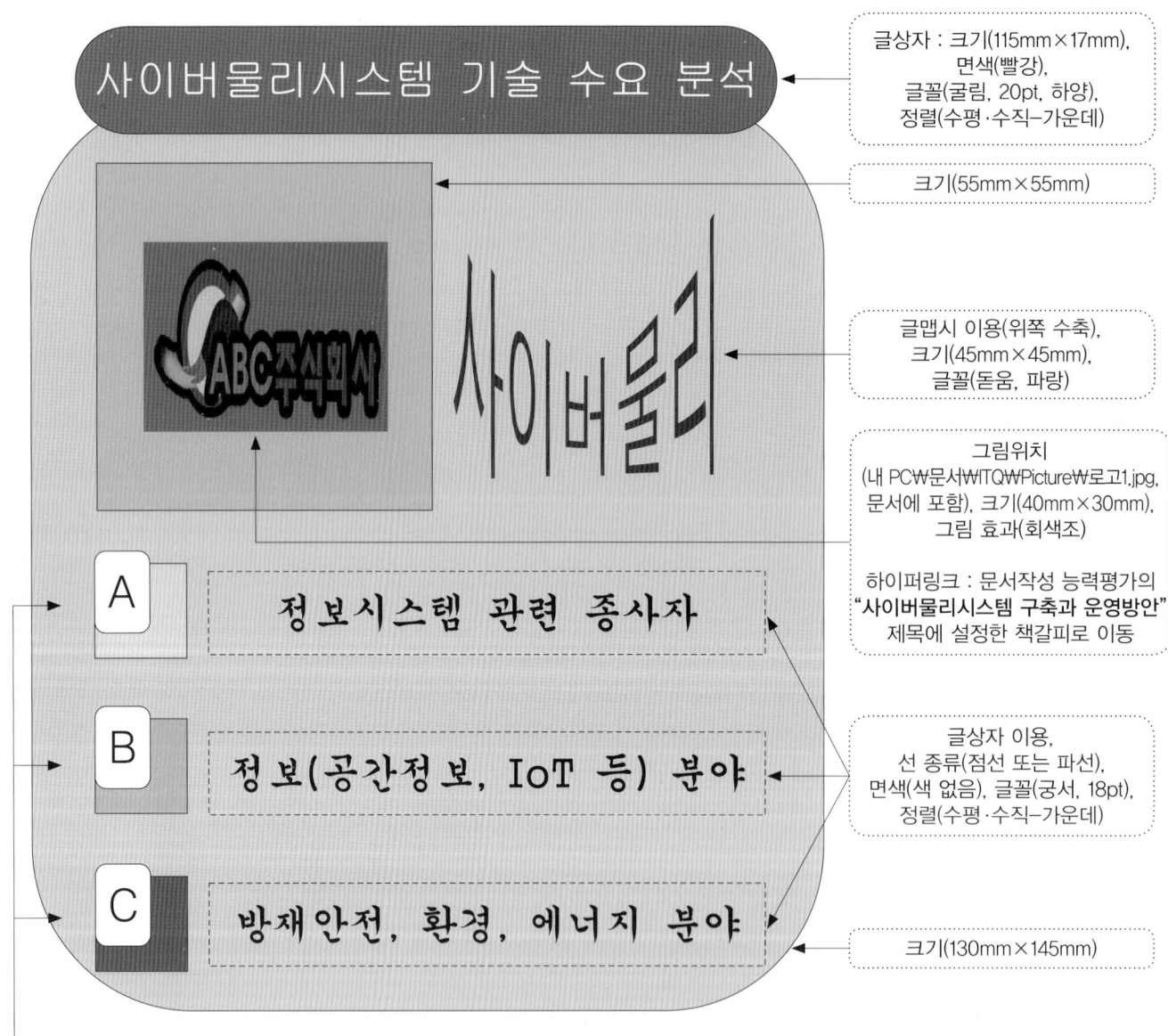

사이버물리시스템 구축과 운영방안

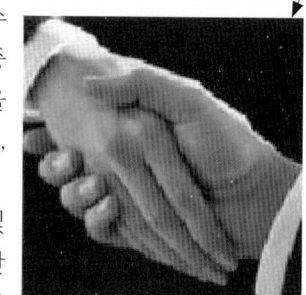

실효성 있는 서울시 사이버물리시스템ⓐ의 구축 및 활용방안을 마련하기 위해 기술 수요조사를 실시하였다. 사이버물리시스템 공통부분에서는 구성 요소와 기술 요소 중요도, 기술 요소 중요도 구현을 위한 세부(細部) 기술 수준에 대한 조사를 실시하였다. 서울시 적용 및 활용 조사에서는 구현을 위한 인프라 수준, 구현 가능성, 분야별 적용 및 활용, 운영(運營)을 위한 정부 정책에 대한 조사가 이뤄졌다.

서울시 사이버물리시스템 적용 및 활용방안 수요 조사는 풍수해, 소방 시설물, 환경 및 에너지의 각 전문 분야로 구분해 서술형으로 응답하도록 하여 사이버물리시스템 활용방안의 참고 자료로 활용하였다. 사이버물리시스템의 구성 요소 중 현실 데이터 취득이 가장 중요하며, 자율제어는 상대적으로 낮았다. 이는 도시 범위의 사이버물리시스템은 아직 초기 단계로 구성 요소인 데이터를 가장 중요하게 생각하고 있음을 알 수 있다. 이 외 기타 중요한 요소로 리빙랩, 시민참여와 도시문제 해결을 위한 주체 간 협력적 거버넌스가 필요하며, 정책 운영 및 의사결정 시 필요한 도시 현황 정보를 적시에 측정하고 추정할 수 있는 IoT 플랫폼 구축이 필요하다고 응답하였다.

◆ 사이버물리시스템 전문가 설문조사

　가. 사이버물리시스템 공통 부문
　　㉠ 사이버물리시스템의 구성 요소와 기술 요소 중요도
　　㉡ 사이버물리시스템을 구현하기 위한 세부 기술 수준
　나. 서울시 사이버물리시스템 적용 및 활용 조사
　　㉠ 구현을 위한 인프라 수준, 구현 가능성
　　㉡ 분야별 적용 및 활용, 운영을 위한 정부 정책

◆ *분야별 기술과 세부 항목*

항목	기술 분야	세부 항목	비고
표준화	시스템	시스템 연계 및 표준화	최신 기술력
	정보 시스템	분야별 정보시스템 간 연동, 표준화	
데이터	데이터 전달	현실 세계 데이터의 가상공간 전달	기술력
	실시간 처리	실시간 데이터의 표준화, 에러 처리	에러 처리 프로세스
모델링 구축		현실 세계 문제에 대한 분석 및 시뮬레이션, 분석 결과의 가시화	

서울연구원

ⓐ 광범위하게 사용되는 인공지능 시스템을 모두 포함하는 시스템

제07회 ITQ 출제예상문제

과목	코드	문제유형	시험시간	수험번호	성명
아래한글	1111	B	60분		

수험자 유의사항

- 수험자는 문제지를 받는 즉시 문제지와 **수험표상의 시험과목(프로그램)이 동일한지 반드시 확인**하여야 합니다.
- 파일명은 본인의 "수험번호-성명"으로 입력하여 답안폴더(내 PC\문서\ITQ)에 하나의 파일로 저장해야 하며, 답안문서 파일명이 "수험번호-성명"과 일치하지 않거나, 답안파일을 전송하지 않아 미제출로 처리될 경우 실격 처리합니다(예:12345678-홍길동.hwp).
- 답안 작성을 마치면 파일을 저장하고, '답안 전송' 버튼을 선택하여 감독위원 PC로 답안을 전송하십시오. 수험생 정보와 저장한 파일명이 다를 경우 전송되지 않으므로 주의하시기 바랍니다.
- 답안 작성 중에도 **주기적으로 저장하고, '답안 전송'**하여야 문제 발생을 줄일 수 있습니다. 작업한 내용을 저장하지 않고 전송할 경우 이전에 저장된 내용이 전송되오니 이점 유의하시기 바랍니다.
- 답안문서는 지정된 경로 외의 다른 보조기억장치에 저장하는 경우, 지정된 시험 시간 외에 작성된 파일을 활용할 경우, 기타 통신수단(이메일, 메신저, 네트워크 등)을 이용하여 타인에게 전달 또는 외부 반출하는 경우는 부정 처리합니다.
- 시험 중 부주의 또는 고의로 시스템을 파손한 경우는 수험자가 변상해야 하며, 〈수험자 유의사항〉에 기재된 방법대로 이행하지 않아 생기는 불이익은 수험생 당사자의 책임임을 알려 드립니다.
- 문제의 조건은 한컴오피스 2020 버전으로 설정되어 있으며 한컴오피스 NEO는 【 】에 표기되어 있습니다. 이와 관련하여 작성한 답안의 출력형태가 문제지와 다를 수 있습니다.
- 시험을 완료한 수험자는 답안파일이 전송되었는지 확인한 후 감독위원의 지시에 따라 문제지를 제출하고 퇴실합니다.

답안 작성요령

- 온라인 답안 작성 절차
  수험자 등록 ⇒ 시험 시작 ⇒ 답안파일 저장 ⇒ 답안 전송 ⇒ 시험 종료
- 공통 부문
  - 글꼴에 대한 기본설정은 함초롬바탕, 10포인트, 검정, 줄간격 160%, 양쪽정렬로 합니다.
  - 색상은 조건의 색을 적용하고 색의 구분이 안될 경우에는 RGB 값을 적용합니다
    (빨강 255,0,0 / 파랑 0,0,255 / 노랑 255,255,0).
  - 각 문항에 주어진 ≪조건≫에 따라 작성하고 언급하지 않은 조건은 ≪출력형태≫와 같이 작성합니다.
  - 용지여백은 왼쪽·오른쪽 11mm, 위쪽·아래쪽·머리말·꼬리말 10mm, 제본 0mm로 합니다.
  - 그림 삽입 문제의 경우 「내 PC\문서\ITQ\Picture」 폴더에서 지정된 파일을 선택하여 삽입하십시오.
  - 삽입한 그림은 반드시 문서에 포함하여 저장해야 합니다(미포함 시 감점 처리).
  - 각 항목은 지정된 페이지에 출력형태와 같이 정확히 작성하시기 바라며, 그렇지 않을 경우에 해당 항목은 0점 처리됩니다.
    ※ 페이지구분 : 1페이지 - 기능평가 Ⅰ (문제번호 표시 : 1. 2.),
        2페이지 - 기능평가 Ⅱ (문제번호 표시 : 3. 4.),
        3페이지 - 문서작성 능력평가
- 기능평가
  - 문제와 ≪조건≫은 입력하지 않으며 문제번호와 답(≪출력형태≫)만 작성합니다.
  - 4번 문제는 묶기를 했을 경우 0점 처리됩니다.
- 문서작성 능력평가
  - A4 용지(210mm×297mm) 1매 크기, 세로 서식 문서로 작성합니다.
  - ☐ 표시는 문서작성에 대한 지시사항이므로 작성하지 않습니다.

kpc 한국생산성본부

기능평가 Ⅰ (150점)

1. 다음의 ≪조건≫에 따라 스타일 기능을 적용하여 ≪출력형태≫와 같이 작성하시오. (50점)

≪조건≫　(1) 스타일 이름 – andong
　　　　(2) 문단 모양 – 왼쪽 여백 : 15pt, 문단 아래 간격 : 10pt
　　　　(3) 글자 모양 – 글꼴 : 한글(굴림)/영문(돋움), 크기 : 10pt, 장평 : 95%, 자간 : –5%

≪출력형태≫

Andong holds the largest number of cultural properties in Korea. Andong has been preserving the largest cultural properties in Korea and it reveals a very vivid picture of the aesthetics and traditions of the Orient.

안동은 유네스코 세계유산으로 등재된 하회마을, 도산서원 등 유형문화유산과 차전놀이, 하회별신굿탈놀이와 같은 무형문화재들이 잘 전승되어 오고 있다.

2. 다음의 ≪조건≫에 따라 ≪출력형태≫와 같이 표와 차트를 작성하시오. (100점)

≪표 조건≫　(1) 표 전체(표, 캡션) – 굴림, 10pt
　　　　　(2) 정렬 – 문자 : 가운데 정렬, 숫자 : 오른쪽 정렬
　　　　　(3) 셀 배경(면색) : 노랑
　　　　　(4) 한글의 계산 기능을 이용하여 빈칸에 평균(소수점 두 자리)을 구하고, 캡션 기능 사용할 것
　　　　　(5) 선 모양은 ≪출력형태≫와 동일하게 처리할 것

≪출력형태≫

연도별 안동 관광객 현황(단위 : 만 명)

사업명	2018년	2019년	2020년	2021년	평균
탈춤 페스티벌	85	59	14	28	
관광 단지	134	98	98	97	
체험 단지	197	204	94	89	
유적지 탐방	84	78	73	87	

≪차트 조건≫　(1) 차트 데이터는 표 내용에서 연도별 탈춤 페스티벌, 관광 단지, 체험 단지의 값만 이용할 것
　　　　　　(2) 종류 – 〈묶은 세로 막대형〉으로 작업할 것
　　　　　　(3) 제목 – 궁서, 진하게, 12pt, 속성 – 채우기(하양), 테두리, 그림자(대각선 오른쪽 아래)
　　　　　　　【궁서, 진하게, 12pt, 배경 – 선 모양(한 줄로), 그림자(2pt)】
　　　　　　(4) 제목 이외의 전체 글꼴 – 궁서, 보통, 10pt
　　　　　　(5) 축제목과 범례는 ≪출력형태≫와 동일하게 처리할 것

≪출력형태≫

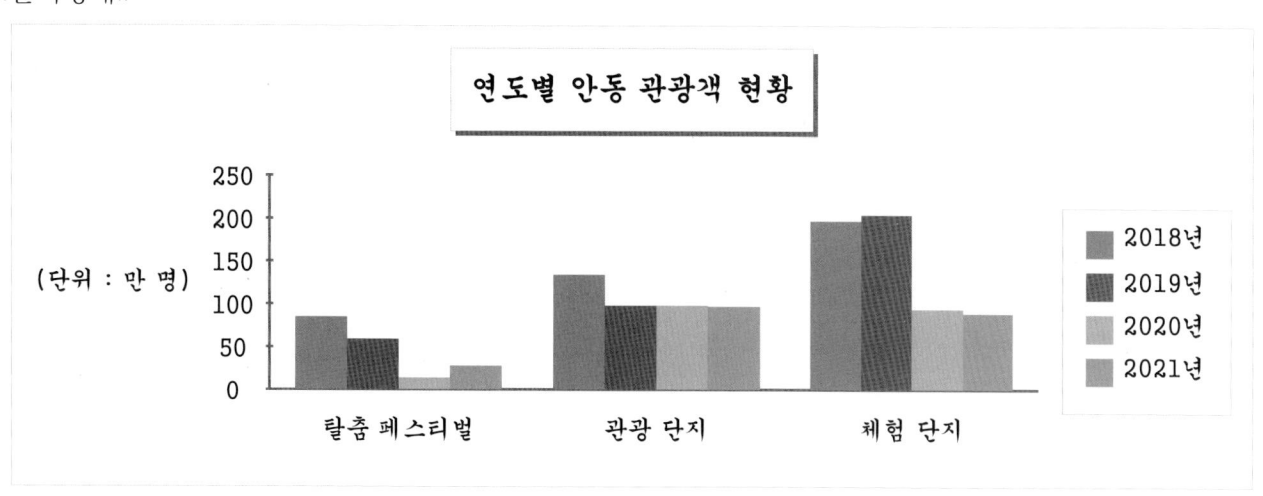

기능평가 Ⅱ (150점)

3. 다음의 (1), (2)의 수식을 수식 편집기로 각각 입력하시오. (40점)

≪출력형태≫

(1) $\vec{F} = \dfrac{m\vec{b_2} - m\vec{b_1}}{\triangle t}$

(2) $\lim\limits_{n \to \infty} P_n = 1 - \dfrac{9^3}{10^3} = \dfrac{271}{1000}$

4. 다음의 ≪조건≫에 따라 ≪출력형태≫와 같이 문서를 작성하시오. (110점)

≪조건≫

(1) 그리기 도구를 이용하여 작성하고, 모든 도형(글맵시, 지정된 그림 포함)을 ≪출력형태≫와 같이 작성하시오.
(2) 도형의 면색은 지시사항이 없으면 색 없음을 제외하고 서로 다르게 임의로 지정하시오.

≪출력형태≫

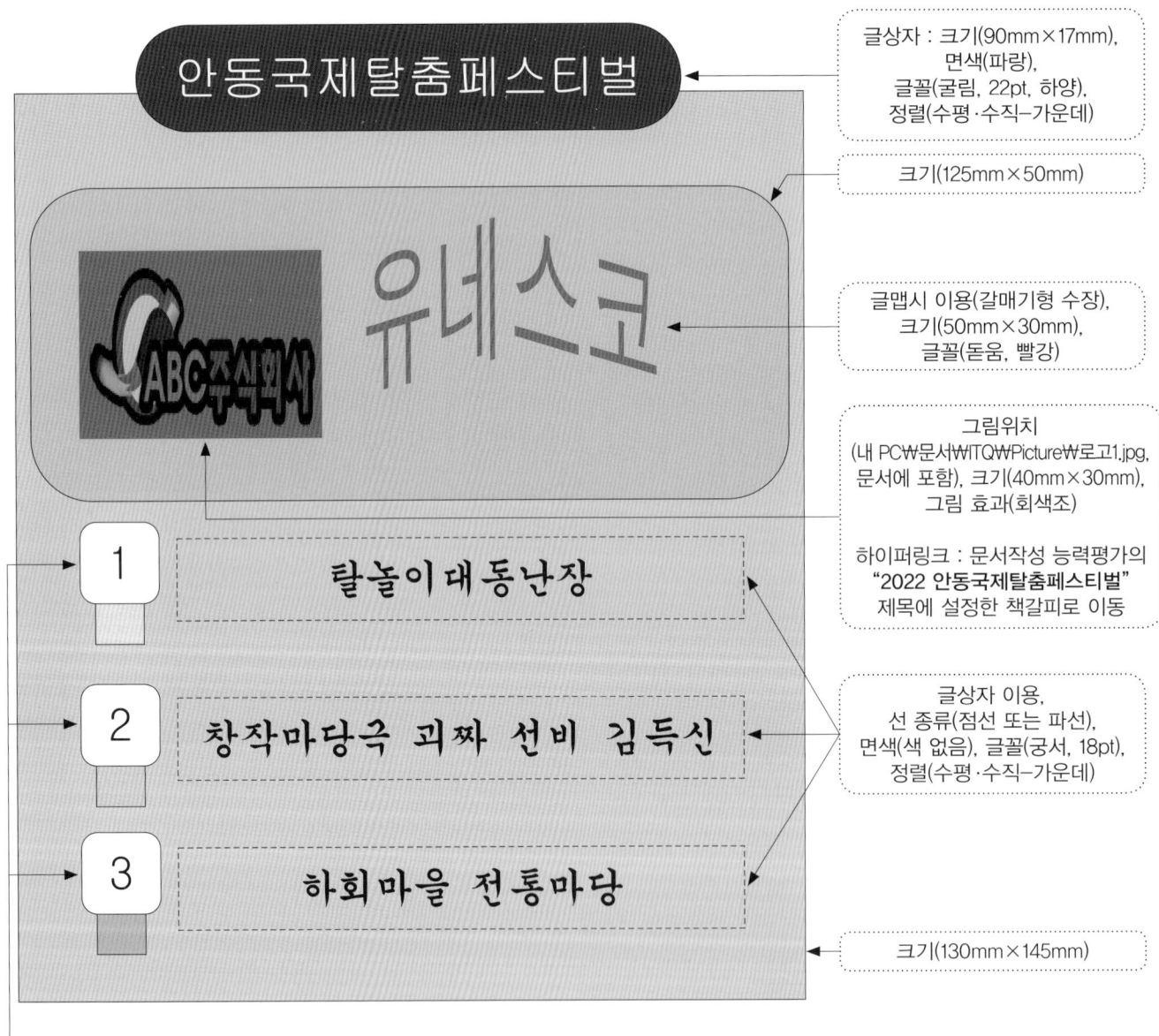

2022 안동국제탈춤페스티벌

안동은 우리나라에서 많은 문화재ⓐ를 보유한 지역으로 동양의 미학을 고스란히 드러내는 곳이기도 합니다. 유형적 자산뿐만 아니라 무형문화재가 다양하게 전승(傳承)되고 있습니다. 안동 지역에 이렇게 풍부한 문화유산이 전승되는 것은 안동이 가진 가치 지향적 철학에서 기인하는데, 이는 문화적 변화에 능동적으로 대처하여 문화 수용과 계발에 적극적이었기 때문이라고 분석할 수 있습니다.

이 결과 안동에 유입된 동양의 많은 문화가 안동만의 가치관으로 재편성되어 꽃을 피웠기에 안동 문화는 동양의 가치관을 고스란히 담고 있는 가운데 안동다운 특징을 계승(繼承)하는 수준 높은 지향점을 보여줍니다. 이러한 문화적 자산이 탈춤 페스티벌을 가능하게 하였으며, 문화유산의 가치 속에서 정적인 마음의 고요함을 배우고 탈춤이 가진 신명을 통해 동적인 발산을 체험하게 되는 것입니다. 우리의 고유한 전통문화가 살아 숨쉬는 안동에서 열리는 안동국제탈춤페스티벌을 통해 안동 문화를 답사하고 축제의 신명을 함께 누릴 수 있습니다. 이번 축제는 탈춤공원과 하회마을 등 안동 시내 일원에서 9월 30일부터 10월 9일까지 개최됩니다.

♣ 안동국제탈춤페스티벌 개요

1. 축제 기간
   가. 기간 : 2022년 9월 30일(금) - 10월 9일(일)
   나. 장소 : 안동 시내 일원(탈춤공원, 하회마을)
2. 지원 프로그램 및 신청
   가. 지원 프로그램 : 세계탈놀이경연대회, 탈놀이대동난장
   나. 신청 : 문화 공연 단체, 체험 학습, 인력풀 참여 등록 등

♣ 주요 사업 내용

구분	장소 및 내용	비고
탈춤 페스티벌	축제장 - 반세기 민속축제전, 안동민속축제, 탈놀이대동난장	기타 자세한 사항은 홈페이지를 참고하시기 바랍니다.
	시내 - 하회별신굿탈놀이, 한국 탈춤, 외국 탈춤	
체험 단지	체험 1장 - 세계탈놀이 체험관, 천연염색 공방, 탈춤대회	
	체험 2장 - 탈 만들기, 한지인형 만들기, 도예	
관광 단지	하회마을 집돌이, 강신, 성황제, 취타제	

안동국제탈춤

ⓐ 남성대동놀이인 차전놀이, 여성대동놀이인 놋다리밟기, 화전싸움 등

제08회 ITQ 출제예상문제

과목	코드	문제유형	시험시간	수험번호	성명
아래한글	1111	C	60분		

수험자 유의사항

- 수험자는 문제지를 받는 즉시 문제지와 **수험표상의 시험과목(프로그램)이 동일한지 반드시 확인**하여야 합니다.
- 파일명은 본인의 "수험번호-성명"으로 입력하여 답안폴더(내 PC₩문서₩ITQ)에 하나의 파일로 저장해야 하며, 답안문서 파일명이 "수험번호-성명"과 일치하지 않거나, 답안파일을 전송하지 않아 미제출로 처리될 경우 실격 처리합니다(예:12345678-홍길동.hwp).
- 답안 작성을 마치면 파일을 저장하고, '답안 전송' 버튼을 선택하여 감독위원 PC로 답안을 전송하십시오. 수험생 정보와 저장한 파일명이 다를 경우 전송되지 않으므로 주의하시기 바랍니다.
- 답안 작성 중에도 **주기적으로 저장하고, '답안 전송'**하여야 문제 발생을 줄일 수 있습니다. 작업한 내용을 저장하지 않고 전송할 경우 이전에 저장된 내용이 전송되오니 이점 유의하시기 바랍니다.
- 답안문서는 지정된 경로 외의 다른 보조기억장치에 저장하는 경우, 지정된 시험 시간 외에 작성된 파일을 활용할 경우, 기타 통신수단(이메일, 메신저, 네트워크 등)을 이용하여 타인에게 전달 또는 외부 반출하는 경우는 부정 처리합니다.
- 시험 중 부주의 또는 고의로 시스템을 파손한 경우는 수험자가 변상해야 하며, 〈수험자 유의사항〉에 기재된 방법대로 이행하지 않아 생기는 불이익은 수험생 당사자의 책임임을 알려 드립니다.
- 문제의 조건은 한컴오피스 2020 버전으로 설정되어 있으며 한컴오피스 NEO는 【 】에 표기되어 있습니다. 이와 관련하여 작성한 답안의 출력형태가 문제지와 다를 수 있습니다.
- 시험을 완료한 수험자는 답안파일이 전송되었는지 확인한 후 감독위원의 지시에 따라 문제지를 제출하고 퇴실합니다.

답안 작성요령

- 온라인 답안 작성 절차
  수험자 등록 ⇒ 시험 시작 ⇒ 답안파일 저장 ⇒ 답안 전송 ⇒ 시험 종료
- 공통 부문
  - 글꼴에 대한 기본설정은 함초롬바탕, 10포인트, 검정, 줄간격 160%, 양쪽정렬로 합니다.
  - 색상은 조건의 색을 적용하고 색의 구분이 안될 경우에는 RGB 값을 적용합니다
    (빨강 255,0,0 / 파랑 0,0,255 / 노랑 255,255,0).
  - 각 문항에 주어진 ≪조건≫에 따라 작성하고 언급하지 않은 조건은 ≪출력형태≫와 같이 작성합니다.
  - 용지여백은 왼쪽·오른쪽 11mm, 위쪽·아래쪽·머리말·꼬리말 10mm, 제본 0mm로 합니다.
  - 그림 삽입 문제의 경우 「내 PC₩문서₩ITQ₩Picture」 폴더에서 지정된 파일을 선택하여 삽입하십시오.
  - 삽입한 그림은 반드시 문서에 포함하여 저장해야 합니다(미포함 시 감점 처리).
  - 각 항목은 지정된 페이지에 출력형태와 같이 정확히 작성하시기 바라며, 그렇지 않을 경우에 해당 항목은 0점 처리됩니다.
    ※ 페이지구분 : 1페이지 - 기능평가 Ⅰ (문제번호 표시 : 1. 2.),
       2페이지 - 기능평가 Ⅱ (문제번호 표시 : 3. 4.),
       3페이지 - 문서작성 능력평가
- 기능평가
  - 문제와 ≪조건≫은 입력하지 않으며 문제번호와 답(≪출력형태≫)만 작성합니다.
  - 4번 문제는 묶기를 했을 경우 0점 처리됩니다.
- 문서작성 능력평가
  - A4 용지(210mm×297mm) 1매 크기, 세로 서식 문서로 작성합니다.
  - ▭ 표시는 문서작성에 대한 지시사항이므로 작성하지 않습니다.

 한국생산성본부

기능평가 I (150점)

1. 다음의 ≪조건≫에 따라 스타일 기능을 적용하여 ≪출력형태≫와 같이 작성하시오. (50점)

   ≪조건≫
   (1) 스타일 이름 – consulting
   (2) 문단 모양 – 왼쪽 여백 : 15pt, 문단 아래 간격 : 10pt
   (3) 글자 모양 – 글꼴 : 한글(굴림)/영문(돋움), 크기 : 10pt, 장평 : 95%, 자간 : 5%

   ≪출력형태≫

   Various consultants offer advice in management, accountancy, technology, law, human resources, marketing, finance, statistics, software, life management, communication, engineering, graphic design.

   지구촌 무한 경쟁 시대인 만큼 기술혁신은 물론 끊임없이 변화하는 시대와 시장에 빠르게 대처할 수 있는 시스템을 갖추어 효율적인 경영혁신을 실행할 수 있어야 한다.

2. 다음의 ≪조건≫에 따라 ≪출력형태≫와 같이 표와 차트를 작성하시오. (100점)

   ≪표 조건≫
   (1) 표 전체(표, 캡션) – 굴림, 10pt
   (2) 정렬 – 문자 : 가운데 정렬, 숫자 : 오른쪽 정렬
   (3) 셀 배경(면색) : 노랑
   (4) 한글의 계산 기능을 이용하여 빈칸에 평균(소수점 두 자리)을 구하고, 캡션 기능 사용할 것
   (5) 선 모양은 ≪출력형태≫와 동일하게 처리할 것

   ≪출력형태≫

   분야별 경영혁신 시행 업체 현황(단위 : %)

구분	2017년	2018년	2019년	2020년	평균
벤처 인증	35	28	40	49	
이노비즈	42	53	57	44	
그린비즈	32	35	41	34	
메인비즈	27	36	28	32	

   ≪차트 조건≫
   (1) 차트 데이터는 표 내용에서 연도별 벤처 인증, 이노비즈, 그린비즈의 값만 이용할 것
   (2) 종류 – 〈묶은 세로 막대형〉으로 작업할 것
   (3) 제목 – 궁서, 진하게, 12pt, 속성 – 채우기(하양), 테두리, 그림자(대각선 오른쪽 아래)
   【궁서, 진하게, 12pt, 배경 – 선 모양(한 줄로), 그림자(2pt)】
   (4) 제목 이외의 전체 글꼴 – 궁서, 보통, 10pt
   (5) 축제목과 범례는 ≪출력형태≫와 동일하게 처리할 것

   ≪출력형태≫

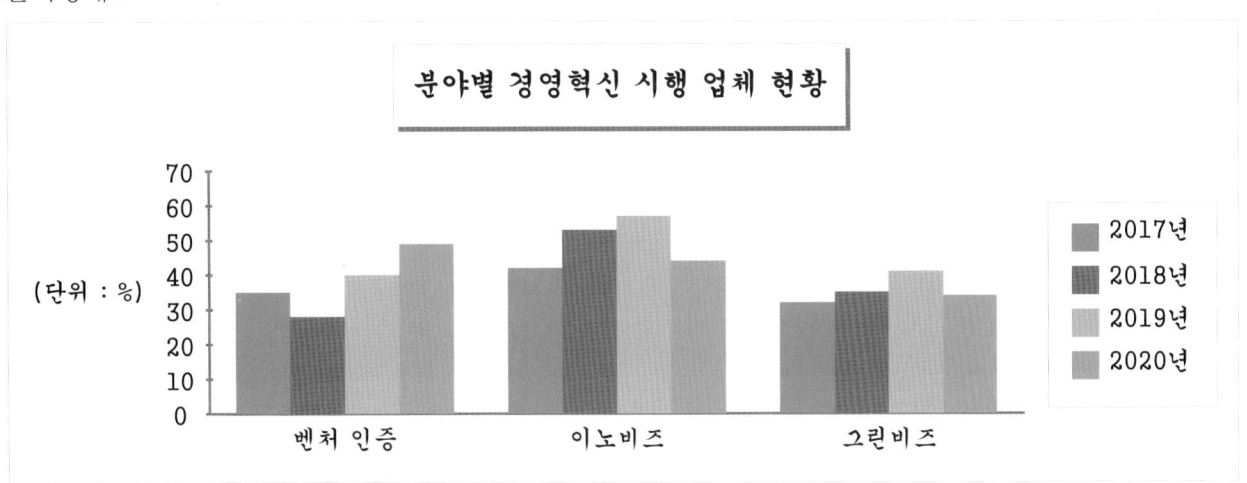

기능평가 Ⅱ (150점)

3. 다음의 (1), (2)의 수식을 수식 편집기로 각각 입력하시오. (40점)

≪출력형태≫

(1) $m = \dfrac{\triangle P}{K_a} = \dfrac{\triangle t_b}{K_b} = \dfrac{\triangle t_f}{K_f}$

(2) $\sum_{k=1}^{n}(k^4+1) - \sum_{k=3}^{n}(k^4+1) = 19$

4. 다음의 ≪조건≫에 따라 ≪출력형태≫와 같이 문서를 작성하시오. (110점)

≪조건≫

(1) 그리기 도구를 이용하여 작성하고, 모든 도형(글맵시, 지정된 그림 포함)을 ≪출력형태≫와 같이 작성하시오.
(2) 도형의 면색은 지시사항이 없으면 색 없음을 제외하고 서로 다르게 임의로 지정하시오.

≪출력형태≫

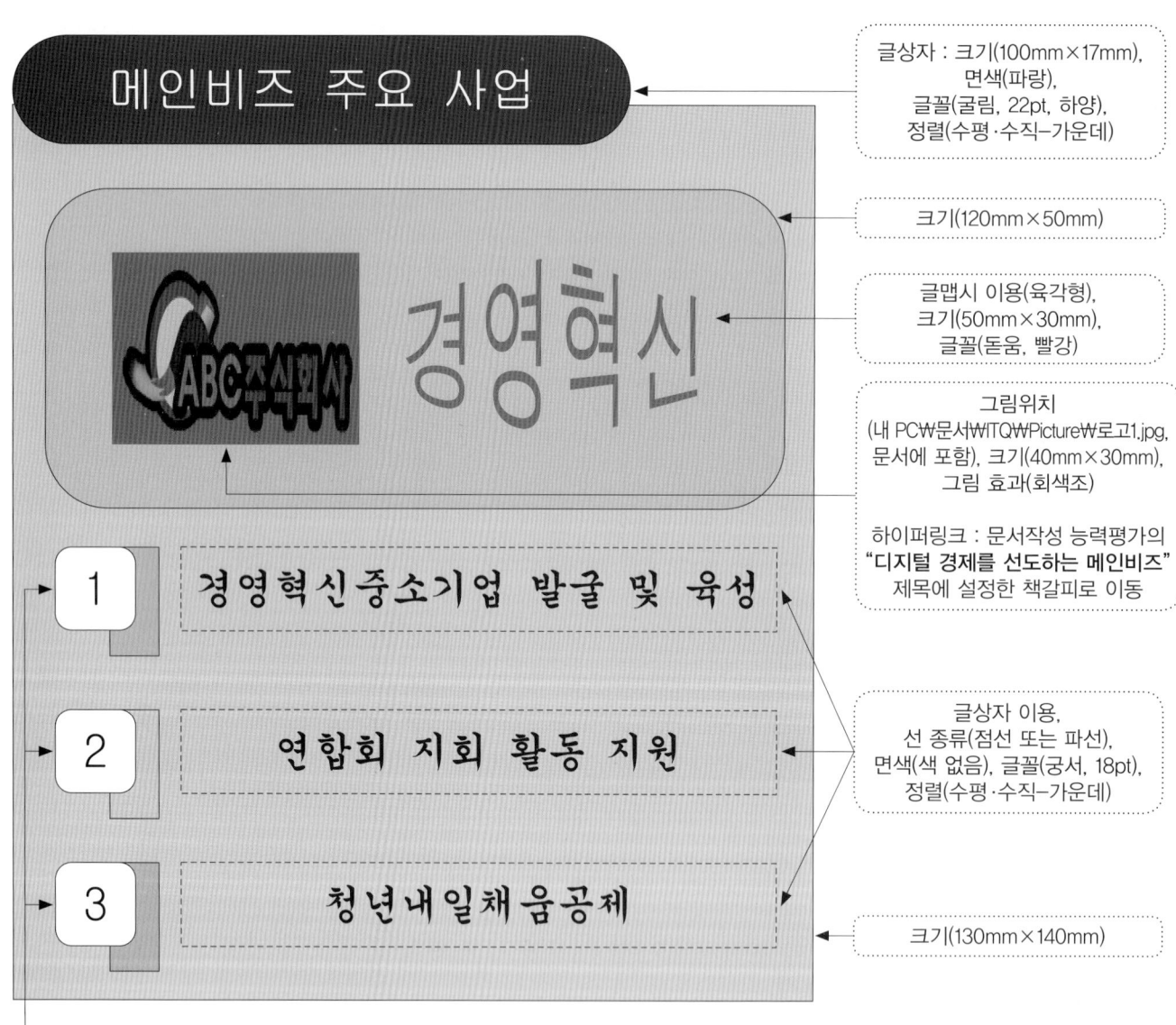

디지털 경제를 선도하는 메인비즈

오늘날의 우리는 과거의 모든 경험을 뛰어넘어 대규모로 고도화된 하나의 지구촌을 살고 있다. 경쟁자보다는 시대의 변화, 시장의 변화, 소비자의 변화 등이 더 큰 경쟁 그 자체인 세상을 사는 것이다. 기업을 둘러싼 경영환경은 끊임없이 변화하고 있으며 이러한 변화에 기업은 적극적으로 대처하여 항상 노력하고 발전(發展)하는 자세를 잃지 말아야 한다.

현대 사회에서 이렇듯 절실한 경영혁신은 개성적인 경영이념을 바탕으로 한 경영전략과 시스템화가 기본이다. 대량의 정보를 컴퓨터에 의하여 즉각 처리하고 경영 각부의 유기적 결속을 강화하며 새로운 제품이나 서비스, 새로운 생산 공정 기술, 새로운 구조나 관리 시스템, 조직 구성원을 변화(變化)시키는 새로운 계획이나 프로그램을 의도적으로 실행함으로써 기업의 중요한 부분을 본질적으로 변화시킨다. 즉 경영혁신은 조직의 목적을 달성하기 위하여 새로운 생각이나 방법으로 기존의 업무를 다시 계획하고 실천하고 평가하는 것이다. 현재 경영의 이념과 방법을 몸에 익힌 전문 경영인의 출현과 경영정보시스템Ⓐ의 정비에 의하여 의사결정을 중핵으로 하는 경영 기능이 크게 혁신되어 가고 있다.

★ 기술혁신과 경영혁신

가) 기술혁신
    a) 새로운 생산 기술의 획기적인 발전
    b) 새로운 자원과 조직의 도입으로 인한 경제 구조의 변혁
나) 경영혁신
    a) 과학적 기법을 사용하여 신제품 개발 강화
    b) 사무의 합리화, 무결점 운동 등 탄력적 조직의 채택

★ 경영혁신형 중소기업 지원

구분	지원 내용
금융 지원	신용 보증 시 부분 보증율 85% 우대
	서울보증보험 보증 한도 확대 지원 및 보증율 10% 우대
중소기업청 지원 시책	중소기업 기술 개발 사업 평가 시 가점 부여 및 판로와 수출 지원
	글로벌 브랜드 육성 사업(지원 조건 하향 조정 : 수출액, 매출액 조건)
타 기관 지원 시책 연계 지원	병역 지정 업체(산업 기능 요원) 추천 시 우대

한국경영혁신기업

Ⓐ 기업 경영에서 의사결정의 유효성을 높이기 위한 정보 처리 시스템

제09회 ITQ 출제예상문제

과목	코드	문제유형	시험시간	수험번호	성명
아래한글	1111	D	60분		

수험자 유의사항

- 수험자는 문제지를 받는 즉시 문제지와 **수험표상의 시험과목(프로그램)이 동일한지 반드시 확인**하여야 합니다.
- 파일명은 본인의 "수험번호-성명"으로 입력하여 답안폴더(내 PC₩문서₩ITQ)에 하나의 파일로 저장해야 하며, 답안문서 파일명이 "수험번호-성명"과 일치하지 않거나, 답안파일을 전송하지 않아 미제출로 처리될 경우 실격 처리합니다(예:12345678-홍길동.hwp).
- 답안 작성을 마치면 파일을 저장하고, '답안 전송' 버튼을 선택하여 감독위원 PC로 답안을 전송하십시오. 수험생 정보와 저장한 파일명이 다를 경우 전송되지 않으므로 주의하시기 바랍니다.
- 답안 작성 중에도 **주기적으로 저장하고, '답안 전송'**하여야 문제 발생을 줄일 수 있습니다. 작업한 내용을 저장하지 않고 전송할 경우 이전에 저장된 내용이 전송되오니 이점 유의하시기 바랍니다.
- 답안문서는 지정된 경로 외의 다른 보조기억장치에 저장하는 경우, 지정된 시험 시간 외에 작성된 파일을 활용할 경우, 기타 통신수단(이메일, 메신저, 네트워크 등)을 이용하여 타인에게 전달 또는 외부 반출하는 경우는 부정 처리합니다.
- 시험 중 부주의 또는 고의로 시스템을 파손한 경우는 수험자가 변상해야 하며, 〈수험자 유의사항〉에 기재된 방법대로 이행하지 않아 생기는 불이익은 수험생 당사자의 책임임을 알려 드립니다.
- 문제의 조건은 한컴오피스 2020 버전으로 설정되어 있으며 한컴오피스 NEO는【 】에 표기되어 있습니다. 이와 관련하여 작성한 답안의 출력형태가 문제지와 다를 수 있습니다.
- 시험을 완료한 수험자는 답안파일이 전송되었는지 확인한 후 감독위원의 지시에 따라 문제지를 제출하고 퇴실합니다.

답안 작성요령

- 온라인 답안 작성 절차
  수험자 등록 ⇒ 시험 시작 ⇒ 답안파일 저장 ⇒ 답안 전송 ⇒ 시험 종료
- 공통 부문
  - 글꼴에 대한 기본설정은 함초롬바탕, 10포인트, 검정, 줄간격 160%, 양쪽정렬로 합니다.
  - 색상은 조건의 색을 적용하고 색의 구분이 안될 경우에는 RGB 값을 적용합니다
    (빨강 255,0,0 / 파랑 0,0,255 / 노랑 255,255,0).
  - 각 문항에 주어진 ≪조건≫에 따라 작성하고 언급하지 않은 조건은 ≪출력형태≫와 같이 작성합니다.
  - 용지여백은 왼쪽·오른쪽 11mm, 위쪽·아래쪽·머리말·꼬리말 10mm, 제본 0mm로 합니다.
  - 그림 삽입 문제의 경우 「내 PC₩문서₩ITQ₩Picture」 폴더에서 지정된 파일을 선택하여 삽입하십시오.
  - 삽입한 그림은 반드시 문서에 포함하여 저장해야 합니다(미포함 시 감점 처리).
  - 각 항목은 지정된 페이지에 출력형태와 같이 정확히 작성하시기 바라며, 그렇지 않을 경우에 해당 항목은 0점 처리됩니다.
    ※ 페이지구분 : 1페이지 – 기능평가 Ⅰ (문제번호 표시 : 1. 2.),
    　　　　　　　2페이지 – 기능평가 Ⅱ (문제번호 표시 : 3. 4.),
    　　　　　　　3페이지 – 문서작성 능력평가
- 기능평가
  - 문제와 ≪조건≫은 입력하지 않으며 문제번호와 답(≪출력형태≫)만 작성합니다.
  - 4번 문제는 묶기를 했을 경우 0점 처리됩니다.
- 문서작성 능력평가
  - A4 용지(210mm×297mm) 1매 크기, 세로 서식 문서로 작성합니다.
  - ▭ 표시는 문서작성에 대한 지시사항이므로 작성하지 않습니다.

kpc 한국생산성본부

기능평가 Ⅰ (150점)

1. 다음의 ≪조건≫에 따라 스타일 기능을 적용하여 ≪출력형태≫와 같이 작성하시오. (50점)

   ≪조건≫
   (1) 스타일 이름 - animal
   (2) 문단 모양 - 왼쪽 여백 : 15pt, 문단 아래 간격 : 10pt
   (3) 글자 모양 - 글꼴 : 한글(돋움)/영문(궁서), 크기 : 10pt, 장평 : 95%, 자간 : -5%

   ≪출력형태≫

   Humans try to regain their natural human nature that is lost by contact with pure animals as they are. This is what it means to have an animal, and the object is called a companion animal.

   사람은 천성 그대로의 순수한 동물과 접함으로써 상실되어가는 인간 본연의 성정을 되찾으려 한다. 이것이 동물을 반려하는 일이며, 그 대상을 반려동물이라고 한다.

2. 다음의 ≪조건≫에 따라 ≪출력형태≫와 같이 표와 차트를 작성하시오. (100점)

   ≪표 조건≫
   (1) 표 전체(표, 캡션) - 돋움, 10pt
   (2) 정렬 - 문자 : 가운데 정렬, 숫자 : 오른쪽 정렬
   (3) 셀 배경(면색) : 노랑
   (4) 한글의 계산 기능을 이용하여 빈칸에 평균(소수점 두 자리)을 구하고, 캡션 기능 사용할 것
   (5) 선 모양은 ≪출력형태≫와 동일하게 처리할 것

   ≪출력형태≫

   반려견 소유자 의무교육 현황(단위 : 시간)

구분	사회화 방법	건강과 질병	안전관리	법과 제도	평균
2018년	35	22	16	7	
2019년	26	21	19	8	
2020년	47	25	14	12	
2021년	21	15	7	5	

   ≪차트 조건≫
   (1) 차트 데이터는 표 내용에서 구분별 2018년, 2019년, 2020년의 값만 이용할 것
   (2) 종류 - 〈묶은 세로 막대형〉으로 작업할 것
   (3) 제목 - 굴림, 진하게, 12pt, 속성 - 채우기(하양), 테두리, 그림자(대각선 오른쪽 아래)
       【굴림, 진하게, 12pt, 배경 - 선 모양(한 줄로), 그림자(2pt)】
   (4) 제목 이외의 전체 글꼴 - 굴림, 보통, 10pt
   (5) 축제목과 범례는 ≪출력형태≫와 동일하게 처리할 것

   ≪출력형태≫

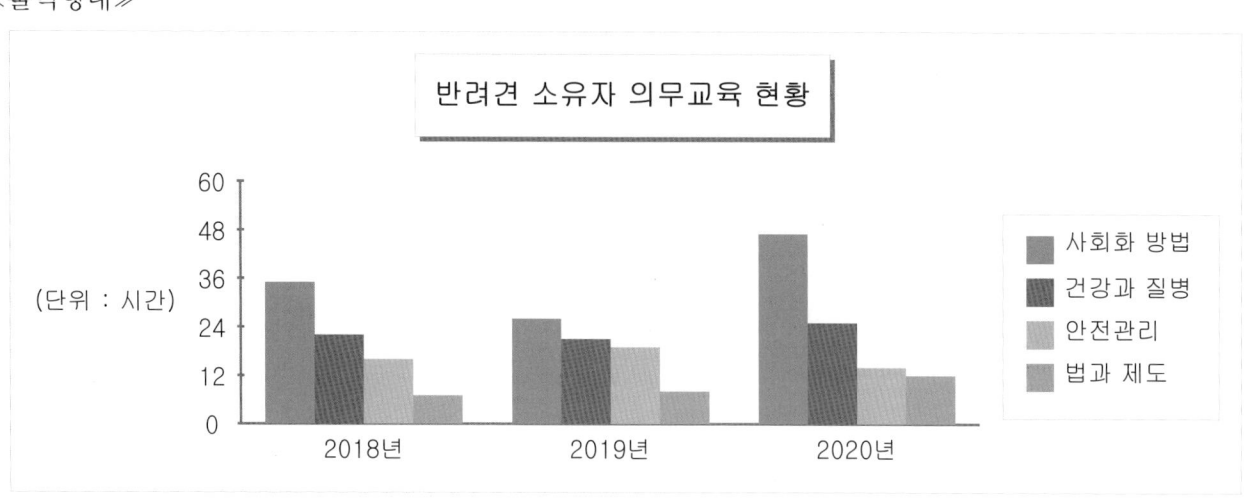

기능평가 Ⅱ (150점)

3. 다음의 (1), (2)의 수식을 수식 편집기로 각각 입력하시오. (40점)

≪출력형태≫

(1) $\dfrac{t_A}{t_B} = \sqrt{\dfrac{d_B}{d_A}} = \sqrt{\dfrac{M_B}{M_A}}$

(2) $Q = \lim\limits_{\Delta t \to 0} \dfrac{\Delta s}{\Delta t} = \dfrac{d^2 s}{dt^2} + 1$

4. 다음의 ≪조건≫에 따라 ≪출력형태≫와 같이 문서를 작성하시오. (110점)

≪조건≫
(1) 그리기 도구를 이용하여 작성하고, 모든 도형(글맵시, 지정된 그림 포함)을 ≪출력형태≫와 같이 작성하시오.
(2) 도형의 면색은 지시사항이 없으면 색 없음을 제외하고 서로 다르게 임의로 지정하시오.

≪출력형태≫

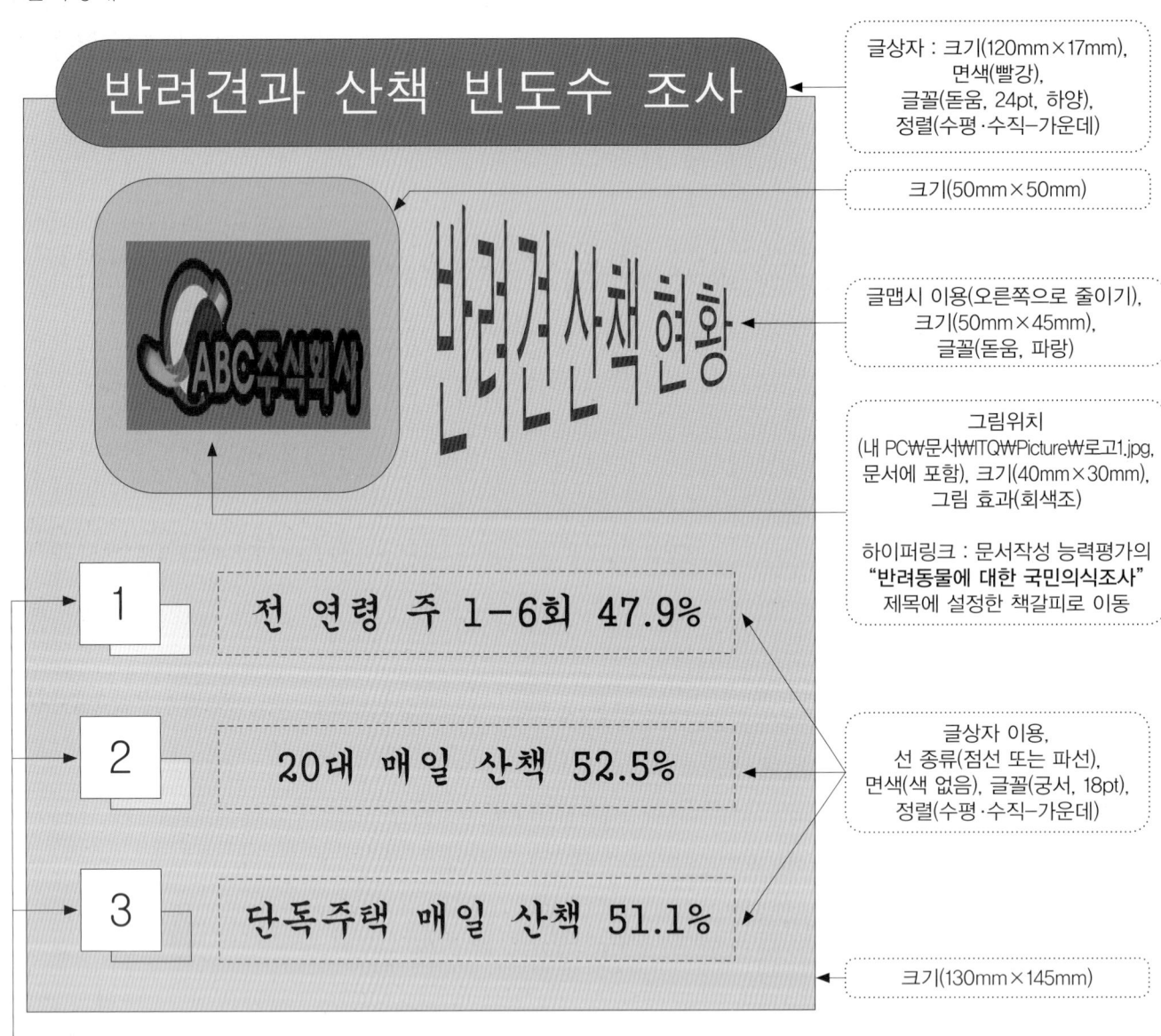

반려동물에 대한 국민의식조사

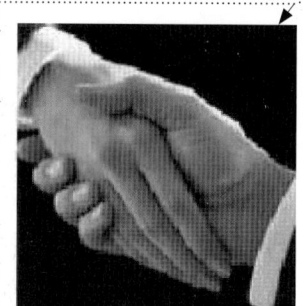

반려동물을 키우는 양육 가구 수가 증가함에 따라 동물권ⓐ에 대한 국민의 의식 제고로 동물복지가 강화되고 이에 대한 국민의 공감대가 형성(形成)되고 있다. 국민들이 반려동물을 양육하는 현황(現況)을 주기적으로 확인하여 동물보호에 대한 의식 수준을 향상하고자 한다. 조사한 현황 자료는 향후 동물보호, 복지 종합 계획 수립 및 동물보호법 개정, 정책 결정 시 기초자료로써 활용한다.

조사 설계는 다음과 같다. 전국 17개 시도 지역을 조사 지역으로 하고 2022년 현재 만 20세-64세의 전국 성인 남녀를 조사 대상으로 하며 온라인 조사 방법을 채택한다. 표본 할당 방법은 지역, 성, 연령별 인구비례할당으로 하며 표본 수는 총 5,000표본으로 한다. 조사 기간은 17일간 진행하고 정확한 기간은 추후 정한다. 조사 항목은 응답자 특성, 반려동물 양육 여부, 반려동물 관련 제도 및 법규 인식, 동물 학대에 대한 태도, 반려동물 입양 및 분양, 유기 동물 및 동물 보호 센터로 구분한다. 일반 국민 대상 동물보호 의식 수준과 동물보호, 복지 제도에 대한 실태조사 및 국민 의식 변화 파악을 통해 전략적인 정책 방향을 수립한다.

♠ 동물등록제의 인지도 및 등록현황

가. 동물등록제의 인지도
  ㉠ 반려견 소유자의 인지도는 미소유자 대비 높음
  ㉡ 반려견 미소유자의 인지도 하락
나. 동물등록제의 등록현황
  ㉠ 동물등록제의 등록 비율은 전년 대비 상승
  ㉡ 수도권과 수도권 외 동지역 대비 읍면지역이 낮음

♠ 반려견 등록/미등록 사유

구분	순위	사유	조사대상
등록	첫 번째, 두 번째	반려동물 분실 시 대비, 정부 시책 때문에	반려인과 비반려인, 예비 반려인 포함
	그 밖에	반려동물이 가족이라서, 놀이터 시설 이용을 위해	
미등록	가장 큰 이유	등록할 필요성을 느끼지 못해서	
	두 번째 이유	동물등록 방법, 절차 복잡해서, 귀찮아서	
	기타	동물등록을 위한 대행업체를 찾기 어려워서	

동물보호관리시스템

ⓐ 인권 확장 개념으로 인권에 비견되는 생명권과 고통을 피하고 학대당하지 않을 권리

제10회 ITQ 출제예상문제

과목	코드	문제유형	시험시간	수험번호	성명
아래한글	1111	E	60분		

수험자 유의사항

- 수험자는 문제지를 받는 즉시 문제지와 **수험표상의 시험과목(프로그램)이 동일한지 반드시 확인**하여야 합니다.
- 파일명은 본인의 "수험번호-성명"으로 입력하여 답안폴더(내 PC₩문서₩ITQ)에 하나의 파일로 저장해야 하며, 답안문서 파일명이 "수험번호-성명"과 일치하지 않거나, 답안파일을 전송하지 않아 미제출로 처리될 경우 실격 처리합니다(예:12345678-홍길동.hwp).
- 답안 작성을 마치면 파일을 저장하고, '답안 전송' 버튼을 선택하여 감독위원 PC로 답안을 전송하십시오. 수험생 정보와 저장한 파일명이 다를 경우 전송되지 않으므로 주의하시기 바랍니다.
- 답안 작성 중에도 **주기적으로 저장하고, '답안 전송'**하여야 문제 발생을 줄일 수 있습니다. 작업한 내용을 저장하지 않고 전송할 경우 이전에 저장된 내용이 전송되오니 이점 유의하시기 바랍니다.
- 답안문서는 지정된 경로 외의 다른 보조기억장치에 저장하는 경우, 지정된 시험 시간 외에 작성된 파일을 활용할 경우, 기타 통신수단(이메일, 메신저, 네트워크 등)을 이용하여 타인에게 전달 또는 외부 반출하는 경우는 부정 처리합니다.
- 시험 중 부주의 또는 고의로 시스템을 파손한 경우는 수험자가 변상해야 하며, 〈수험자 유의사항〉에 기재된 방법대로 이행하지 않아 생기는 불이익은 수험생 당사자의 책임임을 알려 드립니다.
- 문제의 조건은 한컴오피스 2020 버전으로 설정되어 있으며 한컴오피스 NEO는 【 】에 표기되어 있습니다. 이와 관련하여 작성한 답안의 출력형태가 문제지와 다를 수 있습니다.
- 시험을 완료한 수험자는 답안파일이 전송되었는지 확인한 후 감독위원의 지시에 따라 문제지를 제출하고 퇴실합니다.

답안 작성요령

- 온라인 답안 작성 절차
  수험자 등록 ⇒ 시험 시작 ⇒ 답안파일 저장 ⇒ 답안 전송 ⇒ 시험 종료
- 공통 부문
  - 글꼴에 대한 기본설정은 함초롬바탕, 10포인트, 검정, 줄간격 160%, 양쪽정렬로 합니다.
  - 색상은 조건의 색을 적용하고 색의 구분이 안될 경우에는 RGB 값을 적용합니다
    (빨강 255,0,0 / 파랑 0,0,255 / 노랑 255,255,0).
  - 각 문항에 주어진 ≪조건≫에 따라 작성하고 언급하지 않은 조건은 ≪출력형태≫와 같이 작성합니다.
  - 용지여백은 왼쪽·오른쪽 11mm, 위쪽·아래쪽·머리말·꼬리말 10mm, 제본 0mm로 합니다.
  - 그림 삽입 문제의 경우 「내 PC₩문서₩ITQ₩Picture」 폴더에서 지정된 파일을 선택하여 삽입하십시오.
  - 삽입한 그림은 반드시 문서에 포함하여 저장해야 합니다(미포함 시 감점 처리).
  - 각 항목은 지정된 페이지에 출력형태와 같이 정확히 작성하시기 바라며, 그렇지 않을 경우에 해당 항목은 0점 처리됩니다.
    ※ 페이지구분 : 1페이지 - 기능평가 Ⅰ (문제번호 표시 : 1. 2.),
    　　　　　　　 2페이지 - 기능평가 Ⅱ (문제번호 표시 : 3. 4.),
    　　　　　　　 3페이지 - 문서작성 능력평가
- 기능평가
  - 문제와 ≪조건≫은 입력하지 않으며 문제번호와 답(≪출력형태≫)만 작성합니다.
  - 4번 문제는 묶기를 했을 경우 0점 처리됩니다.
- 문서작성 능력평가
  - A4 용지(210mm×297mm) 1매 크기, 세로 서식 문서로 작성합니다.
  - 　　　 표시는 문서작성에 대한 지시사항이므로 작성하지 않습니다.

kpc 한국생산성본부

기능평가 Ⅰ (150점)

1. 다음의 ≪조건≫에 따라 스타일 기능을 적용하여 ≪출력형태≫와 같이 작성하시오. (50점)

≪조건≫
(1) 스타일 이름 – ceramics
(2) 문단 모양 – 왼쪽 여백 : 15pt, 문단 아래 간격 : 10pt
(3) 글자 모양 – 글꼴 : 한글(돋움)/영문(궁서), 크기 : 10pt, 장평 : 95%, 자간 : –5%

≪출력형태≫

KICB 2022 looks at the past of the ceramic biennale and roles and meanings of ceramic art in the post COVID-19 era, and aspires to deliver messages of consolation and hope to those tired.

경기세계도자비엔날레는 도자비엔날레의 과거와 '포스트 코로나' 이후 도자예술의 의미를 짚어보고, 코로나로 지친 이들에게 도자예술을 통한 위로와 희망을 전하고자 한다.

2. 다음의 ≪조건≫에 따라 ≪출력형태≫와 같이 표와 차트를 작성하시오. (100점)

≪표 조건≫
(1) 표 전체(표, 캡션) – 돋움, 10pt
(2) 정렬 – 문자 : 가운데 정렬, 숫자 : 오른쪽 정렬
(3) 셀 배경(면색) : 노랑
(4) 한글의 계산 기능을 이용하여 빈칸에 평균(소수점 두 자리)을 구하고, 캡션 기능 사용할 것
(5) 선 모양은 ≪출력형태≫와 동일하게 처리할 것

≪출력형태≫

도자비엔날레 관람객 현황(단위 : 천 명)

구분	2016년	2017년	2018년	2019년	평균
전시관	56	55	57	63	
체험관	52	50	61	62	
공연	53	56	54	59	
부대행사	49	48	56	51	

≪차트 조건≫
(1) 차트 데이터는 표 내용에서 연도별 전시관, 체험관, 공연의 값만 이용할 것
(2) 종류 – 〈묶은 세로 막대형〉으로 작업할 것
(3) 제목 – 굴림, 진하게, 12pt, 속성 – 채우기(하양), 테두리, 그림자(대각선 오른쪽 아래)
【굴림, 진하게, 12pt, 배경 – 선 모양(한 줄로), 그림자(2pt)】
(4) 제목 이외의 전체 글꼴 – 굴림, 보통, 10pt
(5) 축제목과 범례는 ≪출력형태≫와 동일하게 처리할 것

≪출력형태≫

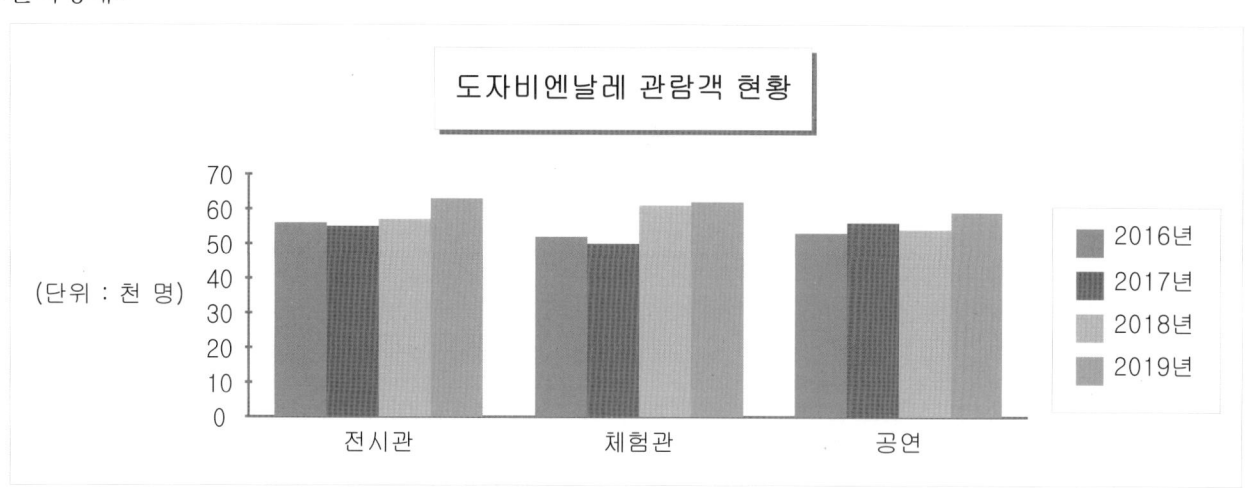

기능평가 Ⅱ (150점)

3. 다음의 (1), (2)의 수식을 수식 편집기로 각각 입력하시오. (40점)
≪출력형태≫

(1) $R \times 3 = \dfrac{360h}{2\pi(\phi_A - \phi_B)} \times 3$

(2) $\dfrac{a^4}{T^2} - 1 = \dfrac{G}{4\pi^2}(M+m)$

4. 다음의 ≪조건≫에 따라 ≪출력형태≫와 같이 문서를 작성하시오. (110점)
≪조건≫
(1) 그리기 도구를 이용하여 작성하고, 모든 도형(글맵시, 지정된 그림 포함)을 ≪출력형태≫와 같이 작성하시오.
(2) 도형의 면색은 지시사항이 없으면 색 없음을 제외하고 서로 다르게 임의로 지정하시오.

≪출력형태≫

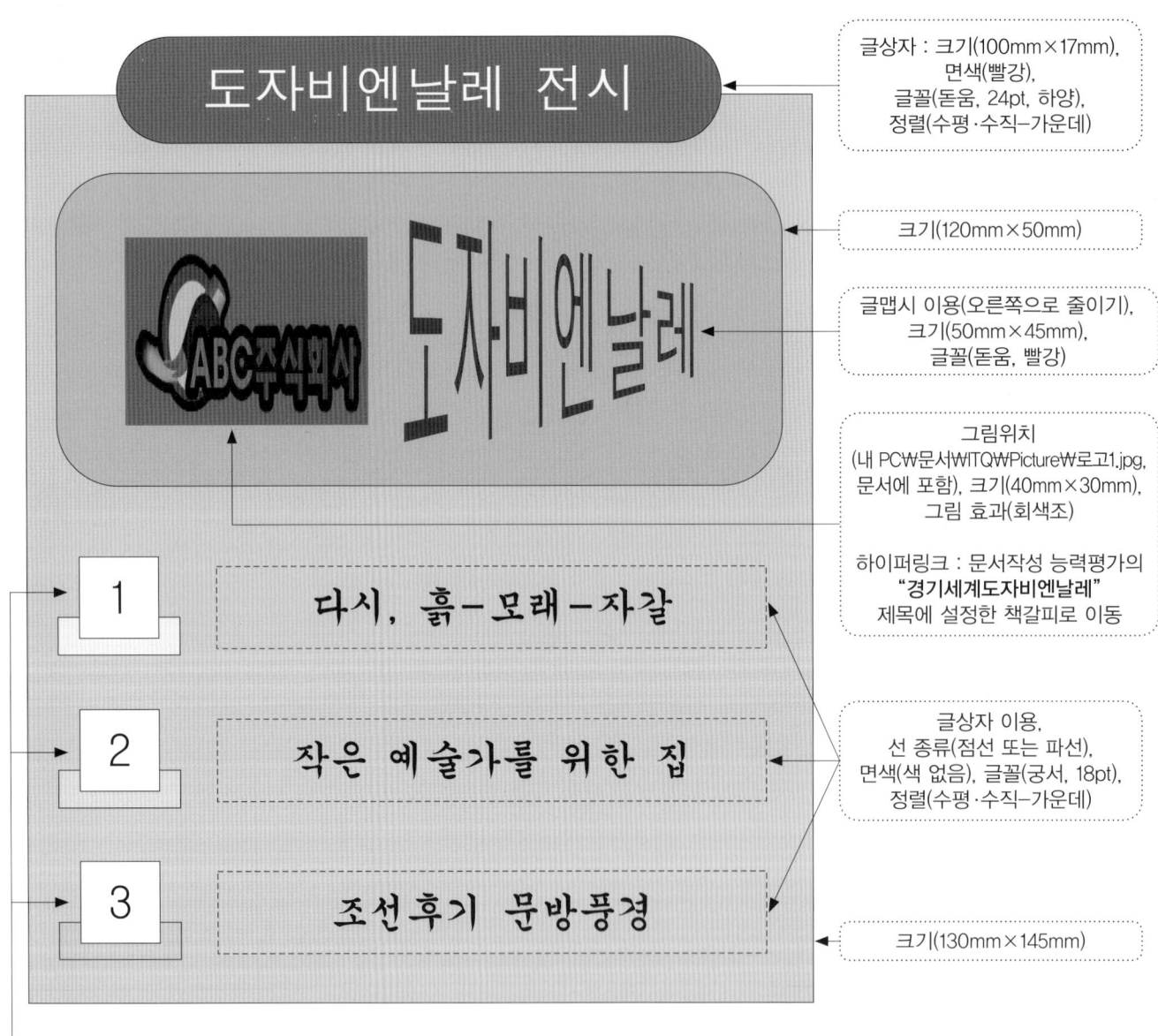

경기세계도자비엔날레

경기세계도자비엔날레는 지난 2001년부터 개최되는 도자 분야의 최고 국제 행사이다. 전 세계 도예인들과 도자 애호가들이 한자리에 모여 도자 문화에 대해 교류하고 지구촌의 도자 흐름을 선도하는 창조의 장으로 자리매김한 본 축제는 한국 도자의 문화적 수준을 제고하여 도자의 대중화와 그 저변 확대에 앞장서고 있으며, 개최 지역인 경기도의 이천, 여주, 광주를 세계 도자의 중심지로 성장 및 발전시키는 원동력이 되고 있다.

이천의 세라피아를 살펴보면 약 13억 원에 달하는 폐도자 등을 활용한 도자 관광테마파크로서 문화시설, 놀이시설, 편의시설 등이 모두 도자 조형물로 꾸며져 있다. 세라믹과 유토피아ⓐ의 합성어로서 도자로 만든 유토피아를 의미하는 이곳은 관람객들과 도예인들에게 도자 체험의 기회(機會)와 창작활동의 장을 제공하는 복합 문화공간을 목표로 하고 있다. 여주의 도자세상은 반달미술관을 포함한 국내 최초의 도자 쇼핑문화관광지로 도자를 보고 사고 즐길 수 있다. 광주의 곤지암도자공원은 경기도자박물관, 스페인조각공원, 도자쇼핑몰, 한국정원 등 주변 단지를 통칭하는 새 이름이며 전통(傳統), 문화, 휴양 기능을 갖춘 복합 관광지이다.

♥ 작품 제작 기법 배워 보기

- A. 오픈스튜디오
  1. 기간 : 2022년 5월 20일 - 5월 29일(10일간)
  2. 장소 : 경기생활도자미술관 1층
- B. 어린이 예술가 체험
  1. 흙 반죽에 대해 배우고 발로 흙을 밟아보는 감각 체험
  2. 원하는 접시 모양을 선택 후 다양한 장식 기법 도자기 완성

♥ 도자비엔날레 국제공모전

구분	부문	수상자	작품명	상금	전시장소
대상	조형	보딜 만츠	건축적 부피	6,000만 원	이천
금상	생활	이윤아	초자연적인 01	2,000만 원	여주
	조형	클레어 린드너	거대한 바다짐승		이천
은상	생활	안도넬라 시마티	크레스피나	1,000만 원	여주
	조형	미카엘 기어트센	푸른 사물		이천

→ 한국도자재단

ⓐ 인간이 생각할 수 있는 최선의 상태를 갖춘 완전한 사회

제11회 ITQ 출제예상문제

과목	코드	문제유형	시험시간	수험번호	성명
아래한글	1111	A	60분		

수험자 유의사항

- 수험자는 문제지를 받는 즉시 문제지와 <u>수험표상의 시험과목(프로그램)이 동일한지 반드시 확인</u>하여야 합니다.
- 파일명은 본인의 "수험번호-성명"으로 입력하여 답안폴더(내 PC\문서\ITQ)에 하나의 파일로 저장해야 하며, 답안문서 파일명이 "수험번호-성명"과 일치하지 않거나, 답안파일을 전송하지 않아 미제출로 처리될 경우 실격 처리합니다(예:12345678-홍길동.hwp).
- 답안 작성을 마치면 파일을 저장하고, '답안 전송' 버튼을 선택하여 감독위원 PC로 답안을 전송하십시오. 수험생 정보와 저장한 파일명이 다를 경우 전송되지 않으므로 주의하시기 바랍니다.
- 답안 작성 중에도 **주기적으로 저장하고, '답안 전송'**하여야 문제 발생을 줄일 수 있습니다. 작업한 내용을 저장하지 않고 전송할 경우 이전에 저장된 내용이 전송되오니 이점 유의하시기 바랍니다.
- 답안문서는 지정된 경로 외의 다른 보조기억장치에 저장하는 경우, 지정된 시험 시간 외에 작성된 파일을 활용할 경우, 기타 통신수단(이메일, 메신저, 네트워크 등)을 이용하여 타인에게 전달 또는 외부 반출하는 경우는 부정 처리합니다.
- 시험 중 부주의 또는 고의로 시스템을 파손한 경우는 수험자가 변상해야 하며, 〈수험자 유의사항〉에 기재된 방법대로 이행하지 않아 생기는 불이익은 수험생 당사자의 책임임을 알려 드립니다.
- 문제의 조건은 한컴오피스 2020 버전으로 설정되어 있으며 한컴오피스 NEO는 【 】에 표기되어 있습니다. 이와 관련하여 작성한 답안의 출력형태가 문제지와 다를 수 있습니다.
- 시험을 완료한 수험자는 답안파일이 전송되었는지 확인한 후 감독위원의 지시에 따라 문제지를 제출하고 퇴실합니다.

답안 작성요령

- 온라인 답안 작성 절차
  수험자 등록 ⇒ 시험 시작 ⇒ 답안파일 저장 ⇒ 답안 전송 ⇒ 시험 종료
- 공통 부문
  - 글꼴에 대한 기본설정은 함초롬바탕, 10포인트, 검정, 줄간격 160%, 양쪽정렬로 합니다.
  - 색상은 조건의 색을 적용하고 색의 구분이 안될 경우에는 RGB 값을 적용합니다
    (빨강 255,0,0 / 파랑 0,0,255 / 노랑 255,255,0).
  - 각 문항에 주어진 ≪조건≫에 따라 작성하고 언급하지 않은 조건은 ≪출력형태≫와 같이 작성합니다.
  - 용지여백은 왼쪽·오른쪽 11mm, 위쪽·아래쪽·머리말·꼬리말 10mm, 제본 0mm로 합니다.
  - 그림 삽입 문제의 경우 「내 PC\문서\ITQ\Picture」 폴더에서 지정된 파일을 선택하여 삽입하십시오.
  - 삽입한 그림은 반드시 문서에 포함하여 저장해야 합니다(미포함 시 감점 처리).
  - 각 항목은 지정된 페이지에 출력형태와 같이 정확히 작성하시기 바라며, 그렇지 않을 경우에 해당 항목은 0점 처리됩니다.
    ※ 페이지구분 : 1페이지 - 기능평가 Ⅰ (문제번호 표시 : 1. 2.),
       2페이지 - 기능평가 Ⅱ (문제번호 표시 : 3. 4.),
       3페이지 - 문서작성 능력평가
- 기능평가
  - 문제와 ≪조건≫은 입력하지 않으며 문제번호와 답(≪출력형태≫)만 작성합니다.
  - 4번 문제는 묶기를 했을 경우 0점 처리됩니다.
- 문서작성 능력평가
  - A4 용지(210mm×297mm) 1매 크기, 세로 서식 문서로 작성합니다.
  - ▭ 표시는 문서작성에 대한 지시사항이므로 작성하지 않습니다.

kpc 한국생산성본부

기능평가 I (150점)

1. 다음의 ≪조건≫에 따라 스타일 기능을 적용하여 ≪출력형태≫와 같이 작성하시오. (50점)

≪조건≫   (1) 스타일 이름 – commander
                (2) 문단 모양 – 왼쪽 여백 : 15pt, 문단 아래 간격 : 10pt
                (3) 글자 모양 – 한글(돋움)/영문(궁서), 크기 : 10pt, 장평 : 95%, 자간 : -5%

≪출력형태≫

Yi Sun-sin was a Korean naval commander, famed for his victories against the Japanese navy during the Imjin war in the Joseon Dynasty, and is well-respected for his exemplary conduct.

이순신은 한국인들이 존경하는 영웅으로 23전 이상의 전투에서 한 번도 패하지 않은 장수였다. 어떤 어려움 속에서도 굴복하지 않고 끝까지 백성과 나라를 사랑한 진정한 리더였다.

2. 다음의 ≪조건≫에 따라 ≪출력형태≫와 같이 표와 차트를 작성하시오. (100점)

≪표 조건≫   (1) 표 전체(표, 캡션) – 돋움, 10pt
                 (2) 정렬 – 문자 : 가운데 정렬, 숫자 : 오른쪽 정렬
                 (3) 셀 배경(면색) : 노랑
                 (4) 한글의 계산 기능을 이용하여 빈칸에 합계를 구하고, 캡션 기능 사용할 것
                 (5) 선 모양은 ≪출력형태≫와 동일하게 처리할 것

≪출력형태≫

이순신축제 관람객 현황(단위 : 천 명)

구분	주제행사	체험행사	불꽃쇼	부대행사	합계
2016년	105	103	12	99	
2017년	99	98	10	86	
2018년	96	99	94	82	
2019년	98	82	79	79	

≪차트 조건≫   (1) 차트 데이터는 표 내용에서 구분별 2016년, 2017년, 2018년의 값만 이용할 것
                 (2) 종류 – 〈묶은 세로 막대형〉으로 작업할 것
                 (3) 제목 – 굴림, 진하게, 12pt, 속성 – 채우기(하양), 테두리, 그림자(대각선 오른쪽 아래)
                     【굴림, 진하게, 12pt, 배경 – 선 모양(한 줄로), 그림자(2pt)】
                 (4) 제목 이외의 전체 글꼴 – 굴림, 보통, 10pt
                 (5) 축제목과 범례는 ≪출력형태≫와 동일하게 처리할 것

≪출력형태≫

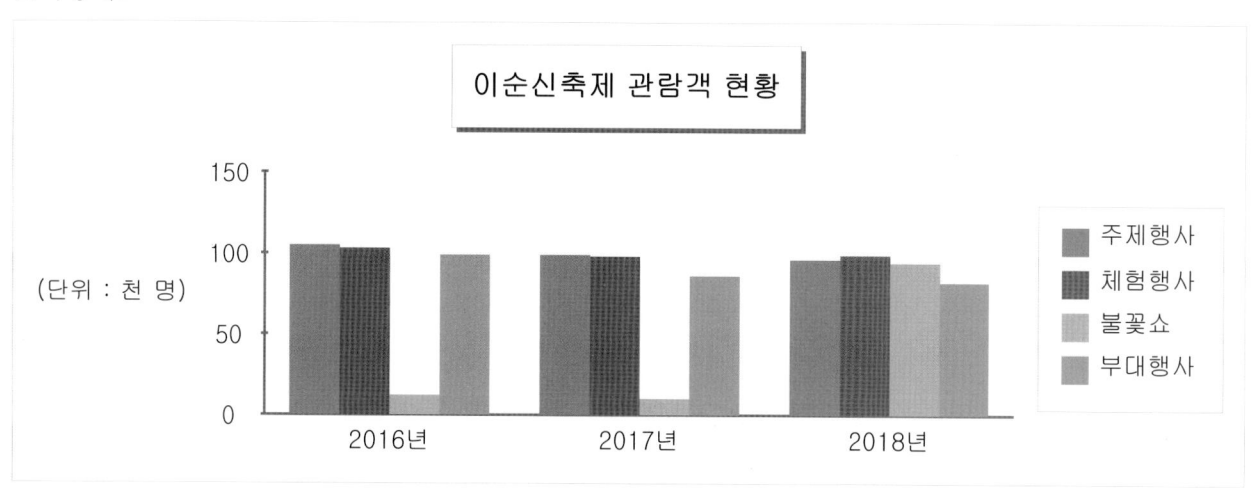

기능평가 Ⅱ (150점)

3. 다음의 (1), (2)의 수식을 수식 편집기로 각각 입력하시오. (40점)

《출력형태》

(1) $m_2 - m_1 = \dfrac{5}{2} log \dfrac{h_1}{h_2}$

(2) $\sum\limits_{k=1}^{n} k^3 = \dfrac{n(n+1)}{2} = \sum\limits_{k=1}^{n} k$

4. 다음의 《조건》에 따라 《출력형태》와 같이 문서를 작성하시오. (110점)

《조건》
 (1) 그리기 도구를 이용하여 작성하고, 모든 도형(글맵시, 지정된 그림 포함)을 《출력형태》와 같이 작성하시오.
 (2) 도형의 면색은 지시사항이 없으면 색 없음을 제외하고 서로 다르게 임의로 지정하시오.

《출력형태》

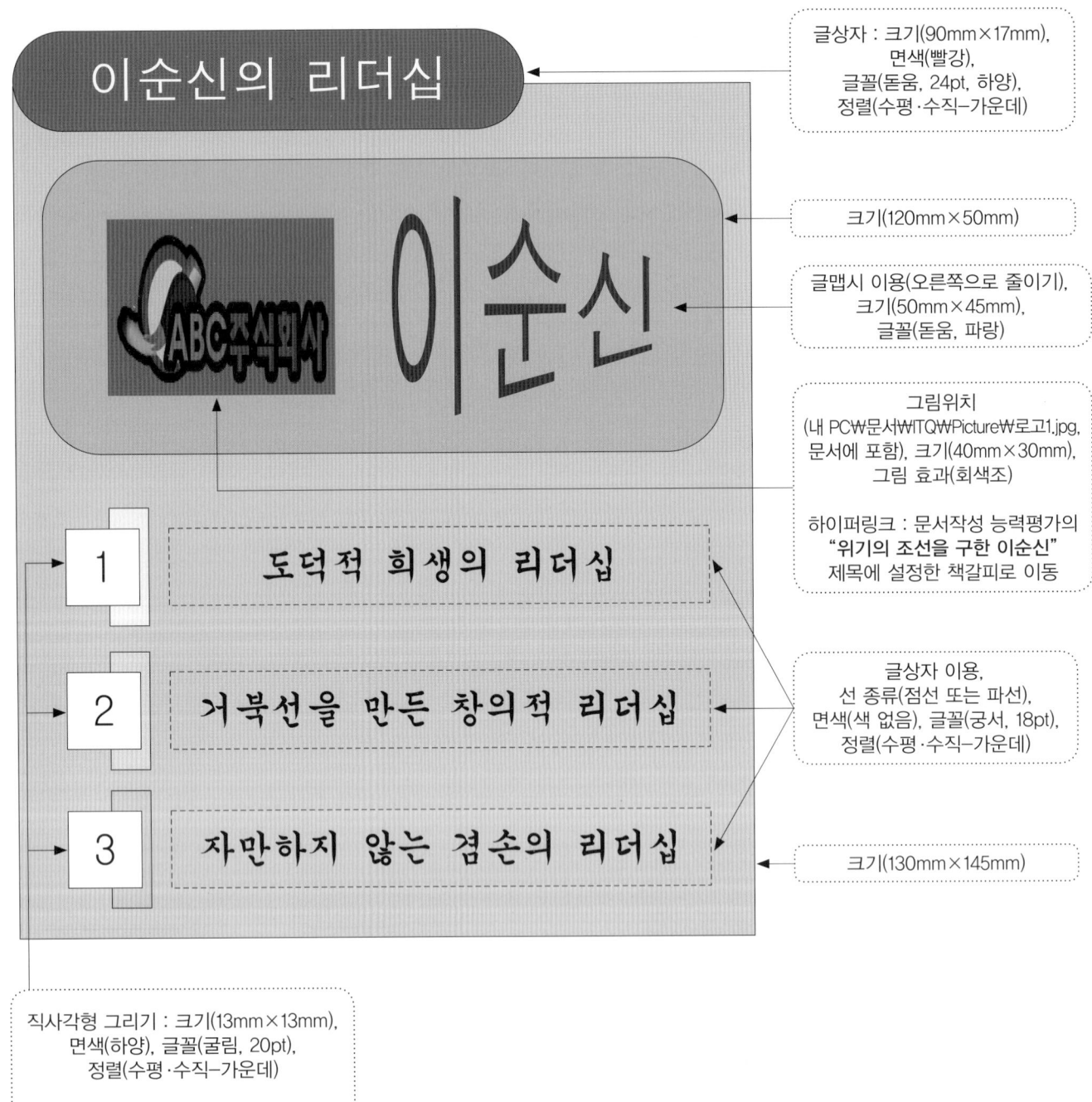

위기의 조선을 구한 이순신

이순신 장군은 조선 선조 때의 무신으로 일평생 정의를 실천(實踐)하면서 조금도 불의와 타협하지 않는 모습을 보여주었다. 옳다고 생각되는 일에는 상관이나 권력자에게도 서슴없이 오류를 지적하는 직언을 하였으며 늘 정의를 삶의 핵심 가치로 삼았다. 32세에 식년 무과의 병과에 급제한 뒤 권지훈련원봉사로 첫 관직에 올랐다. 이후 선전관과 정읍현감 등을 거쳐 절충장군과 진도군수 등을 지냈다. 같은 해 전라좌도수군절도사로 승진한 뒤 좌수영에 부임하여 군비 확충에 힘썼다.

이듬해 임진왜란이 일어나자 옥포에서 일본 수군과 첫 해전을 벌여 30여 척을 격파하였으며, 사천에서는 거북선을 처음 사용하여 적선 13척을 무찔렀다. 이어 1593년 남해안 일대의 일본 수군을 완전히 일소한 뒤 한산도로 진영을 옮겨 최초의 삼도수군통제사가 되었다. 이순신 장군은 시문에도 능하여 난중일기ⓐ와 한시 등 여러 뛰어난 작품을 남겼으며, 그의 삶 자체가 후세에 귀감이 되어 오늘날에도 이순신 장군과 그의 삶은 문학과 영화 등 예술 작품의 소재(素材)가 되고 있다. 또한 장검 등이 포함된 이충무공 유물은 보물 문화재로 지정되어 있고 이 밖에도 많은 유적이 사적으로 지정되어 있다.

♣ 거북선의 구조

1) 용머리와 화포
   가) 용머리 : 갑판과 수평으로 입에서 화포 발사
   나) 화포 : 움직이는 배 위에서도 사방을 향해 사격이 가능
2) 돛 지지대와 노
   가) 돛 지지대 : 돛 지지 기둥과 더불어 돛대를 고정하는 장치
   나) 노 : 배를 앞뒤로 움직이거나 제자리에서 회전

♣ 이순신 포럼 CEO 아카데미

일자	주제	과정	강의 방법
5월 13일	해양 안보의 중요성과 대비 방향	개강식 및 지금 왜 이순신인가?	사례 강의 및 토의
	7년 전쟁의 종전 및 처리 과정	이순신의 파워인맥, 7년 전쟁을 승리로	
	시를 통해 본 이순신의 마음 경영	하늘을 감동하게 한 이순신의 진심	
5월 20일	경영의 지혜	이순신을 통해 본 깨이있는 의식경영	
	논어를 통해 본 이순신	수료식 및 임진왜란 전적지 답사	야외 세미나

국사편찬위원회

ⓐ 임진왜란 때의 일을 간결하고 명료하게 기록한 일기

제 12 회 ITQ 출제예상문제

과목	코드	문제유형	시험시간	수험번호	성명
아래한글	1111	B	60분		

수험자 유의사항

- 수험자는 문제지를 받는 즉시 문제지와 **수험표상의 시험과목(프로그램)이 동일한지 반드시 확인**하여야 합니다.
- 파일명은 본인의 "수험번호-성명"으로 입력하여 답안폴더(내 PC₩문서₩ITQ)에 하나의 파일로 저장해야 하며, 답안문서 파일명이 "수험번호-성명"과 일치하지 않거나, 답안파일을 전송하지 않아 미제출로 처리될 경우 실격 처리합니다(예:12345678-홍길동.hwp).
- 답안 작성을 마치면 파일을 저장하고, '답안 전송' 버튼을 선택하여 감독위원 PC로 답안을 전송하십시오. 수험생 정보와 저장한 파일명이 다를 경우 전송되지 않으므로 주의하시기 바랍니다.
- 답안 작성 중에도 **주기적으로 저장하고, '답안 전송'**하여야 문제 발생을 줄일 수 있습니다. 작업한 내용을 저장하지 않고 전송할 경우 이전에 저장된 내용이 전송되오니 이점 유의하시기 바랍니다.
- 답안문서는 지정된 경로 외의 다른 보조기억장치에 저장하는 경우, 지정된 시험 시간 외에 작성된 파일을 활용할 경우, 기타 통신수단(이메일, 메신저, 네트워크 등)을 이용하여 타인에게 전달 또는 외부 반출하는 경우는 부정 처리합니다.
- 시험 중 부주의 또는 고의로 시스템을 파손한 경우는 수험자가 변상해야 하며, 〈수험자 유의사항〉에 기재된 방법대로 이행하지 않아 생기는 불이익은 수험생 당사자의 책임임을 알려 드립니다.
- 문제의 조건은 한컴오피스 2020 버전으로 설정되어 있으며 한컴오피스 NEO는【 】에 표기되어 있습니다. 이와 관련하여 작성한 답안의 출력형태가 문제지와 다를 수 있습니다.
- 시험을 완료한 수험자는 답안파일이 전송되었는지 확인한 후 감독위원의 지시에 따라 문제지를 제출하고 퇴실합니다.

답안 작성요령

- 온라인 답안 작성 절차
  수험자 등록 ⇒ 시험 시작 ⇒ 답안파일 저장 ⇒ 답안 전송 ⇒ 시험 종료
- 공통 부문
  - 글꼴에 대한 기본설정은 함초롬바탕, 10포인트, 검정, 줄간격 160%, 양쪽정렬로 합니다.
  - 색상은 조건의 색을 적용하고 색의 구분이 안될 경우에는 RGB 값을 적용합니다
    (빨강 255,0,0 / 파랑 0,0,255 / 노랑 255,255,0).
  - 각 문항에 주어진 ≪조건≫에 따라 작성하고 언급하지 않은 조건은 ≪출력형태≫와 같이 작성합니다.
  - 용지여백은 왼쪽·오른쪽 11mm, 위쪽·아래쪽·머리말·꼬리말 10mm, 제본 0mm로 합니다.
  - 그림 삽입 문제의 경우 「내 PC₩문서₩ITQ₩Picture」 폴더에서 지정된 파일을 선택하여 삽입하십시오.
  - 삽입한 그림은 반드시 문서에 포함하여 저장해야 합니다(미포함 시 감점 처리).
  - 각 항목은 지정된 페이지에 출력형태와 같이 정확히 작성하시기 바라며, 그렇지 않을 경우에 해당 항목은 0점 처리됩니다.
    ※ 페이지구분 : 1페이지 - 기능평가 Ⅰ (문제번호 표시 : 1. 2.),
        2페이지 - 기능평가 Ⅱ (문제번호 표시 : 3. 4.),
        3페이지 - 문서작성 능력평가
- 기능평가
  - 문제와 ≪조건≫은 입력하지 않으며 문제번호와 답(≪출력형태≫)만 작성합니다.
  - 4번 문제는 묶기를 했을 경우 0점 처리됩니다.
- 문서작성 능력평가
  - A4 용지(210mm×297mm) 1매 크기, 세로 서식 문서로 작성합니다.
  - ▢ 표시는 문서작성에 대한 지시사항이므로 작성하지 않습니다.

kpc 한국생산성본부

기능평가 I (150점)

1. 다음의 ≪조건≫에 따라 스타일 기능을 적용하여 ≪출력형태≫와 같이 작성하시오. (50점)

≪조건≫
(1) 스타일 이름 – security
(2) 문단 모양 – 왼쪽 여백 : 15pt, 문단 아래 간격 : 10pt
(3) 글자 모양 – 글꼴 : 한글(굴림)/영문(돋움), 크기 : 10pt, 장평 : 95%, 자간 : 5%

≪출력형태≫

SECON is a comprehensive security platform for business development through extensive network with distributors and retailers.

보안 엑스포는 아시아 최고 기업 간 보안 이벤트이자 아시아 유통업체, 설치업체, 소매업체와의 광범위한 네트워크를 통해 비즈니스를 개발하기 위한 종합 보안 플랫폼이다.

2. 다음의 ≪조건≫에 따라 ≪출력형태≫와 같이 표와 차트를 작성하시오. (100점)

≪표 조건≫
(1) 표 전체(표, 캡션) – 돋움, 10pt
(2) 정렬 – 문자 : 가운데 정렬, 숫자 : 오른쪽 정렬
(3) 셀 배경(면색) : 노랑
(4) 한글의 계산 기능을 이용하여 빈칸에 합계를 구하고, 캡션 기능 사용할 것
(5) 선 모양은 ≪출력형태≫와 동일하게 처리할 것

≪출력형태≫

세계 보안 엑스포 참관객 업종별 현황(단위 : 백 명)

구분	17회	18회	19회	20회	합계
보안장비	35.2	39.5	42.3	46.7	
사이버보안	32.7	36.4	43.9	42.8	
통신/데이터센터	29.3	32.6	31.5	33.1	
기타	6.1	7.2	6.8	7.6	

≪차트 조건≫
(1) 차트 데이터는 표 내용에서 횟수별 보안장비, 사이버보안, 통신/데이터센터의 값만 이용할 것
(2) 종류 – 〈묶은 세로 막대형〉으로 작업할 것
(3) 제목 – 굴림, 진하게, 12pt, 속성 – 채우기(하양), 테두리, 그림자(대각선 오른쪽 아래)
   【굴림, 진하게, 12pt, 배경 – 선 모양(한 줄로), 그림자(2pt)】
(4) 제목 이외의 전체 글꼴 – 굴림, 보통, 10pt
(5) 축제목과 범례는 ≪출력형태≫와 동일하게 처리할 것

≪출력형태≫

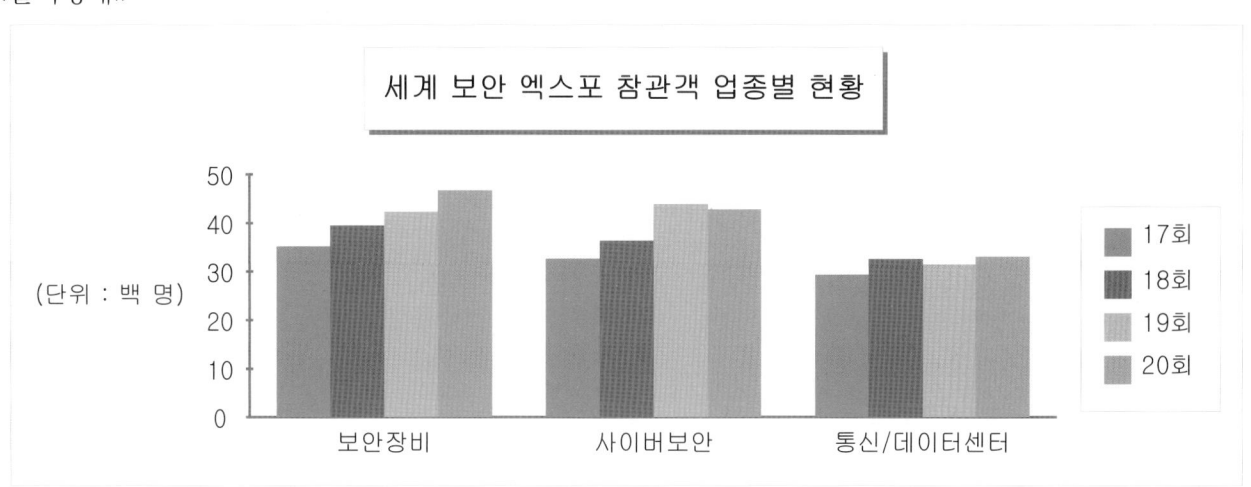

기능평가 II (150점)

3. 다음의 (1), (2)의 수식을 수식 편집기로 각각 입력하시오. (40점)

≪출력형태≫

(1) $G = 2\int_{\frac{a}{2}}^{a} \frac{b\sqrt{a^2-x^2}}{a}dx$

(2) $Q = \frac{F}{h^2} = \frac{1}{3}\frac{N}{h^3}m\overline{g^2}$

4. 다음의 ≪조건≫에 따라 ≪출력형태≫와 같이 문서를 작성하시오. (110점)

≪조건≫
(1) 그리기 도구를 이용하여 작성하고, 모든 도형(글맵시, 지정된 그림 포함)을 ≪출력형태≫와 같이 작성하시오.
(2) 도형의 면색은 지시사항이 없으면 색 없음을 제외하고 서로 다르게 임의로 지정하시오.

≪출력형태≫

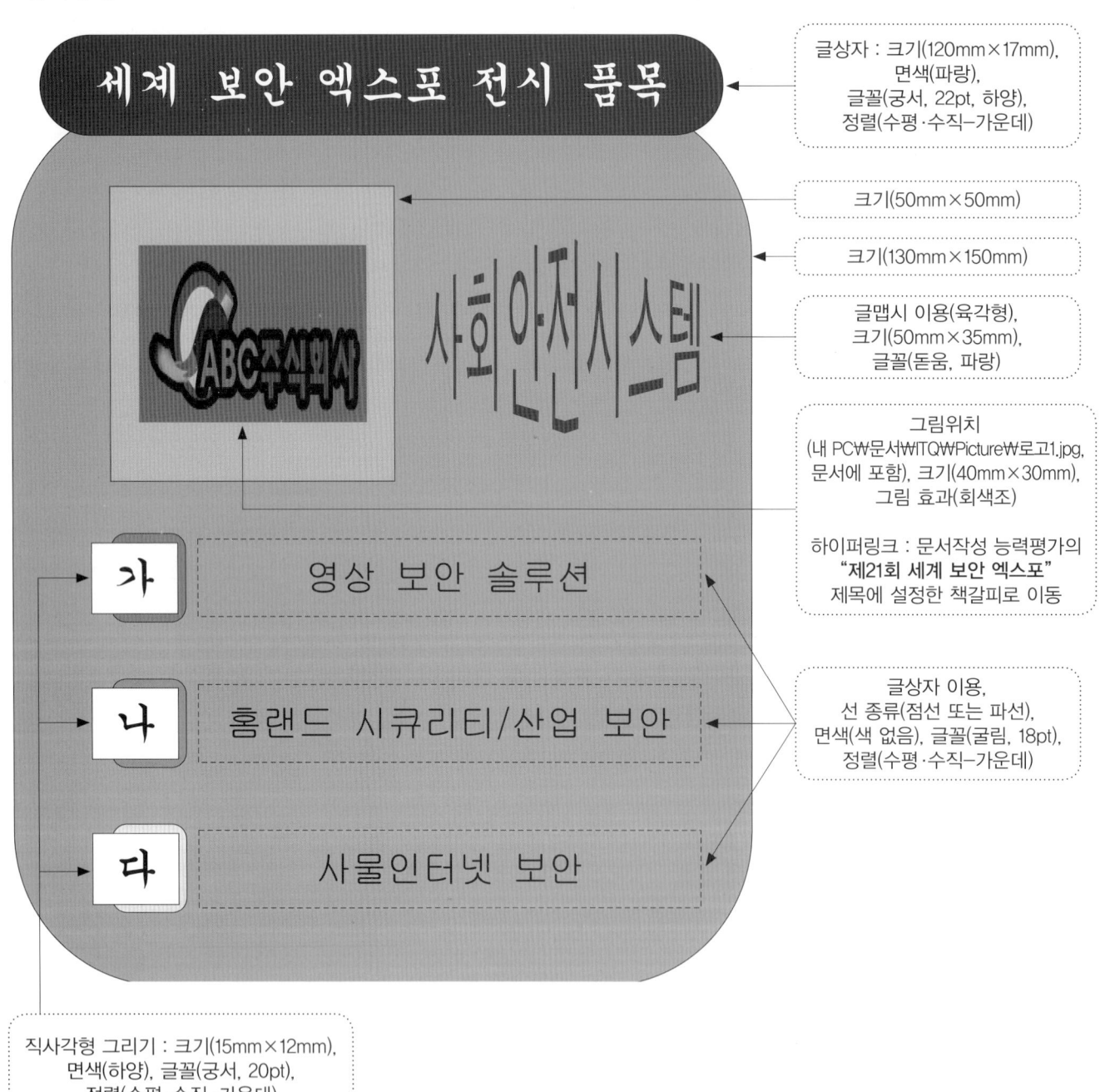

국제 전시회

아시아 유일의 통합 보안 전시회
제21회 세계 보안 엑스포

세계 보안 엑스포는 최신 영상 보안 솔루션, 출입 통제 솔루션, 바이오 인식 솔루션, IT 보안 솔루션까지 한 자리에서 만나볼 수 있으며, 새로운 융합보안의 방향을 제시하고 있다. 물리보안과 정보보안의 영역이 융합(融合)되면서 새로운 보안기술이 등장해 시장에 발표되고 있는 요즘 최근 떠오르고 있는 인공지능, 빅데이터, 사물인터넷ⓐ과 ICT 등 최신 IT 환경 변화에 따른 보안 트렌드를 직접 경험하고 살펴볼 수 있다.

세계 보안 엑스포에서는 글로벌 네트워크를 통해 해외 기업 및 바이어를 유치하고 동시에 해외 바이어 상담회를 개최함으로써 참가기업의 해외 진출을 적극적으로 지원하며, 실질적인 구매와 상담의 장이 마련된다. 또한 보안, 안전에 대한 사회 각 분야 및 테마별 다양한 주제의 콘퍼런스를 통해 첨단 보안 솔루션의 새로운 기술과 트렌드, 구축사례에 대한 다양한 논의가 이루어지며, 실질적인 가이드라인을 제시한다. 국내 보안 솔루션에 많은 관심을 보이는 개발도상국들의 해당 공무원들이 직접 전시장에 나와 자국에 대한 투자와 수출에 관한 상담회를 개최해 국내 보안기업의 해외시장 진출에도 기여(寄與)하고 있다.

♣ 세계 보안 엑스포 전시회 개요

가. 일시 및 장소
  ① 일시 : 2022년 4월 20일(수) - 22일(금)
  ② 장소 : 일산 킨텍스 제1전시장
가. 주최 및 후원
  ① 주최 : 행정안전부
  ② 후원 : 과학기술정보통신부, 산업통상자원부, 국토교통부 외 다수

♣ 정보보호 솔루션 페어 콘퍼런스

구분	시간	내용	장소	비고
1일차	11:30-11:55	클라우드 데이터 보안	208호	10:40-11:00 (참가자 등록 확인, 강연자료 앱/패스워드 발급) 14:40-17:00 (전시 부스 관람)
1일차	13:25-13:50	표적형 악성코드 대응 기술, CDR	209호	
2일차	11:00-11:25	빅데이터 환경을 위한 효율적인 보안론	209호	
2일차	14:15-14:40	세로 트러스트 아키텍처의 완성	210호	
3일차	11:20-11:50	딥러닝 기반의 스마트 선별 관제 시스템	211호	

행정안전부

ⓐ 인터넷을 기반으로 모든 사물을 연결하여 정보를 상호 소통하는 지능형 기술 및 서비스

제 13 회 ITQ 출제예상문제

과목	코드	문제유형	시험시간	수험번호	성명
아래한글	1111	C	60분		

수험자 유의사항

- 수험자는 문제지를 받는 즉시 문제지와 **수험표상의 시험과목(프로그램)이 동일한지 반드시 확인**하여야 합니다.
- 파일명은 본인의 "수험번호-성명"으로 입력하여 답안폴더(내 PC\문서\ITQ)에 하나의 파일로 저장해야 하며, 답안문서 파일명이 "수험번호-성명"과 일치하지 않거나, 답안파일을 전송하지 않아 미제출로 처리될 경우 실격 처리합니다(예:12345678-홍길동.hwp).
- 답안 작성을 마치면 파일을 저장하고, '답안 전송' 버튼을 선택하여 감독위원 PC로 답안을 전송하십시오. 수험생 정보와 저장한 파일명이 다를 경우 전송되지 않으므로 주의하시기 바랍니다.
- 답안 작성 중에도 **주기적으로 저장하고, '답안 전송'**하여야 문제 발생을 줄일 수 있습니다. 작업한 내용을 저장하지 않고 전송할 경우 이전에 저장된 내용이 전송되오니 이점 유의하시기 바랍니다.
- 답안문서는 지정된 경로 외의 다른 보조기억장치에 저장하는 경우, 지정된 시험 시간 외에 작성된 파일을 활용할 경우, 기타 통신수단(이메일, 메신저, 네트워크 등)을 이용하여 타인에게 전달 또는 외부 반출하는 경우는 부정 처리합니다.
- 시험 중 부주의 또는 고의로 시스템을 파손한 경우는 수험자가 변상해야 하며, 〈수험자 유의사항〉에 기재된 방법대로 이행하지 않아 생기는 불이익은 수험생 당사자의 책임임을 알려 드립니다.
- 문제의 조건은 한컴오피스 2020 버전으로 설정되어 있으며 한컴오피스 NEO는 【 】에 표기되어 있습니다. 이와 관련하여 작성한 답안의 출력형태가 문제지와 다를 수 있습니다.
- 시험을 완료한 수험자는 답안파일이 전송되었는지 확인한 후 감독위원의 지시에 따라 문제지를 제출하고 퇴실합니다.

답안 작성요령

- 온라인 답안 작성 절차
  수험자 등록 ⇒ 시험 시작 ⇒ 답안파일 저장 ⇒ 답안 전송 ⇒ 시험 종료
- 공통 부문
  ○ 글꼴에 대한 기본설정은 함초롬바탕, 10포인트, 검정, 줄간격 160%, 양쪽정렬로 합니다.
  ○ 색상은 조건의 색을 적용하고 색의 구분이 안될 경우에는 RGB 값을 적용합니다
    (빨강 255,0,0 / 파랑 0,0,255 / 노랑 255,255,0).
  ○ 각 문항에 주어진 ≪조건≫에 따라 작성하고 언급하지 않은 조건은 ≪출력형태≫와 같이 작성합니다.
  ○ 용지여백은 왼쪽·오른쪽 11mm, 위쪽·아래쪽·머리말·꼬리말 10mm, 제본 0mm로 합니다.
  ○ 그림 삽입 문제의 경우 「내 PC\문서\ITQ\Picture」 폴더에서 지정된 파일을 선택하여 삽입하십시오.
  ○ 삽입한 그림은 반드시 문서에 포함하여 저장해야 합니다(미포함 시 감점 처리).
  ○ 각 항목은 지정된 페이지에 출력형태와 같이 정확히 작성하시기 바라며, 그렇지 않을 경우에 해당 항목은 0점 처리됩니다.
    ※ 페이지구분 : 1페이지 - 기능평가 Ⅰ (문제번호 표시 : 1. 2.),
                2페이지 - 기능평가 Ⅱ (문제번호 표시 : 3. 4.),
                3페이지 - 문서작성 능력평가
- 기능평가
  ○ 문제와 ≪조건≫은 입력하지 않으며 문제번호와 답(≪출력형태≫)만 작성합니다.
  ○ 4번 문제는 묶기를 했을 경우 0점 처리됩니다.
- 문서작성 능력평가
  ○ A4 용지(210mm×297mm) 1매 크기, 세로 서식 문서로 작성합니다.
  ○ [   ] 표시는 문서작성에 대한 지시사항이므로 작성하지 않습니다.

kpc 한국생산성본부

기능평가 I (150점)

1. 다음의 ≪조건≫에 따라 스타일 기능을 적용하여 ≪출력형태≫와 같이 작성하시오. (50점)

≪조건≫ (1) 스타일 이름 – fire
(2) 문단 모양 – 왼쪽 여백 : 15pt, 문단 아래 간격 : 10pt
(3) 글자 모양 – 글꼴 : 한글(굴림)/영문(돋움), 크기 : 10pt, 장평 : 95%, 자간 : 5%

≪출력형태≫

The Korean National Fire Agency is a state agency dedicated to fire prevention and emergency response to accidents or land disasters.

119 청소년단은 어려서부터 안전에 대한 의식과 습관을 기르고, 이웃을 먼저 생각하며 봉사하는 참사랑을 실천하는 선도조직으로 건강한 어린이 육성을 목표로 하고 있다.

2. 다음의 ≪조건≫에 따라 ≪출력형태≫와 같이 표와 차트를 작성하시오. (100점)

≪표 조건≫ (1) 표 전체(표, 캡션) – 돋움, 10pt
(2) 정렬 – 문자 : 가운데 정렬, 숫자 : 오른쪽 정렬
(3) 셀 배경(면색) : 노랑
(4) 한글의 계산 기능을 이용하여 빈칸에 합계를 구하고, 캡션 기능 사용할 것
(5) 선 모양은 ≪출력형태≫와 동일하게 처리할 것

≪출력형태≫

소방산업 기업인증 현황(단위 : %)

구분	벤처기업	ISO 인증	이노비즈 기업	메인비즈 기업	합계
소방설계업	6.2	9.6	4.2	1.3	
소방공사업	2.7	13.4	2.9	4.3	
소방제조업	13.4	21.7	13.1	5.2	
소방관리업	3.1	9.2	3.9	0.4	

≪차트 조건≫ (1) 차트 데이터는 표 내용에서 구분별 소방설계업, 소방공사업, 소방제조업의 값만 이용할 것
(2) 종류 – 〈묶은 세로 막대형〉으로 작업할 것
(3) 제목 – 굴림, 진하게, 12pt, 속성 – 채우기(하양), 테두리, 그림자(대각선 오른쪽 아래)
【굴림, 진하게, 12pt, 배경 – 선 모양(한 줄로), 그림자(2pt)】
(4) 제목 이외의 전체 글꼴 – 굴림, 보통, 10pt
(5) 축제목과 범례는 ≪출력형태≫와 동일하게 처리할 것

≪출력형태≫

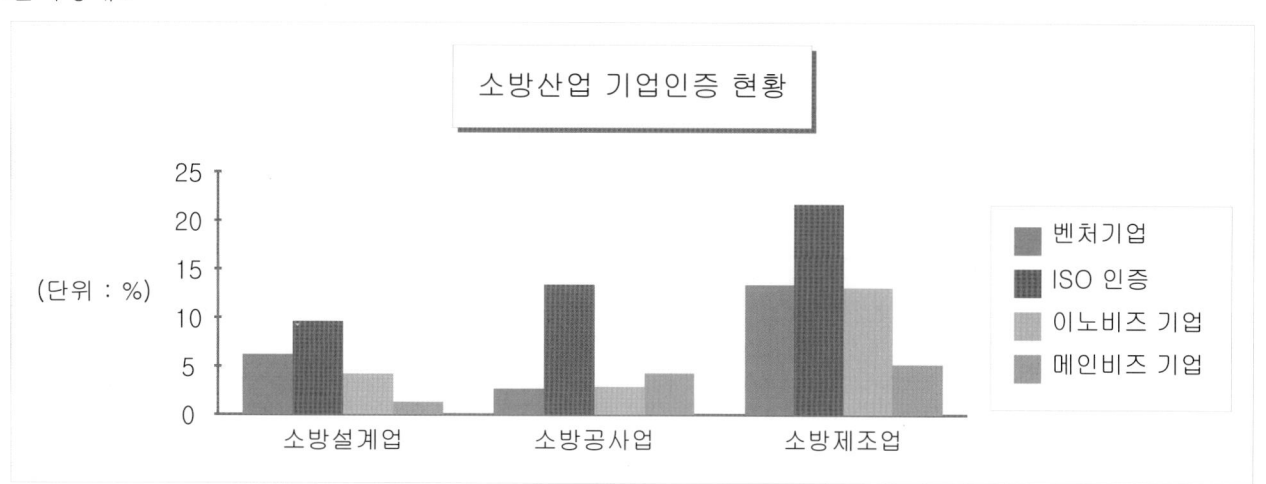

기능평가 Ⅱ (150점)

3. 다음의 (1), (2)의 수식을 수식 편집기로 각각 입력하시오. (40점)

≪출력형태≫

(1) $E = mr^2 = \dfrac{nc^2}{\sqrt{1 - \dfrac{r^2}{d^2}}}$

(2) $\displaystyle\sum_{k=1}^{n} = \dfrac{1}{6}n(n+a)(2n+1)$

4. 다음의 ≪조건≫에 따라 ≪출력형태≫와 같이 문서를 작성하시오. (110점)

≪조건≫
(1) 그리기 도구를 이용하여 작성하고, 모든 도형(글맵시, 지정된 그림 포함)을 ≪출력형태≫와 같이 작성하시오.
(2) 도형의 면색은 지시사항이 없으면 색 없음을 제외하고 서로 다르게 임의로 지정하시오.

≪출력형태≫

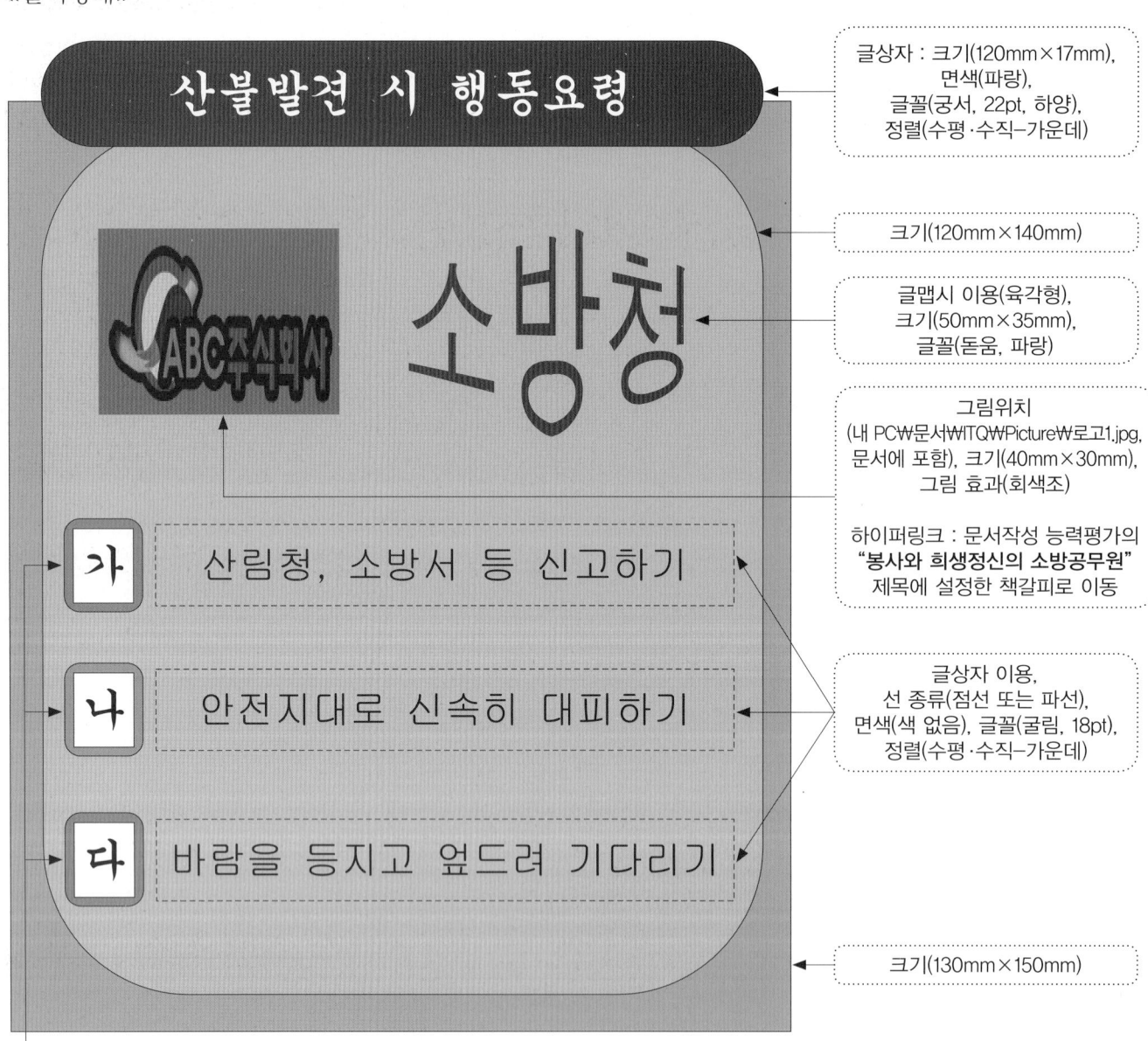

화재 예방

봉사와 희생정신의 소방공무원

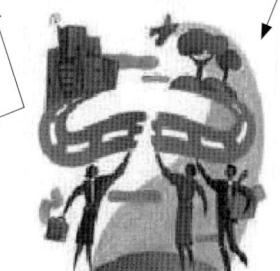

화재 발생 시 출동하여 사고 진압 및 소화(消火) 업무를 담당하고 있는 소방공무원ⓐ은 화재 외에도 다양한 관련 분야에 걸쳐 임무를 수행하고 있다. 소방공무원의 업무는 소방과, 방호과, 119 소방서, 구조대, 구조구급과로 나뉘며 소방과는 다시 소방 업무와 장비 업무로 분류(分類)된다.

  소방 업무에는 소방서 기본 운영 계획에 관한 사항을 비롯하여 직원들의 신분, 상벌, 복무규율 및 교육 훈련, 보건, 복지, 후생에 관한 사항이 포함된다. 장비 업무로는 직원들의 보수 등 예산과 회계에 관한 사항과 소방 차량 및 장비 유지 관리에 관한 사항을 담당한다. 방호과에서는 화재 진압 대책과 각종 소방 현장 활동의 효율적 수행을 위한 안전 대책 등을 수립하며 소방 시설의 작동 상태 및 관리 상황에 대한 점검을 통해 사전 예방 활동을 펼친다. 119 소방서는 현장 활동 업무를 수행하는 부서로 화재 발생 시 신속한 진압 활동에 착수하며 응급 환자에 대한 구급 활동을 맡는다. 구조대는 각종 재난 사고 현장에서 인명을 구조하는 부서로 화재, 교통사고, 산악사고, 수난사고 등에 대응하기 위해 실력 향상 훈련 및 안전사고 예방 교육과 캠페인을 주관한다.

♥ 소화기의 종류

1. 물 소화기
    가. 쉽게 구할 수 있으며 가격이 저렴하며 안전함
    나. 겨울철에는 동결 방지 조치를 강구해야 함
2. 포말 소화기
    가. 공기와의 접촉을 차단하는 질식 효과
    나. 수분의 증발에 의한 냉각 효과

♥ 소방시설업 종류 및 등록기준

시설업		정의	기술인력
설계업	전문	소방시설 공사계획, 설계도면, 설명서 등 서류 작성	소방기술사 1명, 보조 인력 1명
	일반		소방기술사 또는 소방설비기사 1명, 보조 인력 1명
공사업	일반	소방시설 신설, 증설, 개설, 안전 및 정비	소방기술사 또는 소방설비기사(해당 분야) 1명, 보조 인력 1명
감리업	전문	설계도서와 관계 법령에 따라 적법하게 시공되는지 확인	소방기술사 1명, 특급/고급/중급/초급 감리원 각 1명
	일반		특급 감리원 1명, 중급 이상 감리원 1명, 초급 감리원 1명

소방청

ⓐ 국민의 보호를 직무로 하여 화재의 예방, 경계, 진압에 종사하는 공무원

제14회 ITQ 출제예상문제

과목	코드	문제유형	시험시간	수험번호	성명
아래한글	1111	D	60분		

수험자 유의사항

- 수험자는 문제지를 받는 즉시 문제지와 **수험표상의 시험과목(프로그램)이 동일한지 반드시 확인**하여야 합니다.
- 파일명은 본인의 "수험번호-성명"으로 입력하여 답안폴더(내 PC\문서\ITQ)에 하나의 파일로 저장해야 하며, 답안문서 파일명이 "수험번호-성명"과 일치하지 않거나, 답안파일을 전송하지 않아 미제출로 처리될 경우 실격 처리합니다(예:12345678-홍길동.hwp).
- 답안 작성을 마치면 파일을 저장하고, '답안 전송' 버튼을 선택하여 감독위원 PC로 답안을 전송하십시오. 수험생 정보와 저장한 파일명이 다를 경우 전송되지 않으므로 주의하시기 바랍니다.
- 답안 작성 중에도 **주기적으로 저장하고, '답안 전송'**하여야 문제 발생을 줄일 수 있습니다. 작업한 내용을 저장하지 않고 전송할 경우 이전에 저장된 내용이 전송되오니 이점 유의하시기 바랍니다.
- 답안문서는 지정된 경로 외의 다른 보조기억장치에 저장하는 경우, 지정된 시험 시간 외에 작성된 파일을 활용할 경우, 기타 통신수단(이메일, 메신저, 네트워크 등)을 이용하여 타인에게 전달 또는 외부 반출하는 경우는 부정 처리합니다.
- 시험 중 부주의 또는 고의로 시스템을 파손한 경우는 수험자가 변상해야 하며, <수험자 유의사항>에 기재된 방법대로 이행하지 않아 생기는 불이익은 수험생 당사자의 책임임을 알려 드립니다.
- 문제의 조건은 한컴오피스 2020 버전으로 설정되어 있으며 한컴오피스 NEO는 【 】에 표기되어 있습니다. 이와 관련하여 작성한 답안의 출력형태가 문제지와 다를 수 있습니다.
- 시험을 완료한 수험자는 답안파일이 전송되었는지 확인한 후 감독위원의 지시에 따라 문제지를 제출하고 퇴실합니다.

답안 작성요령

- 온라인 답안 작성 절차
  수험자 등록 ⇒ 시험 시작 ⇒ 답안파일 저장 ⇒ 답안 전송 ⇒ 시험 종료
- 공통 부문
  ○ 글꼴에 대한 기본설정은 함초롬바탕, 10포인트, 검정, 줄간격 160%, 양쪽정렬로 합니다.
  ○ 색상은 조건의 색을 적용하고 색의 구분이 안될 경우에는 RGB 값을 적용합니다
  (빨강 255,0,0 / 파랑 0,0,255 / 노랑 255,255,0).
  ○ 각 문항에 주어진 ≪조건≫에 따라 작성하고 언급하지 않은 조건은 ≪출력형태≫와 같이 작성합니다.
  ○ 용지여백은 왼쪽·오른쪽 11mm, 위쪽·아래쪽·머리말·꼬리말 10mm, 제본 0mm로 합니다.
  ○ 그림 삽입 문제의 경우 「내 PC\문서\ITQ\Picture」 폴더에서 지정된 파일을 선택하여 삽입하십시오.
  ○ 삽입한 그림은 반드시 문서에 포함하여 저장해야 합니다(미포함 시 감점 처리).
  ○ 각 항목은 지정된 페이지에 출력형태와 같이 정확히 작성하시기 바라며, 그렇지 않을 경우에 해당 항목은 0점 처리됩니다.
     ※ 페이지구분 : 1페이지 - 기능평가 Ⅰ (문제번호 표시 : 1. 2.),
                 2페이지 - 기능평가 Ⅱ (문제번호 표시 : 3. 4.),
                 3페이지 - 문서작성 능력평가
- 기능평가
  ○ 문제와 ≪조건≫은 입력하지 않으며 문제번호와 답(≪출력형태≫)만 작성합니다.
  ○ 4번 문제는 묶기를 했을 경우 0점 처리됩니다.
- 문서작성 능력평가
  ○ A4 용지(210mm×297mm) 1매 크기, 세로 서식 문서로 작성합니다.
  ○ ☐ 표시는 문서작성에 대한 지시사항이므로 작성하지 않습니다.

kpc 한국생산성본부

기능평가 I (150점)

1. 다음의 ≪조건≫에 따라 스타일 기능을 적용하여 ≪출력형태≫와 같이 작성하시오. (50점)

≪조건≫
(1) 스타일 이름 – security
(2) 문단 모양 – 왼쪽 여백 : 15pt, 문단 아래 간격 : 10pt
(3) 글자 모양 – 글꼴 : 한글(굴림)/영문(바탕), 크기 : 10pt, 장평 : 95%, 자간 : 5%

≪출력형태≫

Illegal leakage of personal information can fall in the wrong hands for identity theft and illegal spam causing mental and financial damages.

초고속 인터넷에 연결된 컴퓨터 사용자들은 자신들이 분마다 발생하는 사이버 위협의 잠재적인 목표물이라는 사실을 모르고 인터넷을 이용하고 있다.

2. 다음의 ≪조건≫에 따라 ≪출력형태≫와 같이 표와 차트를 작성하시오. (100점)

≪표 조건≫
(1) 표 전체(표, 캡션) – 돋움, 10pt
(2) 정렬 – 문자 : 가운데 정렬, 숫자 : 오른쪽 정렬
(3) 셀 배경(면색) : 노랑
(4) 한글의 계산 기능을 이용하여 빈칸에 합계를 구하고, 캡션 기능 사용할 것
(5) 선 모양은 ≪출력형태≫와 동일하게 처리할 것

≪출력형태≫

정보보호 산업 매출 현황(단위 : 백억 원)

구분	2017년	2018년	2019년	2020년	합계
네트워크 보안	65.3	72.9	75.2	82.5	
시스템 보안	44.4	48.8	53.4	57.2	
정보 유출 방지	46.6	42.6	43.1	45.9	
암호 및 인증	15.1	15.1	18.2	19.6	

≪차트 조건≫
(1) 차트 데이터는 표 내용에서 연도별 네트워크 보안, 시스템 보안, 정보 유출 방지의 값만 이용할 것
(2) 종류 – 〈묶은 세로 막대형〉으로 작업할 것
(3) 제목 – 굴림, 진하게, 12pt, 속성 – 채우기(하양), 테두리, 그림자(대각선 오른쪽 아래)
【굴림, 진하게, 12pt, 배경 – 선 모양(한 줄로), 그림자(2pt)】
(4) 제목 이외의 전체 글꼴 – 굴림, 보통, 10pt
(5) 축제목과 범례는 ≪출력형태≫와 동일하게 처리할 것

≪출력형태≫

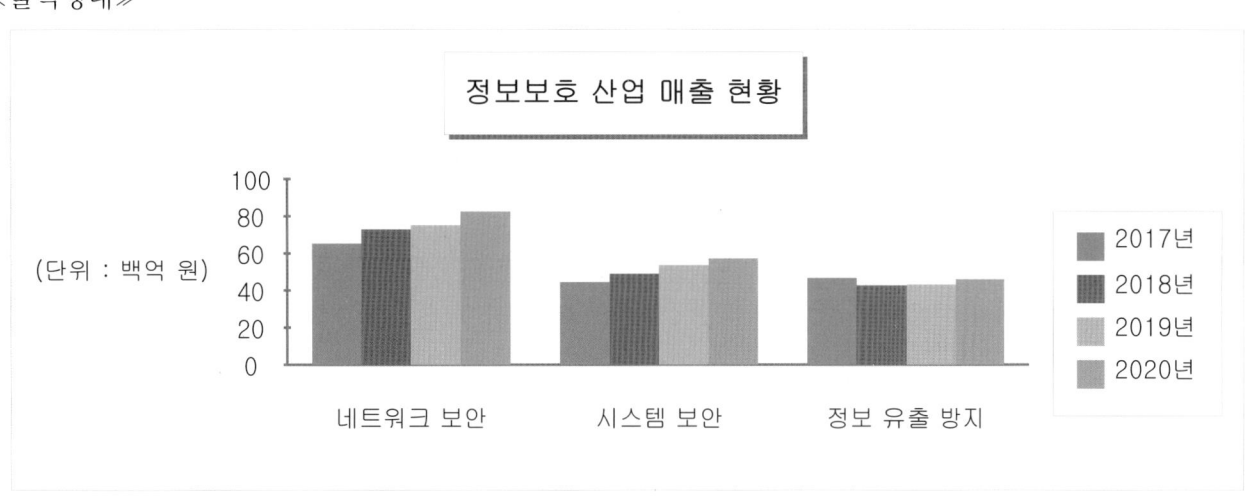

기능평가 Ⅱ   (150점)

3. 다음의 (1), (2)의 수식을 수식 편집기로 각각 입력하시오. (40점)
≪출력형태≫

(1) $\sum_{k=1}^{10}(k^3+6k^2+4k+3)=256$

(2) $R_H = \dfrac{1}{hc} \times \dfrac{2\pi^2 K^2 me^4}{h^2}$

4. 다음의 ≪조건≫에 따라 ≪출력형태≫와 같이 문서를 작성하시오. (110점)
≪조건≫
  (1) 그리기 도구를 이용하여 작성하고, 모든 도형(글맵시, 지정된 그림 포함)을 ≪출력형태≫와 같이 작성하시오.
  (2) 도형의 면색은 지시사항이 없으면 색 없음을 제외하고 서로 다르게 임의로 지정하시오.

≪출력형태≫

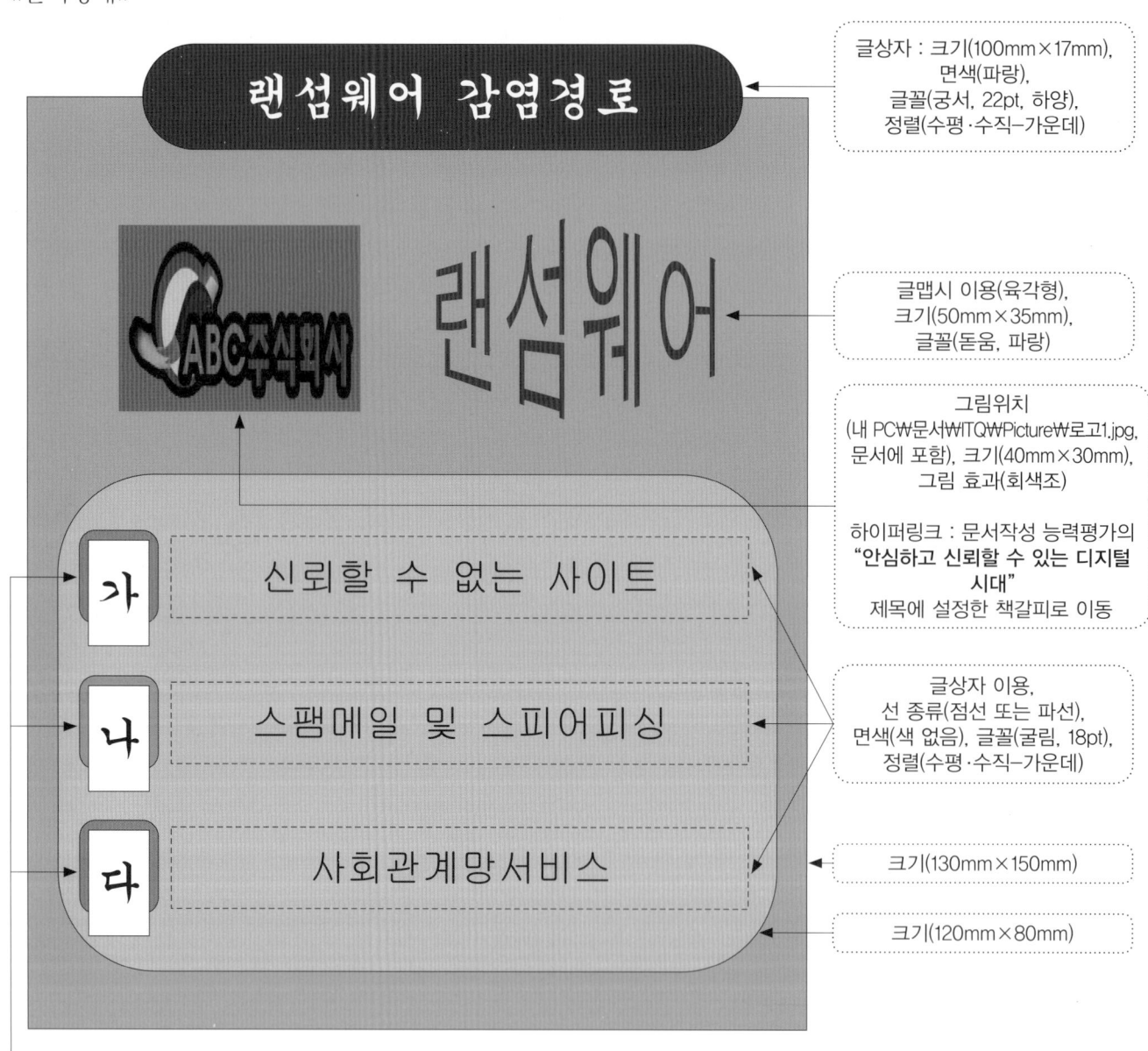

안심하고 신뢰할 수 있는 디지털 시대

개인정보란 살아 있는 개인에 관한 정보로서 성명, 주민등록번호 및 영상 등을 통하여 개인을 알아볼 수 있는 정보, 즉 해당 정보만으로는 특정 개인을 알아볼 수 없더라도 다른 정보와 결합(結合)하여 알아볼 수 있는 것을 말한다. 2018년에는 가상통화 열풍을 타고 채굴형 악성코드 및 가상통화 거래소를 대상으로 한 스피어피싱 공격이 증가할 것으로 보인다. 2017년 하반기부터 가상통화 이용자가 증가함에 따라 각 거래소들의 규모가 점점 거대화되고 있다. 각 거래소들의 신규 인원 채용을 악용하여 한글 이력서 등으로 위장한 원격제어 및 정보유출 악성코드 감염 시도가 급증할 것으로 예상된다. 이러한 스피어피싱 공격은 일반 이용자들에게까지 전파(傳播)되어 메일 내 첨부파일을 열람할 경우 악성코드 감염에 노출될 수 있다.

가상통화의 인기는 앞으로도 지속될 것으로 전망되고 있으므로 가상통화① 채굴을 위한 해커들의 공격은 멈추지 않을 것으로 보인다. 따라서 안전한 인터넷 이용을 위해서는 철저한 소프트웨어 보안 업데이트와 더불어 중요 정보를 개인 컴퓨터에 보관하지 않는 등 관리적 측면의 보안에 더욱 주의를 기울여야 할 것이다.

♠ 주요 랜섬웨어

    I. 워너크라이
        A. 사용자의 중요 파일을 암호화한 뒤 이를 푸는 대가로 금전을 요구
        B. 다양한 문서파일 외 다수의 파일을 암호화
    II. 록키
        A. 이메일의 수신인을 속이기 위해 인보이스, 환불 등의 제목 사용
        B. 확장자가 변하며 복구 관련 메시지 출력

♠ 정보보호 침해사고 신고 방법

구분	신고 내용	신고 대상	신고 기관	신고 기한
정보시스템 운영 기업 및 기관	개인정보 유출	공공기관, 민간기업	행정안전부 및 한국인터넷진흥원	5일 이내
		서비스 제공자	방송통신위원회 및 한국인터넷진흥원	24시간 이내
	침해사고	서비스 제공자, 사업자	과학기술정보통신부 및 한국인터넷진흥원	즉시
일반 이용자 (정보 주체)	개인정보 침해	서비스 이용자	개인정보침해신고센터	없음

한국인터넷진흥원

---
① 컴퓨터 등에 정보 형태로 남아 실물 없이 인터넷상으로만 거래되는 전자화폐의 일종

제15회 ITQ 출제예상문제

과목	코드	문제유형	시험시간	수험번호	성명
아래한글	1111	E	60분		

수험자 유의사항

- 수험자는 문제지를 받는 즉시 문제지와 **수험표상의 시험과목(프로그램)이 동일한지 반드시 확인**하여야 합니다.
- 파일명은 본인의 "수험번호-성명"으로 입력하여 답안폴더(내 PC₩문서₩ITQ)에 하나의 파일로 저장해야 하며, 답안문서 파일명이 "수험번호-성명"과 일치하지 않거나, 답안파일을 전송하지 않아 미제출로 처리될 경우 실격 처리합니다(예:12345678-홍길동.hwp).
- 답안 작성을 마치면 파일을 저장하고, '답안 전송' 버튼을 선택하여 감독위원 PC로 답안을 전송하십시오. 수험생 정보와 저장한 파일명이 다를 경우 전송되지 않으므로 주의하시기 바랍니다.
- 답안 작성 중에도 **주기적으로 저장하고, '답안 전송'**하여야 문제 발생을 줄일 수 있습니다. 작업한 내용을 저장하지 않고 전송할 경우 이전에 저장된 내용이 전송되오니 이점 유의하시기 바랍니다.
- 답안문서는 지정된 경로 외의 다른 보조기억장치에 저장하는 경우, 지정된 시험 시간 외에 작성된 파일을 활용할 경우, 기타 통신수단(이메일, 메신저, 네트워크 등)을 이용하여 타인에게 전달 또는 외부 반출하는 경우는 부정 처리합니다.
- 시험 중 부주의 또는 고의로 시스템을 파손한 경우는 수험자가 변상해야 하며, 〈수험자 유의사항〉에 기재된 방법대로 이행하지 않아 생기는 불이익은 수험생 당사자의 책임임을 알려 드립니다.
- 문제의 조건은 한컴오피스 2020 버전으로 설정되어 있으며 한컴오피스 NEO는 【 】에 표기되어 있습니다. 이와 관련하여 작성한 답안의 출력형태가 문제지와 다를 수 있습니다.
- 시험을 완료한 수험자는 답안파일이 전송되었는지 확인한 후 감독위원의 지시에 따라 문제지를 제출하고 퇴실합니다.

답안 작성요령

- 온라인 답안 작성 절차
  수험자 등록 ⇒ 시험 시작 ⇒ 답안파일 저장 ⇒ 답안 전송 ⇒ 시험 종료
- 공통 부문
  - 글꼴에 대한 기본설정은 함초롬바탕, 10포인트, 검정, 줄간격 160%, 양쪽정렬로 합니다.
  - 색상은 조건의 색을 적용하고 색의 구분이 안될 경우에는 RGB 값을 적용합니다
    (빨강 255,0,0 / 파랑 0,0,255 / 노랑 255,255,0).
  - 각 문항에 주어진 ≪조건≫에 따라 작성하고 언급하지 않은 조건은 ≪출력형태≫와 같이 작성합니다.
  - 용지여백은 왼쪽·오른쪽 11mm, 위쪽·아래쪽·머리말·꼬리말 10mm, 제본 0mm로 합니다.
  - 그림 삽입 문제의 경우「내 PC₩문서₩ITQ₩Picture」폴더에서 지정된 파일을 선택하여 삽입하십시오.
  - 삽입한 그림은 반드시 문서에 포함하여 저장해야 합니다(미포함 시 감점 처리).
  - 각 항목은 지정된 페이지에 출력형태와 같이 정확히 작성하시기 바라며, 그렇지 않을 경우에 해당 항목은 0점 처리됩니다.
    ※ 페이지구분 : 1페이지 - 기능평가 Ⅰ (문제번호 표시 : 1. 2.),
    　　　　　　　 2페이지 - 기능평가 Ⅱ (문제번호 표시 : 3. 4.),
    　　　　　　　 3페이지 - 문서작성 능력평가
- 기능평가
  - 문제와 ≪조건≫은 입력하지 않으며 문제번호와 답(≪출력형태≫)만 작성합니다.
  - 4번 문제는 묶기를 했을 경우 0점 처리됩니다.
- 문서작성 능력평가
  - A4 용지(210mm×297mm) 1매 크기, 세로 서식 문서로 작성합니다.
  - ▭ 표시는 문서작성에 대한 지시사항이므로 작성하지 않습니다.

kpc 한국생산성본부

기능평가 I (150점)

1. 다음의 ≪조건≫에 따라 스타일 기능을 적용하여 ≪출력형태≫와 같이 작성하시오. (50점)

≪조건≫
(1) 스타일 이름 - dental
(2) 문단 모양 - 왼쪽 여백 : 15pt, 문단 아래 간격 : 10pt
(3) 글자 모양 - 글꼴 : 한글(돋움)/영문(궁서), 크기 : 10pt, 장평 : 95%, 자간 : -5%

≪출력형태≫

The purpose of this study is to explore the socio-cultural function of dental system and suggest the improvement of limitations of the current system format.

네트워크 치과란 명칭과 브랜드를 공유하는 치과로서 브랜드를 통한 광고 효과와 체계적인 경영 시스템을 통한 비용 절감으로 기존 치과와 비교하여 강점을 지닌다.

2. 다음의 ≪조건≫에 따라 ≪출력형태≫와 같이 표와 차트를 작성하시오. (100점)

≪표 조건≫
(1) 표 전체(표, 캡션) - 굴림, 10pt
(2) 정렬 - 문자 : 가운데 정렬, 숫자 : 오른쪽 정렬
(3) 셀 배경(면색) : 노랑
(4) 한글의 계산 기능을 이용하여 빈칸에 합계를 구하고, 캡션 기능 사용할 것
(5) 선 모양은 ≪출력형태≫와 동일하게 처리할 것

≪출력형태≫

보건소 구강사업 지난 실적 현황(단위 : 천 건)

구분	2013년	2015년	2017년	2019년	합계
구강 보건교육	58	81	72	84	
스케일링	7	4	5	5	
불소 도포	41	37	29	34	
불소양치 사업	66	86	186	129	

≪차트 조건≫
(1) 차트 데이터는 표 내용에서 연도별 구강 보건교육, 스케일링, 불소 도포의 값만 이용할 것
(2) 종류 - 〈묶은 세로 막대형〉으로 작업할 것
(3) 제목 - 돋움, 진하게, 12pt, 속성 - 채우기(하양), 테두리, 그림자(대각선 오른쪽 아래)
【돋움, 진하게, 12pt, 배경 - 선 모양(한 줄로), 그림자(2pt)】
(4) 제목 이외의 전체 글꼴 - 돋움, 보통, 10pt
(5) 축제목과 범례는 ≪출력형태≫와 동일하게 처리할 것

≪출력형태≫

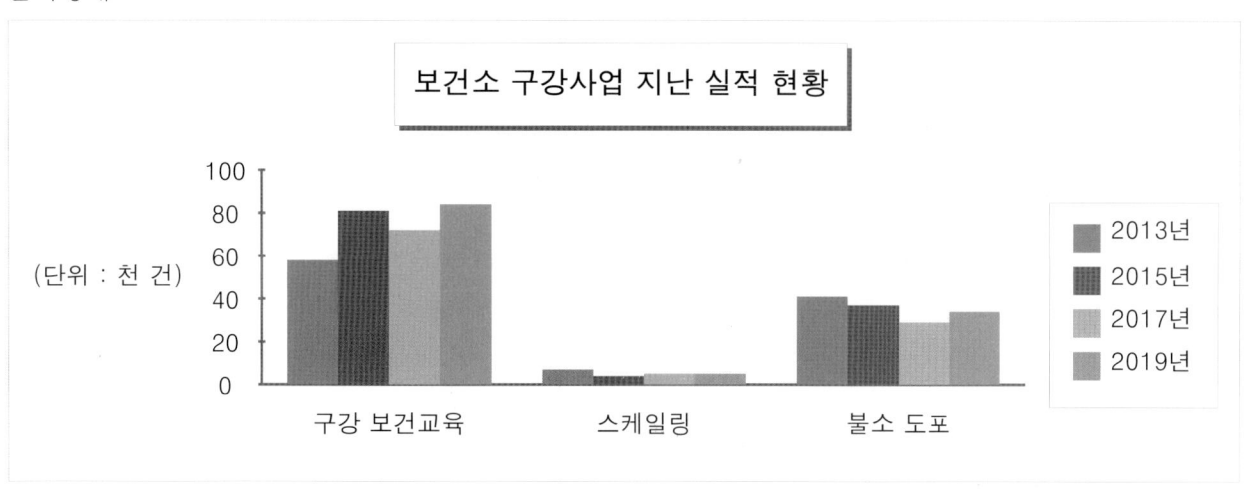

기능평가 Ⅱ (150점)

3. 다음의 (1), (2)의 수식을 수식 편집기로 각각 입력하시오. (40점)

《출력형태》

(1) $H_n = \dfrac{a(r^n-1)}{r-1} = \dfrac{a(1+r^n)}{1-r}(r \neq 1)$

(2) $L = \dfrac{m+M}{m}V = \dfrac{m+M}{m}\sqrt{2gh}$

4. 다음의 《조건》에 따라 《출력형태》와 같이 문서를 작성하시오. (110점)

《조건》
(1) 그리기 도구를 이용하여 작성하고, 모든 도형(글맵시, 지정된 그림 포함)을 《출력형태》와 같이 작성하시오.
(2) 도형의 면색은 지시사항이 없으면 색 없음을 제외하고 서로 다르게 임의로 지정하시오.

《출력형태》

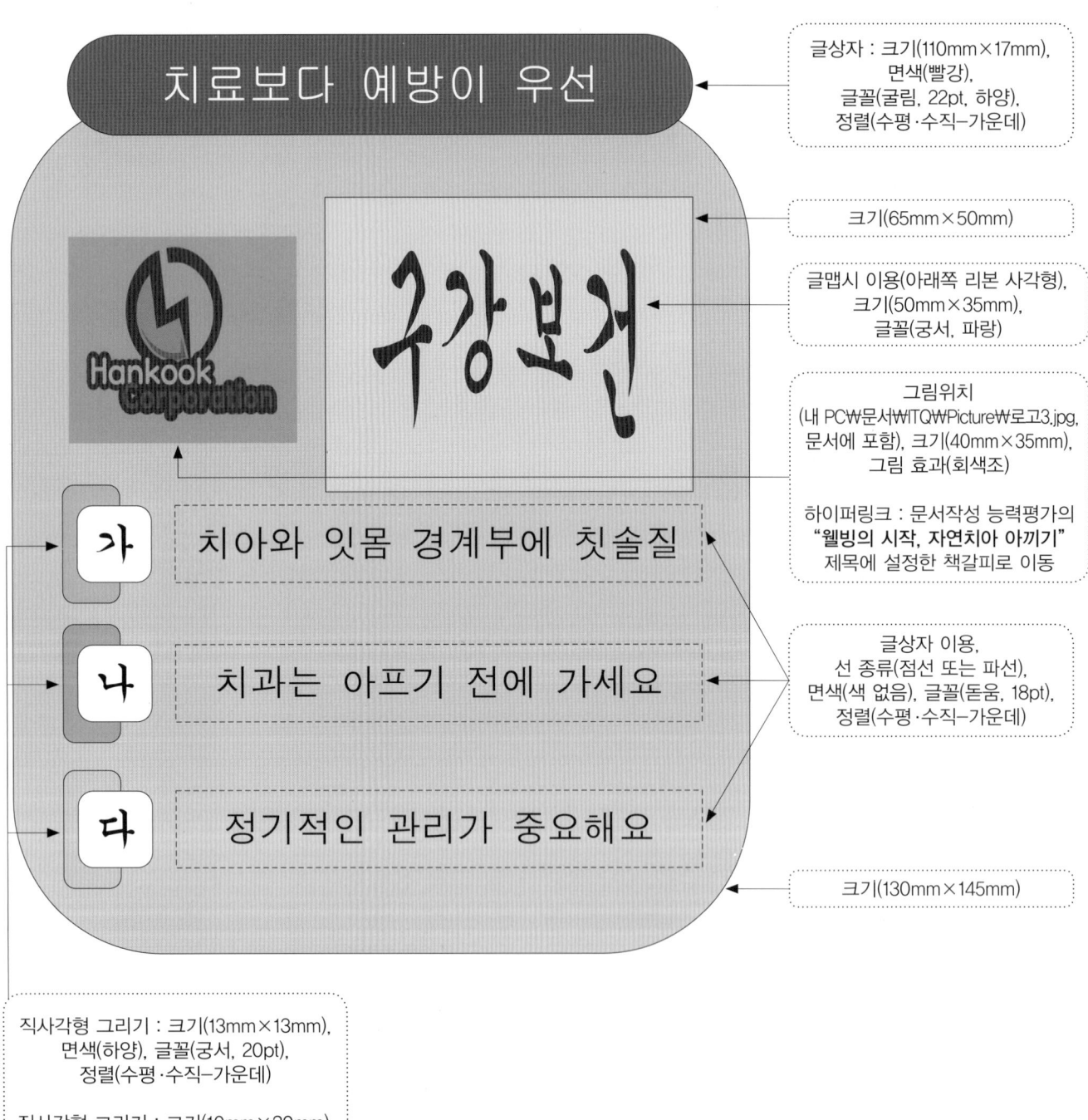

웰빙의 시작, 자연치아 아끼기

세 살 버릇 여든까지 간다고 하는 속담은 어린이들의 나쁜 습관ⓐ을 교정하려 할 때 자주 언급된다. 어린이의 구강 습관은 오랫동안 치과 의사, 소아청소년과 의사, 심리학자, 많은 부모님의 관심거리가 되어왔다. 좋지 않은 습관이 장기간 지속되면 치아의 위치와 교합이 비정상적으로 될 수 있다. 어린이에게 해로운 습관을 일으키는 원인으로는 변형된 골 성장, 치아(齒牙)의 위치 부정, 잘못된 호흡 습관 등이 있다.

　치아 관리는 젖니 때부터 해야 한다. 세 살 이하의 아이는 스스로 칫솔질을 할 수 없으므로 자신이 스스로 칫솔질을 할 수 있을 때까지 부모가 이를 닦아준다. 특히 어린이의 올바른 구강 건강관리를 위해서는 아이에게 이를 닦는 습관(習慣)을 지니게 하는 것이 가장 중요하다. 따라서 부모님들이 아이들에게 관심을 가지고 모범을 보여 주어야 한다. 우리나라 치과 진료의 지식과 기술 수준은 세계적 수준이나 실제로 국민 구강건강 수준은 보건복지부의 발표에 따르면 아직도 후진국 수준이다. 이는 실제로 우리나라의 대다수 치과 진료 과정에서 예방 진료를 무시한 채 치료와 재활만을 주력했기 때문이라고 생각되기에 정기적으로 치과에 내원하여 검사를 받고 필요한 예방치료를 받는 것이 중요하다.

♥ 어린이의 올바른 구강 건강관리

　A. 어린이를 위한 맞춤 칫솔질
　　ⓐ 칫솔을 치아의 옆면에 대고 수평으로 좌우를 문지른다.
　　ⓑ 씹는 면과 안쪽 면도 닦고 끝으로 혀도 닦아야 한다.
　B. 치아가 건강해지는 식습관
　　ⓐ 만 1세가 되면 모유나 우유병 사용은 자제한다.
　　ⓑ 앞니가 나면 빠는 근육이 아닌, 씹는 근육을 사용하게 한다.

♥ 치아 구강보건 4가지 방법

구분	충치 원인균 제거	치아를 강하게	충치 원인균 활동 제거	정기적 치과 검진
대처 방법	칫솔질은 충치를 예방	식후 설탕 섭취 금지	치아 홈 메우기	6개월 간격으로 치과 방문
	식후 양치는 필수	불소치약 사용		
	치실, 치간 칫솔 사용	3개월간 불소 겔 바르기	채소나 과일 먹기	조기 발견, 조기 치료
	치아랑 잇몸 경계 닦기	수돗물 불소는 안전		

대한예방치과학회

ⓐ 어떤 행위를 오랫동안 되풀이하는 과정에서 저절로 익혀진 행동 방식

제 16 회 ITQ 출제예상문제

과목	코드	문제유형	시험시간	수험번호	성명
아래한글	1111	A	60분		

수험자 유의사항

- 수험자는 문제지를 받는 즉시 문제지와 **수험표상의 시험과목(프로그램)이 동일한지 반드시 확인**하여야 합니다.
- 파일명은 본인의 "수험번호-성명"으로 입력하여 답안폴더(내 PC\문서\ITQ)에 하나의 파일로 저장해야 하며, 답안문서 파일명이 "수험번호-성명"과 일치하지 않거나, 답안파일을 전송하지 않아 미제출로 처리될 경우 실격 처리합니다(예:12345678-홍길동.hwp).
- 답안 작성을 마치면 파일을 저장하고, '답안 전송' 버튼을 선택하여 감독위원 PC로 답안을 전송하십시오. 수험생 정보와 저장한 파일명이 다를 경우 전송되지 않으므로 주의하시기 바랍니다.
- 답안 작성 중에도 **주기적으로 저장하고, '답안 전송'**하여야 문제 발생을 줄일 수 있습니다. 작업한 내용을 저장하지 않고 전송할 경우 이전에 저장된 내용이 전송되오니 이점 유의하시기 바랍니다.
- 답안문서는 지정된 경로 외의 다른 보조기억장치에 저장하는 경우, 지정된 시험 시간 외에 작성된 파일을 활용할 경우, 기타 통신수단(이메일, 메신저, 네트워크 등)을 이용하여 타인에게 전달 또는 외부 반출하는 경우는 부정 처리합니다.
- 시험 중 부주의 또는 고의로 시스템을 파손한 경우는 수험자가 변상해야 하며, 〈수험자 유의사항〉에 기재된 방법대로 이행하지 않아 생기는 불이익은 수험생 당사자의 책임임을 알려 드립니다.
- 문제의 조건은 한컴오피스 2020 버전으로 설정되어 있으며 한컴오피스 NEO는【 】에 표기되어 있습니다. 이와 관련하여 작성한 답안의 출력형태가 문제지와 다를 수 있습니다.
- 시험을 완료한 수험자는 답안파일이 전송되었는지 확인한 후 감독위원의 지시에 따라 문제지를 제출하고 퇴실합니다.

답안 작성요령

- 온라인 답안 작성 절차
  수험자 등록 ⇒ 시험 시작 ⇒ 답안파일 저장 ⇒ 답안 전송 ⇒ 시험 종료
- 공통 부문
  ◦ 글꼴에 대한 기본설정은 함초롬바탕, 10포인트, 검정, 줄간격 160%, 양쪽정렬로 합니다.
  ◦ 색상은 조건의 색을 적용하고 색의 구분이 안될 경우에는 RGB 값을 적용합니다
    (빨강 255,0,0 / 파랑 0,0,255 / 노랑 255,255,0).
  ◦ 각 문항에 주어진 ≪조건≫에 따라 작성하고 언급하지 않은 조건은 ≪출력형태≫와 같이 작성합니다.
  ◦ 용지여백은 왼쪽·오른쪽 11mm, 위쪽·아래쪽·머리말·꼬리말 10mm, 제본 0mm로 합니다.
  ◦ 그림 삽입 문제의 경우 「내 PC\문서\ITQ\Picture」 폴더에서 지정된 파일을 선택하여 삽입하십시오.
  ◦ 삽입한 그림은 반드시 문서에 포함하여 저장해야 합니다(미포함 시 감점 처리).
  ◦ 각 항목은 지정된 페이지에 출력형태와 같이 정확히 작성하시기 바라며, 그렇지 않을 경우에 해당 항목은 0점 처리됩니다.
    ※ 페이지구분 : 1페이지 - 기능평가 Ⅰ (문제번호 표시 : 1. 2.),
                  2페이지 - 기능평가 Ⅱ (문제번호 표시 : 3. 4.),
                  3페이지 - 문서작성 능력평가
- 기능평가
  ◦ 문제와 ≪조건≫은 입력하지 않으며 문제번호와 답(≪출력형태≫)만 작성합니다.
  ◦ 4번 문제는 묶기를 했을 경우 0점 처리됩니다.
- 문서작성 능력평가
  ◦ A4 용지(210mm×297mm) 1매 크기, 세로 서식 문서로 작성합니다.
  ◦ 표시는 문서작성에 대한 지시사항이므로 작성하지 않습니다.

kpc 한국생산성본부

기능평가 I (150점)

1. 다음의 ≪조건≫에 따라 스타일 기능을 적용하여 ≪출력형태≫와 같이 작성하시오. (50점)

≪조건≫   (1) 스타일 이름 – exhibition
                (2) 문단 모양 – 왼쪽 여백 : 15pt, 문단 아래 간격 : 10pt
                (3) 글자 모양 – 글꼴 : 한글(돋움)/영문(궁서), 크기 : 10pt, 장평 : 95%, 자간 : -5%

≪출력형태≫

As the only Korean photovoltaic exhibition representing Asia, the EXPO Solar 2022/PV Korea is to be held in KINTEX from June 29(Wed) to July 1(Fri), 2022.

아시아를 대표하는 대한민국 유일의 태양광 전문 전시회인 2022 세계 태양에너지 엑스포가 2022년 6월 29일부터 7월 1일까지 3일간의 일정으로 킨텍스에서 개최된다.

2. 다음의 ≪조건≫에 따라 ≪출력형태≫와 같이 표와 차트를 작성하시오. (100점)

≪표 조건≫   (1) 표 전체(표, 캡션) – 굴림, 10pt
                  (2) 정렬 – 문자 : 가운데 정렬, 숫자 : 오른쪽 정렬
                  (3) 셀 배경(면색) : 노랑
                  (4) 한글의 계산 기능을 이용하여 빈칸에 합계를 구하고, 캡션 기능 사용할 것
                  (5) 선 모양은 ≪출력형태≫와 동일하게 처리할 것

≪출력형태≫

직종별 참관객 현황(단위 : 백 명)

직종	1일차	2일차	3일차	4일차	합계
마케팅	14	15	16	17	
엔지니어링 관리	13	14	15	16	
연구 및 개발	9	10	12	13	
구매 관리	8	9	10	12	

≪차트 조건≫   (1) 차트 데이터는 표 내용에서 일차별 마케팅, 엔지니어링 관리, 연구 및 개발의 값만 이용할 것
                   (2) 종류 – 〈묶은 세로 막대형〉으로 작업할 것
                   (3) 제목 – 돋움, 진하게, 12pt, 속성 – 채우기(하양), 테두리, 그림자(대각선 오른쪽 아래)
                      【돋움, 진하게, 12pt, 배경 – 선 모양(한 줄로), 그림자(2pt)】
                   (4) 제목 이외의 전체 글꼴 – 돋움, 보통, 10pt
                   (5) 축제목과 범례는 ≪출력형태≫와 동일하게 처리할 것

≪출력형태≫

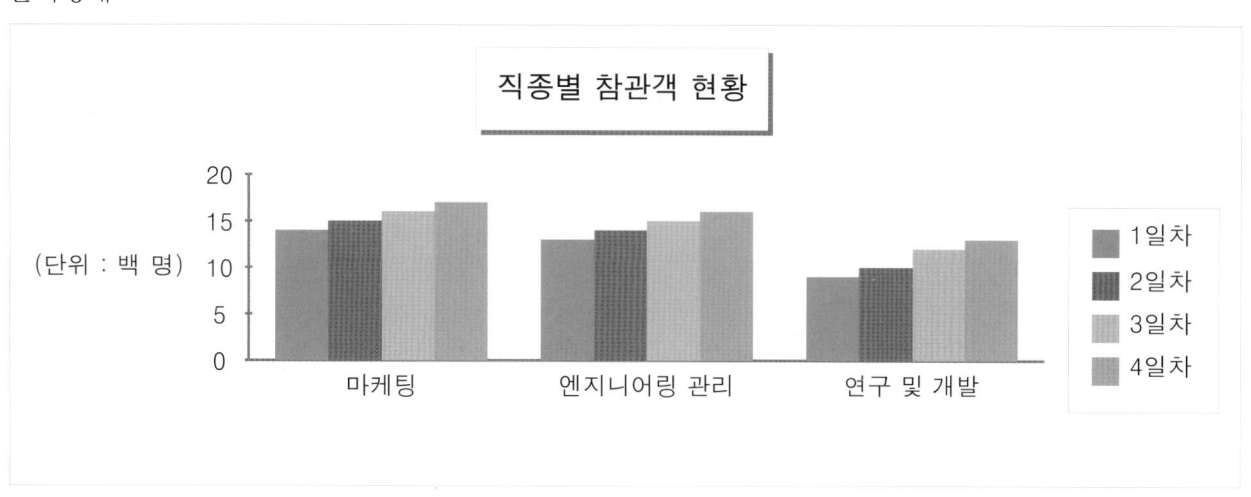

기능평가 Ⅱ (150점)

3. 다음의 (1), (2)의 수식을 수식 편집기로 각각 입력하시오. (40점)

≪출력형태≫

(1) $f = \sqrt{\dfrac{2 \times 1.6 \times 10^{-7}}{9.1 \times 10^{-3}}} = 5.9 \times 10^5$

(2) $\lambda = \dfrac{h}{mh} = \dfrac{h}{\sqrt{2meV}}$

4. 다음의 ≪조건≫에 따라 ≪출력형태≫와 같이 문서를 작성하시오. (110점)

≪조건≫
 (1) 그리기 도구를 이용하여 작성하고, 모든 도형(글맵시, 지정된 그림 포함)을 ≪출력형태≫와 같이 작성하시오.
 (2) 도형의 면색은 지시사항이 없으면 색 없음을 제외하고 서로 다르게 임의로 지정하시오.

≪출력형태≫

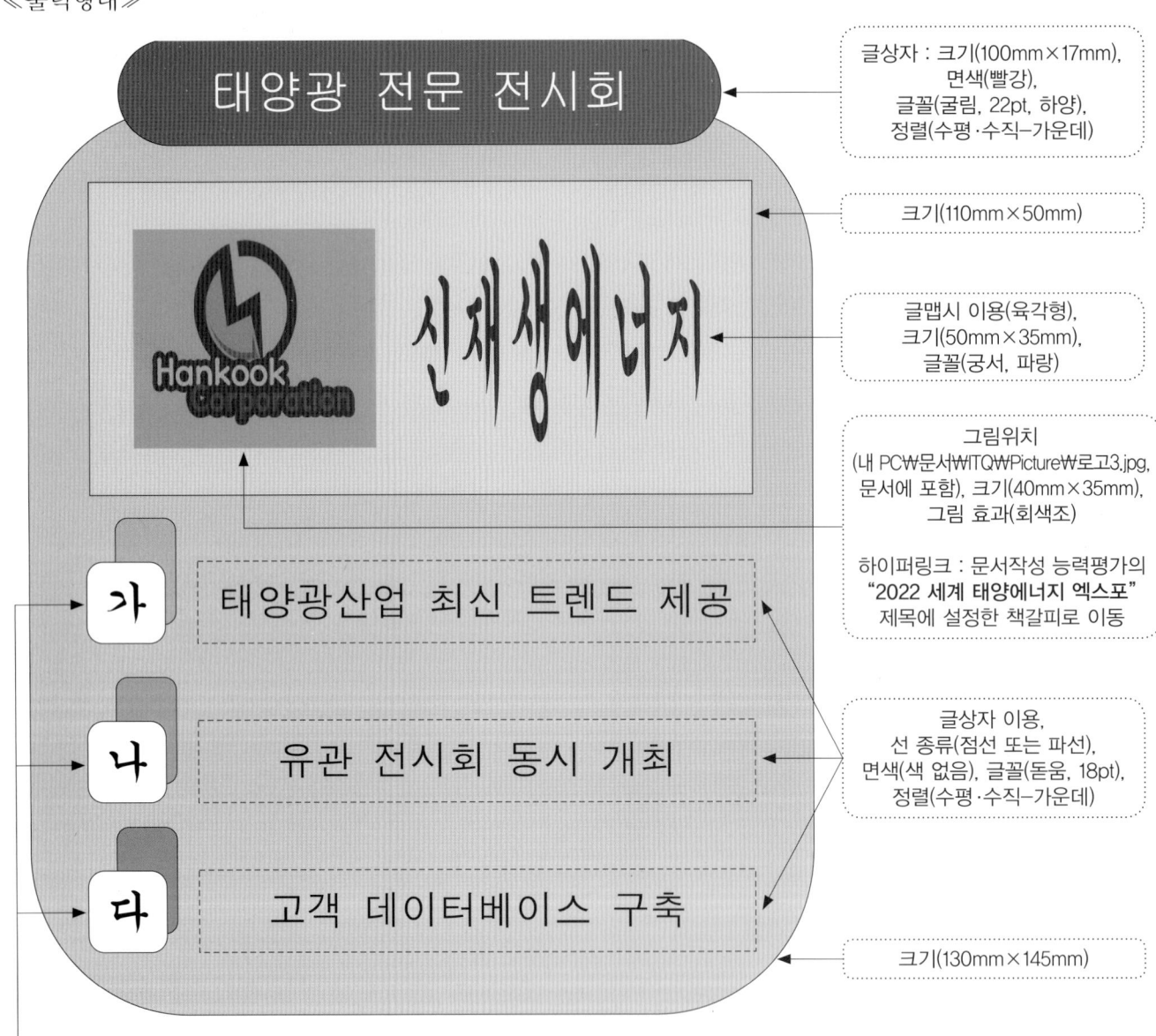

2022 세계 태양에너지 엑스포

신 기후체제 출범과 함께 온실가스감축, 기후변화 적응 기술이 그 핵심으로 떠오르면서 우리나라에서는 친환경에너지 비중 확대를 위해 태양광, 풍력 등의 신재생에너지 보급 확대를 위한 계획을 수립하여 추진(推進) 중이다. 아시아는 최근 중국과 일본을 비롯해 동남아시아의 태양광 발전 산업 지원을 위한 FIT 및 RPSⒶ 정책 강화로 세계의 관심이 집중되고 있다. 아시아 태양광 산업의 허브이자 아시아 태양광 시장진출의 게이트웨이로 충실한 역할을 수행해 온 세계 태양에너지 엑스포는 글로벌 추세의 변화와 국내 태양광 시장 확대에 맞춰 공급자와 사용자가 소통할 수 있는 장이 되고 있다.

태양광 산업의 발전과 온실가스 감축을 위한 솔루션을 제시하는 세계 태양에너지 엑스포는 전 세계 국제전시회 인증기관인 국제전시연합회와 산업통상자원부의 우수 전시회 국제 인증 획득(獲得)으로 해외 출품기업체와 해외 바이어 참관객 수에서 국제 전시회로서의 자격과 요건을 확보해가고 있다. 올해로 13회째 열리는 2022 세계 태양에너지 엑스포에서는 출품기업과 참관객에게 태양광 관련 최신 기술 정보와 시공 및 설계 관련 다양한 기술 노하우를 무료로 전수할 수 있는 국제 PV 월드 포럼이 동시에 개최된다.

※ 2022 세계 태양에너지 엑스포 개요

1) 일시 및 장소
   가) 일시 : 2022년 6월 29일(수) ~ 7월 1일(금) 10:00 ~ 17:00
   나) 장소 : 킨텍스 제1전시장
2) 주관 및 후원
   가) 주관 : 녹색에너지연구원, 한국태양에너지학회 등
   나) 후원 : 한국에너지기술평가원, 한국신재생에너지협회 등

※ 전시장 구성 및 동시 개최 행사

	전시장 구성	동시 개최 행사	전시 품목
상담관	해외 바이어 수출 및 구매	2022 국제 PV 월드 포럼	태양광 셀과 모듈, 소재 및 부품
	태양광 사업 금융지원	태양광 시장 동향 및 수출 전략 세미나	
홍보관	지자체 태양광 기업	태양광 산업 지원 정책 및 발전 사업 설명회	전력 및 발전설비
	솔라 리빙관, 에너지 저장 시스템	해외 바이어 초청 수출 및 구매 상담회	

엑스포솔라전시사무국

Ⓐ 대규모 발전 사업자에게 신재생에너지를 이용한 발전을 의무화한 제도

제 17회 ITQ 출제예상문제

과목	코드	문제유형	시험시간	수험번호	성명
아래한글	1111	B	60분		

수험자 유의사항

- 수험자는 문제지를 받는 즉시 문제지와 **수험표상의 시험과목(프로그램)이 동일한지 반드시 확인**하여야 합니다.
- 파일명은 본인의 "수험번호-성명"으로 입력하여 답안폴더(내 PC\문서\ITQ)에 하나의 파일로 저장해야 하며, 답안문서 파일명이 "수험번호-성명"과 일치하지 않거나, 답안파일을 전송하지 않아 미제출로 처리될 경우 실격 처리합니다(예:12345678-홍길동.hwp).
- 답안 작성을 마치면 파일을 저장하고, '답안 전송' 버튼을 선택하여 감독위원 PC로 답안을 전송하십시오. 수험생 정보와 저장한 파일명이 다를 경우 전송되지 않으므로 주의하시기 바랍니다.
- 답안 작성 중에도 **주기적으로 저장하고, '답안 전송'**하여야 문제 발생을 줄일 수 있습니다. 작업한 내용을 저장하지 않고 전송할 경우 이전에 저장된 내용이 전송되오니 이점 유의하시기 바랍니다.
- 답안문서는 지정된 경로 외의 다른 보조기억장치에 저장하는 경우, 지정된 시험 시간 외에 작성된 파일을 활용할 경우, 기타 통신수단(이메일, 메신저, 네트워크 등)을 이용하여 타인에게 전달 또는 외부 반출하는 경우는 부정 처리합니다.
- 시험 중 부주의 또는 고의로 시스템을 파손한 경우는 수험자가 변상해야 하며, 〈수험자 유의사항〉에 기재된 방법대로 이행하지 않아 생기는 불이익은 수험생 당사자의 책임임을 알려 드립니다.
- 문제의 조건은 한컴오피스 2020 버전으로 설정되어 있으며 한컴오피스 NEO는 【 】에 표기되어 있습니다. 이와 관련하여 작성한 답안의 출력형태가 문제지와 다를 수 있습니다.
- 시험을 완료한 수험자는 답안파일이 전송되었는지 확인한 후 감독위원의 지시에 따라 문제지를 제출하고 퇴실합니다.

답안 작성요령

- 온라인 답안 작성 절차
  수험자 등록 ⇒ 시험 시작 ⇒ 답안파일 저장 ⇒ 답안 전송 ⇒ 시험 종료
- 공통 부문
  ○ 글꼴에 대한 기본설정은 함초롬바탕, 10포인트, 검정, 줄간격 160%, 양쪽정렬로 합니다.
  ○ 색상은 조건의 색을 적용하고 색의 구분이 안될 경우에는 RGB 값을 적용합니다
  (빨강 255,0,0 / 파랑 0,0,255 / 노랑 255,255,0).
  ○ 각 문항에 주어진 ≪조건≫에 따라 작성하고 언급하지 않은 조건은 ≪출력형태≫와 같이 작성합니다.
  ○ 용지여백은 왼쪽·오른쪽 11mm, 위쪽·아래쪽·머리말·꼬리말 10mm, 제본 0mm로 합니다.
  ○ 그림 삽입 문제의 경우 「내 PC\문서\ITQ\Picture」 폴더에서 지정된 파일을 선택하여 삽입하십시오.
  ○ 삽입한 그림은 반드시 문서에 포함하여 저장해야 합니다(미포함 시 감점 처리).
  ○ 각 항목은 지정된 페이지에 출력형태와 같이 정확히 작성하시기 바라며, 그렇지 않을 경우에 해당 항목은 0점 처리됩니다.
    ※ 페이지구분 : 1페이지 - 기능평가 Ⅰ (문제번호 표시 : 1. 2.),
                  2페이지 - 기능평가 Ⅱ (문제번호 표시 : 3. 4.),
                  3페이지 - 문서작성 능력평가
- 기능평가
  ○ 문제와 ≪조건≫은 입력하지 않으며 문제번호와 답(≪출력형태≫)만 작성합니다.
  ○ 4번 문제는 묶기를 했을 경우 0점 처리됩니다.
- 문서작성 능력평가
  ○ A4 용지(210mm×297mm) 1매 크기, 세로 서식 문서로 작성합니다.
  ○ ▭ 표시는 문서작성에 대한 지시사항이므로 작성하지 않습니다.

kpc 한국생산성본부

기능평가 I (150점)

1. 다음의 ≪조건≫에 따라 스타일 기능을 적용하여 ≪출력형태≫와 같이 작성하시오. (50점)

   ≪조건≫   (1) 스타일 이름 – accident
             (2) 문단 모양 – 왼쪽 여백 : 15pt, 문단 아래 간격 : 10pt
             (3) 글자 모양 – 글꼴 : 한글(돋움)/영문(궁서), 크기 : 10pt, 장평 : 95%, 자간 : -5%

≪출력형태≫

Accidental injury is a leading killer of children 14 and under worldwide. Most of these accidental injuries can be prevented by taking simple safety measures.

매년 안전사고에 의해 목숨을 잃거나 장애를 얻는 어린이가 늘고 있어 이에 대한 안전 대책이 체계적, 지속적으로 이루어질 수 있도록 많은 활동이 전개되고 있다.

2. 다음의 ≪조건≫에 따라 ≪출력형태≫와 같이 표와 차트를 작성하시오. (100점)

   ≪표 조건≫   (1) 표 전체(표, 캡션) – 굴림, 10pt
               (2) 정렬 – 문자 : 가운데 정렬, 숫자 : 오른쪽 정렬
               (3) 셀 배경(면색) : 노랑
               (4) 한글의 계산 기능을 이용하여 빈칸에 합계를 구하고, 캡션 기능 사용할 것
               (5) 선 모양은 ≪출력형태≫와 동일하게 처리할 것

≪출력형태≫

어린이 교통사고 건수(단위 : 건)

지역	2017년	2018년	2019년	2020년	합계
안양시	63	85	67	44	
광명시	59	68	61	33	
하남시	45	51	71	60	
이천시	51	45	64	53	╳

   ≪차트 조건≫   (1) 차트 데이터는 표 내용에서 연도별 안양시, 광명시, 하남시의 값만 이용할 것
                 (2) 종류 – 〈묶은 세로 막대형〉으로 작업할 것
                 (3) 제목 – 돋움, 진하게, 12pt, 속성 – 채우기(하양), 테두리, 그림자(대각선 오른쪽 아래)
                 【돋움, 진하게, 12pt, 배경 – 선 모양(한 줄로), 그림자(2pt)】
                 (4) 제목 이외의 전체 글꼴 – 돋움, 보통, 10pt
                 (5) 축제목과 범례는 ≪출력형태≫와 동일하게 처리할 것

≪출력형태≫

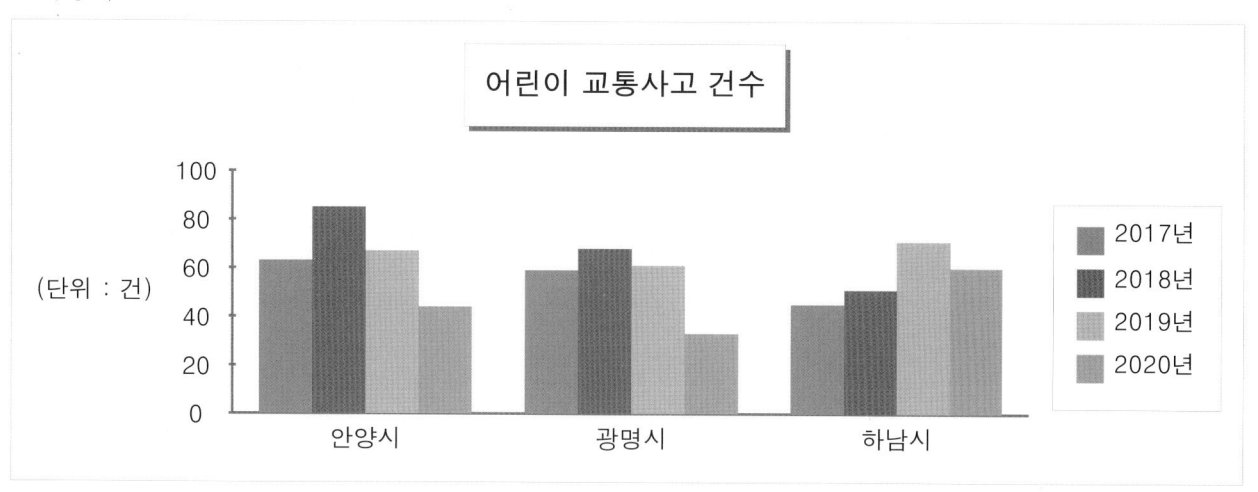

기능평가 II (150점)

3. 다음의 (1), (2)의 수식을 수식 편집기로 각각 입력하시오. (40점)

≪출력형태≫

(1) $U_a - U_b = \dfrac{GmM}{a} - \dfrac{GmM}{b} = \dfrac{GmM}{2R}$

(2) $V = \dfrac{1}{R}\int_0^q qdq = \dfrac{1}{2}\dfrac{q^2}{R}$

4. 다음의 ≪조건≫에 따라 ≪출력형태≫와 같이 문서를 작성하시오. (110점)

≪조건≫
(1) 그리기 도구를 이용하여 작성하고, 모든 도형(글맵시, 지정된 그림 포함)을 ≪출력형태≫와 같이 작성하시오.
(2) 도형의 면색은 지시사항이 없으면 색 없음을 제외하고 서로 다르게 임의로 지정하시오.

≪출력형태≫

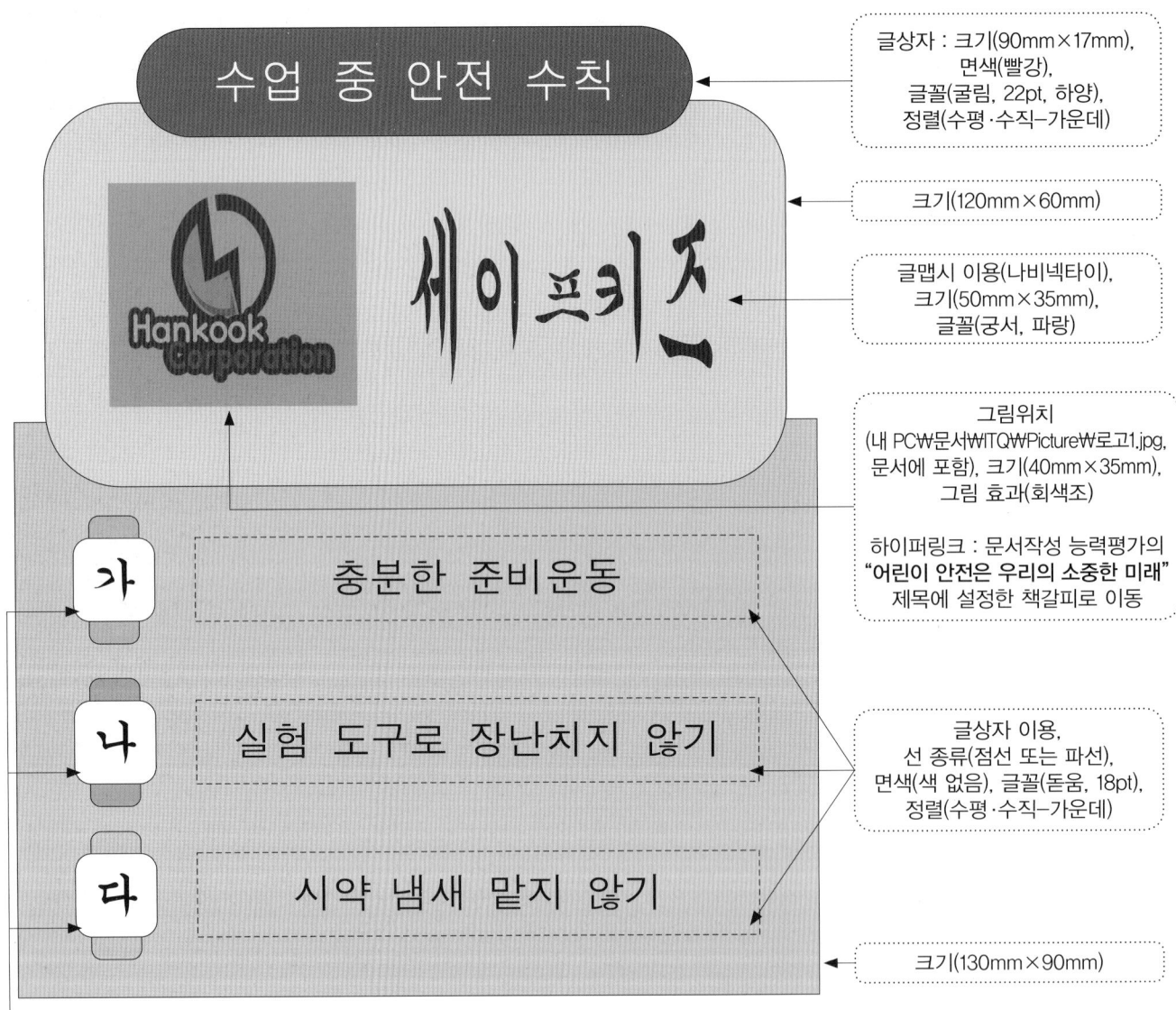

어린이 안전

어린이 안전은 우리의 소중한 미래

사고는 연령, 성별, 지역의 구분 없이 언제 어디서나 발생할 수 있지만, 어린이의 경우 안전에 대한 지식이나 사고 대처 능력 또는 지각 능력이 부족하여 사고가 사망으로 이어지는 일이 빈번하다. 우리나라에서도 매년 수많은 아동이 교통사고, 물놀이 사고, 화재 등 각종 안전사고로 목숨을 잃고 있다. 우리나라 1~9세 어린이 사망의 약 12.6%가 안전사고로 인해 발생하며, 전체 사망 원인 중 2위에 해당한다. 또한, 10~19세 어린이와 청소년 사망의 18.1%가 안전사고로 인해 발생하였으며, 전체 사망 원인 중 2위에 해당한다. 따라서 체계적이고 지속적인 안전 대책(對策)이 반드시 마련되어야 한다.

세이프 키즈는 1988년 미국의 국립 어린이 병원을 중심으로 창립(創立)되어 세계 23개국이 함께 어린이의 안전을 위해 활동하는 비영리ⓐ 국제 어린이 안전 기구이다. 세이프 키즈 코리아는 세이프 키즈 월드와이드의 한국 법인으로 2001년 12월에 창립되었다. 국내 유일의 비영리 국제 어린이 안전 기구로서 어린이의 안전사고 유형 분석 및 유형별 예방법 제시, 각종 어린이 안전 캠페인 및 안전 교육 시행, 안전 교육 교재 개발 등을 통하여 어린이의 안전에 힘쓰고 있다.

♠ 자전거 타기 안전 수칙

  A. 자전거의 구조 알아두기
    1. 경음기 : 위험을 알릴 때 사용한다.
    2. 반사경 : 불빛에 반사되어 자전거가 잘 보이도록 한다.
  B. 자전거 타기 안전습관
    1. 항상 자전거 안전모를 쓴다.
    2. 횡단보도를 건널 때에는 자전거에서 내려 걷는다.

♠ 세이프 키즈 코리아 활동 모델

구분	내용	비고
예방 대책 프로그램	어린이 사고 관련 데이터의 질적 향상	교통, 학교, 놀이, 화재, 전기, 가스, 식품, 약물 등 관련 사항
예방 대책 프로그램	사고 예방 교육 자료 개발 및 교육 활동 전략	교통, 학교, 놀이, 화재, 전기, 가스, 식품, 약물 등 관련 사항
현장 활동	실제 교육장에서의 어린이 안전 교육	교통, 학교, 놀이, 화재, 전기, 가스, 식품, 약물 등 관련 사항
현장 활동	체험 실습 안전 교육 및 각종 교육 캠페인	교통, 학교, 놀이, 화재, 전기, 가스, 식품, 약물 등 관련 사항
행정적 협조	자료수집 및 교육과 캠페인 활동을 수행하기 위한 행정협조	교통, 학교, 놀이, 화재, 전기, 가스, 식품, 약물 등 관련 사항

세이프키즈코리아

ⓐ 자본의 이익을 추구하지 않는 대신 그 자본으로 특정 목적을 달성하는 것

마

제 18회 ITQ 출제예상문제

과목	코드	문제유형	시험시간	수험번호	성명
아래한글	1111	C	60분		

수험자 유의사항

- 수험자는 문제지를 받는 즉시 문제지와 **수험표상의 시험과목(프로그램)이 동일한지 반드시 확인**하여야 합니다.
- 파일명은 본인의 "수험번호-성명"으로 입력하여 답안폴더(내 PC₩문서₩ITQ)에 하나의 파일로 저장해야 하며, 답안문서 파일명이 "수험번호-성명"과 일치하지 않거나, 답안파일을 전송하지 않아 미제출로 처리될 경우 실격 처리합니다(예:12345678-홍길동.hwp).
- 답안 작성을 마치면 파일을 저장하고, '답안 전송' 버튼을 선택하여 감독위원 PC로 답안을 전송하십시오. 수험생 정보와 저장한 파일명이 다를 경우 전송되지 않으므로 주의하시기 바랍니다.
- 답안 작성 중에도 **주기적으로 저장하고, '답안 전송'**하여야 문제 발생을 줄일 수 있습니다. 작업한 내용을 저장하지 않고 전송할 경우 이전에 저장된 내용이 전송되오니 이점 유의하시기 바랍니다.
- 답안문서는 지정된 경로 외의 다른 보조기억장치에 저장하는 경우, 지정된 시험 시간 외에 작성된 파일을 활용할 경우, 기타 통신수단(이메일, 메신저, 네트워크 등)을 이용하여 타인에게 전달 또는 외부 반출하는 경우는 부정 처리합니다.
- 시험 중 부주의 또는 고의로 시스템을 파손한 경우는 수험자가 변상해야 하며, 〈수험자 유의사항〉에 기재된 방법대로 이행하지 않아 생기는 불이익은 수험생 당사자의 책임임을 알려 드립니다.
- 문제의 조건은 한컴오피스 2020 버전으로 설정되어 있으며 한컴오피스 NEO는 【 】에 표기되어 있습니다. 이와 관련하여 작성한 답안의 출력형태가 문제지와 다를 수 있습니다.
- 시험을 완료한 수험자는 답안파일이 전송되었는지 확인한 후 감독위원의 지시에 따라 문제지를 제출하고 퇴실합니다.

답안 작성요령

- 온라인 답안 작성 절차
  수험자 등록 ⇒ 시험 시작 ⇒ 답안파일 저장 ⇒ 답안 전송 ⇒ 시험 종료
- 공통 부문
  - 글꼴에 대한 기본설정은 함초롬바탕, 10포인트, 검정, 줄간격 160%, 양쪽정렬로 합니다.
  - 색상은 조건의 색을 적용하고 색의 구분이 안될 경우에는 RGB 값을 적용합니다
    (빨강 255,0,0 / 파랑 0,0,255 / 노랑 255,255,0).
  - 각 문항에 주어진 ≪조건≫에 따라 작성하고 언급하지 않은 조건은 ≪출력형태≫와 같이 작성합니다.
  - 용지여백은 왼쪽·오른쪽 11mm, 위쪽·아래쪽·머리말·꼬리말 10mm, 제본 0mm로 합니다.
  - 그림 삽입 문제의 경우 「내 PC₩문서₩ITQ₩Picture」 폴더에서 지정된 파일을 선택하여 삽입하십시오.
  - 삽입한 그림은 반드시 문서에 포함하여 저장해야 합니다(미포함 시 감점 처리).
  - 각 항목은 지정된 페이지에 출력형태와 같이 정확히 작성하시기 바라며, 그렇지 않을 경우에 해당 항목은 0점 처리됩니다.
    ※ 페이지구분 : 1페이지 - 기능평가 Ⅰ (문제번호 표시 : 1. 2.),
    　　　　　　　　2페이지 - 기능평가 Ⅱ (문제번호 표시 : 3. 4.),
    　　　　　　　　3페이지 - 문서작성 능력평가
- 기능평가
  - 문제와 ≪조건≫은 입력하지 않으며 문제번호와 답(≪출력형태≫)만 작성합니다.
  - 4번 문제는 묶기를 했을 경우 0점 처리됩니다.
- 문서작성 능력평가
  - A4 용지(210mm×297mm) 1매 크기, 세로 서식 문서로 작성합니다.
  - 　　　 표시는 문서작성에 대한 지시사항이므로 작성하지 않습니다.

kpc 한국생산성본부

기능평가 Ⅰ　　　　　　　　　　　　　　　　　　　　　　　　　　　　(150점)

1. 다음의 ≪조건≫에 따라 스타일 기능을 적용하여 ≪출력형태≫와 같이 작성하시오. (50점)

≪조건≫　(1) 스타일 이름 – heritage
　　　　　(2) 문단 모양 – 왼쪽 여백 : 15pt, 문단 아래 간격 : 10pt
　　　　　(3) 글자 모양 – 글꼴 : 한글(굴림)/영문(돋움), 크기 : 10pt, 장평 : 95%, 자간 : 5%

≪출력형태≫

Korea is a powerhouse of documentary heritage, and has the world's oldest woodblock print, Mugu jeonggwang dae daranigyeong, and the first metal movable type, Jikji.

우리나라는 세계적으로 인정받는 기록유산의 강국으로 세계에서 가장 오래된 목판 인쇄물인 무구정광대다라니경과 최초의 금속활자본인 직지를 보유한 나라이다.

2. 다음의 ≪조건≫에 따라 ≪출력형태≫와 같이 표와 차트를 작성하시오. (100점)

≪표 조건≫　(1) 표 전체(표, 캡션) – 굴림, 10pt
　　　　　　(2) 정렬 – 문자 : 가운데 정렬, 숫자 : 오른쪽 정렬
　　　　　　(3) 셀 배경(면색) : 노랑
　　　　　　(4) 한글의 계산 기능을 이용하여 빈칸에 평균(소수점 두 자리)을 구하고, 캡션 기능 사용할 것
　　　　　　(5) 선 모양은 ≪출력형태≫와 동일하게 처리할 것

≪출력형태≫

조선왕조실록 유네스코 신청 현황(단위 : 책 수)

구분	세종	성종	중종	선조	평균
정족산본	154	150	102	125	
태백산본	67	47	53	116	
오대산본	0	9	50	15	
권수	163	297	105	221	

≪차트 조건≫　(1) 차트 데이터는 표 내용에서 구분별 정족산본, 태백산본, 오대산본의 값만 이용할 것
　　　　　　　(2) 종류 – 〈묶은 세로 막대형〉으로 작업할 것
　　　　　　　(3) 제목 – 궁서, 진하게, 12pt, 속성 – 채우기(하양), 테두리, 그림자(대각선 오른쪽 아래)
　　　　　　　　　【궁서, 진하게, 12pt, 배경 – 선 모양(한 줄로), 그림자(2pt)】
　　　　　　　(4) 제목 이외의 전체 글꼴 – 궁서, 보통, 10pt
　　　　　　　(5) 축제목과 범례는 ≪출력형태≫와 동일하게 처리할 것

≪출력형태≫

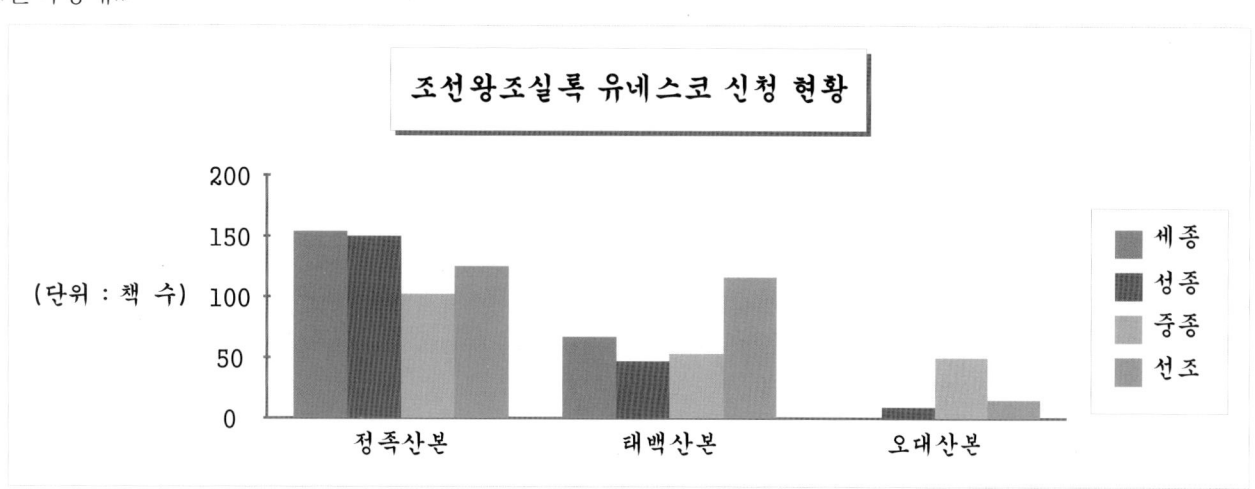

기능평가 Ⅱ (150점)

3. 다음의 (1), (2)의 수식을 수식 편집기로 각각 입력하시오. (40점)

≪출력형태≫

(1) $\dfrac{F}{h_2}=t_2k_1\dfrac{t_1}{d}=2\times 10^{-7}\dfrac{t_1t_2}{d}$

(2) $\int_a^b A(x-a)(x-b)dx=-\dfrac{A}{6}(b-a)^3$

4. 다음의 ≪조건≫에 따라 ≪출력형태≫와 같이 문서를 작성하시오. (110점)

≪조건≫
 (1) 그리기 도구를 이용하여 작성하고, 모든 도형(글맵시, 지정된 그림 포함)을 ≪출력형태≫와 같이 작성하시오.
 (2) 도형의 면색은 지시사항이 없으면 색 없음을 제외하고 서로 다르게 임의로 지정하시오.

≪출력형태≫

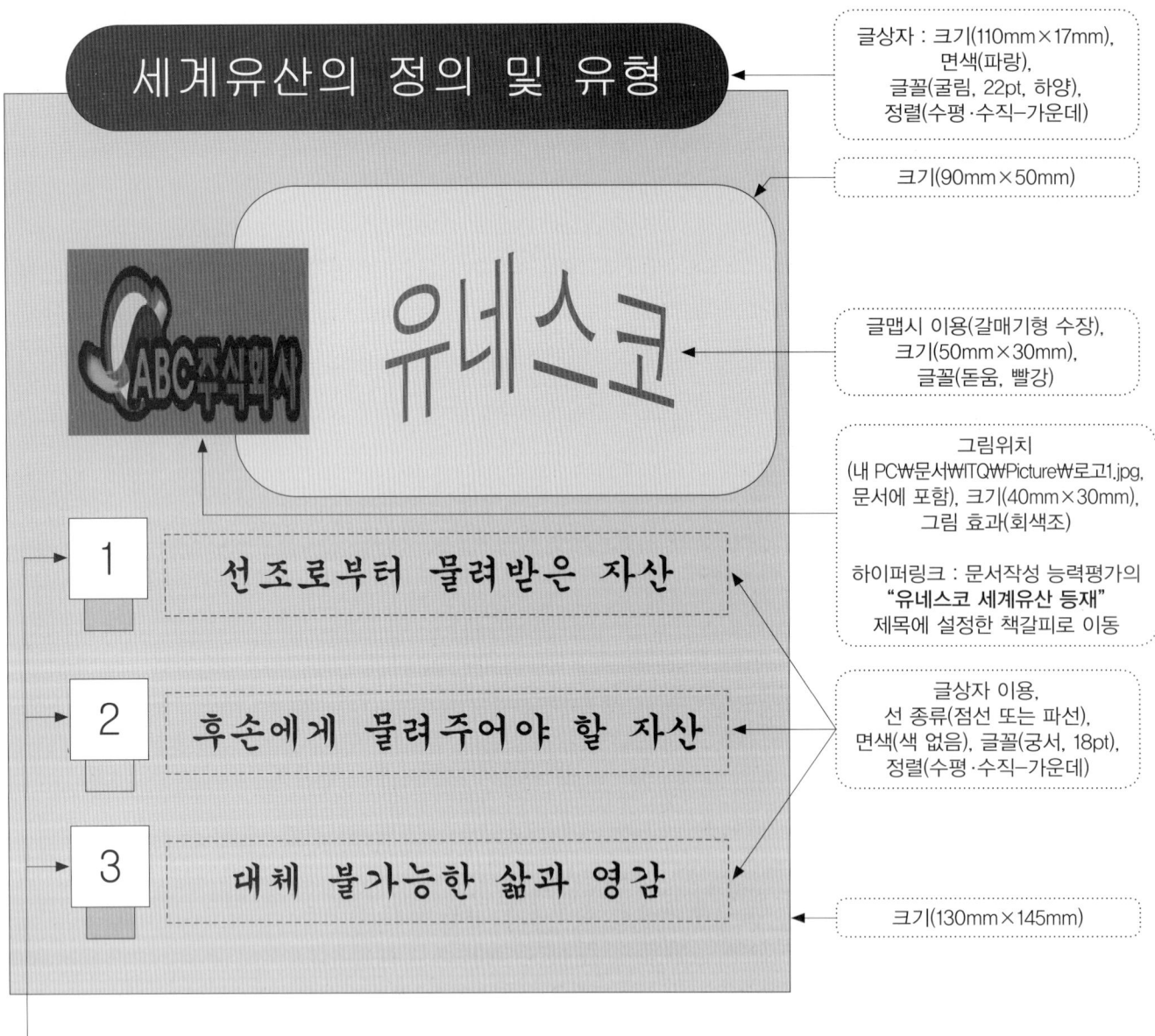

유네스코 세계유산 등재
한국의 갯벌

제44차 유네스코 세계유산위원회는 한국의 갯벌을 세계유산목록에 등재(登載)할 것을 결정하였다. 한국의 갯벌은 서천 갯벌(충남 서천), 고창 갯벌(전북 고창), 신안 갯벌(전남 신안), 보성-순천 갯벌(전남 보성, 순천) 등 5개 지자체에 걸쳐 있는 4개 갯벌로 구성되어 있다. 세계유산위원회 자문기구인 국제자연보존연맹은 애초 한국의 갯벌에 대해 유산구역 등이 충분하지 않다는 이유로 반려를 권고하였으나, 세계유산센터 및 세계유산위원국을 대상으로 적극적인 외교교섭 활동을 전개한 결과, 등재가 성공리에 이루어졌다. 당시 실시된 등재 논의에서 세계유산위원국인 키르기스스탄이 제안한 등재 수정안에 대해 총 21개 위원국 중 13개국이 공동서명하고, 17개국이 지지 발언하여 의견일치로 등재 결정되었다.

이번 한국(韓國) 갯벌의 세계유산 등재는 현재 우리나라가 옵서버인 점, 온라인 회의로 현장 교섭이 불가한 점 등 여러 제약 조건 속에서도 외교부와 문화재청 등 관계부처 간 전략적으로 긴밀히 협업하여 일구어낸 성과로 평가된다. 특히 외교부는 문화재청, 관련 지자체, 전문가들과 등재 추진 전략을 협의하고, 주 유네스코 대표부를 중심으로 21개 위원국 주재 공관들의 전방위 지지 교섭을 총괄하면서 성공적인 등재에 이바지하였다.

♣ 등재 기준 부합성의 지형지질 특징

가. 두꺼운 펄 갯벌 퇴적층
  ㉮ 육성 기원 퇴적물의 지속적이고 안정적인 공급
  ㉯ 암석 섬에 의한 보호와 수직부가 퇴적으로 25m 이상 형성
나. 지질 다양성과 계절변화
  ㉮ 집중 강우와 강한 계절풍으로 외부 침식, 내부 퇴적
  ㉯ 모래갯벌, 혼합갯벌, 암반, 사구, 특이 퇴적 등

♣ 한국 갯벌의 특징

구분	지역별 특징	유형	비고
서천 갯벌	펄, 모래, 혼합갯벌, 사구	하구형	사취 발달
고창 갯벌	뚜렷한 계절변화로 인한 특이 쉐니어 형성	개방형	점토, 진흙
신안 갯벌	해빈 사구, 사취 등 모래 자갈 선형체	다도해형	40m 퇴적층
보성, 순천 갯벌	펄 갯벌 및 넓은 염습지 보유	반폐쇄형	염분 변화
쉐니어 : 모래 크기의 입자들로 구성되며 점토나 진흙 위에 형성된 해빈 언덕			

세계유산위원회

Ⓐ 교육, 과학, 문화를 통하여 국가 간의 협력을 촉진하기 위한 역할을 하는 국제연합기구

PART 03
기출제문제

제01회 기출제문제	**제10회** 기출제문제
제02회 기출제문제	**제11회** 기출제문제
제03회 기출제문제	**제12회** 기출제문제
제04회 기출제문제	**제13회** 기출제문제
제05회 기출제문제	**제14회** 기출제문제
제06회 기출제문제	**제15회** 기출제문제
제07회 기출제문제	**제16회** 기출제문제
제08회 기출제문제	**제17회** 기출제문제
제09회 기출제문제	**제18회** 기출제문제

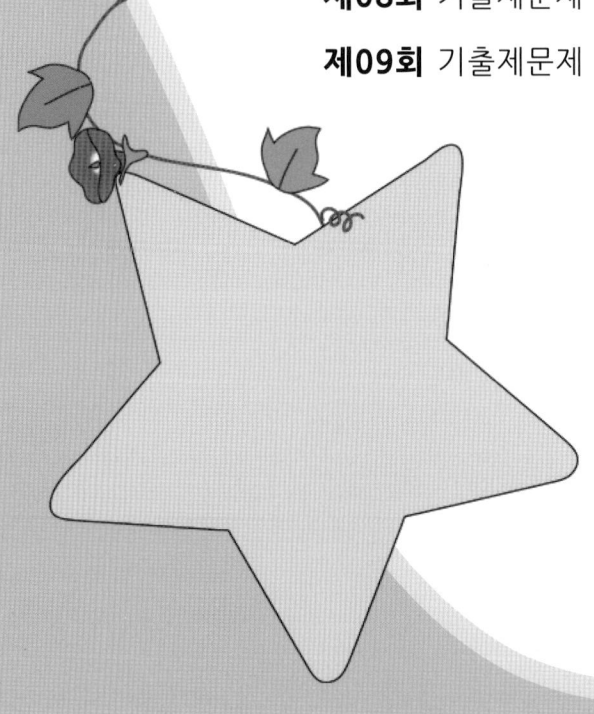

제 01 회 정보기술자격(ITQ) 시험

한컴오피스

과목	코드	문제유형	시험시간	수험번호	성명
아래한글	1111	A	60분		

수험자 유의사항

- 수험자는 문제지를 받는 즉시 문제지와 **수험표상의 시험과목(프로그램)이 동일한지 반드시 확인**하여야 합니다.
- 파일명은 본인의 "수험번호-성명"으로 입력하여 답안폴더(내 PC₩문서₩ITQ)에 하나의 파일로 저장해야 하며, 답안문서 파일명이 "수험번호-성명"과 일치하지 않거나, 답안파일을 전송하지 않아 미제출로 처리될 경우 실격 처리합니다(예:12345678-홍길동.hwp).
- 답안 작성을 마치면 파일을 저장하고, '답안 전송' 버튼을 선택하여 감독위원 PC로 답안을 전송하십시오. 수험생 정보와 저장한 파일명이 다를 경우 전송되지 않으므로 주의하시기 바랍니다.
- 답안 작성 중에도 **주기적으로 저장하고, '답안 전송'**하여야 문제 발생을 줄일 수 있습니다. 작업한 내용을 저장하지 않고 전송할 경우 이전에 저장된 내용이 전송되오니 이점 유의하시기 바랍니다.
- 답안문서는 지정된 경로 외의 다른 보조기억장치에 저장하는 경우, 지정된 시험 시간 외에 작성된 파일을 활용할 경우, 기타 통신수단(이메일, 메신저, 네트워크 등)을 이용하여 타인에게 전달 또는 외부 반출하는 경우는 부정 처리합니다.
- 시험 중 부주의 또는 고의로 시스템을 파손한 경우는 수험자가 변상해야 하며, 〈수험자 유의사항〉에 기재된 방법대로 이행하지 않아 생기는 불이익은 수험생 당사자의 책임임을 알려 드립니다.
- 문제의 조건은 한컴오피스 2020 버전으로 설정되어 있으며 한컴오피스 NEO는 【 】에 표기되어 있습니다. 이와 관련하여 작성한 답안의 출력형태가 문제지와 다를 수 있습니다.
- 시험을 완료한 수험자는 답안파일이 전송되었는지 확인한 후 감독위원의 지시에 따라 문제지를 제출하고 퇴실합니다.

답안 작성요령

- 온라인 답안 작성 절차
  수험자 등록 ⇒ 시험 시작 ⇒ 답안파일 저장 ⇒ 답안 전송 ⇒ 시험 종료
- 공통 부문
  ○ 글꼴에 대한 기본설정은 함초롬바탕, 10포인트, 검정, 줄간격 160%, 양쪽정렬로 합니다.
  ○ 색상은 조건의 색을 적용하고 색의 구분이 안될 경우에는 RGB 값을 적용합니다
    (빨강 255,0,0 / 파랑 0,0,255 / 노랑 255,255,0).
  ○ 각 문항에 주어진 ≪조건≫에 따라 작성하고 언급하지 않은 조건은 ≪출력형태≫와 같이 작성합니다.
  ○ 용지여백은 왼쪽·오른쪽 11mm, 위쪽·아래쪽·머리말·꼬리말 10mm, 제본 0mm로 합니다.
  ○ 그림 삽입 문제의 경우「내 PC₩문서₩ITQ₩Picture」폴더에서 지정된 파일을 선택하여 삽입하십시오.
  ○ 삽입한 그림은 반드시 문서에 포함하여 저장해야 합니다(미포함 시 감점 처리).
  ○ 각 항목은 지정된 페이지에 출력형태와 같이 정확히 작성하시기 바라며, 그렇지 않을 경우에 해당 항목은 0점 처리됩니다.
    ※ 페이지구분 : 1페이지 - 기능평가 I (문제번호 표시 : 1. 2.),
      2페이지 - 기능평가 II (문제번호 표시 : 3. 4.),
      3페이지 - 문서작성 능력평가
- 기능평가
  ○ 문제와 ≪조건≫은 입력하지 않으며 문제번호와 답(≪출력형태≫)만 작성합니다.
  ○ 4번 문제는 묶기를 했을 경우 0점 처리됩니다.
- 문서작성 능력평가
  ○ A4 용지(210mm×297mm) 1매 크기, 세로 서식 문서로 작성합니다.
  ○ ▢ 표시는 문서작성에 대한 지시사항이므로 작성하지 않습니다.

kpc 한국생산성본부

문서작성 능력평가 (200점)

1. 다음의 ≪조건≫에 따라 스타일 기능을 적용하여 ≪출력형태≫와 같이 작성하시오. (50점)

≪조건≫
(1) 스타일 이름 – trade
(2) 문단 모양 – 왼쪽 여백 : 15pt, 문단 아래 간격 : 10pt
(3) 글자 모양 – 글꼴 : 한글(돋움)/영문(궁서), 크기 : 10pt, 장평 : 95%, 자간 : -5%

≪출력형태≫

FTA is a bilateral or multilateral trade agreement aimed at increasing income and employment by facilitating trade through lowered barriers. It's for the benefits of price and increased export.

자유무역협정은 낮은 장벽을 통해 무역을 촉진하여 소득과 고용을 늘리는 것을 목표로 하는 양자 또는 다자 무역 협정이며, 이를 통해 가격 경쟁력과 수출 증가의 이점을 얻을 것이다.

2. 다음의 ≪조건≫에 따라 ≪출력형태≫와 같이 표와 차트를 작성하시오. (100점)

≪표 조건≫
(1) 표 전체(표, 캡션) – 굴림, 10pt
(2) 정렬 – 문자 : 가운데 정렬, 숫자 : 오른쪽 정렬
(3) 셀 배경(면색) : 노랑
(4) 한글의 계산 기능을 이용하여 빈칸에 합계를 구하고, 캡션 기능 사용할 것
(5) 선 모양은 ≪출력형태≫와 동일하게 처리할 것

≪출력형태≫

주요 품목별 수출 현황(단위 : 억 달러)

품목	반도체	가전제품	석유제품	컴퓨터주변기기	합계
2018년	1,300	71	472	102	
2019년	971	92	414	83	
2020년	1,022	70	250	130	
2021년	1,302	83	391	161	

≪차트 조건≫
(1) 차트 데이터는 표 내용에서 품목별 2018년, 2019년, 2020년의 값만 이용할 것
(2) 종류 – 〈묶은 세로 막대형〉으로 작업할 것
(3) 제목 – 돋움, 진하게, 12pt, 속성 – 채우기(하양), 테두리, 그림자(대각선 오른쪽 아래)
【돋움, 진하게, 12pt, 배경 – 선 모양(한 줄로), 그림자(2pt)】
(4) 제목 이외의 전체 글꼴 – 돋움, 보통, 10pt
(5) 축제목과 범례는 ≪출력형태≫와 동일하게 처리할 것

≪출력형태≫

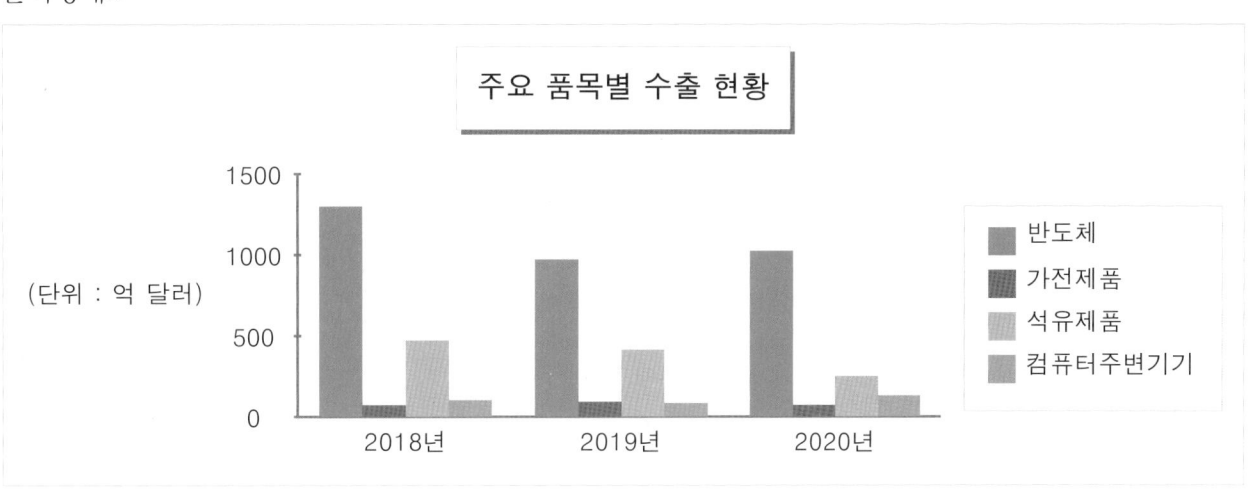

기능평가 Ⅱ (150점)

3. 다음의 (1), (2)의 수식을 수식 편집기로 각각 입력하시오. (40점)

≪출력형태≫

(1) $\dfrac{V_2}{V_1} = \dfrac{0.9 \times 10^3}{1.0 \times 10^2} = 0.8$

(2) $\sqrt{a+b+2\sqrt{ab}} = \sqrt{a} + \sqrt{b}\,(a>0, b>0)$

4. 다음의 ≪조건≫에 따라 ≪출력형태≫와 같이 문서를 작성하시오. (110점)

≪조건≫
  (1) 그리기 도구를 이용하여 작성하고, 모든 도형(글맵시, 지정된 그림 포함)을 ≪출력형태≫와 같이 작성하시오.
  (2) 도형의 면색은 지시사항이 없으면 색 없음을 제외하고 서로 다르게 임의로 지정하시오.

≪출력형태≫

자유무역협정 활용정보

자유무역협정(FTA)은 체약국 간 관세 및 기타 무역장벽을 제거 또는 완화시킴으로써 우리 기업의 경쟁력(競爭力) 제고 기회를 제공한다. 그러나 자유무역협정 확대에 따른 복잡하고 다양한 규정으로 인해 우리나라 수출입기업(특히, 중소기업)이 자유무역협정 체결 효과를 향유하지 못하는 사례가 발생하고 있다. 최근 환율 하락 등으로 어려움을 겪고 있는 기업이 피부로 느낄 수 있는 관세Ⓐ 서비스를 제공하기 위하여 자유무역협정을 활용한 비즈니스 모델의 개발, 서비스가 필요하다.

수출업체가 자유무역협정 기준에 맞는 원산지(原産地) 규정을 숙지하여 물품을 제조할 단계부터 수입 원재료의 구성 비율을 조정하여 수출국에 맞는 제품을 제조하는 단계까지 감안하여야만 진정한 자유무역협정 수혜를 향유할 수 있다는 점을 인식하여야 한다. 지금까지 수동적인 개념으로 제품을 생산하였다면 이제부터는 능동적인 개념의 자유무역협정 원산지 기준 개념을 도입할 필요가 있다. 수출업체가 생산 및 투자정책에 있어 원산지 기준에 맞는 생산방식을 구비할 수 있도록 생산 단계에서부터 기업컨설팅을 제공하여 우리 기업의 자유무역협정 수혜 폭을 확대하고 개방 효과를 극대화할 것이다.

◆ 자유무역협정 비즈니스 활용 모델

A. 품목분류 활용
   ⓐ 컨설팅을 통한 수출 지원형 모델
   ⓑ 수출업체 세율적용 컨설팅 시스템과의 연계모델
B. 관세행정제도 활용
   ⓐ 투자여건 개선을 이용한 해외투자 유치형 모델
   ⓑ 보세가공지역을 이용 무관세 무역가능 모델

◆ FTA 원산지 증명방식 비교

구분	칠레	아세안	EU	미국
발급방식	자율발급	기관발급	자율발급	자율발급
발급자	수출자	정부기관	수출자, 6천 유료(인증자)	수출자, 생산사, 수입자
증명서식	통일서식		송품장	자율서식/권고서식
유효기간	2년	1년	1년	4년
사용언어	영어		한글, EU당사국 언어	영어, 한글(요구시)

경제영토의 확장

Ⓐ 수출입 되거나 통과되는 화물에 부과되는 세금으로, 현재 우리나라에는 수입세만 있음

제02회 정보기술자격(ITQ) 시험

한컴오피스

과목	코드	문제유형	시험시간	수험번호	성명
아래한글	1111	B	60분		

수험자 유의사항

- 수험자는 문제지를 받는 즉시 문제지와 **수험표상의 시험과목(프로그램)이 동일한지 반드시 확인**하여야 합니다.
- 파일명은 본인의 "수험번호-성명"으로 입력하여 답안폴더(내 PC₩문서₩ITQ)에 하나의 파일로 저장해야 하며, 답안문서 파일명이 "수험번호-성명"과 일치하지 않거나, 답안파일을 전송하지 않아 미제출로 처리될 경우 실격 처리합니다(예:12345678-홍길동.hwp).
- 답안 작성을 마치면 파일을 저장하고, '답안 전송' 버튼을 선택하여 감독위원 PC로 답안을 전송하십시오. 수험생 정보와 저장한 파일명이 다를 경우 전송되지 않으므로 주의하시기 바랍니다.
- 답안 작성 중에도 **주기적으로 저장하고, '답안 전송'**하여야 문제 발생을 줄일 수 있습니다. 작업한 내용을 저장하지 않고 전송할 경우 이전에 저장된 내용이 전송되오니 이점 유의하시기 바랍니다.
- 답안문서는 지정된 경로 외의 다른 보조기억장치에 저장하는 경우, 지정된 시험 시간 외에 작성된 파일을 활용할 경우, 기타 통신수단(이메일, 메신저, 네트워크 등)을 이용하여 타인에게 전달 또는 외부 반출하는 경우는 부정 처리합니다.
- 시험 중 부주의 또는 고의로 시스템을 파손한 경우는 수험자가 변상해야 하며, 〈수험자 유의사항〉에 기재된 방법대로 이행하지 않아 생기는 불이익은 수험생 당사자의 책임임을 알려 드립니다.
- 문제의 조건은 한컴오피스 2020 버전으로 설정되어 있으며 한컴오피스 NEO는 【 】에 표기되어 있습니다. 이와 관련하여 작성한 답안의 출력형태가 문제지와 다를 수 있습니다.
- 시험을 완료한 수험자는 답안파일이 전송되었는지 확인한 후 감독위원의 지시에 따라 문제지를 제출하고 퇴실합니다.

답안 작성요령

- 온라인 답안 작성 절차
  수험자 등록 ⇒ 시험 시작 ⇒ 답안파일 저장 ⇒ 답안 전송 ⇒ 시험 종료
- 공통 부문
  - 글꼴에 대한 기본설정은 함초롬바탕, 10포인트, 검정, 줄간격 160%, 양쪽정렬로 합니다.
  - 색상은 조건의 색을 적용하고 색의 구분이 안될 경우에는 RGB 값을 적용합니다
    (빨강 255,0,0 / 파랑 0,0,255 / 노랑 255,255,0).
  - 각 문항에 주어진 ≪조건≫에 따라 작성하고 언급하지 않은 조건은 ≪출력형태≫와 같이 작성합니다.
  - 용지여백은 왼쪽·오른쪽 11mm, 위쪽·아래쪽·머리말·꼬리말 10mm, 제본 0mm로 합니다.
  - 그림 삽입 문제의 경우 「내 PC₩문서₩ITQ₩Picture」 폴더에서 지정된 파일을 선택하여 삽입하십시오.
  - 삽입한 그림은 반드시 문서에 포함하여 저장해야 합니다(미포함 시 감점 처리).
  - 각 항목은 지정된 페이지에 출력형태와 같이 정확히 작성하시기 바라며, 그렇지 않을 경우에 해당 항목은 0점 처리됩니다.
    ※ 페이지구분 : 1페이지 - 기능평가 Ⅰ (문제번호 표시 : 1. 2.),
     2페이지 - 기능평가 Ⅱ (문제번호 표시 : 3. 4.),
     3페이지 - 문서작성 능력평가
- 기능평가
  - 문제와 ≪조건≫은 입력하지 않으며 문제번호와 답(≪출력형태≫)만 작성합니다.
  - 4번 문제는 묶기를 했을 경우 0점 처리됩니다.
- 문서작성 능력평가
  - A4 용지(210mm×297mm) 1매 크기, 세로 서식 문서로 작성합니다.
  - ☐ 표시는 문서작성에 대한 지시사항이므로 작성하지 않습니다.

kpc 한국생산성본부

문서작성 능력평가 (200점)

1. 다음의 ≪조건≫에 따라 스타일 기능을 적용하여 ≪출력형태≫와 같이 작성하시오. (50점)

   ≪조건≫
   (1) 스타일 이름 – bigdata
   (2) 문단 모양 – 왼쪽 여백 : 15pt, 문단 아래 간격 : 10pt
   (3) 글자 모양 – 글꼴 : 한글(굴림)/영문(돋움), 크기 : 10pt, 장평 : 95%, 자간 : -5%

   ≪출력형태≫

   Big data is enabled for the need to develop the skills and means necessary to access and for the collection and management of stored digital data to vastly improve a productivity advantage of big data

   빅데이터는 기존의 데이터를 넘어서는 다량의 정형, 비정형 데이터 세트를 의미하는데, 디지털 경제의 확산으로 방대한 정보와 데이터가 수집, 생산되고 있다.

2. 다음의 ≪조건≫에 따라 ≪출력형태≫와 같이 표와 차트를 작성하시오. (100점)

   ≪표 조건≫
   (1) 표 전체(표, 캡션) – 굴림, 10pt
   (2) 정렬 – 문자 : 가운데 정렬, 숫자 : 오른쪽 정렬
   (3) 셀 배경(면색) : 노랑
   (4) 한글의 계산 기능을 이용하여 빈칸에 평균(소수점 두 자리)을 구하고, 캡션 기능 사용할 것
   (5) 선 모양은 ≪출력형태≫와 동일하게 처리할 것

   ≪출력형태≫

   기기 유형별 통신 트래픽 추이(단위 : PB/년)

구분	2019년	2020년	2021년	2022년	평균
피처폰	68	93	119	165	
태블릿	271	580	978	1,205	
사물단말기	53	113	246	490	
스마트폰	1,680	2,882	4,670	7,210	

   ≪차트 조건≫
   (1) 차트 데이터는 표 내용에서 연도별 피처폰, 태블릿, 사물단말기의 값만 이용할 것
   (2) 종류 – 〈묶은 세로 막대형〉으로 작업할 것
   (3) 제목 – 궁서, 진하게, 12pt, 속성 – 채우기(하양), 테두리, 그림자(대각선 오른쪽 아래)
       【궁서, 진하게, 12pt, 배경 – 선 모양(한 줄로), 그림자(2pt)】
   (4) 제목 이외의 전체 글꼴 – 궁서, 보통, 10pt
   (5) 축제목과 범례는 ≪출력형태≫와 동일하게 처리할 것

   ≪출력형태≫

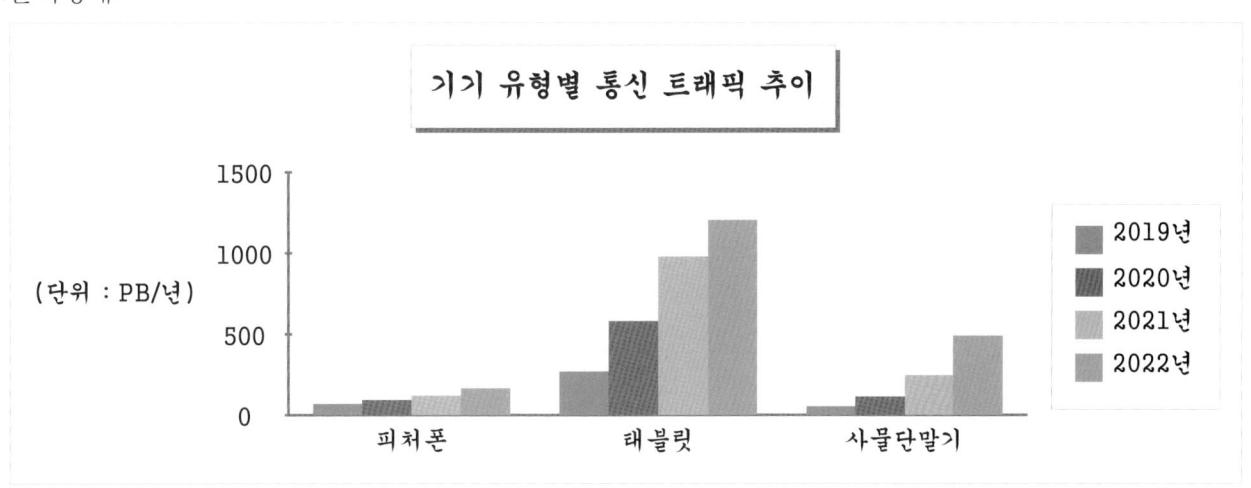

기능평가 Ⅱ (150점)

3. 다음의 (1), (2)의 수식을 수식 편집기로 각각 입력하시오. (40점)

≪출력형태≫

(1) $\dfrac{h_1}{h_2} = (\sqrt{a})^{M_2 - M_1} \fallingdotseq 2.5^{M_2 - M_1}$

(2) $h = \sqrt{k^2 - r^2},\ M = \dfrac{1}{3}\pi r^2 h$

4. 다음의 ≪조건≫에 따라 ≪출력형태≫와 같이 문서를 작성하시오. (110점)

≪조건≫
(1) 그리기 도구를 이용하여 작성하고, 모든 도형(글맵시, 지정된 그림 포함)을 ≪출력형태≫와 같이 작성하시오.
(2) 도형의 면색은 지시사항이 없으면 색 없음을 제외하고 서로 다르게 임의로 지정하시오.

≪출력형태≫

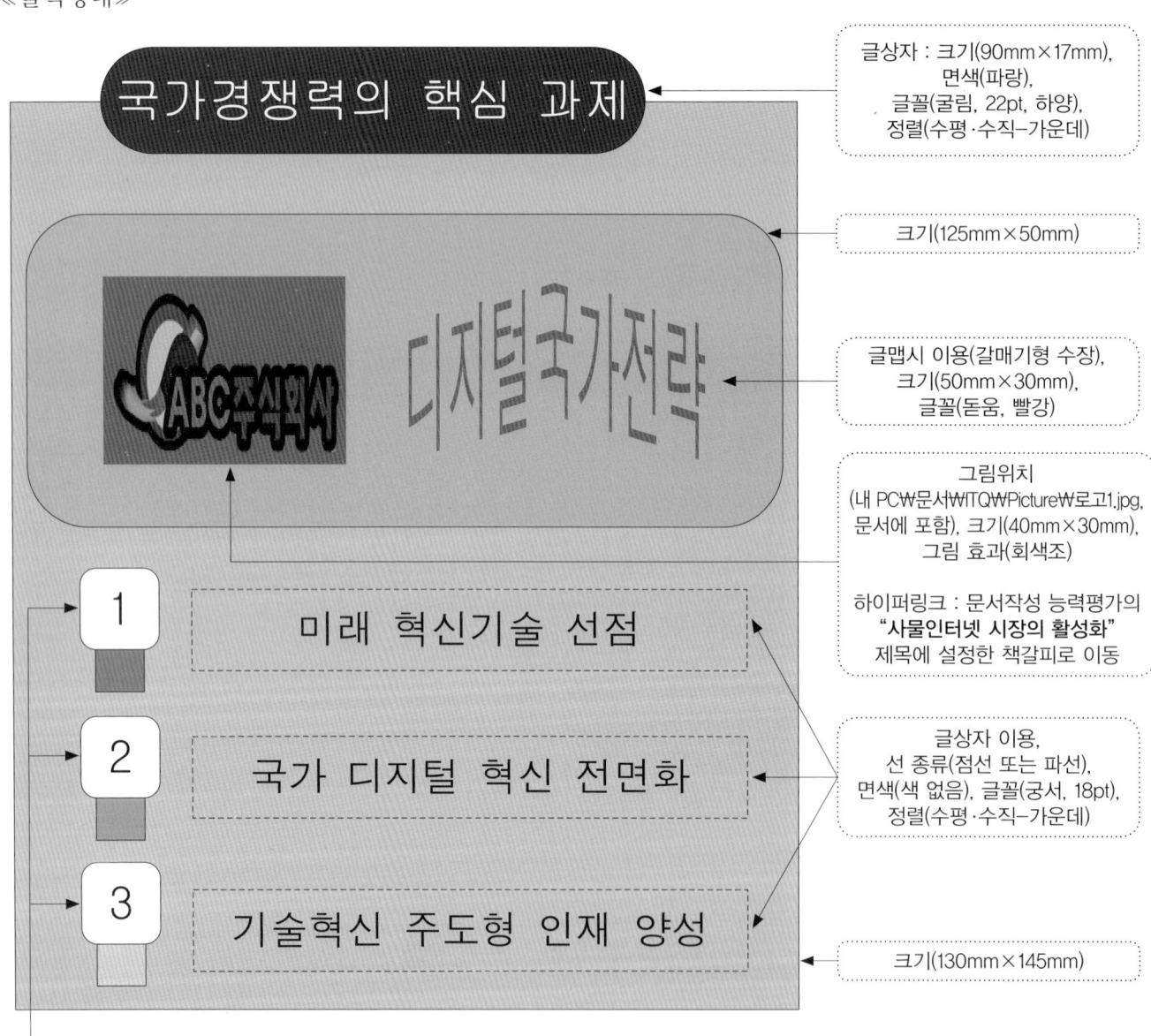

사물인터넷 시장의 활성화

현재까지의 인터넷이 인간 중심이었다면 미래에는 사물 간의 통신이 네트워크 트래픽의 대부분을 차지하고, 사물의 지능화로 인간의 삶이 더 스마트해지는 사물인터넷 시대가 도래할 것으로 전망(展望)되고 있다. 2023년에는 약 240억 원대의 단말이 인터넷에 연결되고 이를 통해 다양한 서비스가 창출되어 글로벌 시장은 1조 9,860억 달러에 이를 것으로 예상된다. 사물인터넷이 현재의 이동통신 음성시장의 포화 상태를 해결할 수 있는 중요한 융합 서비스로 자리 잡을 것이며 스마트홈, 헬스케어, 지능형 교통 서비스 등을 중심으로 서비스가 다각화될 것으로 기대된다.

전 세계적으로 이동통신 음성 서비스 시장의 포화(飽和)로 새로운 서비스, 즉 데이터 트래픽이 발생하는 분야로 사물인터넷이 부각되었으나, 시장을 강하게 촉진할 수 있는 서비스의 출현이 늦어짐에 따라 기업들의 투자 또한 소극적이었다. 그러나 사물인터넷이 새로운 시장을 창출할 수 있는 분야로 각광받으면서 미국, 유럽 등에서도 정부 주도의 다양한 정책들이 추진되고 있다. 우리 정부도 사물지능통신기반구축 기본 계획, 인터넷 신사업 로드맵 등을 통해 사물인터넷Ⓐ 시장 활성화를 위한 정책을 지속적해서 추진 중이다.

♣ 사물인터넷 보안 필요 기술

1. 디바이스
    가. 경량, 저전력 암호, 운영체제 위/변조 방지
    나. 정지, 오작동 방지, 불법 복제 및 데이터 유출 방지
2. 플랫폼/서비스
    가. 기기 간 인증, 키 관리 및 접근 제어
    나. 프라이버시 침해 방지(개인식별, 추적)

♣ 사물인터넷 활용 분야별 사례

구분	개인 분야		산업분야	공공 분야	
분야	헬스케어	생활가전	농업	보안과제	에너지
사례	스마트밴드	스마트가전	스마트팜	원격 관제 전자발찌	스마트미터
서비스 내용	운동량 신체 정보	주거 환경 제어	시설물 모니터링	노약자 위치 정보	원격 검침
기대 효과	개인 건강 증진	생활 편의 제고	작업 효율 개선	사선석 사고 예빙	실시긴 괴금 관리

과학기술정보통신부

Ⓐ 사물이 인터넷에 결되어 사물 본연의 기능을 더 충실히 행하도록 하는 기술

제03회 정보기술자격(ITQ) 시험

한컴오피스

과목	코드	문제유형	시험시간	수험번호	성명
아래한글	1111	C	60분		

수험자 유의사항

- 수험자는 문제지를 받는 즉시 문제지와 <u>수험표상의 시험과목(프로그램)이 동일한지 반드시 확인</u>하여야 합니다.
- 파일명은 본인의 "수험번호-성명"으로 입력하여 답안폴더(내 PC₩문서₩ITQ)에 하나의 파일로 저장해야 하며, 답안문서 파일명이 "수험번호-성명"과 일치하지 않거나, 답안파일을 전송하지 않아 미제출로 처리될 경우 실격 처리합니다(예:12345678-홍길동.hwp).
- 답안 작성을 마치면 파일을 저장하고, '답안 전송' 버튼을 선택하여 감독위원 PC로 답안을 전송하십시오. 수험생 정보와 저장한 파일명이 다를 경우 전송되지 않으므로 주의하시기 바랍니다.
- 답안 작성 중에도 <u>주기적으로 저장하고, '답안 전송'</u>하여야 문제 발생을 줄일 수 있습니다. 작업한 내용을 저장하지 않고 전송할 경우 이전에 저장된 내용이 전송되오니 이점 유의하시기 바랍니다.
- 답안문서는 지정된 경로 외의 다른 보조기억장치에 저장하는 경우, 지정된 시험 시간 외에 작성된 파일을 활용할 경우, 기타 통신수단(이메일, 메신저, 네트워크 등)을 이용하여 타인에게 전달 또는 외부 반출하는 경우는 부정 처리합니다.
- 시험 중 부주의 또는 고의로 시스템을 파손한 경우는 수험자가 변상해야 하며, 〈수험자 유의사항〉에 기재된 방법대로 이행하지 않아 생기는 불이익은 수험생 당사자의 책임임을 알려 드립니다.
- 문제의 조건은 한컴오피스 2020 버전으로 설정되어 있으며 한컴오피스 NEO는 【 】에 표기되어 있습니다. 이와 관련하여 작성한 답안의 출력형태가 문제지와 다를 수 있습니다.
- 시험을 완료한 수험자는 답안파일이 전송되었는지 확인한 후 감독위원의 지시에 따라 문제지를 제출하고 퇴실합니다.

답안 작성요령

- 온라인 답안 작성 절차
  수험자 등록 ⇒ 시험 시작 ⇒ 답안파일 저장 ⇒ 답안 전송 ⇒ 시험 종료
- 공통 부문
  ○ 글꼴에 대한 기본설정은 함초롬바탕, 10포인트, 검정, 줄간격 160%, 양쪽정렬로 합니다.
  ○ 색상은 조건의 색을 적용하고 색의 구분이 안될 경우에는 RGB 값을 적용합니다
    (빨강 255,0,0 / 파랑 0,0,255 / 노랑 255,255,0).
  ○ 각 문항에 주어진 ≪조건≫에 따라 작성하고 언급하지 않은 조건은 ≪출력형태≫와 같이 작성합니다.
  ○ 용지여백은 왼쪽·오른쪽 11mm, 위쪽·아래쪽·머리말·꼬리말 10mm, 제본 0mm로 합니다.
  ○ 그림 삽입 문제의 경우 「내 PC₩문서₩ITQ₩Picture」 폴더에서 지정된 파일을 선택하여 삽입하십시오.
  ○ 삽입한 그림은 반드시 문서에 포함하여 저장해야 합니다(미포함 시 감점 처리).
  ○ 각 항목은 지정된 페이지에 출력형태와 같이 정확히 작성하시기 바라며, 그렇지 않을 경우에 해당 항목은 0점 처리됩니다.
    ※ 페이지구분 : 1페이지 - 기능평가 I (문제번호 표시 : 1. 2.),
      2페이지 - 기능평가 II (문제번호 표시 : 3. 4.),
      3페이지 - 문서작성 능력평가
- 기능평가
  ○ 문제와 ≪조건≫은 입력하지 않으며 문제번호와 답(≪출력형태≫)만 작성합니다.
  ○ 4번 문제는 묶기를 했을 경우 0점 처리됩니다.
- 문서작성 능력평가
  ○ A4 용지(210mm×297mm) 1매 크기, 세로 서식 문서로 작성합니다.
  ○ ▭ 표시는 문서작성에 대한 지시사항이므로 작성하지 않습니다.

kpc 한국생산성본부

문서작성 능력평가 (200점)

1. 다음의 ≪조건≫에 따라 스타일 기능을 적용하여 ≪출력형태≫와 같이 작성하시오. (50점)

≪조건≫
(1) 스타일 이름 - water
(2) 문단 모양 - 왼쪽 여백 : 15pt, 문단 아래 간격 : 10pt
(3) 글자 모양 - 글꼴 : 한글(굴림)/영문(돋움), 크기 : 10pt, 장평 : 95%, 자간 : 5%

≪출력형태≫

In order to reduce drastic climate change which has never appeared before, green growth has come to the for as a national task and water management will be more significant for green growth.

급격한 기후변화 등으로 수질오염 및 물 부족 현상을 경험하고 있다. 수자원의 확보는 인류의 안전 보장은 물론, 사회와 국가의 지속할 수 있는 성장을 위한 필수요소가 되고 있다.

2. 다음의 ≪조건≫에 따라 ≪출력형태≫와 같이 표와 차트를 작성하시오. (100점)

≪표 조건≫
(1) 표 전체(표, 캡션) - 굴림, 10pt
(2) 정렬 - 문자 : 가운데 정렬, 숫자 : 오른쪽 정렬
(3) 셀 배경(면색) : 노랑
(4) 한글의 계산 기능을 이용하여 빈칸에 평균(소수점 두 자리)을 구하고, 캡션 기능 사용할 것
(5) 선 모양은 ≪출력형태≫와 동일하게 처리할 것

≪출력형태≫

분야별 경영혁신 시행 업체 현황(단위 : %)

구분	2017년	2018년	2019년	2020년	평균
벤처 인증	35	28	40	49	
이노비즈	42	53	57	44	
그린비즈	32	35	41	34	
메인비즈	27	36	28	32	

≪차트 조건≫
(1) 차트 데이터는 표 내용에서 연도별 벤처 인증, 이노비즈, 그린비즈의 값만 이용할 것
(2) 종류 - 〈묶은 세로 막대형〉으로 작업할 것
(3) 제목 - 궁서, 진하게, 12pt, 속성 - 채우기(하양), 테두리, 그림자(대각선 오른쪽 아래)
【궁서, 진하게, 12pt, 배경 - 선 모양(한 줄로), 그림자(2pt)】
(4) 제목 이외의 전체 글꼴 - 궁서, 보통, 10pt
(5) 축제목과 범례는 ≪출력형태≫와 동일하게 처리할 것

≪출력형태≫

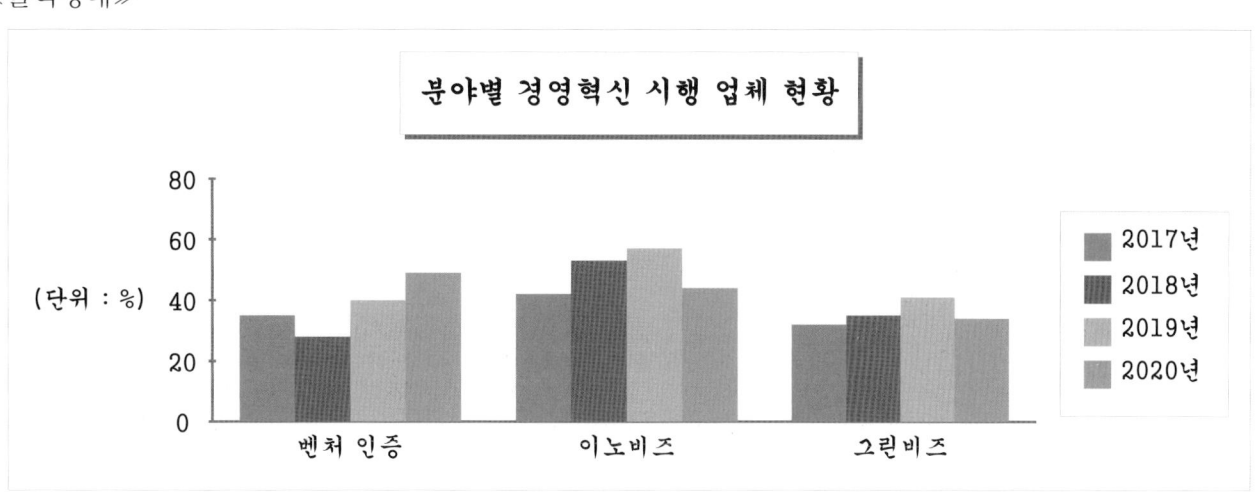

기능평가 Ⅱ (150점)

3. 다음의 (1), (2)의 수식을 수식 편집기로 각각 입력하시오. (40점)

≪출력형태≫

(1) $\vec{F} = -\dfrac{4\pi r^2 m}{T^2} + \dfrac{m}{T^3}$

(2) $\overline{AB} = \sqrt{(x_2 - x_1)^2 + (y_2 - y_1)^2}$

4. 다음의 ≪조건≫에 따라 ≪출력형태≫와 같이 문서를 작성하시오. (110점)

≪조건≫
(1) 그리기 도구를 이용하여 작성하고, 모든 도형(글맵시, 지정된 그림 포함)을 ≪출력형태≫와 같이 작성하시오.
(2) 도형의 면색은 지시사항이 없으면 색 없음을 제외하고 서로 다르게 임의로 지정하시오.

≪출력형태≫

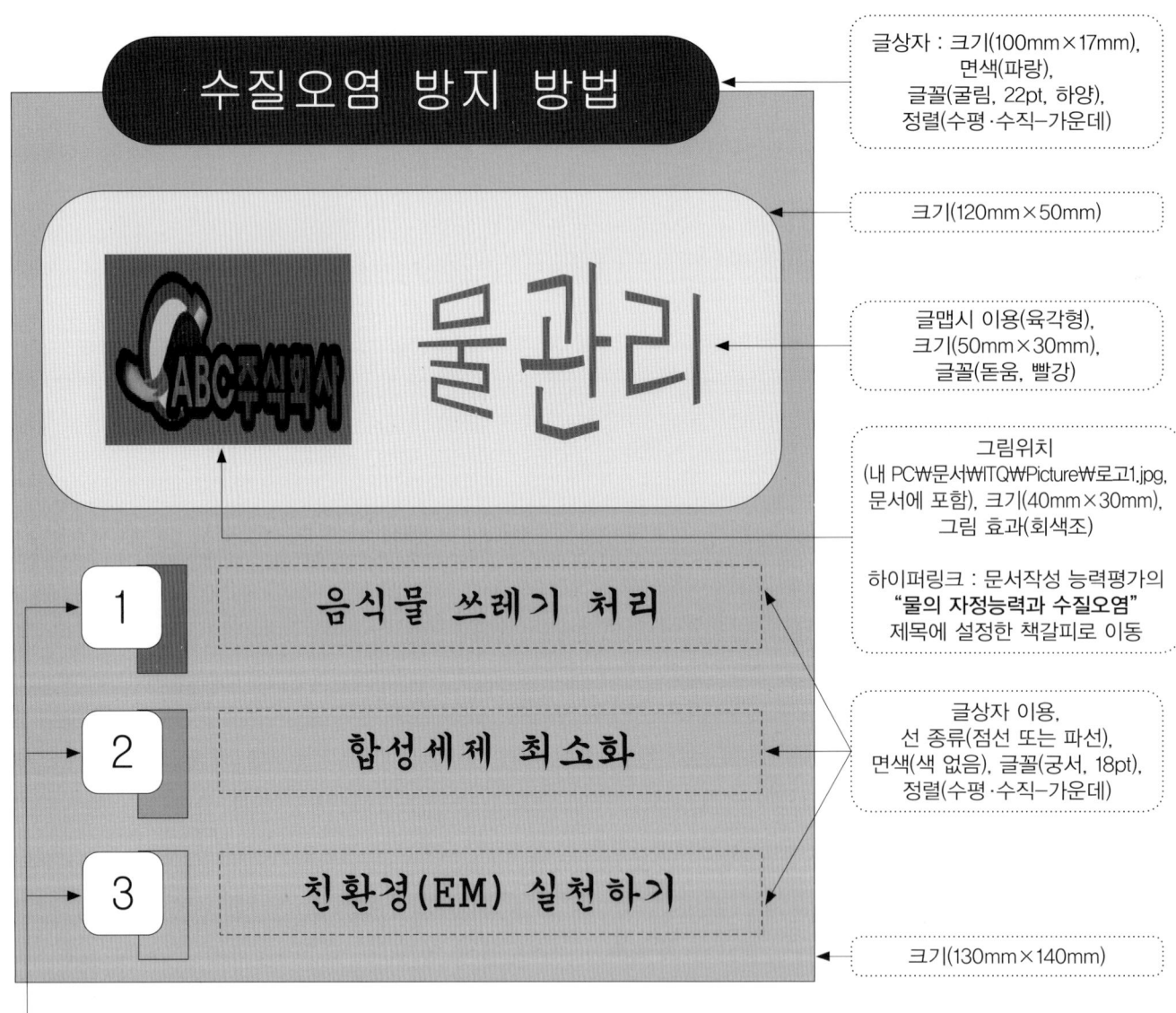

물의 자정능력과 수질오염

생태계는 동물, 식물 등의 생물체와 땅, 공기와 같은 미생물적 요소로 구성된다. 생물체는 미생물적 요소를 이용하고 그 조건 속에서 살아간다. 생태계는 환경에 위해나 변화가 발생할 때 그 변화에 적응(適應)하고 균형을 유지하여 영향을 줄일 수 있는 능력을 갖추고 있는데 이를 자정 능력이라 한다. 그러나 자연을 과도하게 개발하여 자연자원을 고갈시키거나, 생태계가 감당할 수 없는 많은 양의 쓰레기를 자연환경에 배출하면 환경오염이 발생한다. 이처럼 오염이 과도하여 생태계의 자정 능력을 넘어서면 생태계가 파괴되고 생물체는 생존의 위협을 받게 된다.

적은 양의 물의 오염은 오히려 정상적인 것이지만 오염물질의 유입량이 한계를 초과(超過)하여 그 수역의 자정 능력만으로 정화되지 못할 경우에는 수질의 변화와 함께 물의 이용 가치가 떨어지고 생물이나 인간에게 악영향을 미치는데, 이것을 수질오염이라고 한다. 물의 자정 능력은 물속의 박테리아㉠ 수, 영양 물량, 용존산소량 등에 의하여 결정되므로 폐수의 방류 시에는 반드시 이를 신중하게 고려해야 한다. 기업체뿐만 아니라 우리 모두가 오염의 원인이자 문제 해결의 책임자임을 명심하여 수질 개선을 위한 노력에 힘을 모아야 한다.

★ 제36회 통합물관리포럼

가) 일시 및 장소
   a) 일시 : 2023년 2월 17일(금) 13:00
   b) 장소 : 양재 aT센터 3층 세계로룸
나) 주제
   a) 한국의 미래 물도시 : 스마트 워터그리드 기술
   b) 디지털 트윈 기반 물관리 통합플랫폼 구축방안

★ *학회 발전 목표 및 추진 과제*

분야	발전목표	추진과제
학술	물 분야의 학술 발전을 위한 학회 역할 강화	수자원 관련 새로운 수요 창출
		정기 학술 발표회 운영 개선
기술	수자원의 기술 및 교육을 위한 학회 역량 강화	수자원 기술 강좌의 활성화
		수자원 기술 정보의 교류 확대
대외협력	학회 활동의 세계화 추진	국제 학술대회의 지속적 유치
		미래 세대를 위한 교육 및 홍보

한국수자원학회

㉠ 생물체 가운데 가장 미세하고 가장 하등에 속하는 단세포 생활체

제04회 정보기술자격(ITQ) 시험

한컴오피스

과목	코드	문제유형	시험시간	수험번호	성명
아래한글	1111	D	60분		

수험자 유의사항

- 수험자는 문제지를 받는 즉시 문제지와 **수험표상의 시험과목(프로그램)이 동일한지 반드시 확인**하여야 합니다.
- 파일명은 본인의 "수험번호-성명"으로 입력하여 답안폴더(내 PC₩문서₩ITQ)에 하나의 파일로 저장해야 하며, 답안문서 파일명이 "수험번호-성명"과 일치하지 않거나, 답안파일을 전송하지 않아 미제출로 처리될 경우 실격 처리합니다(예:12345678-홍길동.hwp).
- 답안 작성을 마치면 파일을 저장하고, '답안 전송' 버튼을 선택하여 감독위원 PC로 답안을 전송하십시오. 수험생 정보와 저장한 파일명이 다를 경우 전송되지 않으므로 주의하시기 바랍니다.
- 답안 작성 중에도 **주기적으로 저장하고, '답안 전송'**하여야 문제 발생을 줄일 수 있습니다. 작업한 내용을 저장하지 않고 전송할 경우 이전에 저장된 내용이 전송되오니 이점 유의하시기 바랍니다.
- 답안문서는 지정된 경로 외의 다른 보조기억장치에 저장하는 경우, 지정된 시험 시간 외에 작성된 파일을 활용할 경우, 기타 통신수단(이메일, 메신저, 네트워크 등)을 이용하여 타인에게 전달 또는 외부 반출하는 경우는 부정 처리합니다.
- 시험 중 부주의 또는 고의로 시스템을 파손한 경우는 수험자가 변상해야 하며, 〈수험자 유의사항〉에 기재된 방법대로 이행하지 않아 생기는 불이익은 수험생 당사자의 책임임을 알려 드립니다.
- 문제의 조건은 한컴오피스 2020 버전으로 설정되어 있으며 한컴오피스 NEO는 【 】에 표기되어 있습니다. 이와 관련하여 작성한 답안의 출력형태가 문제지와 다를 수 있습니다.
- 시험을 완료한 수험자는 답안파일이 전송되었는지 확인한 후 감독위원의 지시에 따라 문제지를 제출하고 퇴실합니다.

답안 작성요령

- 온라인 답안 작성 절차
  수험자 등록 ⇒ 시험 시작 ⇒ 답안파일 저장 ⇒ 답안 전송 ⇒ 시험 종료
- 공통 부문
  ○ 글꼴에 대한 기본설정은 함초롬바탕, 10포인트, 검정, 줄간격 160%, 양쪽정렬로 합니다.
  ○ 색상은 조건의 색을 적용하고 색의 구분이 안될 경우에는 RGB 값을 적용합니다
    (빨강 255,0,0 / 파랑 0,0,255 / 노랑 255,255,0).
  ○ 각 문항에 주어진 ≪조건≫에 따라 작성하고 언급하지 않은 조건은 ≪출력형태≫와 같이 작성합니다.
  ○ 용지여백은 왼쪽·오른쪽 11mm, 위쪽·아래쪽·머리말·꼬리말 10mm, 제본 0mm로 합니다.
  ○ 그림 삽입 문제의 경우 「내 PC₩문서₩ITQ₩Picture」 폴더에서 지정된 파일을 선택하여 삽입하십시오.
  ○ 삽입한 그림은 반드시 문서에 포함하여 저장해야 합니다(미포함 시 감점 처리).
  ○ 각 항목은 지정된 페이지에 출력형태와 같이 정확히 작성하시기 바라며, 그렇지 않을 경우에 해당 항목은 0점 처리됩니다.
    ※ 페이지구분 : 1페이지 - 기능평가 Ⅰ (문제번호 표시 : 1. 2.),
      2페이지 - 기능평가 Ⅱ (문제번호 표시 : 3. 4.),
      3페이지 - 문서작성 능력평가
- 기능평가
  ○ 문제와 ≪조건≫은 입력하지 않으며 문제번호와 답(≪출력형태≫)만 작성합니다.
  ○ 4번 문제는 묶기를 했을 경우 0점 처리됩니다.
- 문서작성 능력평가
  ○ A4 용지(210mm×297mm) 1매 크기, 세로 서식 문서로 작성합니다.
  ○ ▭ 표시는 문서작성에 대한 지시사항이므로 작성하지 않습니다.

kpc 한국생산성본부

기능평가 I (150점)

1. 다음의 ≪조건≫에 따라 스타일 기능을 적용하여 ≪출력형태≫와 같이 작성하시오. (50점)

≪조건≫
(1) 스타일 이름 – film
(2) 문단 모양 – 왼쪽 여백 : 10pt, 문단 아래 간격 : 10pt
(3) 글자 모양 – 글꼴 : 한글(굴림)/영문(돋움), 크기 : 10pt, 장평 : 105%, 자간 : -5%

≪출력형태≫

A film is a work of visual art that simulates experiences and stories, perceptions, feelings, beauty, or atmosphere through the use of moving images.

영화 예술의 특징은 카메라 앞에 놓여 있는 피사체들의 동작, 카메라 자체의 기동력, 개개의 분리되어 채록된 이미지들의 조립을 통해 생기는 영화적 동작이 주가 된다.

2. 다음의 ≪조건≫에 따라 ≪출력형태≫와 같이 표와 차트를 작성하시오. (100점)

≪표 조건≫
(1) 표 전체(표, 캡션) – 굴림, 10pt
(2) 정렬 – 문자 : 가운데 정렬, 숫자 : 오른쪽 정렬
(3) 셀 배경(면색) : 노랑
(4) 한글의 계산 기능을 이용하여 빈칸에 평균(소수점 두 자리)을 구하고, 캡션 기능 사용할 것
(5) 선 모양은 ≪출력형태≫와 동일하게 처리할 것

≪출력형태≫

연도별 영화 산업 현황(단위 : 억 원, 편, 백만 명)

구분	2019년	2020년	2021년	2022년	평균
매출액	1,914	510	585	925	
개봉 편수	1,943	1,897	1,856	1,427	
상영 편수	3,090	3,009	2,970	2,323	
관객수	227	60	61	91	

≪차트 조건≫
(1) 차트 데이터는 표 내용에서 연도별 매출액, 개봉 편수, 상영 편수의 값만 이용할 것
(2) 종류 – 〈묶은 세로 막대형〉으로 작업할 것
(3) 제목 – 궁서, 진하게, 12pt, 속성 – 채우기(하양), 테두리, 그림자(대각선 오른쪽 아래)
【궁서, 진하게, 12pt, 배경 – 선 모양(한 줄로), 그림자(2pt)】
(4) 제목 이외의 전체 글꼴 – 궁서, 보통, 10pt
(5) 축제목과 범례는 ≪출력형태≫와 동일하게 처리할 것

≪출력형태≫

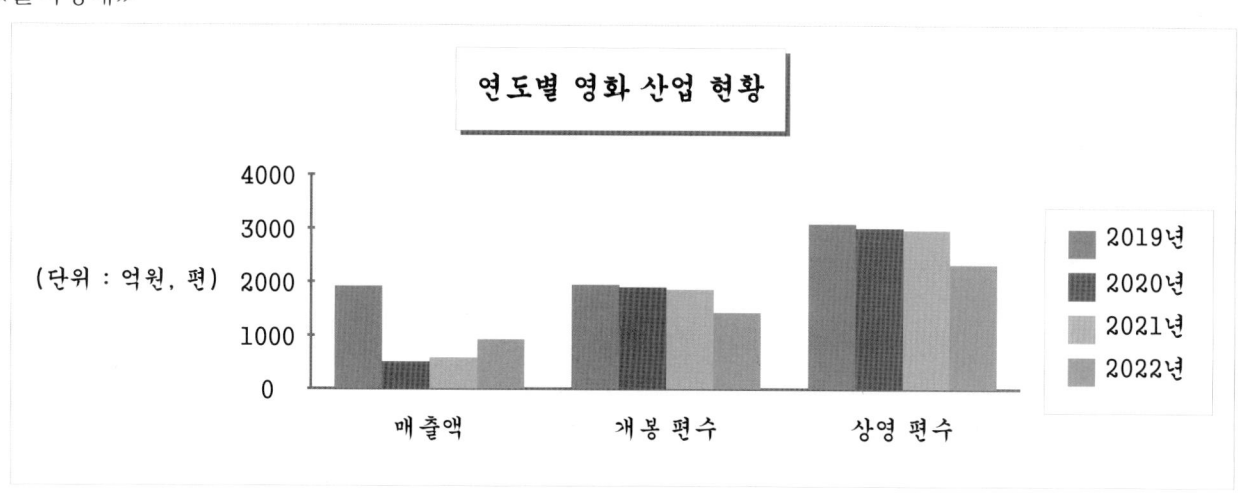

기능평가 Ⅱ (150점)

3. 다음의 (1), (2)의 수식을 수식 편집기로 각각 입력하시오. (40점)

≪출력형태≫

(1) $H_n = \dfrac{a(r^n - 1)}{r - 1} = \dfrac{a(1 + r^n)}{1 - r}(r \neq 1)$

(2) $L = \dfrac{m + M}{m}V = \dfrac{m + M}{m}\sqrt{2gh}$

4. 다음의 ≪조건≫에 따라 ≪출력형태≫와 같이 문서를 작성하시오. (110점)

≪조건≫
(1) 그리기 도구를 이용하여 작성하고, 모든 도형(글맵시, 지정된 그림 포함)을 ≪출력형태≫와 같이 작성하시오.
(2) 도형의 면색은 지시사항이 없으면 색 없음을 제외하고 서로 다르게 임의로 지정하시오.

≪출력형태≫

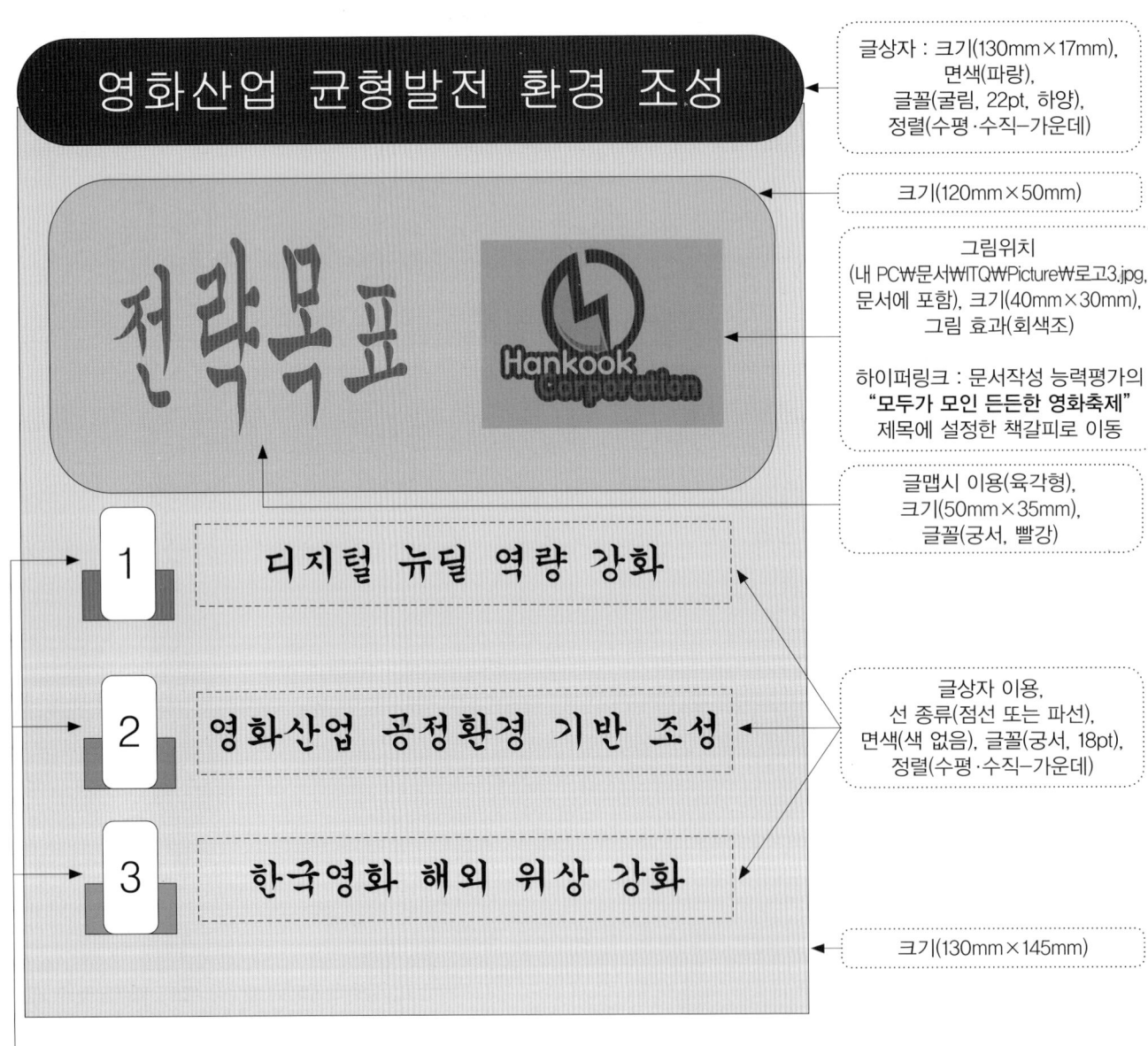

모두가 모인 든든한 영화축제

영화진흥위원회와 사단법인 여성영화인모임이 주관하고 한국영화성평등센터 든든ⓐ이 주최(主催)하는 '한국 영화 다양성 주간'이 1월 20일부터 1월 22일까지 3일간 홍익대학교 인디스페이스에서 열린다.

'한국 영화 다양성 주간'은 한국 영화의 다양성과 포용성의 가치를 발견하고 알리기 위한 목적으로 개최되는 영화 스크리닝과 콘퍼런스를 결합한 행사이다. 한국영화성평등센터 든든은 올해 '한국 영화의 포용성 지표 개발 및 정책 방안 연구'를 진행하였으며, 이번 행사는 든든의 정책 연구를 바탕으로 선정된 영화의 스크리닝과 연구 중간 결과를 발표하는 콘퍼런스, 문학과 영화가 만나 다양성과 창작(創作)에 관해 이야기하는 토크 프로그램이 펼쳐진다. 한편 콘퍼런스에서는 2017년부터 2021년까지 실질 개봉작 중 일반 영화, 독립 예술 영화의 흥행 상위 40%와 OTT 오리지널 영화 총 446편을 대상으로 진행한 중간 연구 결과를 발표할 예정이다. '한국 영화 다양성 주간'은 세계 영화계가 다양성과 포용성의 가치를 큰 화두로 삼고 있는 만큼, 한국 영화계 또한 흐름에 맞춰 영화계 내의 다양성과 포용성을 발견하고 논의할 수 있는 뜻깊은 자리가 될 것이다.

♣ 창작과 다양성에 관한 스페셜 토크

가. 창작에 관한 이야기
  ㉮ 일시 : 1월 20일 금요일 15:30
  ㉯ 패널 : 작가 천선란, 감독 윤단비, 평론가 조혜영
나. 창작의 다양성에 관한 이야기
  ㉮ 일시 : 1월 21일 토요일 13:30
  ㉯ 패널 : 작가 김보영, 감독 유은정, 평론가 손희정

♣ 영화상영작 및 시네마톡

영화	감독	상영일시	상영시간	시네마톡
우리집	윤가은	1월 21일 13:00	92분	패널 : 윤가은 감독
드라이브 마이 카	하마구치 류스케		179분	모더레이터 : 김범삼 감독
갈매기	김미조	1월 22일 11:00	75분	패널 : 김미조 감독
모어	이일하	1월 20일 19:00	81분	모더레이터 : 조혜영 영화평론가
나는 보리	김진유	1월 22일 19:00	110분	

영화진흥위원회

ⓐ 2018년 3월 1일 영화진흥위원회 지원을 받아 평등한 영화계 조성을 목적으로 출발한 인권단체

제05회 정보기술자격(ITQ) 시험

한컴오피스

과목	코드	문제유형	시험시간	수험번호	성명
아래한글	1111	E	60분		

수험자 유의사항

- 수험자는 문제지를 받는 즉시 문제지와 **수험표상의 시험과목(프로그램)이 동일한지 반드시 확인**하여야 합니다.
- 파일명은 본인의 "수험번호-성명"으로 입력하여 답안폴더(내 PC\문서\ITQ)에 하나의 파일로 저장해야 하며, 답안문서 파일명이 "수험번호-성명"과 일치하지 않거나, 답안파일을 전송하지 않아 미제출로 처리될 경우 실격 처리합니다(예:12345678-홍길동.hwp).
- 답안 작성을 마치면 파일을 저장하고, '답안 전송' 버튼을 선택하여 감독위원 PC로 답안을 전송하십시오. 수험생 정보와 저장한 파일명이 다를 경우 전송되지 않으므로 주의하시기 바랍니다.
- 답안 작성 중에도 **주기적으로 저장하고, '답안 전송'**하여야 문제 발생을 줄일 수 있습니다. 작업한 내용을 저장하지 않고 전송할 경우 이전에 저장된 내용이 전송되오니 이점 유의하시기 바랍니다.
- 답안문서는 지정된 경로 외의 다른 보조기억장치에 저장하는 경우, 지정된 시험 시간 외에 작성된 파일을 활용할 경우, 기타 통신수단(이메일, 메신저, 네트워크 등)을 이용하여 타인에게 전달 또는 외부 반출하는 경우는 부정 처리합니다.
- 시험 중 부주의 또는 고의로 시스템을 파손한 경우는 수험자가 변상해야 하며, 〈수험자 유의사항〉에 기재된 방법대로 이행하지 않아 생기는 불이익은 수험생 당사자의 책임임을 알려 드립니다.
- 문제의 조건은 한컴오피스 2020 버전으로 설정되어 있으며 한컴오피스 NEO는 【 】에 표기되어 있습니다. 이와 관련하여 작성한 답안의 출력형태가 문제지와 다를 수 있습니다.
- 시험을 완료한 수험자는 답안파일이 전송되었는지 확인한 후 감독위원의 지시에 따라 문제지를 제출하고 퇴실합니다.

답안 작성요령

- 온라인 답안 작성 절차
  수험자 등록 ⇒ 시험 시작 ⇒ 답안파일 저장 ⇒ 답안 전송 ⇒ 시험 종료
- 공통 부문
  - 글꼴에 대한 기본설정은 함초롬바탕, 10포인트, 검정, 줄간격 160%, 양쪽정렬로 합니다.
  - 색상은 조건의 색을 적용하고 색의 구분이 안될 경우에는 RGB 값을 적용합니다
    (빨강 255,0,0 / 파랑 0,0,255 / 노랑 255,255,0).
  - 각 문항에 주어진 ≪조건≫에 따라 작성하고 언급하지 않은 조건은 ≪출력형태≫와 같이 작성합니다.
  - 용지여백은 왼쪽·오른쪽 11mm, 위쪽·아래쪽·머리말·꼬리말 10mm, 제본 0mm로 합니다.
  - 그림 삽입 문제의 경우 「내 PC\문서\ITQ\Picture」 폴더에서 지정된 파일을 선택하여 삽입하십시오.
  - 삽입한 그림은 반드시 문서에 포함하여 저장해야 합니다(미포함 시 감점 처리).
  - 각 항목은 지정된 페이지에 출력형태와 같이 정확히 작성하시기 바라며, 그렇지 않을 경우에 해당 항목은 0점 처리됩니다.
    ※ 페이지구분 : 1페이지 - 기능평가 I (문제번호 표시 : 1. 2.),
    2페이지 - 기능평가 II (문제번호 표시 : 3. 4.),
    3페이지 - 문서작성 능력평가
- 기능평가
  - 문제와 ≪조건≫은 입력하지 않으며 문제번호와 답(≪출력형태≫)만 작성합니다.
  - 4번 문제는 묶기를 했을 경우 0점 처리됩니다.
- 문서작성 능력평가
  - A4 용지(210mm×297mm) 1매 크기, 세로 서식 문서로 작성합니다.
  - 표시는 문서작성에 대한 지시사항이므로 작성하지 않습니다.

kpc 한국생산성본부

기능평가 I (150점)

1. 다음의 ≪조건≫에 따라 스타일 기능을 적용하여 ≪출력형태≫와 같이 작성하시오. (50점)

≪조건≫
(1) 스타일 이름 – software
(2) 문단 모양 – 왼쪽 여백 : 10pt, 문단 아래 간격 : 10pt
(3) 글자 모양 – 글꼴 : 한글(굴림)/영문(돋움), 크기 : 10pt, 장평 : 105%, 자간 : -5%

≪출력형태≫

Computer software also called a program or simply software is a series of instructions that directs a computer to perform specific tasks or operations.

소프트웨어는 크게 시스템 소프트웨어와 응용 소프트웨어로 나뉘며, 시스템 소프트웨어는 운영체제, 컴파일러, 입출력 제어 프로그램 등이 여기에 속한다.

2. 다음의 ≪조건≫에 따라 ≪출력형태≫와 같이 표와 차트를 작성하시오. (100점)

≪표 조건≫
(1) 표 전체(표, 캡션) – 굴림, 10pt
(2) 정렬 – 문자 : 가운데 정렬, 숫자 : 오른쪽 정렬
(3) 셀 배경(면색) : 노랑
(4) 한글의 계산 기능을 이용하여 빈칸에 평균(소수점 두 자리)을 구하고, 캡션 기능 사용할 것
(5) 선 모양은 ≪출력형태≫와 동일하게 처리할 것

≪출력형태≫

SW산업 및 주요산업 시가총액(단위 : 조 원)

구분	2018년	2019년	2020년	2021년	평균
IT SW	21.5	23.1	36.2	68.6	
IT HW	45.8	53.3	81.9	97.2	
제조업	84.2	97.2	156.7	173.2	
통신방송서비스	6.1	6.5	6.8	6.1	

≪차트 조건≫
(1) 차트 데이터는 표 내용에서 연도별 IT SW, IT HW, 제조업의 값만 이용할 것
(2) 종류 – 〈묶은 세로 막대형〉으로 작업할 것
(3) 제목 – 궁서, 진하게, 12pt, 속성 – 채우기(하양), 테두리, 그림자(대각선 오른쪽 아래)
【궁서, 진하게, 12pt, 배경 – 선 모양(한 줄로), 그림자(2pt)】
(4) 제목 이외의 전체 글꼴 – 궁서, 보통, 10pt
(5) 축제목과 범례는 ≪출력형태≫와 동일하게 처리할 것

≪출력형태≫

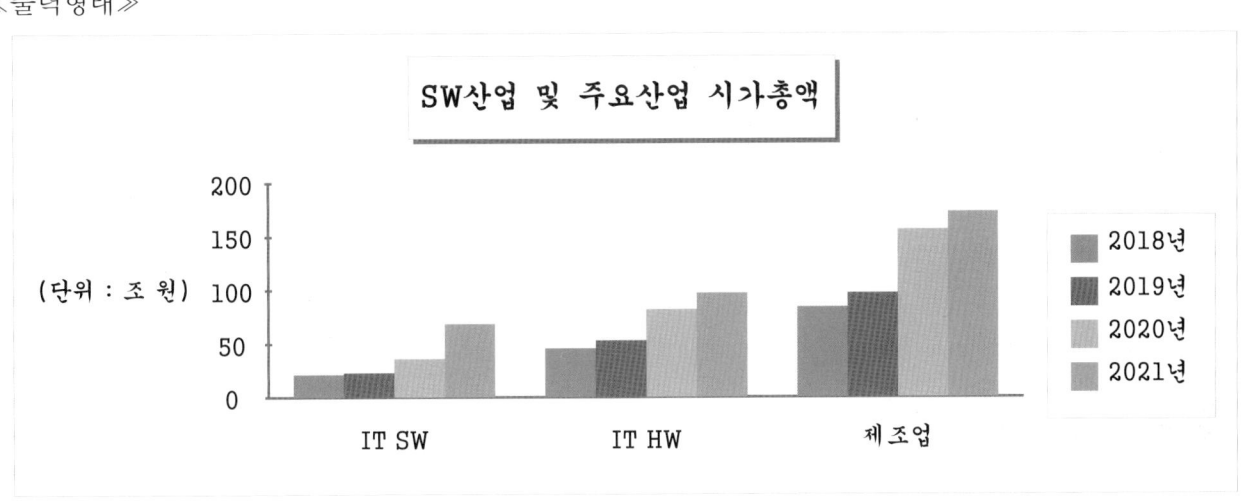

기능평가 Ⅱ (150점)

3. 다음의 (1), (2)의 수식을 수식 편집기로 각각 입력하시오. (40점)

≪출력형태≫

(1) $f = \sqrt{\dfrac{2 \times 1.6 \times 10^{-7}}{9.1 \times 10^{-3}}} = 5.9 \times 10^{5}$

(2) $\lambda = \dfrac{h}{mh} = \dfrac{h}{\sqrt{2meV}}$

4. 다음의 ≪조건≫에 따라 ≪출력형태≫와 같이 문서를 작성하시오. (110점)

≪조건≫
  (1) 그리기 도구를 이용하여 작성하고, 모든 도형(글맵시, 지정된 그림 포함)을 ≪출력형태≫와 같이 작성하시오.
  (2) 도형의 면색은 지시사항이 없으면 색 없음을 제외하고 서로 다르게 임의로 지정하시오.

≪출력형태≫

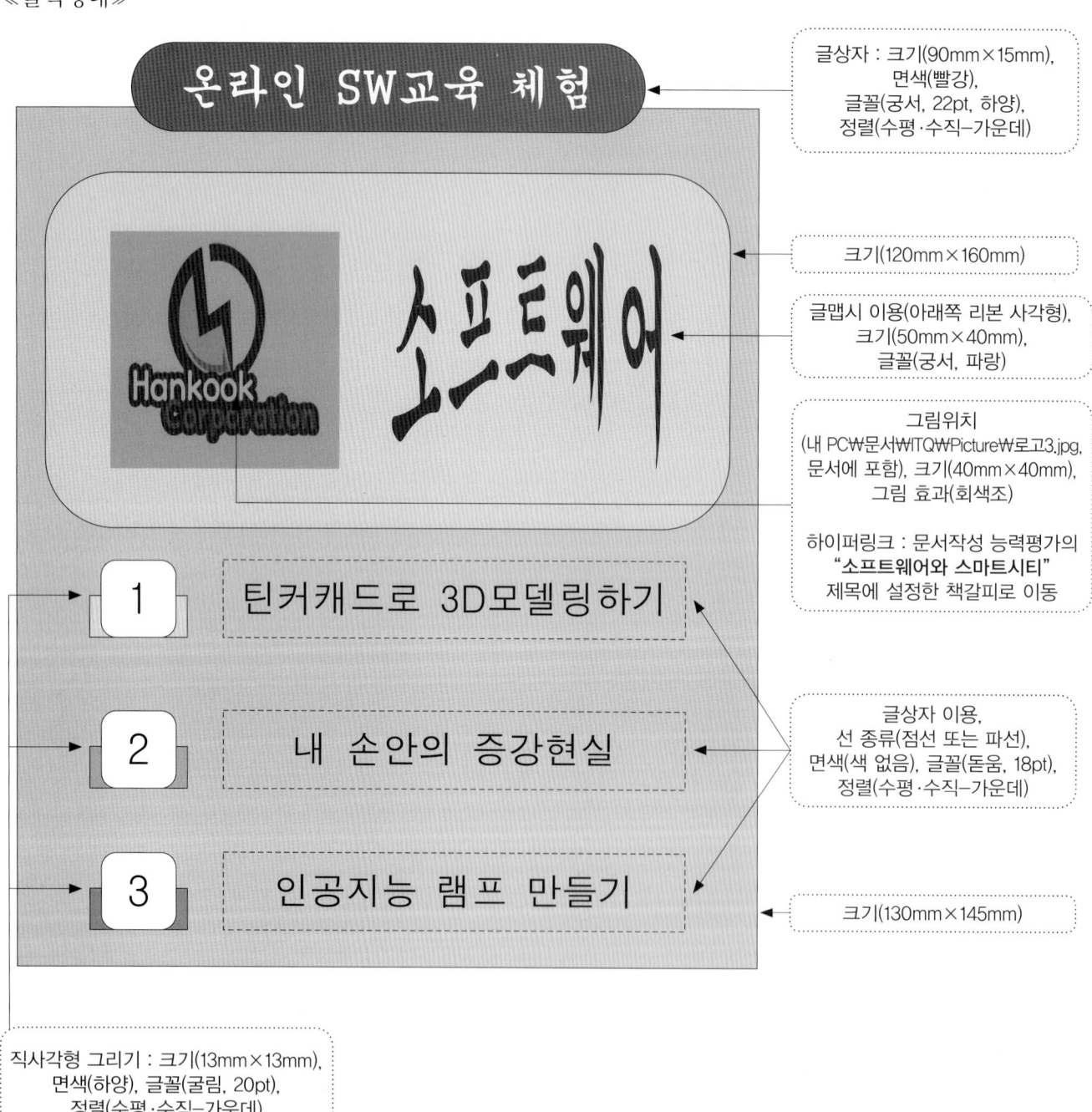

소프트웨어와 스마트시티

정보통신기술(ICT)의 결정체라 할 수 있는 스마트시티 시대가 도래하고 있다. 이기종 IoT® 기기에서 발생하는 빅데이터를 분석(分析)하고 활용할 수 있는 소프트웨어(SW) 능력으로 인해 전 세계적으로 스마트시티 관련 시장에 대한 투자가 급격히 증가(增加)하고 있다.

스마트시티란 ICT를 활용하여 도시민의 삶의 질을 높이고 친환경적으로 지속 가능한 도시를 실현하는 것이다. 전 세계가 급격한 도시화로 인해 관련 인프라와 자원이 부족해질 것으로 예상되는 가운데, 세계 도시화에 관한 유엔 보고서에 의하면 2050년까지 도시 인구가 약 66%까지 증가하고, 2030년까지 메가시티(거주 시민 천만 명 이상)의 수 또한 41개 수준으로 늘어날 것으로 예측된다. 이러한 급격한 도시화의 대안으로 스마트시티가 대두되고 있다. 전 세계의 스마트시티 관련 시장 규모는 꾸준히 증가하여 2023년에는 약 1,000조 원에 이를 것으로 전망되며, 중국은 2025년까지 500여 개, 인도는 2030년까지 100여 개의 스마트시티를 건설할 예정이다. 초기에 추진된 스마트시티 프로젝트의 약 70%가 에너지와 교통 문제 해결에 집중하였으나, 근래에는 도시의 상황에 따른 맞춤 형태로 발전 중이다.

※ 해외 스마트시티 사례

- A. 스페인의 바르셀로나
  - Ⓐ 특징 : 가장 대표적인 스마트시티 사례
  - Ⓑ 주요 서비스 : 스마트 조명, 스마트 그리드, 스마트 워터 등
- B. 캐나다의 밴쿠버
  - Ⓐ 특징 : 세계에서 가장 뛰어난 녹색도시 만들기 추진
  - Ⓑ 주요 서비스 : 건강한 생태계를 위한 프로젝트 진행 중

※ 소프트웨어 및 인공지능 수업콘서트

구분	주제	강연자
SW/AI 교과수업 개선	교통약자를 위한 그린맨 플러스	민영규(안의초등학교)
	인공지능으로 건전한 사이버 세상 만들기	이한빈(문광초등학교)
SW/AI 융합수업 설계	여행기업 살리기 프로젝트	김효정(서울역삼초등학교)
	컴퓨터 비전을 활용한 한자 이미지 인식	홍길동(강진초등학교)
	소프트웨어 디자인씽킹으로 달 탐사 AI 설계하기	김태용(삼보초등학교)

소프트웨어 중심사회

ⓐ 사물인터넷 : 식별 가능한 사물이 만들어낸 정보를 인터넷을 통해 공유하는 환경

제06회 정보기술자격(ITQ) 시험

한컴오피스

과목	코드	문제유형	시험시간	수험번호	성명
아래한글	1111	A	60분		

수험자 유의사항

- 수험자는 문제지를 받는 즉시 문제지와 **수험표상의 시험과목(프로그램)이 동일한지 반드시 확인**하여야 합니다.
- 파일명은 본인의 "수험번호-성명"으로 입력하여 답안폴더(내 PC₩문서₩ITQ)에 하나의 파일로 저장해야 하며, 답안문서 파일명이 "수험번호-성명"과 일치하지 않거나, 답안파일을 전송하지 않아 미제출로 처리될 경우 실격 처리합니다(예:12345678-홍길동.hwp).
- 답안 작성을 마치면 파일을 저장하고, '답안 전송' 버튼을 선택하여 감독위원 PC로 답안을 전송하십시오. 수험생 정보와 저장한 파일명이 다를 경우 전송되지 않으므로 주의하시기 바랍니다.
- 답안 작성 중에도 **주기적으로 저장하고, '답안 전송'**하여야 문제 발생을 줄일 수 있습니다. 작업한 내용을 저장하지 않고 전송할 경우 이전에 저장된 내용이 전송되오니 이점 유의하시기 바랍니다.
- 답안문서는 지정된 경로 외의 다른 보조기억장치에 저장하는 경우, 지정된 시험 시간 외에 작성된 파일을 활용할 경우, 기타 통신수단(이메일, 메신저, 네트워크 등)을 이용하여 타인에게 전달 또는 외부 반출하는 경우는 부정 처리합니다.
- 시험 중 부주의 또는 고의로 시스템을 파손한 경우는 수험자가 변상해야 하며, 〈수험자 유의사항〉에 기재된 방법대로 이행하지 않아 생기는 불이익은 수험생 당사자의 책임임을 알려 드립니다.
- 문제의 조건은 한컴오피스 2020 버전으로 설정되어 있으며 한컴오피스 NEO는 【 】에 표기되어 있습니다. 이와 관련하여 작성한 답안의 출력형태가 문제지와 다를 수 있습니다.
- 시험을 완료한 수험자는 답안파일이 전송되었는지 확인한 후 감독위원의 지시에 따라 문제지를 제출하고 퇴실합니다.

답안 작성요령

- 온라인 답안 작성 절차
  수험자 등록 ⇒ 시험 시작 ⇒ 답안파일 저장 ⇒ 답안 전송 ⇒ 시험 종료
- 공통 부문
  - 글꼴에 대한 기본설정은 함초롬바탕, 10포인트, 검정, 줄간격 160%, 양쪽정렬로 합니다.
  - 색상은 조건의 색을 적용하고 색의 구분이 안될 경우에는 RGB 값을 적용합니다
    (빨강 255,0,0 / 파랑 0,0,255 / 노랑 255,255,0).
  - 각 문항에 주어진 ≪조건≫에 따라 작성하고 언급하지 않은 조건은 ≪출력형태≫와 같이 작성합니다.
  - 용지여백은 왼쪽·오른쪽 11mm, 위쪽·아래쪽·머리말·꼬리말 10mm, 제본 0mm로 합니다.
  - 그림 삽입 문제의 경우 「내 PC₩문서₩ITQ₩Picture」 폴더에서 지정된 파일을 선택하여 삽입하십시오.
  - 삽입한 그림은 반드시 문서에 포함하여 저장해야 합니다(미포함 시 감점 처리).
  - 각 항목은 지정된 페이지에 출력형태와 같이 정확히 작성하시기 바라며, 그렇지 않을 경우에 해당 항목은 0점 처리됩니다.
    ※ 페이지구분 : 1페이지 - 기능평가 Ⅰ (문제번호 표시 : 1. 2.),
       2페이지 - 기능평가 Ⅱ (문제번호 표시 : 3. 4.),
       3페이지 - 문서작성 능력평가
- 기능평가
  - 문제와 ≪조건≫은 입력하지 않으며 문제번호와 답(≪출력형태≫)만 작성합니다.
  - 4번 문제는 묶기를 했을 경우 0점 처리됩니다.
- 문서작성 능력평가
  - A4 용지(210mm×297mm) 1매 크기, 세로 서식 문서로 작성합니다.
  - ◯ 표시는 문서작성에 대한 지시사항이므로 작성하지 않습니다.

kpc 한국생산성본부

기능평가 I (150점)

1. 다음의 ≪조건≫에 따라 스타일 기능을 적용하여 ≪출력형태≫와 같이 작성하시오. (50점)

≪조건≫
(1) 스타일 이름 – divide
(2) 문단 모양 – 왼쪽 여백 : 10pt, 문단 아래 간격 : 10pt
(3) 글자 모양 – 글꼴 : 한글(굴림)/영문(돋움), 크기 : 10pt, 장평 : 105%, 자간 : -5%

≪출력형태≫

A digital divide is an economic and social inequality with regard to access to, use of, or impact of information and communication technologies.

정보격차는 교육, 소득 수준, 성별, 지역 등의 차이로 인해 정보에 대한 접근과 이용이 차별되고 그 결과 경제적, 사회적 불균형이 발생하는 현상이다.

2. 다음의 ≪조건≫에 따라 ≪출력형태≫와 같이 표와 차트를 작성하시오. (100점)

≪표 조건≫
(1) 표 전체(표, 캡션) – 굴림, 10pt
(2) 정렬 – 문자 : 가운데 정렬, 숫자 : 오른쪽 정렬
(3) 셀 배경(면색) : 노랑
(4) 한글의 계산 기능을 이용하여 빈칸에 평균(소수점 두 자리)을 구하고, 캡션 기능 사용할 것
(5) 선 모양은 ≪출력형태≫와 동일하게 처리할 것

≪출력형태≫

계층별 디지털 정보화 수준(단위 : %)

구분	2018년	2019년	2020년	2021년	평균
저소득층	86.8	87.8	95.1	95.7	
장애인	74.6	75.2	81.3	82.6	
농어민	69.8	70.6	77.3	79.9	
고령층	63.1	64.3	68.6	72.3	

≪차트 조건≫
(1) 차트 데이터는 표 내용에서 연도별 저소득층, 장애인, 농어민의 값만 이용할 것
(2) 종류 – 〈묶은 세로 막대형〉으로 작업할 것
(3) 제목 – 궁서, 진하게, 12pt, 속성 – 채우기(하양), 테두리, 그림자(대각선 오른쪽 아래)
【궁서, 진하게, 12pt, 배경 – 선 모양(한 줄로), 그림자(2pt)】
(4) 제목 이외의 전체 글꼴 – 궁서, 보통, 10pt
(5) 축제목과 범례는 ≪출력형태≫와 동일하게 처리할 것

≪출력형태≫

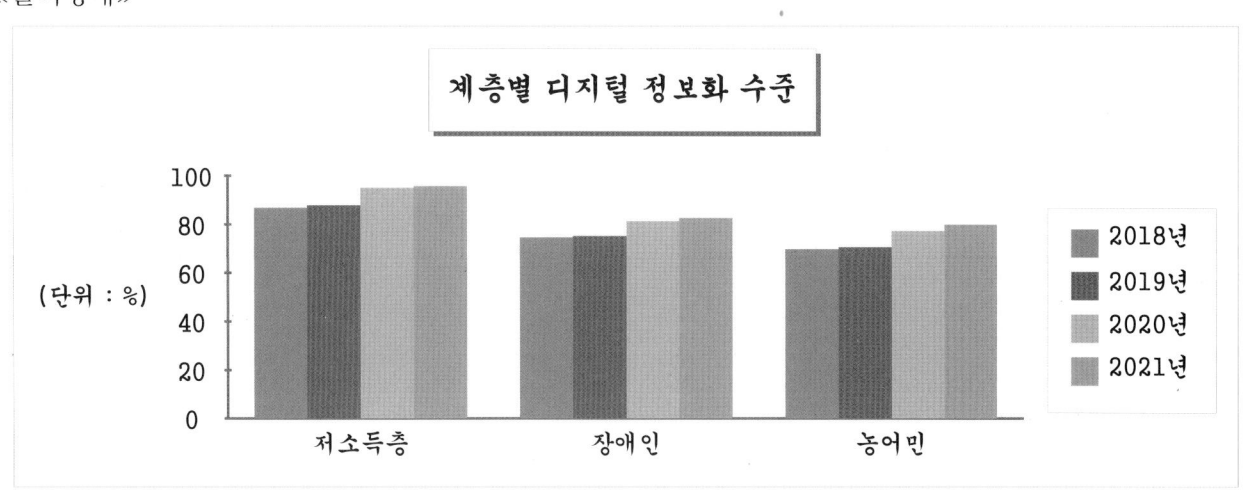

기능평가 Ⅱ (150점)

3. 다음의 (1), (2)의 수식을 수식 편집기로 각각 입력하시오. (40점)

≪출력형태≫

(1) $U_a - U_b = \dfrac{GmM}{a} - \dfrac{GmM}{b} = \dfrac{GmM}{2R}$

(2) $V = \dfrac{1}{R}\displaystyle\int_0^q qdq = \dfrac{1}{2}\dfrac{q^2}{R}$

4. 다음의 ≪조건≫에 따라 ≪출력형태≫와 같이 문서를 작성하시오. (110점)

≪조건≫
 (1) 그리기 도구를 이용하여 작성하고, 모든 도형(글맵시, 지정된 그림 포함)을 ≪출력형태≫와 같이 작성하시오.
 (2) 도형의 면색은 지시사항이 없으면 색 없음을 제외하고 서로 다르게 임의로 지정하시오.

≪출력형태≫

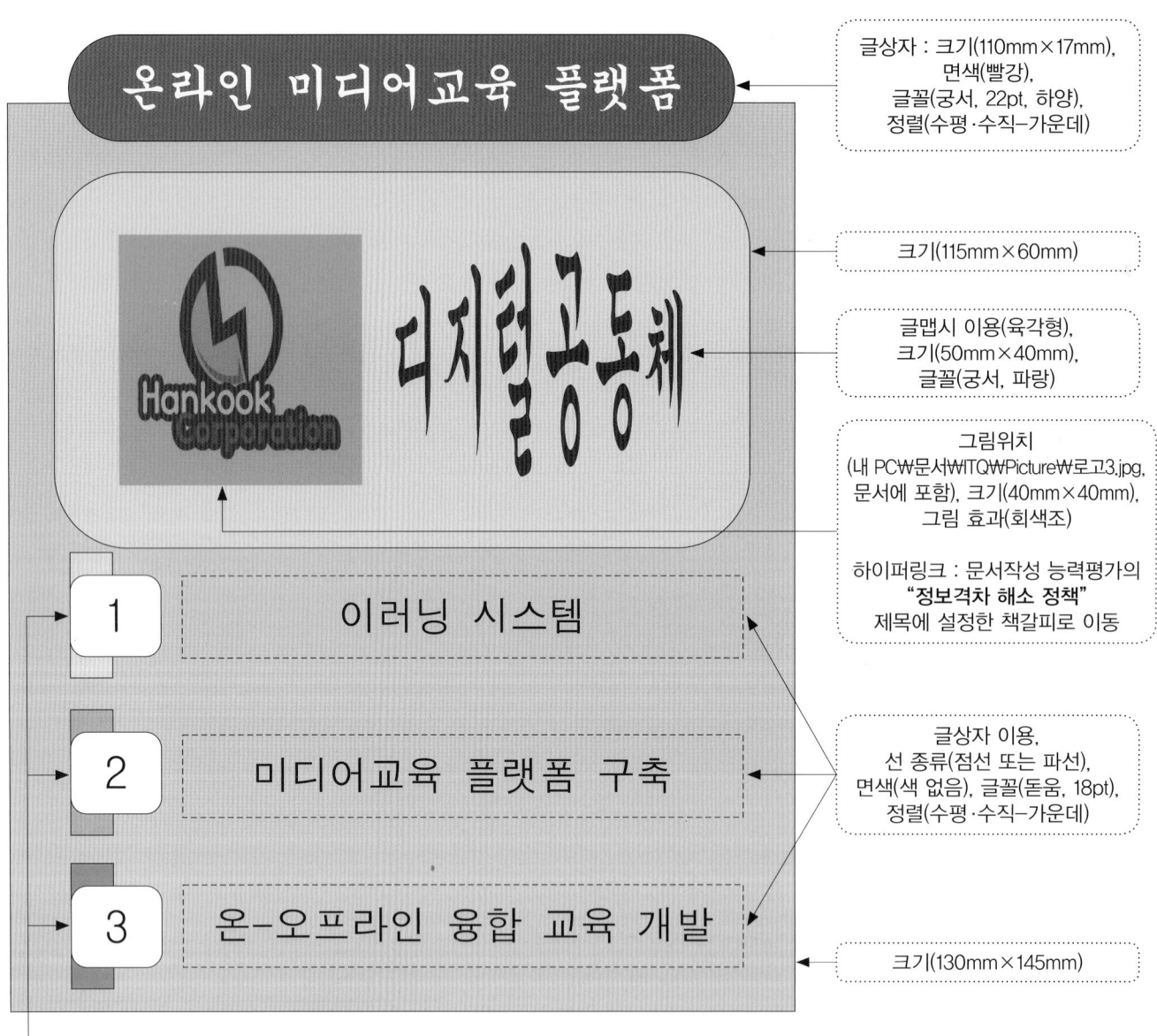

전 국민이 함께하는 정보격차 해소 정책

정보화 사회가 진전될수록 정보에 대한 접근과 이용이 용이한 계층과 그렇지 못한 계층 간의 격차(隔差)가 발생하게 된다. 이렇게 발생하는 정보격차는 정보취약계층의 소득과 삶의 질 저하, 사회참여 기회 축소 및 계층 간 빈부격차 등을 심화시켜 사회통합에 지장을 초래하기 때문에 정보화가 진전될수록 정보격차 해소의 중요성은 점점 커지고 있다. 특히 정보에 대한 접근 부문은 정보격차 해소를 위한 우선적 과제로 사회적, 경제적, 지역적 차이에 관계없이 누구나 쉽게 정보에 접근 가능한 환경을 제공받는 것은 정보격차 해소를 위한 기본적 수단(手段)이다.

정부는 급속히 발전하는 정보화 환경 속에서 신체적, 경제적, 지역적 여건 등에 의해 정보통신 제품 및 서비스의 접근이 어려운 장애인, 고령자, 저소득층, 농어민들의 평등한 정보접근 기회를 제공하고자 정보통신 보조기기를 개발하고 보급하는 한편, 사랑의 그린 PC를 보급하고 청각 및 언어 장애인을 위한 통신 중계 서비스를 제공하고 있다. 과학기술정보통신부와 한국지능정보사회진흥원에서는 소외계층의 PC, 인터넷 사용 능력 등 정보화 수준을 확인하기 위해 매년 장애인, 저소득층, 농어민, 장노년층 등을 대상으로 정보격차 실태조사ⓐ를 실시하고 있다.

♠ 정보격차지수 개요

- A. 접근 수준
  - Ⓐ 필요시 PC 및 인터넷 접근 가능 정도
  - Ⓑ 정보이용 시설 접근 용이성, PC 보유 및 인터넷 접속 여부
- B. 역량 수준
  - Ⓐ PC 기반 인터넷 기본 용도별 이용 능력 보유 정도
  - Ⓑ PC 환경설정, 워드, 정보검색, 이메일, 전자상거래 활용 능력

♠ 정보격차지수 및 구성 요소

지수	구성 요소	가중치	지수	구성 요소	가중치
접근지수	필요시 컴퓨터/인터넷 접근 가능성	0.6	양적 활용지수	이용 여부	0.7
	정보통신기기 보유 정도	0.2		이용 시간	0.3
	컴퓨터 기종 및 인터넷 접속 방식	0.2	질적 활용지수	일상생활 부문별 도움 정도	0.6
역량지수	컴퓨터/인터넷 이용 기본 능력	각 0.5		기본 용도별 이용 정도	0.4

한국인터넷진흥원

ⓐ 정보격차 해소 정책의 연간 추진 성과를 측정 및 평가하고 효율적인 정책 추진을 위한 기초자료 제공

제 07 회 정보기술자격(ITQ) 시험

한컴오피스

과목	코드	문제유형	시험시간	수험번호	성명
아래한글	1111	B	60분		

수험자 유의사항

- 수험자는 문제지를 받는 즉시 문제지와 **수험표상의 시험과목(프로그램)이 동일한지 반드시 확인**하여야 합니다.
- 파일명은 본인의 "수험번호-성명"으로 입력하여 답안폴더(내 PC₩문서₩ITQ)에 하나의 파일로 저장해야 하며, 답안문서 파일명이 "수험번호-성명"과 일치하지 않거나, 답안파일을 전송하지 않아 미제출로 처리될 경우 실격 처리합니다(예:12345678-홍길동.hwp).
- 답안 작성을 마치면 파일을 저장하고, '답안 전송' 버튼을 선택하여 감독위원 PC로 답안을 전송하십시오. 수험생 정보와 저장한 파일명이 다를 경우 전송되지 않으므로 주의하시기 바랍니다.
- 답안 작성 중에도 **주기적으로 저장하고, '답안 전송'**하여야 문제 발생을 줄일 수 있습니다. 작업한 내용을 저장하지 않고 전송할 경우 이전에 저장된 내용이 전송되오니 이점 유의하시기 바랍니다.
- 답안문서는 지정된 경로 외의 다른 보조기억장치에 저장하는 경우, 지정된 시험 시간 외에 작성된 파일을 활용할 경우, 기타 통신수단(이메일, 메신저, 네트워크 등)을 이용하여 타인에게 전달 또는 외부 반출하는 경우는 부정 처리합니다.
- 시험 중 부주의 또는 고의로 시스템을 파손한 경우는 수험자가 변상해야 하며, 〈수험자 유의사항〉에 기재된 방법대로 이행하지 않아 생기는 불이익은 수험생 당사자의 책임임을 알려 드립니다.
- 문제의 조건은 한컴오피스 2020 버전으로 설정되어 있으며 한컴오피스 NEO는 【 】에 표기되어 있습니다. 이와 관련하여 작성한 답안의 출력형태가 문제지와 다를 수 있습니다.
- 시험을 완료한 수험자는 답안파일이 전송되었는지 확인한 후 감독위원의 지시에 따라 문제지를 제출하고 퇴실합니다.

답안 작성요령

- 온라인 답안 작성 절차
  수험자 등록 ⇒ 시험 시작 ⇒ 답안파일 저장 ⇒ 답안 전송 ⇒ 시험 종료
- 공통 부문
  ○ 글꼴에 대한 기본설정은 함초롬바탕, 10포인트, 검정, 줄간격 160%, 양쪽정렬로 합니다.
  ○ 색상은 조건의 색을 적용하고 색의 구분이 안될 경우에는 RGB 값을 적용합니다
    (빨강 255,0,0 / 파랑 0,0,255 / 노랑 255,255,0).
  ○ 각 문항에 주어진 ≪조건≫에 따라 작성하고 언급하지 않은 조건은 ≪출력형태≫와 같이 작성합니다.
  ○ 용지여백은 왼쪽·오른쪽 11mm, 위쪽·아래쪽·머리말·꼬리말 10mm, 제본 0mm로 합니다.
  ○ 그림 삽입 문제의 경우 「내 PC₩문서₩ITQ₩Picture」 폴더에서 지정된 파일을 선택하여 삽입하십시오.
  ○ 삽입한 그림은 반드시 문서에 포함하여 저장해야 합니다(미포함 시 감점 처리).
  ○ 각 항목은 지정된 페이지에 출력형태와 같이 정확히 작성하시기 바라며, 그렇지 않을 경우에 해당 항목은 0점 처리됩니다.
    ※ 페이지구분 : 1페이지 – 기능평가 Ⅰ (문제번호 표시 : 1. 2.),
    　　　　　　　 2페이지 – 기능평가 Ⅱ (문제번호 표시 : 3. 4.),
    　　　　　　　 3페이지 – 문서작성 능력평가
- 기능평가
  ○ 문제와 ≪조건≫은 입력하지 않으며 문제번호와 답(≪출력형태≫)만 작성합니다.
  ○ 4번 문제는 묶기를 했을 경우 0점 처리됩니다.
- 문서작성 능력평가
  ○ A4 용지(210mm×297mm) 1매 크기, 세로 서식 문서로 작성합니다.
  ○ ▭ 표시는 문서작성에 대한 지시사항이므로 작성하지 않습니다.

kpc 한국생산성본부

기능평가 I (150점)

1. 다음의 ≪조건≫에 따라 스타일 기능을 적용하여 ≪출력형태≫와 같이 작성하시오. (50점)

   ≪조건≫
   (1) 스타일 이름 – virtual
   (2) 문단 모양 – 첫 줄 들여쓰기 : 10pt, 문단 아래 간격 : 10pt
   (3) 글자 모양 – 글꼴 : 한글(굴림)/영문(돋움), 크기 : 10pt, 장평 : 105%, 자간 : -5%

   ≪출력형태≫

   Virtual Reality(VR) is a computer-generated environment with scenes and objects that appear to be real, making the user feel they are immersed in their surroundings.

   가상현실을 통해 우리는 마치 우리가 주인공이 된 것처럼 비디오 게임에 몰입하고, 심장 수술을 수행하는 방법을 배우거나, 성능을 극대화하기 위해 스포츠 훈련의 품질을 향상할 수 있다.

2. 다음의 ≪조건≫에 따라 ≪출력형태≫와 같이 표와 차트를 작성하시오. (100점)

   ≪표 조건≫
   (1) 표 전체(표, 캡션) – 굴림, 10pt
   (2) 정렬 – 문자 : 가운데 정렬, 숫자 : 오른쪽 정렬
   (3) 셀 배경(면색) : 노랑
   (4) 한글의 계산 기능을 이용하여 빈칸에 합계를 구하고, 캡션 기능 사용할 것
   (5) 선 모양은 ≪출력형태≫와 동일하게 처리할 것

   ≪출력형태≫

   연평균 가상증강현실산업 매출액(단위 : 억 원)

구분	2019년	2020년	2021년	2022년	2023년
가상현실	4,416	4,747	5,327	5,923	6,385
증강현실	2,670	2,889	3,235	3,539	3,805
홀로그램	431	481	552	557	574
합계					

   ≪차트 조건≫
   (1) 차트 데이터는 표 내용에서 구분별 2019년, 2020년, 2021년, 2022년의 값만 이용할 것
   (2) 종류 – 〈묶은 세로 막대형〉으로 작업할 것
   (3) 제목 – 궁서, 진하게, 12pt, 속성 – 채우기(하양), 테두리, 그림자(대각선 오른쪽 아래)
       【궁서, 진하게, 12pt, 배경 – 선 모양(한 줄로), 그림자(2pt)】
   (4) 제목 이외의 전체 글꼴 – 궁서, 보통, 10pt
   (5) 축제목과 범례는 ≪출력형태≫와 동일하게 처리할 것

   ≪출력형태≫

   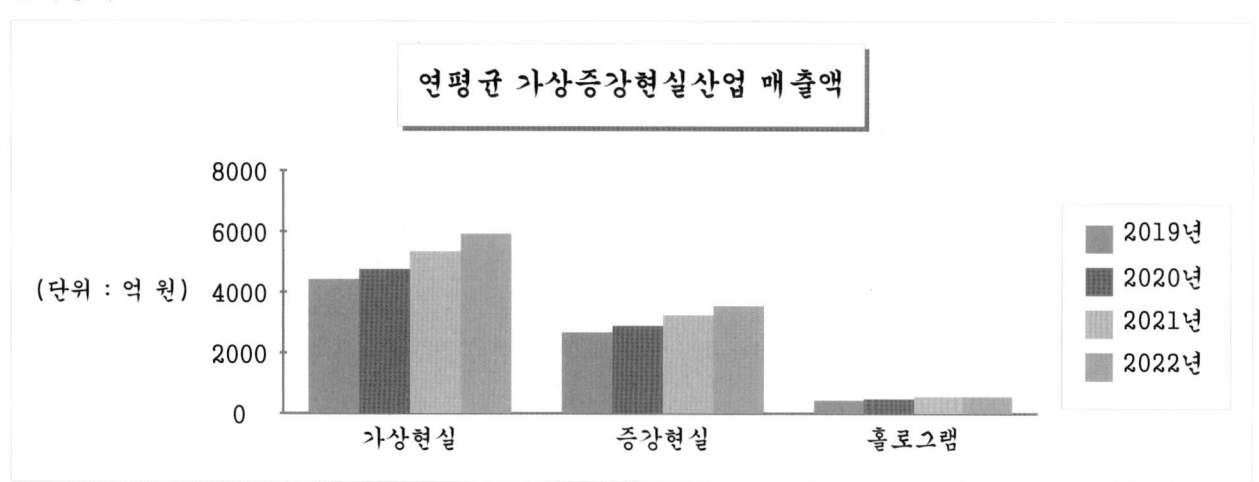

기능평가 Ⅱ (150점)

3. 다음의 (1), (2)의 수식을 수식 편집기로 각각 입력하시오. (40점)

≪출력형태≫

(1) $\dfrac{F}{h_2} = t_2 k_1 \dfrac{t_1}{d} = 2 \times 10^{-7} \dfrac{t_1 t_2}{d}$

(2) $\int_a^b A(x-a)(x-b)dx = -\dfrac{A}{6}(b-a)^3$

4. 다음의 ≪조건≫에 따라 ≪출력형태≫와 같이 문서를 작성하시오. (110점)

≪조건≫
(1) 그리기 도구를 이용하여 작성하고, 모든 도형(글맵시, 지정된 그림 포함)을 ≪출력형태≫와 같이 작성하시오.
(2) 도형의 면색은 지시사항이 없으면 색 없음을 제외하고 서로 다르게 임의로 지정하시오.

≪출력형태≫

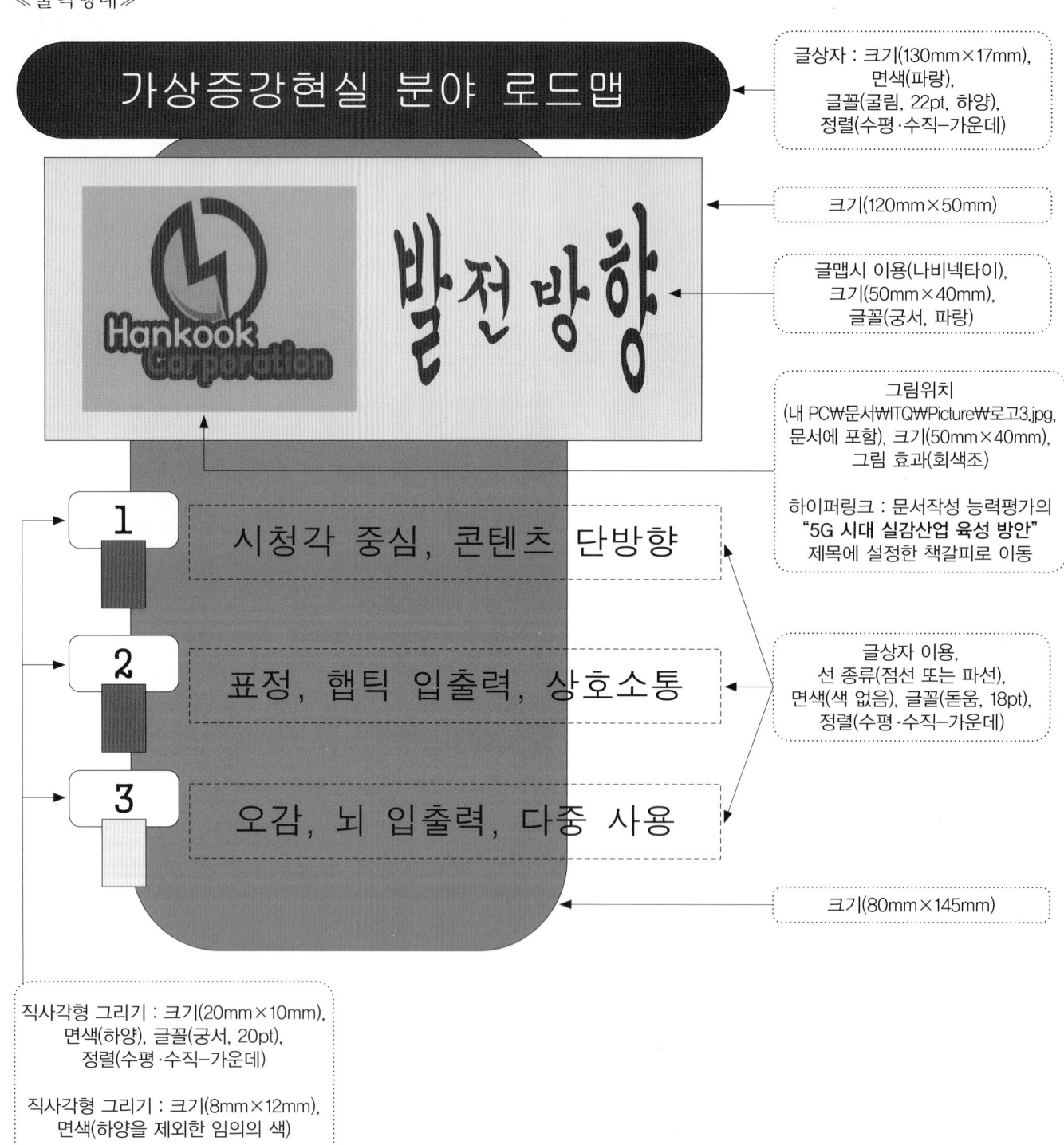

5G 시대 실감산업 육성 방안

5G 상용화와 함께 비대면 시대에 접어들면서 VR, MR, AR을 포괄하는 XR(확장현실)에 대한 요구가 크게 증가(增加)하고 있다. 한국을 시작으로 38개국이 5G 상용화를 진행하면서 XR 시장이 성장할 것으로 전망된다. 특히 코로나 19로 인해 기업 경영과 개인 생활 영역에 제약이 생기면서 확장현실을 통해 활로를 찾고자 전 산업에 걸친 확장현실 도입이 이루어지고 있다. 이에 주요국들은 확장현실로 성장동력을 얻고자 정부가 주도해 프로젝트를 추진함으로써 실감산업 육성 지원에 들어갔으며, 애플, 구글, 페이스북을 비롯한 주요 기업은 확장현실에 대한 공격적인 투자를 통해 시장 선점에 노력을 기울이고 있다. 우리나라도 글로벌 확장현실Ⓐ 선도를 위해 실감콘텐츠 활성화 전략을 수립(樹立)하고 실감산업 육성을 지원하였다.

한편, 협업 능력이 기업의 미래를 결정하는 중요 척도로 꼽히는 만큼 비대면 시대에서 기업들은 협업 효과를 잃지 않기 위해 많은 노력을 기울이고 있으며 그 중 하나가 확장현실에 기반한 협업인 실감협업이다. 이는 확장현실을 통해 풍부한 정보공유, 몰입감 높은 현장감, 자연스러운 상호작용으로 원격에서도 높은 협업 효과를 가져올 수 있다.

♣ XR을 활용한 회복 및 치유 효과

① 육체적 활용 사례
　(ㄱ) 효과 : 목표 의식을 함양함으로써 치료 동기를 부여
　(ㄴ) 활용 사례 : 헬스케어, 홈트레이닝, 재활훈련
② 사회적 활용 사례
　(ㄱ) 효과 : 자연스러운 상호작용과 사용자 간의 깊은 연결성 제공
　(ㄴ) 활용 사례 : 소셜 VR, 그룹 치료

♣ 실감콘텐츠산업 활성화 전략

비전	세계 최초 5G 상용화를 기반으로 2023년 실감콘텐츠 선도국가 도약		
전략 목표	콘텐츠 생산액	전문기업 수	수출액
	20조 원	100개	5조 원
중점 추진과제	신수요 창출	기술, 인프라 고도화	산업성장 지원
	공공서비스에 XR 적용	글로벌 선도기술 확보	선분기업 육성
	산업분야에 XR 적용	제작인프라 고도화	글로벌 진출 지원

소프트웨어정책연구소

Ⓐ VR, MR, AR에 이르기까지 가상현실 기술 전체를 통틀어서 일컬음

제08회 정보기술자격(ITQ) 시험

한컴오피스

과목	코드	문제유형	시험시간	수험번호	성명
아래한글	1111	C	60분		

수험자 유의사항

- 수험자는 문제지를 받는 즉시 문제지와 **수험표상의 시험과목(프로그램)이 동일한지 반드시 확인**하여야 합니다.
- 파일명은 본인의 "수험번호-성명"으로 입력하여 답안폴더(내 PC\문서\ITQ)에 하나의 파일로 저장해야 하며, 답안문서 파일명이 "수험번호-성명"과 일치하지 않거나, 답안파일을 전송하지 않아 미제출로 처리될 경우 실격 처리합니다(예:12345678-홍길동.hwp).
- 답안 작성을 마치면 파일을 저장하고, '답안 전송' 버튼을 선택하여 감독위원 PC로 답안을 전송하십시오. 수험생 정보와 저장한 파일명이 다를 경우 전송되지 않으므로 주의하시기 바랍니다.
- 답안 작성 중에도 **주기적으로 저장하고, '답안 전송'**하여야 문제 발생을 줄일 수 있습니다. 작업한 내용을 저장하지 않고 전송할 경우 이전에 저장된 내용이 전송되오니 이점 유의하시기 바랍니다.
- 답안문서는 지정된 경로 외의 다른 보조기억장치에 저장하는 경우, 지정된 시험 시간 외에 작성된 파일을 활용할 경우, 기타 통신수단(이메일, 메신저, 네트워크 등)을 이용하여 타인에게 전달 또는 외부 반출하는 경우는 부정 처리합니다.
- 시험 중 부주의 또는 고의로 시스템을 파손한 경우는 수험자가 변상해야 하며, 〈수험자 유의사항〉에 기재된 방법대로 이행하지 않아 생기는 불이익은 수험생 당사자의 책임임을 알려 드립니다.
- 문제의 조건은 한컴오피스 2020 버전으로 설정되어 있으며 한컴오피스 NEO는 【 】에 표기되어 있습니다. 이와 관련하여 작성한 답안의 출력형태가 문제지와 다를 수 있습니다.
- 시험을 완료한 수험자는 답안파일이 전송되었는지 확인한 후 감독위원의 지시에 따라 문제지를 제출하고 퇴실합니다.

답안 작성요령

- 온라인 답안 작성 절차
  수험자 등록 ⇒ 시험 시작 ⇒ 답안파일 저장 ⇒ 답안 전송 ⇒ 시험 종료
- 공통 부문
  ○ 글꼴에 대한 기본설정은 함초롬바탕, 10포인트, 검정, 줄간격 160%, 양쪽정렬로 합니다.
  ○ 색상은 조건의 색을 적용하고 색의 구분이 안될 경우에는 RGB 값을 적용합니다
    (빨강 255,0,0 / 파랑 0,0,255 / 노랑 255,255,0).
  ○ 각 문항에 주어진 ≪조건≫에 따라 작성하고 언급하지 않은 조건은 ≪출력형태≫와 같이 작성합니다.
  ○ 용지여백은 왼쪽·오른쪽 11mm, 위쪽·아래쪽·머리말·꼬리말 10mm, 제본 0mm로 합니다.
  ○ 그림 삽입 문제의 경우 「내 PC\문서\ITQ\Picture」 폴더에서 지정된 파일을 선택하여 삽입하십시오.
  ○ 삽입한 그림은 반드시 문서에 포함하여 저장해야 합니다(미포함 시 감점 처리).
  ○ 각 항목은 지정된 페이지에 출력형태와 같이 정확히 작성하시기 바라며, 그렇지 않을 경우에 해당 항목은 0점 처리됩니다.
    ※ 페이지구분 : 1페이지 - 기능평가 Ⅰ (문제번호 표시 : 1. 2.),
      2페이지 - 기능평가 Ⅱ (문제번호 표시 : 3. 4.),
      3페이지 - 문서작성 능력평가
- 기능평가
  ○ 문제와 ≪조건≫은 입력하지 않으며 문제번호와 답(≪출력형태≫)만 작성합니다.
  ○ 4번 문제는 묶기를 했을 경우 0점 처리됩니다.
- 문서작성 능력평가
  ○ A4 용지(210mm×297mm) 1매 크기, 세로 서식 문서로 작성합니다.
  ○ ▭ 표시는 문서작성에 대한 지시사항이므로 작성하지 않습니다.

kpc 한국생산성본부

기능평가 I (150점)

1. 다음의 ≪조건≫에 따라 스타일 기능을 적용하여 ≪출력형태≫와 같이 작성하시오. (50점)

≪조건≫
(1) 스타일 이름 – construction
(2) 문단 모양 – 왼쪽 여백 : 15pt, 문단 아래 간격 : 10pt
(3) 글자 모양 – 글꼴 : 한글(굴림)/영문(돋움), 크기 : 10pt, 장평 : 95%, 자간 : 5%

≪출력형태≫

Construction technology refers to changing the natural environment and making structures in the natural environment for a more convenient and comfortable life for humans.

건설기술은 인간이 더욱더 편리하고 안락한 생활을 위하여 자연환경을 변화시키고, 그 자연환경에 구조물을 만드는 것을 말하며 수송 시스템, 산업 및 에너지 관련 프로젝트의 설계에 사용된다.

2. 다음의 ≪조건≫에 따라 ≪출력형태≫와 같이 표와 차트를 작성하시오. (100점)

≪표 조건≫
(1) 표 전체(표, 캡션) – 돋움, 10pt
(2) 정렬 – 문자 : 가운데 정렬, 숫자 : 오른쪽 정렬
(3) 셀 배경(면색) : 노랑
(4) 한글의 계산 기능을 이용하여 빈칸에 합계를 구하고, 캡션 기능 사용할 것
(5) 선 모양은 ≪출력형태≫와 동일하게 처리할 것

≪출력형태≫

건설기술산업대전 참관객 현황(단위 : 명)

연령	1일차	2일차	3일차	4일차	합계
20대	1,015	1,192	1,655	1,459	
30대	1,265	1,924	1,679	1,823	
40대	1,474	1,769	1,884	1,946	
50대 이상	897	1,035	1,142	1,305	

≪차트 조건≫
(1) 차트 데이터는 표 내용에서 일차별 20대, 30대, 40대의 값만 이용할 것
(2) 종류 – 〈묶은 세로 막대형〉으로 작업할 것
(3) 제목 – 굴림, 진하게, 12pt, 속성 – 채우기(하양), 테두리, 그림자(대각선 오른쪽 아래)
【굴림, 진하게, 12pt, 배경 – 선 모양(한 줄로), 그림자(2pt)】
(4) 제목 이외의 전체 글꼴 – 굴림, 보통, 10pt
(5) 축제목과 범례는 ≪출력형태≫와 동일하게 처리할 것

≪출력형태≫

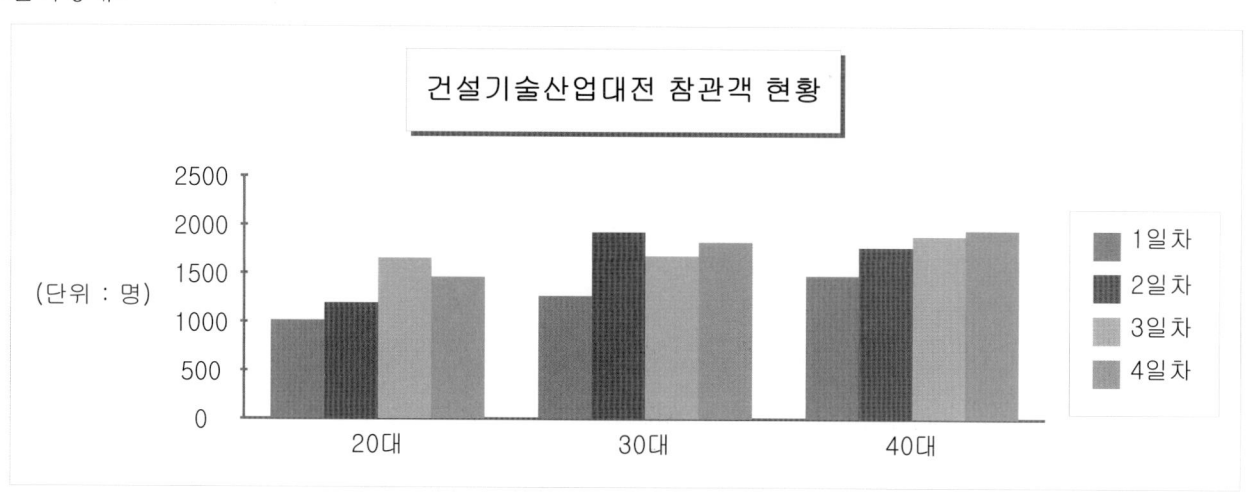

기능평가 Ⅱ (150점)

3. 다음의 (1), (2)의 수식을 수식 편집기로 각각 입력하시오. (40점)

≪출력형태≫

(1) $\dfrac{k_x}{2h} \times (-2mk_x) = -\dfrac{mk^2}{h}$

(2) $\displaystyle\int_a^b xf(x)dx = \dfrac{1}{b-a}\int_a^b xdx = \dfrac{a+b}{2}$

4. 다음의 ≪조건≫에 따라 ≪출력형태≫와 같이 문서를 작성하시오. (110점)

≪조건≫
 (1) 그리기 도구를 이용하여 작성하고, 모든 도형(글맵시, 지정된 그림 포함)을 ≪출력형태≫와 같이 작성하시오.
 (2) 도형의 면색은 지시사항이 없으면 색 없음을 제외하고 서로 다르게 임의로 지정하시오.

≪출력형태≫

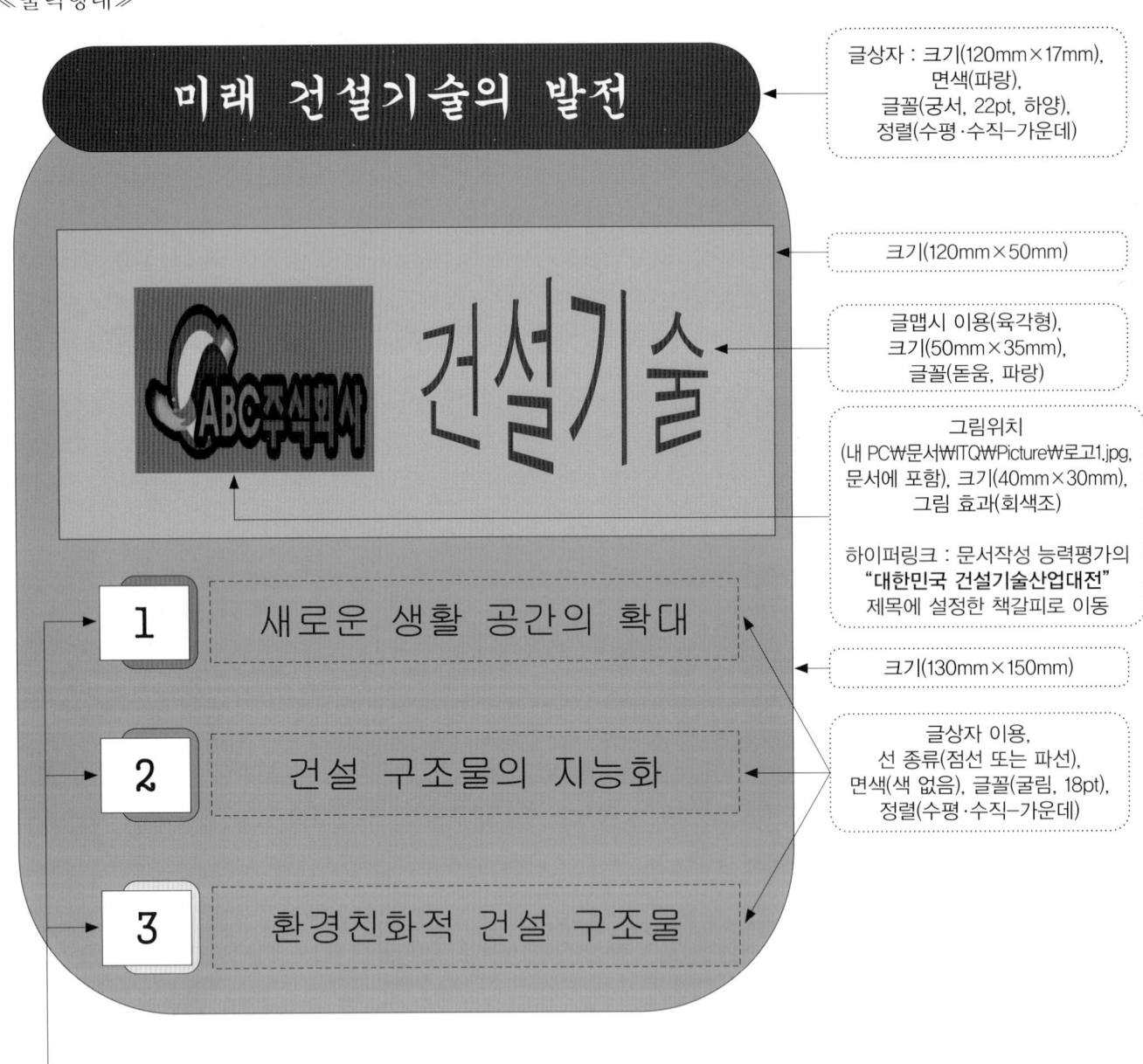

대한민국 건설기술산업대전

대한민국 건설기술산업대전은 국내 최초 건설기술산업 전문 전시회(展示會)로 국내 건설기술의 최신 트렌드와 정보를 제공한다. 다양한 전문 세션으로 구성된 세미나가 개최됨과 동시에 도로, 철도, 항만 및 해안, 교량, 터널 등의 기술 품목, 토공, 도로, 콘크리트, 플랜트, 특수장비 등의 장비 품목, 구조재료, 철강재료, 도료, 방수 단열재 등의 자재 품목, 각종 해석 및 설계 프로그램, BIM, 3D 모델링, 통신, 제어솔루션 등의 시스템 품목을 아우르는 건설기술 산업 전 분야가 전시된다.

한국건설기술연구원 구조융합연구소, 성균관대학교 자기치유친환경콘크리트센터, 한국BIM학회, 한국비계기술원, 한국크레인협회 등의 기관에서 세미나에 참여하고 신기술&신공법 소개, 건설 산업에서 4차 산업혁명과 BIM, 가설구조물 안정성 확보 방안 등의 다양한 프로그램을 준비하여 국제표준지표, 기술연구결과, 최신 건설기술 동향(動向)에 대한 수준 높은 강의가 진행된다. 건설기술에 관심 많은 종사자 및 실수요자가 건설 산업 현황을 한 눈에 파악할 수 있으며, 비즈니스 네트워크 구축을 통해 B2B Ⓐ 상호간 긴밀한 협조체계가 이뤄질 예정이다.

♣ 대한민국 건설기술산업대전 개요

가. 기간 및 장소
  ① 기간 : 2022년 12월 12일(월) - 15일(목)
  ② 장소 : 일산 킨텍스 제2전시장
나. 부대행사
  ① 컨퍼런스 : 최신 산업 트렌드, 글로벌 건설시장 사례 등
  ② 기술설명회 : 참가 기업 신기술공법, 제품 설명회

♣ 주요 세미나 프로그램 일정

구분	장소	프로그램	비고
1일차	3층 그랜드볼룸	에너지 절약기술을 적용한 제로 에너지 하우스	잔여 좌석은 선착순 현장접수 마감
1일차	302호 세미나실	4차 산업혁명과 디지털 건설 산업의 미래	
2일차	3층 그랜드볼룸	친환경 콘크리트, 스마트 건설재료 포럼	
2일차	302호 세미나실	스마트 건설기술 사례	
2일차	304호 세미나실	모듈러 공동주택의 실증사례 보고	

건설기술산업대전사무국

Ⓐ 기업과 기업 사이에 이루어지는 전자상거래를 일컫는 경제 용어

제09회 정보기술자격(ITQ) 시험

한컴오피스

과목	코드	문제유형	시험시간	수험번호	성명
아래한글	1111	D	60분		

수험자 유의사항

- 수험자는 문제지를 받는 즉시 문제지와 **수험표상의 시험과목(프로그램)이 동일한지 반드시 확인**하여야 합니다.
- 파일명은 본인의 "수험번호-성명"으로 입력하여 답안폴더(내 PC\문서\ITQ)에 하나의 파일로 저장해야 하며, 답안문서 파일명이 "수험번호-성명"과 일치하지 않거나, 답안파일을 전송하지 않아 미제출로 처리될 경우 실격 처리합니다(예:12345678-홍길동.hwp).
- 답안 작성을 마치면 파일을 저장하고, '답안 전송' 버튼을 선택하여 감독위원 PC로 답안을 전송하십시오. 수험생 정보와 저장한 파일명이 다를 경우 전송되지 않으므로 주의하시기 바랍니다.
- 답안 작성 중에도 **주기적으로 저장하고, '답안 전송'**하여야 문제 발생을 줄일 수 있습니다. 작업한 내용을 저장하지 않고 전송할 경우 이전에 저장된 내용이 전송되오니 이점 유의하시기 바랍니다.
- 답안문서는 지정된 경로 외의 다른 보조기억장치에 저장하는 경우, 지정된 시험 시간 외에 작성된 파일을 활용할 경우, 기타 통신수단(이메일, 메신저, 네트워크 등)을 이용하여 타인에게 전달 또는 외부 반출하는 경우는 부정 처리합니다.
- 시험 중 부주의 또는 고의로 시스템을 파손한 경우는 수험자가 변상해야 하며, 〈수험자 유의사항〉에 기재된 방법대로 이행하지 않아 생기는 불이익은 수험생 당사자의 책임임을 알려 드립니다.
- 문제의 조건은 한컴오피스 2020 버전으로 설정되어 있으며 한컴오피스 NEO는 【 】에 표기되어 있습니다. 이와 관련하여 작성한 답안의 출력형태가 문제지와 다를 수 있습니다.
- 시험을 완료한 수험자는 답안파일이 전송되었는지 확인한 후 감독위원의 지시에 따라 문제지를 제출하고 퇴실합니다.

답안 작성요령

- 온라인 답안 작성 절차
  수험자 등록 ⇒ 시험 시작 ⇒ 답안파일 저장 ⇒ 답안 전송 ⇒ 시험 종료
- 공통 부문
  - 글꼴에 대한 기본설정은 함초롬바탕, 10포인트, 검정, 줄간격 160%, 양쪽정렬로 합니다.
  - 색상은 조건의 색을 적용하고 색의 구분이 안될 경우에는 RGB 값을 적용합니다
    (빨강 255,0,0 / 파랑 0,0,255 / 노랑 255,255,0).
  - 각 문항에 주어진 ≪조건≫에 따라 작성하고 언급하지 않은 조건은 ≪출력형태≫와 같이 작성합니다.
  - 용지여백은 왼쪽·오른쪽 11mm, 위쪽·아래쪽·머리말·꼬리말 10mm, 제본 0mm로 합니다.
  - 그림 삽입 문제의 경우 「내 PC\문서\ITQ\Picture」 폴더에서 지정된 파일을 선택하여 삽입하십시오.
  - 삽입한 그림은 반드시 문서에 포함하여 저장해야 합니다(미포함 시 감점 처리).
  - 각 항목은 지정된 페이지에 출력형태와 같이 정확히 작성하시기 바라며, 그렇지 않을 경우에 해당 항목은 0점 처리됩니다.
    ※ 페이지구분 : 1페이지 - 기능평가 Ⅰ (문제번호 표시 : 1. 2.),
          2페이지 - 기능평가 Ⅱ (문제번호 표시 : 3. 4.),
          3페이지 - 문서작성 능력평가
- 기능평가
  - 문제와 ≪조건≫은 입력하지 않으며 문제번호와 답(≪출력형태≫)만 작성합니다.
  - 4번 문제는 묶기를 했을 경우 0점 처리됩니다.
- 문서작성 능력평가
  - A4 용지(210mm×297mm) 1매 크기, 세로 서식 문서로 작성합니다.
  - ▭ 표시는 문서작성에 대한 지시사항이므로 작성하지 않습니다.

kpc 한국생산성본부

기능평가 Ⅰ (150점)

1. 다음의 ≪조건≫에 따라 스타일 기능을 적용하여 ≪출력형태≫와 같이 작성하시오. (50점)

   ≪조건≫　(1) 스타일 이름 – unification
   　　　　(2) 문단 모양 – 왼쪽 여백 : 15pt, 문단 아래 간격 : 10pt
   　　　　(3) 글자 모양 – 글꼴 : 한글(돋움)/영문(굴림), 크기 : 10pt, 장평 : 95%, 자간 : 5%

   ≪출력형태≫

   In 1960s, public discussions on unification issues sprang up in various sectors in South Korean society and government felt the need set up a consistent unification policy.

   1960년대 통일 문제에 대한 대중의 논의는 한국 사회의 여러 분야에서 시작되었고, 정부는 국민들의 말에 귀를 기울이고 일관된 통일 정책을 수립할 필요성을 느꼈다.

2. 다음의 ≪조건≫에 따라 ≪출력형태≫와 같이 표와 차트를 작성하시오. (100점)

   ≪표 조건≫　(1) 표 전체(표, 캡션) – 돋움, 10pt
   　　　　　(2) 정렬 – 문자 : 가운데 정렬, 숫자 : 오른쪽 정렬
   　　　　　(3) 셀 배경(면색) : 노랑
   　　　　　(4) 한글의 계산 기능을 이용하여 빈칸에 합계를 구하고, 캡션 기능 사용할 것
   　　　　　(5) 선 모양은 ≪출력형태≫와 동일하게 처리할 것

   ≪출력형태≫

   남북 주요도시 인구 현황(단위 : 천 명)

지역	서울	부산	평양	청진	합계
1970년	5,681	2,041	981	300	
2000년	10,072	3,732	2,771	593	
2018년	9,723	3,413	2,901	642	
2020년	9,630	3,392	2,940	650	

   ≪차트 조건≫　(1) 차트 데이터는 표 내용에서 지역별 1970년, 2000년, 2018년의 값만 이용할 것
   　　　　　　(2) 종류 – 〈묶은 세로 막대형〉으로 작업할 것
   　　　　　　(3) 제목 – 굴림, 진하게, 12pt, 속성 – 채우기(하양), 테두리, 그림자(대각선 오른쪽 아래)
   　　　　　　　【굴림, 진하게, 12pt, 배경 – 선 모양(한 줄로), 그림자(2pt)】
   　　　　　　(4) 제목 이외의 전체 글꼴 – 굴림, 보통, 10pt
   　　　　　　(5) 축제목과 범례는 ≪출력형태≫와 동일하게 처리할 것

   ≪출력형태≫

   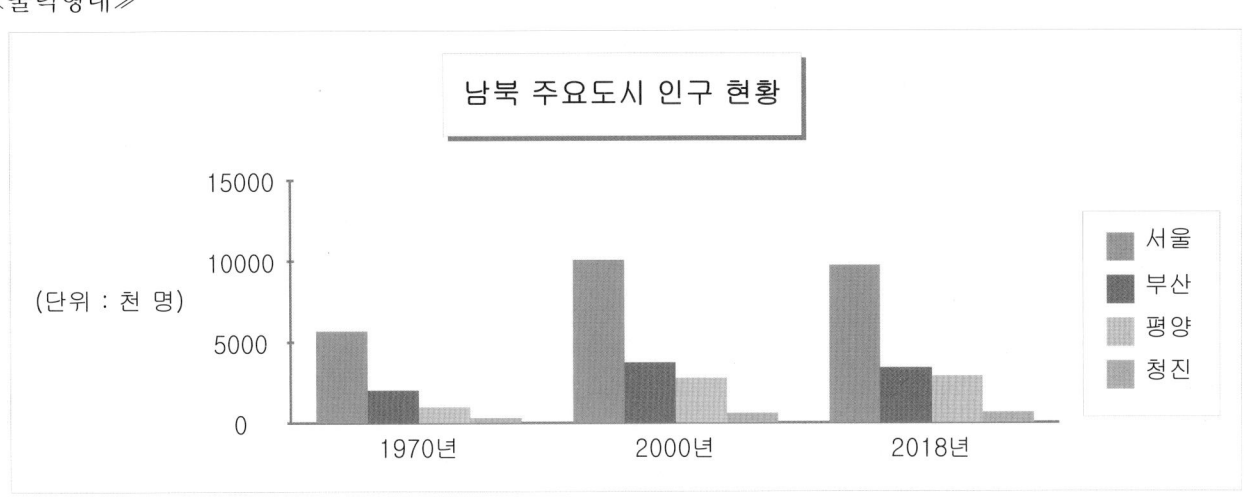

기능평가 II (150점)

3. 다음의 (1), (2)의 수식을 수식 편집기로 각각 입력하시오. (40점)

≪출력형태≫

(1) $E = \sqrt{\dfrac{GM}{R}}, \dfrac{R^3}{T^2} = \dfrac{GM}{4\pi^2}$

(2) $\displaystyle\int_0^1 (\sin x + \dfrac{x}{2})dx = \int_0^1 \dfrac{1+\sin x}{2}dx$

4. 다음의 ≪조건≫에 따라 ≪출력형태≫와 같이 문서를 작성하시오. (110점)

≪조건≫
(1) 그리기 도구를 이용하여 작성하고, 모든 도형(글맵시, 지정된 그림 포함)을 ≪출력형태≫와 같이 작성하시오.
(2) 도형의 면색은 지시사항이 없으면 색 없음을 제외하고 서로 다르게 임의로 지정하시오.

≪출력형태≫

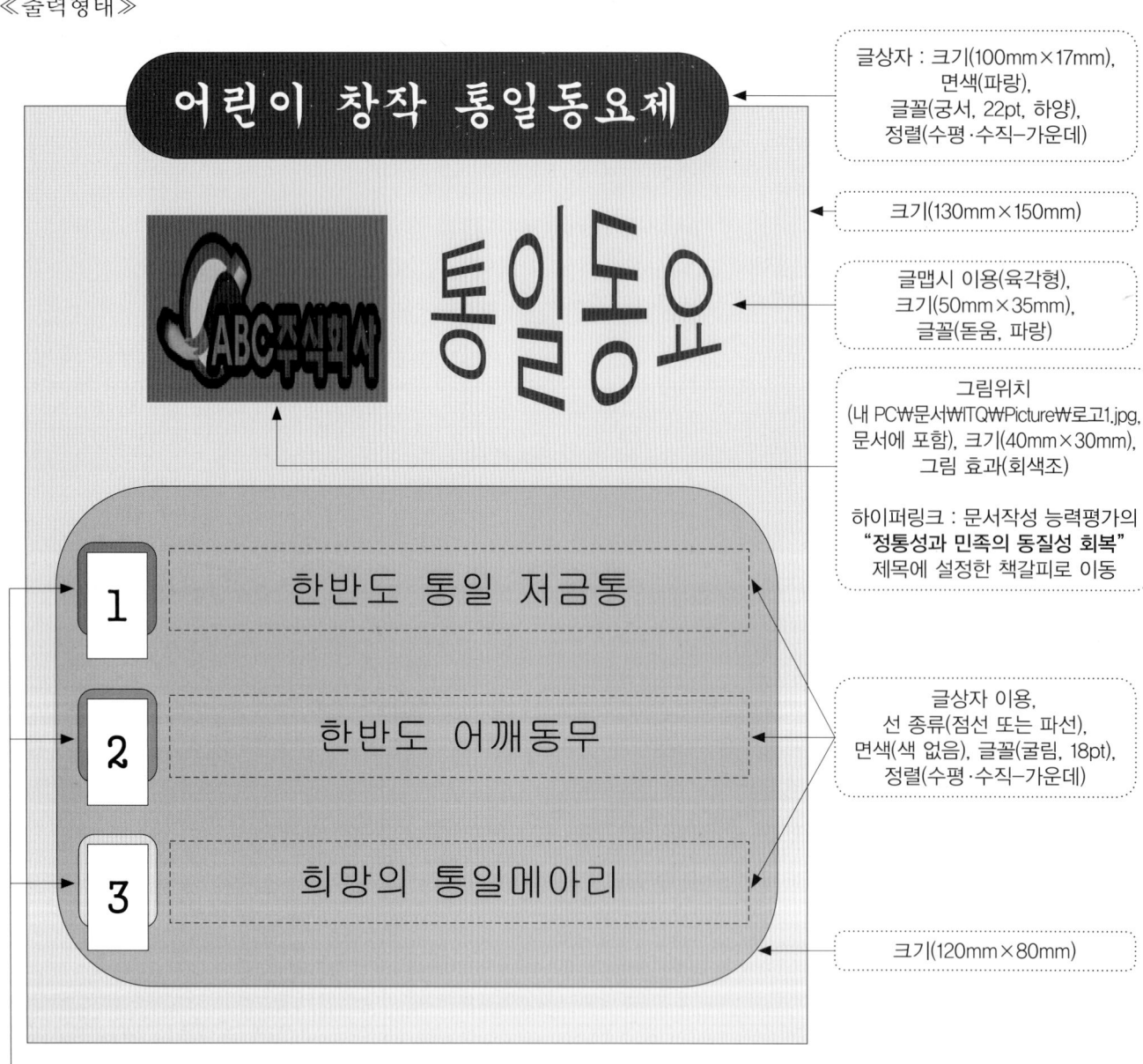

정통성과 민족의 동질성 회복

통일은 남북한 국민이 한 민족@ 하나의 국민이라고 느끼고 남북한 단일체제 수립(樹立)을 넘어 한마음이 된 상태를 의미한다. 통일은 분단된 국토가 하나 되는 것은 물론 정치적으로 대립되었던 체제를 하나로 만드는 것이고, 경제적으로 서로 다른 제도를 하나로 거듭나게 하는 것이며, 남북 주민 사이에 내면화된 이질적인 문화를 하나로 다시 탄생시키는 것이다. 우리가 추구하는 통일은 인류 보편적 가치로 자리 잡은 자유민주주의와 시장경제를 바탕으로 구성원 모두의 자유와 인권이 보장되는 민족공동체의 건설이다.

통일은 분단으로 인해 굴절된 역사를 바로잡고, 민족공동체 건설을 통해 우리 민족의 총체적 역량을 극대화하기 위해 필요하다. 또한 통일은 분단에 따른 유형, 무형적인 비용을 소멸시키고 새로운 이득을 창출(創出)함으로 인해 국가와 사회뿐 아니라 개인에게도 삶의 질을 향상시킬 것이다. 개인적 차원에서 통일은 이산가족의 고통을 해소하고 남북 간에 자유롭게 오고 가며 살 수 있는 등의 다양한 선택의 기회를 부여하며 인간적인 삶을 보장할 것이다. 통일은 21세기 한민족의 새로운 비상과 선진일류국가로 도약하기 위한 수단으로써 필요하다.

♠ 통일교육의 내용

    I. 통일 문제
        A. 통일의 의의와 필요성, 남북관계의 전개
        B. 국제질서와 한반도 통일, 통일의 비전과 과제
    II. 북한 이해
        A. 북한을 보는 시각, 북한 변화 전망 등
        B. 북한 분야별 실상(정치, 외교, 군사, 경제, 교육, 문화, 예술)

♠ 지역별 통일관 현황

지역	위치	운영주체	휴관
서울	서울 구로구 궁동 35번지	서서울생활과학고등학교	매주 일요일, 공휴일
오두산	경기 파주시 통일전망대 내	민간위탁	매주 월요일
광주	광주 서구 화정2동	통일교육위원광주협의회	매주 월요일, 토요일
부산	부산 부산진구 자유회관 내	한국자유총연맹	연중무휴
기타 지역 현황		경남, 고성, 대전, 양구, 인천, 제주	

국립통일교육원

@ 언어와 문화상의 공통성에 기초하여 오랜 세월 역사적으로 형성된 사회 집단

제10회 정보기술자격(ITQ) 시험

한컴오피스

과목	코드	문제유형	시험시간	수험번호	성명
아래한글	1111	E	60분		

수험자 유의사항

- 수험자는 문제지를 받는 즉시 문제지와 **수험표상의 시험과목(프로그램)이 동일한지 반드시 확인**하여야 합니다.
- 파일명은 본인의 "수험번호-성명"으로 입력하여 답안폴더(내 PC₩문서₩ITQ)에 하나의 파일로 저장해야 하며, 답안문서 파일명이 "수험번호-성명"과 일치하지 않거나, 답안파일을 전송하지 않아 미제출로 처리될 경우 실격 처리합니다(예:12345678-홍길동.hwp).
- 답안 작성을 마치면 파일을 저장하고, '답안 전송' 버튼을 선택하여 감독위원 PC로 답안을 전송하십시오. 수험생 정보와 저장한 파일명이 다를 경우 전송되지 않으므로 주의하시기 바랍니다.
- 답안 작성 중에도 **주기적으로 저장하고, '답안 전송'**하여야 문제 발생을 줄일 수 있습니다. 작업한 내용을 저장하지 않고 전송할 경우 이전에 저장된 내용이 전송되오니 이점 유의하시기 바랍니다.
- 답안문서는 지정된 경로 외의 다른 보조기억장치에 저장하는 경우, 지정된 시험 시간 외에 작성된 파일을 활용할 경우, 기타 통신수단(이메일, 메신저, 네트워크 등)을 이용하여 타인에게 전달 또는 외부 반출하는 경우는 부정 처리합니다.
- 시험 중 부주의 또는 고의로 시스템을 파손한 경우는 수험자가 변상해야 하며, 〈수험자 유의사항〉에 기재된 방법대로 이행하지 않아 생기는 불이익은 수험생 당사자의 책임임을 알려 드립니다.
- 문제의 조건은 한컴오피스 2020 버전으로 설정되어 있으며 한컴오피스 NEO는 【 】에 표기되어 있습니다. 이와 관련하여 작성한 답안의 출력형태가 문제지와 다를 수 있습니다.
- 시험을 완료한 수험자는 답안파일이 전송되었는지 확인한 후 감독위원의 지시에 따라 문제지를 제출하고 퇴실합니다.

답안 작성요령

- 온라인 답안 작성 절차
  수험자 등록 ⇒ 시험 시작 ⇒ 답안파일 저장 ⇒ 답안 전송 ⇒ 시험 종료
- 공통 부문
  - 글꼴에 대한 기본설정은 함초롬바탕, 10포인트, 검정, 줄간격 160%, 양쪽정렬로 합니다.
  - 색상은 조건의 색을 적용하고 색의 구분이 안될 경우에는 RGB 값을 적용합니다
    (빨강 255,0,0 / 파랑 0,0,255 / 노랑 255,255,0).
  - 각 문항에 주어진 ≪조건≫에 따라 작성하고 언급하지 않은 조건은 ≪출력형태≫와 같이 작성합니다.
  - 용지여백은 왼쪽·오른쪽 11mm, 위쪽·아래쪽·머리말·꼬리말 10mm, 제본 0mm로 합니다.
  - 그림 삽입 문제의 경우 「내 PC₩문서₩ITQ₩Picture」 폴더에서 지정된 파일을 선택하여 삽입하십시오.
  - 삽입한 그림은 반드시 문서에 포함하여 저장해야 합니다(미포함 시 감점 처리).
  - 각 항목은 지정된 페이지에 출력형태와 같이 정확히 작성하시기 바라며, 그렇지 않을 경우에 해당 항목은 0점 처리됩니다.
    ※ 페이지구분 : 1페이지 - 기능평가 Ⅰ (문제번호 표시 : 1. 2.),
    2페이지 - 기능평가 Ⅱ (문제번호 표시 : 3. 4.),
    3페이지 - 문서작성 능력평가
- 기능평가
  - 문제와 ≪조건≫은 입력하지 않으며 문제번호와 답(≪출력형태≫)만 작성합니다.
  - 4번 문제는 묶기를 했을 경우 0점 처리됩니다.
- 문서작성 능력평가
  - A4 용지(210㎜×297㎜) 1매 크기, 세로 서식 문서로 작성합니다.
  - ☐ 표시는 문서작성에 대한 지시사항이므로 작성하지 않습니다.

kpc 한국생산성본부

기능평가 Ⅰ (150점)

1. 다음의 ≪조건≫에 따라 스타일 기능을 적용하여 ≪출력형태≫와 같이 작성하시오. (50점)

≪조건≫
(1) 스타일 이름 – data
(2) 문단 모양 – 왼쪽 여백 : 15pt, 문단 아래 간격 : 10pt
(3) 글자 모양 – 글꼴 : 한글(돋움)/영문(굴림), 크기 : 10pt, 장평 : 95%, 자간 : 5%

≪출력형태≫

Data analytics has become an important technological factor in medical and public health in collecting and screening data for COVID-19 treatment research and clinical trials.

데이터 분석은 코로나19 치료 연구 및 임상 시험을 위한 데이터 수집과 선별에 있어 의료 및 공중 보건의 중요한 기술적 요소가 되었다.

2. 다음의 ≪조건≫에 따라 ≪출력형태≫와 같이 표와 차트를 작성하시오. (100점)

≪표 조건≫
(1) 표 전체(표, 캡션) – 굴림, 10pt
(2) 정렬 – 문자 : 가운데 정렬, 숫자 : 오른쪽 정렬
(3) 셀 배경(면색) : 노랑
(4) 한글의 계산 기능을 이용하여 빈칸에 합계를 구하고, 캡션 기능 사용할 것
(5) 선 모양은 ≪출력형태≫와 동일하게 처리할 것

≪출력형태≫

주요 국가의 데이터 시장규모(단위 : 10억 달러)

구분	2018년	2019년	2020년	2021년	합계
미국	16.60	21.20	24.70	30.62	
유럽	4.10	5.34	6.30	7.60	
영국	2.15	2.68	3.06	3.59	
프랑스	0.55	0.74	0.91	1.15	

≪차트 조건≫
(1) 차트 데이터는 표 내용에서 연도별 미국, 유럽, 영국의 값만 이용할 것
(2) 종류 – 〈묶은 세로 막대형〉으로 작업할 것
(3) 제목 – 돋움, 진하게, 12pt, 속성 – 채우기(하양), 테두리, 그림자(대각선 오른쪽 아래)
【돋움, 진하게, 12pt, 배경 – 선 모양(한 줄로), 그림자(2pt)】
(4) 제목 이외의 전체 글꼴 – 돋움, 보통, 10pt
(5) 축제목과 범례는 ≪출력형태≫와 동일하게 처리할 것

≪출력형태≫

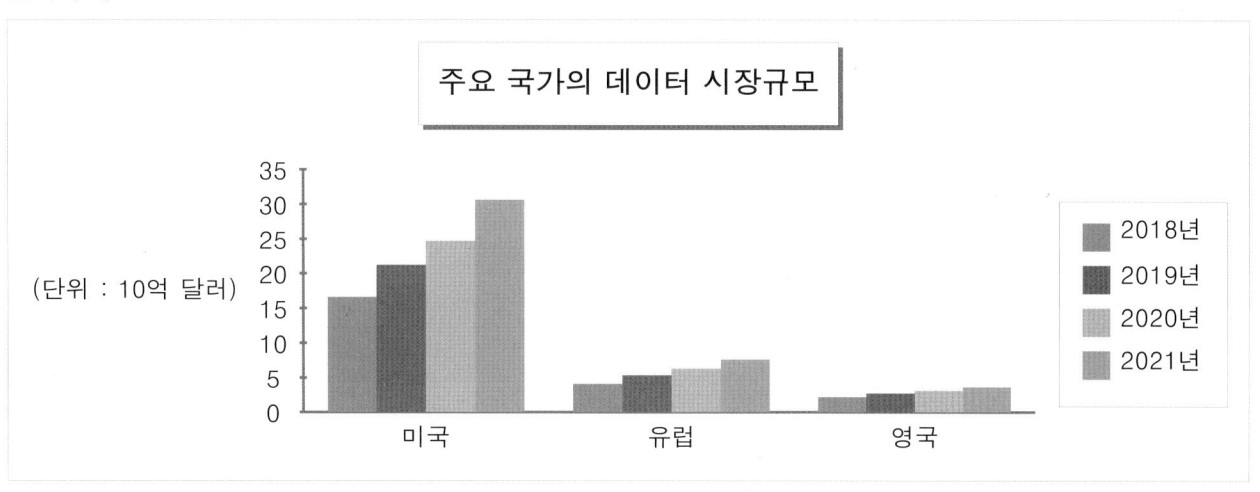

기능평가 Ⅱ (150점)

3. 다음의 (1), (2)의 수식을 수식 편집기로 각각 입력하시오. (40점)

≪출력형태≫

(1) $\vec{F} = -\dfrac{4\pi^2 m}{T^2} + \dfrac{m}{T^3}$

(2) $\overline{AB} = \sqrt{(x_2 - x_1)^2 + (y_2 - y_1)^2}$

4. 다음의 ≪조건≫에 따라 ≪출력형태≫와 같이 문서를 작성하시오. (110점)

≪조건≫
(1) 그리기 도구를 이용하여 작성하고, 모든 도형(글맵시, 지정된 그림 포함)을 ≪출력형태≫와 같이 작성하시오.
(2) 도형의 면색은 지시사항이 없으면 색 없음을 제외하고 서로 다르게 임의로 지정하시오.

≪출력형태≫

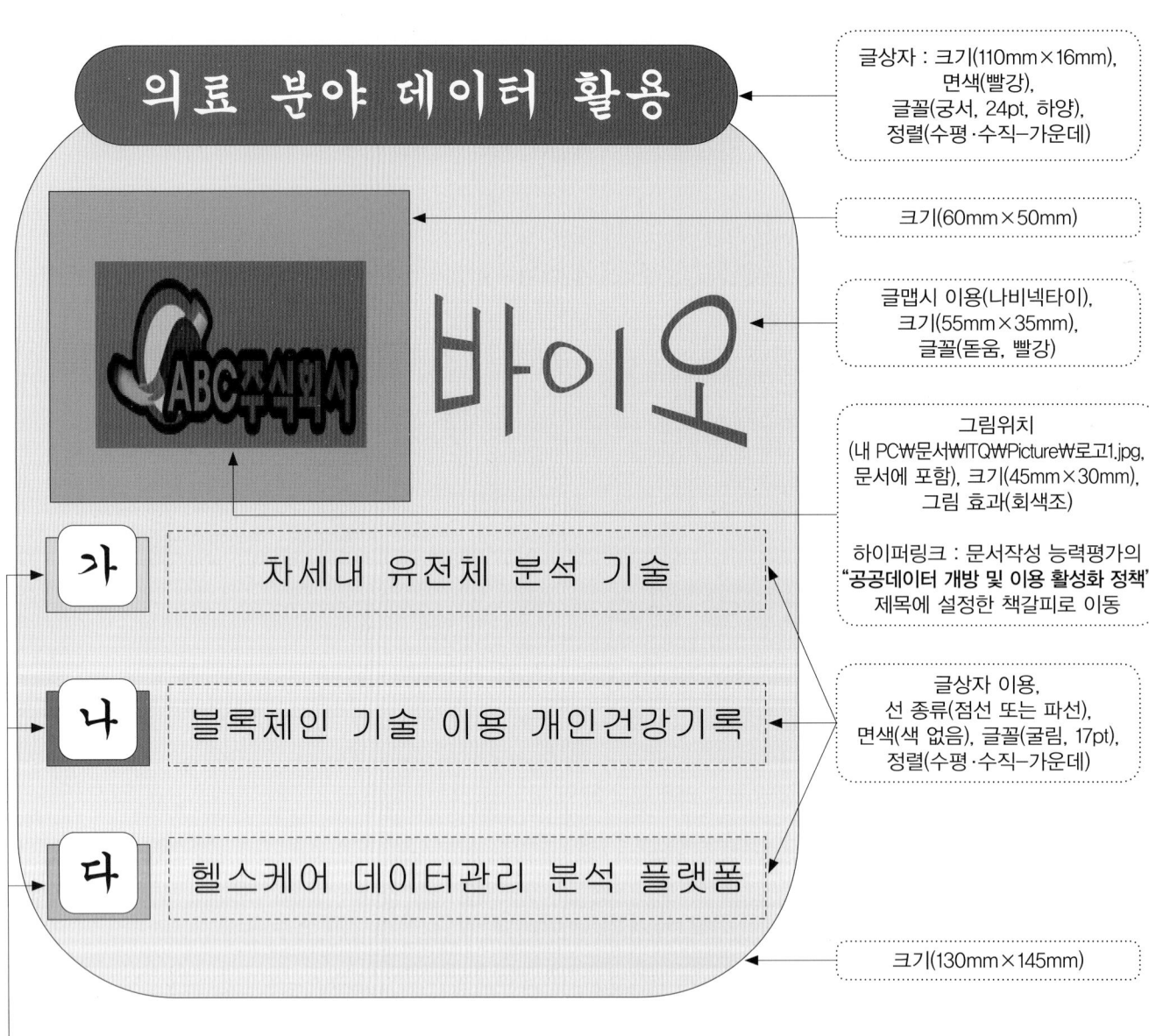

공공데이터 개방 및 이용 활성화 정책

코로나19의 세계적 유행을 극복하는 과정에서 공공데이터 활용이 위기 대응에 기여하는 사례가 늘어남에 따라 데이터 경제 가속화를 가져오는데 공공데이터가 핵심으로 부상하게 되었다. 이에 코로나19로 인한 경제 위기를 극복하고 디지털 전환 시대에 세계 경제를 선도(先導)하기 위해 정부는 '한국판 뉴딜'의 한 축으로 '디지털 뉴딜' 정책을 발표했다. 과학기술정보통신부는 디지털 뉴딜 정책의 일환으로 데이터 수집, 가공, 활용 기반을 강화하여 데이터 경제와 인공지능 경제로 전환하기 위해 데이터 댐 프로젝트를 핵심 과제로 추진하고 있다.

인공지능 개발에 필수적인 인공지능 학습용 데이터를 누구나 편리한 시간과 장소에서 수집하고 가공하며 검증할 수 있도록 크라우드 소싱 방식㉠을 적용하여 170종 4억 8천만 건의 데이터를 개방(開放)했다. 데이터를 국민 누구나 손쉽게 찾아 활용할 수 있도록 분야별 빅데이터 플랫폼 및 센터를 구축하여 6개 플랫폼과 50개 센터를 운영하고 있다. 또한 여러 기관에 분산된 개인 데이터를 가치 있게 활용할 수 있도록 마이데이터 실증사업을 추진하고 정보 주체 중심의 데이터 활용 확산에 기여하고 있다.

♣ 디지털 뉴딜 및 빅데이터 관련 정책

　I. 그린산업 분야 에너지효율 과제
　　A. 전력수요관리를 위한 아파트 스마트 전력량계 보급
　　B. 노후건물 에너지 빅데이터 시스템 구축
　II. 일반행정 분야 스마트정부 과제
　　A. 공공데이터 개방 및 이용 활성화 지원
　　B. 행정기관 정보통신 이용환경 고도화

♣ 디지털 정보기술 분야 경쟁력 지수

순위	ICT 수용 능력	유연한 근무방식	디지털 기술	디지털 법적 프레임워크
1	대한민국	네덜란드	핀란드	미국
2	아랍에미리트	뉴질랜드	스웨덴	룩셈부르크
3	홍콩	스위스	에스토니아	싱가포르
4	스웨덴	에스토니아	아이슬란드	아랍에미리트
5	일본	미국		말레이시아

한국지능정보사회진흥원

㉠ 대중들의 참여로 해결책을 얻는 방법

제 11 회 정보기술자격(ITQ) 시험

한컴오피스

과목	코드	문제유형	시험시간	수험번호	성명
아래한글	1111	A	60분		

수험자 유의사항

- 수험자는 문제지를 받는 즉시 문제지와 **수험표상의 시험과목(프로그램)이 동일한지 반드시 확인**하여야 합니다.
- 파일명은 본인의 "수험번호-성명"으로 입력하여 답안폴더(내 PC₩문서₩ITQ)에 하나의 파일로 저장해야 하며, 답안문서 파일명이 "수험번호-성명"과 일치하지 않거나, 답안파일을 전송하지 않아 미제출로 처리될 경우 실격 처리합니다(예:12345678-홍길동.hwp).
- 답안 작성을 마치면 파일을 저장하고, '답안 전송' 버튼을 선택하여 감독위원 PC로 답안을 전송하십시오. 수험생 정보와 저장한 파일명이 다를 경우 전송되지 않으므로 주의하시기 바랍니다.
- 답안 작성 중에도 **주기적으로 저장하고, '답안 전송'**하여야 문제 발생을 줄일 수 있습니다. 작업한 내용을 저장하지 않고 전송할 경우 이전에 저장된 내용이 전송되오니 이점 유의하시기 바랍니다.
- 답안문서는 지정된 경로 외의 다른 보조기억장치에 저장하는 경우, 지정된 시험 시간 외에 작성된 파일을 활용할 경우, 기타 통신수단(이메일, 메신저, 네트워크 등)을 이용하여 타인에게 전달 또는 외부 반출하는 경우는 부정 처리합니다.
- 시험 중 부주의 또는 고의로 시스템을 파손한 경우는 수험자가 변상해야 하며, 〈수험자 유의사항〉에 기재된 방법대로 이행하지 않아 생기는 불이익은 수험생 당사자의 책임임을 알려 드립니다.
- 문제의 조건은 한컴오피스 2020 버전으로 설정되어 있으며 한컴오피스 NEO는 【 】에 표기되어 있습니다. 이와 관련하여 작성한 답안의 출력형태가 문제지와 다를 수 있습니다.
- 시험을 완료한 수험자는 답안파일이 전송되었는지 확인한 후 감독위원의 지시에 따라 문제지를 제출하고 퇴실합니다.

답안 작성요령

- 온라인 답안 작성 절차
  수험자 등록 ⇒ 시험 시작 ⇒ 답안파일 저장 ⇒ 답안 전송 ⇒ 시험 종료
- 공통 부문
  - 글꼴에 대한 기본설정은 함초롬바탕, 10포인트, 검정, 줄간격 160%, 양쪽정렬로 합니다.
  - 색상은 조건의 색을 적용하고 색 구분이 안될 경우에는 RGB 값을 적용합니다
    (빨강 255,0,0 / 파랑 0,0,255 / 노랑 255,255,0).
  - 각 문항에 주어진 ≪조건≫에 따라 작성하고 언급하지 않은 조건은 ≪출력형태≫와 같이 작성합니다.
  - 용지여백은 왼쪽·오른쪽 11㎜, 위쪽·아래쪽·머리말·꼬리말 10㎜, 제본 0㎜로 합니다.
  - 그림 삽입 문제의 경우 「내 PC₩문서₩ITQ₩Picture」 폴더에서 지정된 파일을 선택하여 삽입하십시오.
  - 삽입한 그림은 반드시 문서에 포함하여 저장해야 합니다(미포함 시 감점 처리).
  - 각 항목은 지정된 페이지에 출력형태와 같이 정확히 작성하시기 바라며, 그렇지 않을 경우에 해당 항목은 0점 처리됩니다.
    ※ 페이지구분 : 1페이지 - 기능평가 Ⅰ (문제번호 표시 : 1. 2.),
          2페이지 - 기능평가 Ⅱ (문제번호 표시 : 3. 4.),
          3페이지 - 문서작성 능력평가
- 기능평가
  - 문제와 ≪조건≫은 입력하지 않으며 문제번호와 답(≪출력형태≫)만 작성합니다.
  - 4번 문제는 묶기를 했을 경우 0점 처리됩니다.
- 문서작성 능력평가
  - A4 용지(210㎜×297㎜) 1매 크기, 세로 서식 문서로 작성합니다.
  - ▨ 표시는 문서작성에 대한 지시사항이므로 작성하지 않습니다.

kpc 한국생산성본부

기능평가 Ⅰ (150점)

1. 다음의 ≪조건≫에 따라 스타일 기능을 적용하여 ≪출력형태≫와 같이 작성하시오. (50점)

≪조건≫
(1) 스타일 이름 – copyright
(2) 문단 모양 – 왼쪽 여백 : 15pt, 문단 아래 간격 : 10pt
(3) 글자 모양 – 글꼴 : 한글(굴림)/영문(바탕), 크기 : 10pt, 장평 : 95%, 자간 : 5%

≪출력형태≫

Copyright enriches the life of people. For culture and arts of life and development of scientific journals toward intellectual life, the copyright protection is essential.

저작권자는 자신의 저작권이 침해되었을 경우 해당 저작물에 대한 복제 및 전송 중단 요청 민사상 손해배상 청구, 형사 고소를 할 수 있다.

2. 다음의 ≪조건≫에 따라 ≪출력형태≫와 같이 표와 차트를 작성하시오. (100점)

≪표 조건≫
(1) 표 전체(표, 캡션) – 돋움, 10pt
(2) 정렬 – 문자 : 가운데 정렬, 숫자 : 오른쪽 정렬
(3) 셀 배경(면색) : 노랑
(4) 한글의 계산 기능을 이용하여 빈칸에 평균(소수점 두 자리)을 구하고, 캡션 기능 사용할 것
(5) 선 모양은 ≪출력형태≫와 동일하게 처리할 것

≪출력형태≫

유형별 저작권 상담 현황(단위 : 백 건)

유형	2017년	2018년	2019년	2020년	평균
인터넷상담	8.7	1.7	1.7	4.1	
내방상담	8.2	11.2	7.4	0.8	
서신상담	0.7	0.8	1.2	1.1	
전화상담	430.7	426.4	434.9	429.4	

≪차트 조건≫
(1) 차트 데이터는 표 내용에서 연도별 인터넷상담, 내방상담, 서신상담의 값만 이용할 것
(2) 종류 – 〈묶은 세로 막대형〉으로 작업할 것
(3) 제목 – 굴림, 진하게, 12pt, 속성 – 채우기(하양), 테두리, 그림자(대각선 오른쪽 아래)
【굴림, 진하게, 12pt, 배경 – 선 모양(한 줄로), 그림자(2pt)】
(4) 제목 이외의 전체 글꼴 – 굴림, 보통, 10pt
(5) 축제목과 범례는 ≪출력형태≫와 동일하게 처리할 것

≪출력형태≫

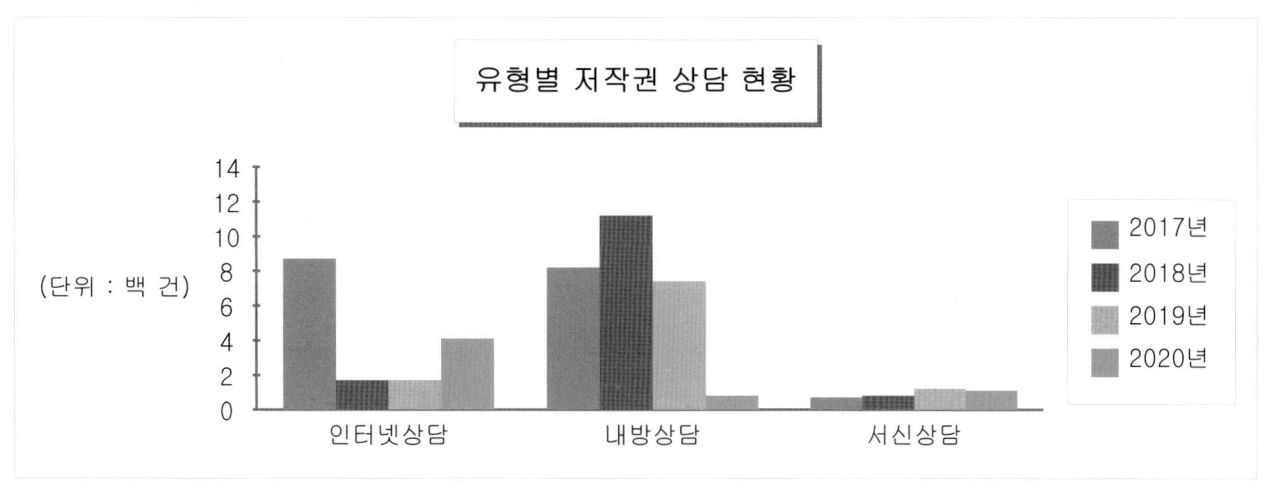

기능평가 Ⅱ (150점)

3. 다음의 (1), (2)의 수식을 수식 편집기로 각각 입력하시오. (40점)

≪출력형태≫

(1) $\dfrac{h_1}{h_2} = (\sqrt{a})^{M_2 - M_1} \fallingdotseq 2.5^{M_2 - M_1}$

(2) $h = \sqrt{k^2 - r^2},\ M = \dfrac{1}{3}\pi r^2 h$

4. 다음의 ≪조건≫에 따라 ≪출력형태≫와 같이 문서를 작성하시오. (110점)

≪조건≫
  (1) 그리기 도구를 이용하여 작성하고, 모든 도형(글맵시, 지정된 그림 포함)을 ≪출력형태≫와 같이 작성하시오.
  (2) 도형의 면색은 지시사항이 없으면 색 없음을 제외하고 서로 다르게 임의로 지정하시오.

≪출력형태≫

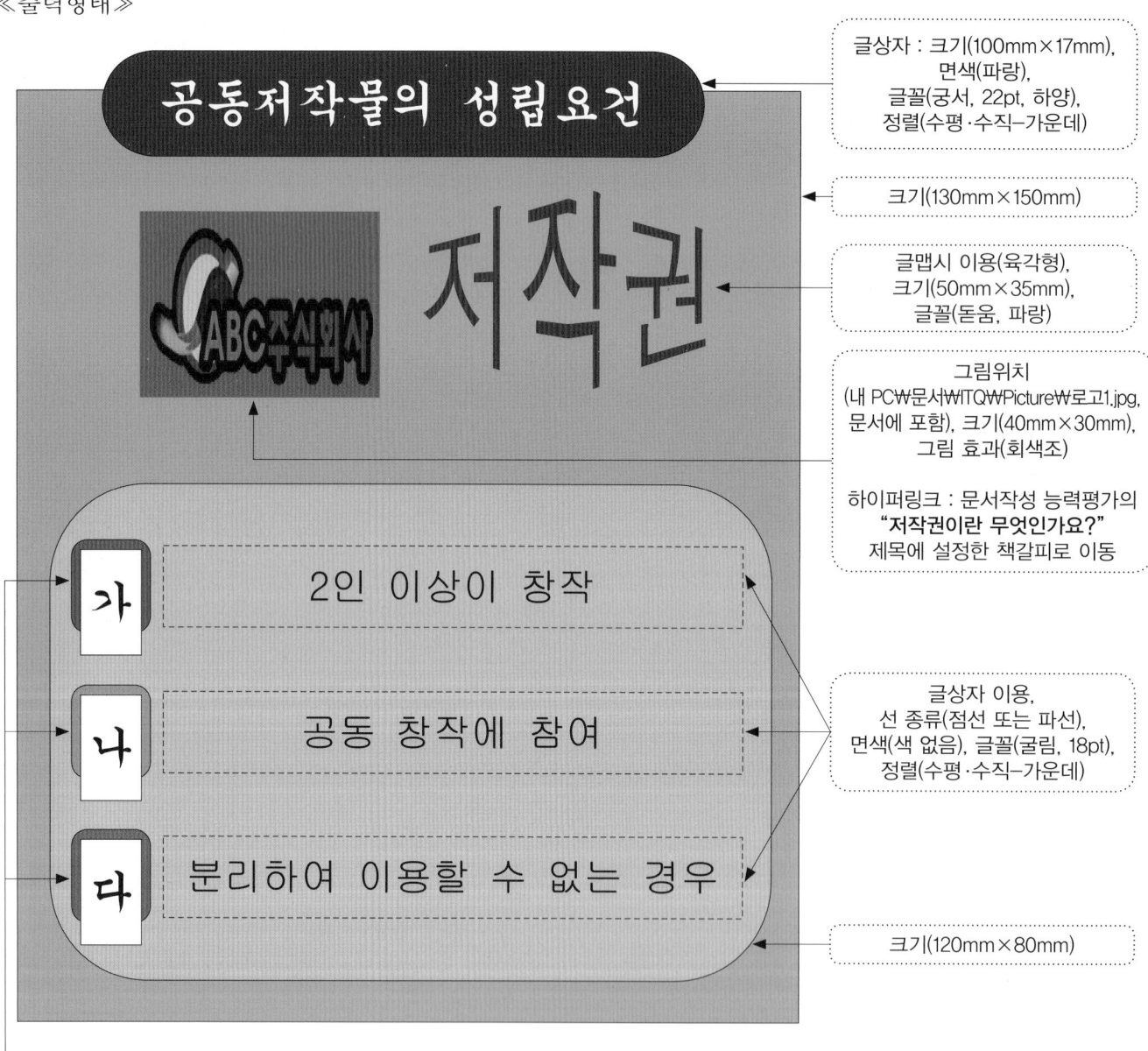

문화경제의 경쟁력
저작권이란 무엇인가요?

저작권이란 저작물을 창작한 사람 및 기타 권리자에게 저작권법이 인정하고 있는 배타적 권리를 말한다. 단, 저작권법㉮은 저작물의 이용을 도모(圖謀)하기 위해 창작자 및 기타 권리자에게 일정기간에 한하여 독점 배타적 권리를 인정하고 있으며, 공정한 이용을 위하여 일정한 저작권 제한 사유를 규정하고 있다. 저작권과 관련된 역할자는 저작물을 창작하고 이에 대해 권리를 가지는 저작권자와 이러한 저작물을 해석하고 전달하는 데 대하여 권리를 가지는 저작인접권자, 그리고 이러한 저작물이나 저작인접물을 소비하는 이용자가 있다. 이 용자에는 이를 사용하거나 향유(享有)하는 소비적 이용자와 이를 활용하여 또 다른 창작을 꾀하는 생산적 이용자가 있는가 하면, 이를 매개하거나 다른 목적을 위하여 활용하는 도서관이나 학교와 같은 기관들도 있다.

저작물의 창작과 전달 그리고 그의 이용을 둘러싼 이들 각 역할자 사이의 관계는 기본적으로 저작권법 등의 법규와 이에 기초한 계약, 그리고 각종 사법제도에 의하여 규율된다. 저작물의 창작과 이용에 활용되는 기술과 각 역할자의 법의식 등 행동 윤리 역시 이들 간의 관계에 중대한 영향을 미친다.

♠ 저작권 교육

I. 오프라인
  A. 저작권 강사가 현장을 방문하여 저작권 교육
  B. 저작권 및 문화콘텐츠 산업종사자의 직능 수준별 교육과정 운영
II. 온라인
  A. 전국 어디서나 언제든지 학습할 수 있도록 학습관리시스템 운영
  B. 기관별 자체 LMS 또는 온라인 학습방 등에 탑재하여 원격교육

♠ 지식재산권과 저작재산권의 구성

지식재산권			저작재산권		
저작권	저작, 저작인접, 데이터베이스	복제	유형적	복제권, 2차적저작물작성권
			무형적	공연권
산업재산권	특허, 실용신안, 산업디자인, 상표	전달	유형적	배포권, 전시권
기타	반도체 설계, 초상, 영업비밀보호 등		무형적	공중송신권(방송, 전송 등)

한국저작권위원회

㉮ 저작자의 권리와 이에 인접한 권리를 보호하기 위하여 만든 법률

제 12 회 정보기술자격(ITQ) 시험

한컴오피스

과목	코드	문제유형	시험시간	수험번호	성명
아래한글	1111	B	60분		

수험자 유의사항

- 수험자는 문제지를 받는 즉시 문제지와 <u>수험표상의 시험과목(프로그램)이 동일한지 반드시 확인</u>하여야 합니다.
- 파일명은 본인의 "수험번호-성명"으로 입력하여 답안폴더(내 PC₩문서₩ITQ)에 하나의 파일로 저장해야 하며, 답안문서 파일명이 "수험번호-성명"과 일치하지 않거나, 답안파일을 전송하지 않아 미제출로 처리될 경우 실격 처리합니다(예:12345678-홍길동.hwp).
- 답안 작성을 마치면 파일을 저장하고, '답안 전송' 버튼을 선택하여 감독위원 PC로 답안을 전송하십시오. 수험생 정보와 저장한 파일명이 다를 경우 전송되지 않으므로 주의하시기 바랍니다.
- 답안 작성 중에도 <u>주기적으로 저장하고, '답안 전송'</u>하여야 문제 발생을 줄일 수 있습니다. 작업한 내용을 저장하지 않고 전송할 경우 이전에 저장된 내용이 전송되오니 이점 유의하시기 바랍니다.
- 답안문서는 지정된 경로 외의 다른 보조기억장치에 저장하는 경우, 지정된 시험 시간 외에 작성된 파일을 활용할 경우, 기타 통신수단(이메일, 메신저, 네트워크 등)을 이용하여 타인에게 전달 또는 외부 반출하는 경우는 부정 처리합니다.
- 시험 중 부주의 또는 고의로 시스템을 파손한 경우는 수험자가 변상해야 하며, 〈수험자 유의사항〉에 기재된 방법대로 이행하지 않아 생기는 불이익은 수험생 당사자의 책임임을 알려 드립니다.
- 문제의 조건은 한컴오피스 2020 버전으로 설정되어 있으며 한컴오피스 NEO는 【 】에 표기되어 있습니다. 이와 관련하여 작성한 답안의 출력형태가 문제지와 다를 수 있습니다.
- 시험을 완료한 수험자는 답안파일이 전송되었는지 확인한 후 감독위원의 지시에 따라 문제지를 제출하고 퇴실합니다.

답안 작성요령

- 온라인 답안 작성 절차
  수험자 등록 ⇒ 시험 시작 ⇒ 답안파일 저장 ⇒ 답안 전송 ⇒ 시험 종료
- 공통 부문
  - 글꼴에 대한 기본설정은 함초롬바탕, 10포인트, 검정, 줄간격 160%, 양쪽정렬로 합니다.
  - 색상은 조건의 색을 적용하고 색의 구분이 안될 경우에는 RGB 값을 적용합니다
    (빨강 255,0,0 / 파랑 0,0,255 / 노랑 255,255,0).
  - 각 문항에 주어진 ≪조건≫에 따라 작성하고 언급하지 않은 조건은 ≪출력형태≫와 같이 작성합니다.
  - 용지여백은 왼쪽·오른쪽 11mm, 위쪽·아래쪽·머리말·꼬리말 10mm, 제본 0mm로 합니다.
  - 그림 삽입 문제의 경우 「내 PC₩문서₩ITQ₩Picture」 폴더에서 지정된 파일을 선택하여 삽입하십시오.
  - 삽입한 그림은 반드시 문서에 포함하여 저장해야 합니다(미포함 시 감점 처리).
  - 각 항목은 지정된 페이지에 출력형태와 같이 정확히 작성하시기 바라며, 그렇지 않을 경우에 해당 항목은 0점 처리됩니다.
    ※ 페이지구분 : 1페이지 - 기능평가 Ⅰ (문제번호 표시 : 1. 2.),
    　　　　　　　 2페이지 - 기능평가 Ⅱ (문제번호 표시 : 3. 4.),
    　　　　　　　 3페이지 - 문서작성 능력평가
- 기능평가
  - 문제와 ≪조건≫은 입력하지 않으며 문제번호와 답(≪출력형태≫)만 작성합니다.
  - 4번 문제는 묶기를 했을 경우 0점 처리됩니다.
- 문서작성 능력평가
  - A4 용지(210mm×297mm) 1매 크기, 세로 서식 문서로 작성합니다.
  - ▭ 표시는 문서작성에 대한 지시사항이므로 작성하지 않습니다.

kpc 한국생산성본부

기능평가 I (150점)

1. 다음의 ≪조건≫에 따라 스타일 기능을 적용하여 ≪출력형태≫와 같이 작성하시오. (50점)

≪조건≫   (1) 스타일 이름 – goyang
          (2) 문단 모양 – 왼쪽 여백 : 15pt, 문단 아래 간격 : 10pt
          (3) 글자 모양 – 글꼴 : 한글(굴림)/영문(돋움), 크기 : 10pt, 장평 : 95%, 자간 : 5%

≪출력형태≫

Goyang international flower foundation has stepped forward to the center of world floriculture industry since 1997. Until now, we had 9 times of Goyang Autumn Flower Festival.

1997년에 처음 개최된 고양국제꽃박람회는 현재까지 총 370만 명에 이르는 관람객이 방문하여 국제박람회로 자리매김하고 있습니다.

2. 다음의 ≪조건≫에 따라 ≪출력형태≫와 같이 표와 차트를 작성하시오. (100점)

≪표 조건≫   (1) 표 전체(표, 캡션) – 돋움, 10pt
             (2) 정렬 – 문자 : 가운데 정렬, 숫자 : 오른쪽 정렬
             (3) 셀 배경(면색) : 노랑
             (4) 한글의 계산 기능을 이용하여 빈칸에 평균(소수점 두 자리)을 구하고, 캡션 기능 사용할 것
             (5) 선 모양은 ≪출력형태≫와 동일하게 처리할 것

≪출력형태≫

박람회 개최 유발 효과(단위 : 십억 원)

구분	2017년	2018년	2019년	2020년	평균
수익사업	7.8	4.9	8.5	5.2	
집행액	7.6	6.3	7.3	5.1	
수출입상담액	23.7	33.1	40.9	40.1	
총생산유발액	44.2	69.1	114.1	211.3	

≪차트 조건≫ (1) 차트 데이터는 표 내용에서 연도별 수익사업, 집행액, 수출입상담액의 값만 이용할 것
              (2) 종류 – 〈묶은 세로 막대형〉으로 작업할 것
              (3) 제목 – 굴림, 진하게, 12pt, 속성 – 채우기(하양), 테두리, 그림자(대각선 오른쪽 아래)
                  【굴림, 진하게, 12pt, 배경 – 선 모양(한 줄로), 그림자(2pt)】
              (4) 제목 이외의 전체 글꼴 – 굴림, 보통, 10pt
              (5) 축제목과 범례는 ≪출력형태≫와 동일하게 처리할 것

≪출력형태≫

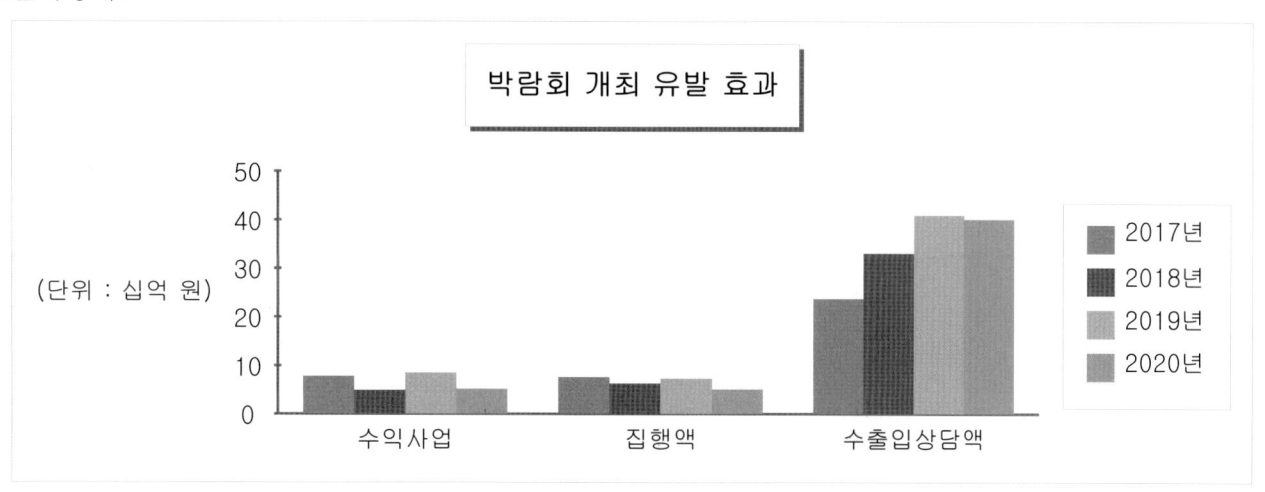

기능평가 Ⅱ (150점)

3. 다음의 (1), (2)의 수식을 수식 편집기로 각각 입력하시오. (40점)

≪출력형태≫

(1) $\dfrac{V_2}{V_1} = \dfrac{0.9 \times 10^3}{1.0 \times 10^2} = 0.8$

(2) $\sqrt{a+b+2\sqrt{ab}} = \sqrt{a} + \sqrt{b}\,(a>0, b>0)$

4. 다음의 ≪조건≫에 따라 ≪출력형태≫와 같이 문서를 작성하시오. (110점)

≪조건≫
(1) 그리기 도구를 이용하여 작성하고, 모든 도형(글맵시, 지정된 그림 포함)을 ≪출력형태≫와 같이 작성하시오.
(2) 도형의 면색은 지시사항이 없으면 색 없음을 제외하고 서로 다르게 임의로 지정하시오.

≪출력형태≫

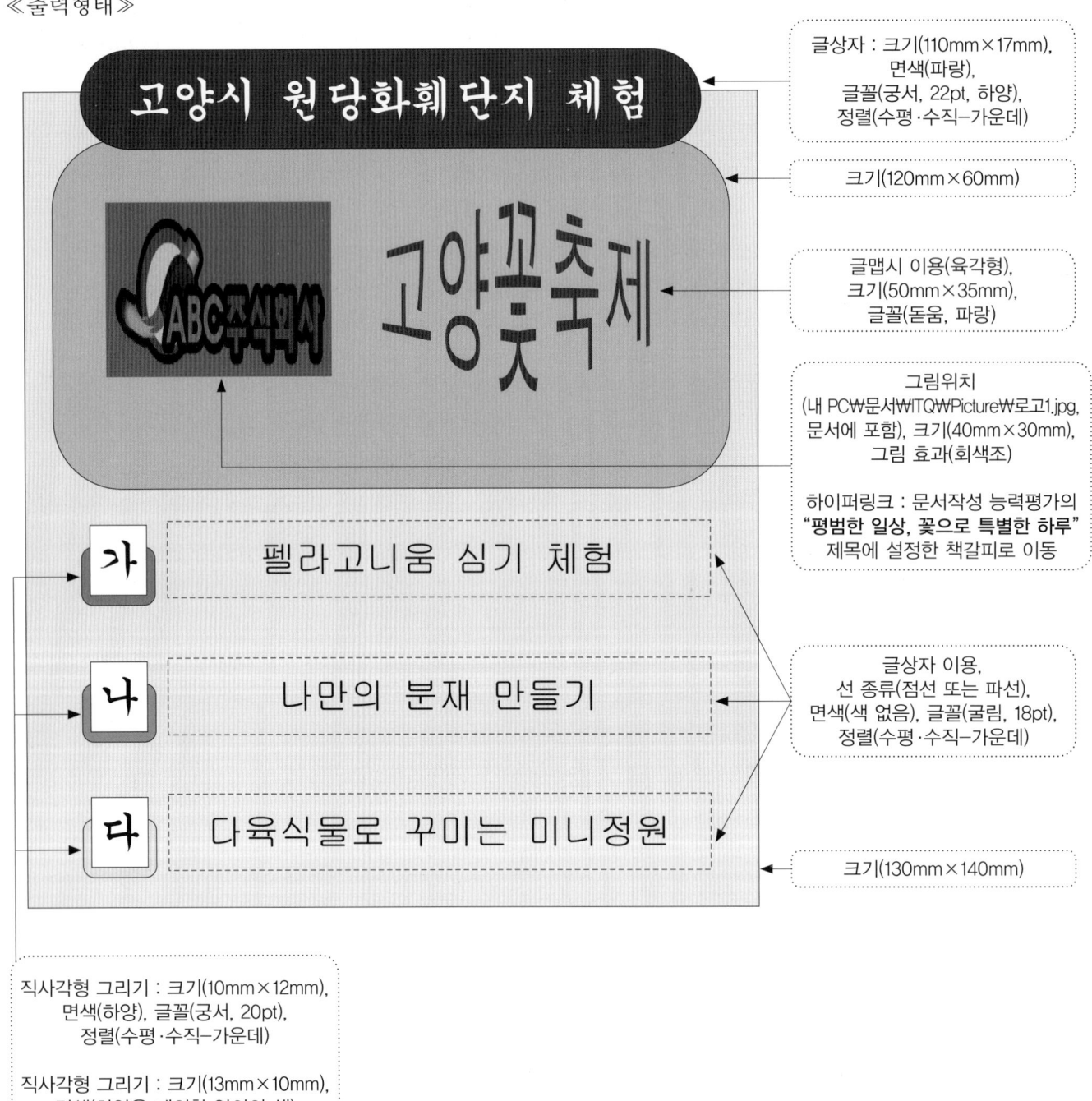

평범한 일상, 꽃으로 특별한 하루

고양시가 산업자원부 지정 화훼산업 특구로 선정되기까지는 고양국제꽃박람회가 큰 역할을 해왔습니다. 고양국제꽃박람회ⓐ는 화훼무역을 선도(先導)하는 동북아 최대의 화훼박람회로서 1997년에 개최된 이래 지금까지 370여만 명에 이르는 관람객이 방문하여 대한민국 최고의 국제박람회로 자리매김하고 있습니다. 그간 수출입 계약액은 10,315만 불에 이르고, 4,700억 원의 산업 생산 유발 효과를 가져왔습니다. 고양국제꽃박람회가 개최되지 않는 해에는 한국고양꽃전시회를 열어 화훼류의 내수 소비를 촉진(促進)하고, FTA 등으로 힘들어하는 대한민국 화훼농가와 꽃을 사랑하는 관람객들을 위한 성대한 축제의 장을 개최해 왔습니다.

더불어 뉴스위크지 선정 '전 세계에서 역동적으로 빠르게 발전하는 10대 도시'에 고양시가 선정된 것은 고양국제꽃박람회를 통한 고양시의 세계화가 그 성과를 거둔 것이라 할 수 있습니다. 중국 곤명, 치치하얼 등은 고양시의 선진 화훼박람회와 화훼문화를 배우고자 자매결연을 체결하여 우리나라의 기술을 배워가고 있습니다. 전 세계의 아름다운 꽃들의 향연인 고양국제꽃박람회에 화훼업 종사자와 국민 여러분의 많은 성원을 부탁드립니다.

♥ 고양가을꽃축제 개요

1. 기간 및 장소
    가. 기간 : 11월 12일(토) - 11월 15일(화)
    나. 장소 : 고양시 일산호수공원 일원
2. 내용 및 테마
    가. 내용 : 가을 화훼 및 정원 전시와 공연, 이벤트, 영화가 결합
    나. 테마 : 일산호수공원에서의 가을꽃 여정

♥ 고양가을꽃축제 체험프로그램

분야	체험항목	체험요금
화훼	업사이클링 화훼 클래스, 다육식물 심어보기	5,000-7,000원
	벽걸이 트리 만들기, 플라워리드 만들기, 화훼 압화 클래스	10,000-15,000원
문화	야광 머그컵 만들기, LED 스피너 및 우드아트 만들기	9,000원
	젤리향초만들기, LED 오롱불 및 액세서리 만들기	3,000-6,000원
기타	시니어 꽃길 런웨이, 꽃담 토크 콘서트	무료

고양국제꽃박람회

ⓐ "가을꽃 여정"을 주제로 익숙했던 일산호수공원의 아름다움을 새롭게 발견

제 13 회 정보기술자격(ITQ) 시험

한컴오피스

과목	코드	문제유형	시험시간	수험번호	성명
아래한글	1111	C	60분		

수험자 유의사항

- 수험자는 문제지를 받는 즉시 문제지와 **수험표상의 시험과목(프로그램)이 동일한지 반드시 확인**하여야 합니다.
- 파일명은 본인의 "수험번호-성명"으로 입력하여 답안폴더(내 PC\문서\ITQ)에 하나의 파일로 저장해야 하며, 답안문서 파일명이 "수험번호-성명"과 일치하지 않거나, 답안파일을 전송하지 않아 미제출로 처리될 경우 실격 처리합니다(예:12345678-홍길동.hwp).
- 답안 작성을 마치면 파일을 저장하고, '답안 전송' 버튼을 선택하여 감독위원 PC로 답안을 전송하십시오. 수험생 정보와 저장한 파일명이 다를 경우 전송되지 않으므로 주의하시기 바랍니다.
- 답안 작성 중에도 **주기적으로 저장하고, '답안 전송'**하여야 문제 발생을 줄일 수 있습니다. 작업한 내용을 저장하지 않고 전송할 경우 이전에 저장된 내용이 전송되오니 이점 유의하시기 바랍니다.
- 답안문서는 지정된 경로 외의 다른 보조기억장치에 저장하는 경우, 지정된 시험 시간 외에 작성된 파일을 활용할 경우, 기타 통신수단(이메일, 메신저, 네트워크 등)을 이용하여 타인에게 전달 또는 외부 반출하는 경우는 부정 처리합니다.
- 시험 중 부주의 또는 고의로 시스템을 파손한 경우는 수험자가 변상해야 하며, 〈수험자 유의사항〉에 기재된 방법대로 이행하지 않아 생기는 불이익은 수험생 당사자의 책임임을 알려 드립니다.
- 문제의 조건은 한컴오피스 2020 버전으로 설정되어 있으며 한컴오피스 NEO는 【 】에 표기되어 있습니다. 이와 관련하여 작성한 답안의 출력형태가 문제지와 다를 수 있습니다.
- 시험을 완료한 수험자는 답안파일이 전송되었는지 확인한 후 감독위원의 지시에 따라 문제지를 제출하고 퇴실합니다.

답안 작성요령

- 온라인 답안 작성 절차
  수험자 등록 ⇒ 시험 시작 ⇒ 답안파일 저장 ⇒ 답안 전송 ⇒ 시험 종료
- 공통 부문
  - 글꼴에 대한 기본설정은 함초롬바탕, 10포인트, 검정, 줄간격 160%, 양쪽정렬로 합니다.
  - 색상은 조건의 색을 적용하고 색의 구분이 안될 경우에는 RGB 값을 적용합니다
    (빨강 255,0,0 / 파랑 0,0,255 / 노랑 255,255,0).
  - 각 문항에 주어진 ≪조건≫에 따라 작성하고 언급하지 않은 조건은 ≪출력형태≫와 같이 작성합니다.
  - 용지여백은 왼쪽·오른쪽 11mm, 위쪽·아래쪽·머리말·꼬리말 10mm, 제본 0mm로 합니다.
  - 그림 삽입 문제의 경우 「내 PC\문서\ITQ\Picture」 폴더에서 지정된 파일을 선택하여 삽입하십시오.
  - 삽입한 그림은 반드시 문서에 포함하여 저장해야 합니다(미포함 시 감점 처리).
  - 각 항목은 지정된 페이지에 출력형태와 같이 정확히 작성하시기 바라며, 그렇지 않을 경우에 해당 항목은 0점 처리됩니다.
    ※ 페이지구분 : 1페이지 - 기능평가 Ⅰ (문제번호 표시 : 1. 2.),
    　　　　　　　 2페이지 - 기능평가 Ⅱ (문제번호 표시 : 3. 4.),
    　　　　　　　 3페이지 - 문서작성 능력평가
- 기능평가
  - 문제와 ≪조건≫은 입력하지 않으며 문제번호와 답(≪출력형태≫)만 작성합니다.
  - 4번 문제는 묶기를 했을 경우 0점 처리됩니다.
- 문서작성 능력평가
  - A4 용지(210mm×297mm) 1매 크기, 세로 서식 문서로 작성합니다.
  - ▭ 표시는 문서작성에 대한 지시사항이므로 작성하지 않습니다.

kpc 한국생산성본부

기능평가 I (150점)

1. 다음의 ≪조건≫에 따라 스타일 기능을 적용하여 ≪출력형태≫와 같이 작성하시오. (50점)

≪조건≫
(1) 스타일 이름 – metaverse
(2) 문단 모양 – 왼쪽 여백 : 15pt, 문단 아래 간격 : 10pt
(3) 글자 모양 – 글꼴 : 한글(돋움)/영문(굴림), 크기 : 10pt, 장평 : 95%, 자간 : -5%

≪출력형태≫

Due to the influence of COVID-19, the demand for non-face-to-face services has increased for "social distancing" has increased. Metaverse provides a platform for people to gather and work online.

코로나 19의 영향으로 비대면 서비스의 수요가 높아지고 '사회적 거리두기'를 위해 실내에 머무는 시간이 증가했다. 메타버스는 온라인에서 사람들이 모이고, 활동할 수 있는 플랫폼을 제공해주고 있다.

2. 다음의 ≪조건≫에 따라 ≪출력형태≫와 같이 표와 차트를 작성하시오. (100점)

≪표 조건≫
(1) 표 전체(표, 캡션) – 돋움, 10pt
(2) 정렬 – 문자 : 가운데 정렬, 숫자 : 오른쪽 정렬
(3) 셀 배경(면색) : 노랑
(4) 한글의 계산 기능을 이용하여 빈칸에 합계를 구하고, 캡션 기능 사용할 것
(5) 선 모양은 ≪출력형태≫와 동일하게 처리할 것

≪출력형태≫

메타버스 관련 기술 시장 규모(단위 : 십억 달러)

구분	2019년	2025년	2030년	2040년	합계
가상현실	12	138	450	911	
증강현실	33	338	792	968	
혼합현실	14	228	498	866	
확장현실	23	78	360	870	

≪차트 조건≫
(1) 차트 데이터는 표 내용에서 연도별 가상현실, 증강현실, 혼합현실의 값만 이용할 것
(2) 종류 – 〈묶은 세로 막대형〉으로 작업할 것
(3) 제목 – 굴림, 진하게, 12pt, 속성 – 채우기(하양), 테두리, 그림자(대각선 오른쪽 아래)
【굴림, 진하게, 12pt, 배경 – 선 모양(한 줄로), 그림자(2pt)】
(4) 제목 이외의 전체 글꼴 – 굴림, 보통, 10pt
(5) 축제목과 범례는 ≪출력형태≫와 동일하게 처리할 것

≪출력형태≫

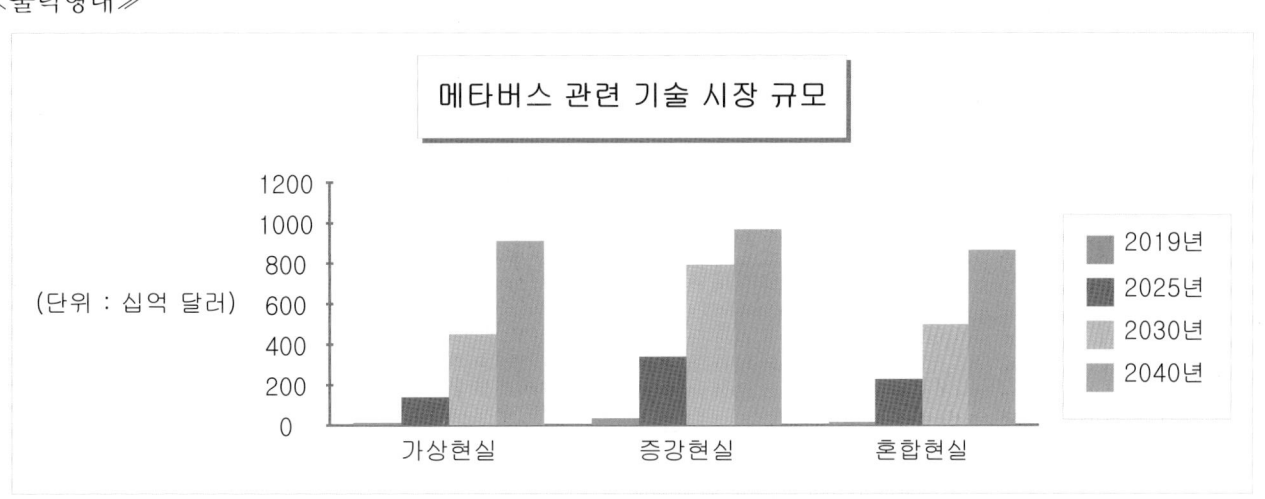

기능평가 Ⅱ (150점)

3. 다음의 (1), (2)의 수식을 수식 편집기로 각각 입력하시오. (40점)

≪출력형태≫

(1) $T = \dfrac{b^2}{a} + 2\pi \sqrt{\dfrac{r^3}{GM}}$
(2) $a_n - b_n = n^2 \dfrac{h^2}{4\pi^2 Kme^2}$

4. 다음의 ≪조건≫에 따라 ≪출력형태≫와 같이 문서를 작성하시오. (110점)

≪조건≫
(1) 그리기 도구를 이용하여 작성하고, 모든 도형(글맵시, 지정된 그림 포함)을 ≪출력형태≫와 같이 작성하시오.
(2) 도형의 면색은 지시사항이 없으면 색 없음을 제외하고 서로 다르게 임의로 지정하시오.

≪출력형태≫

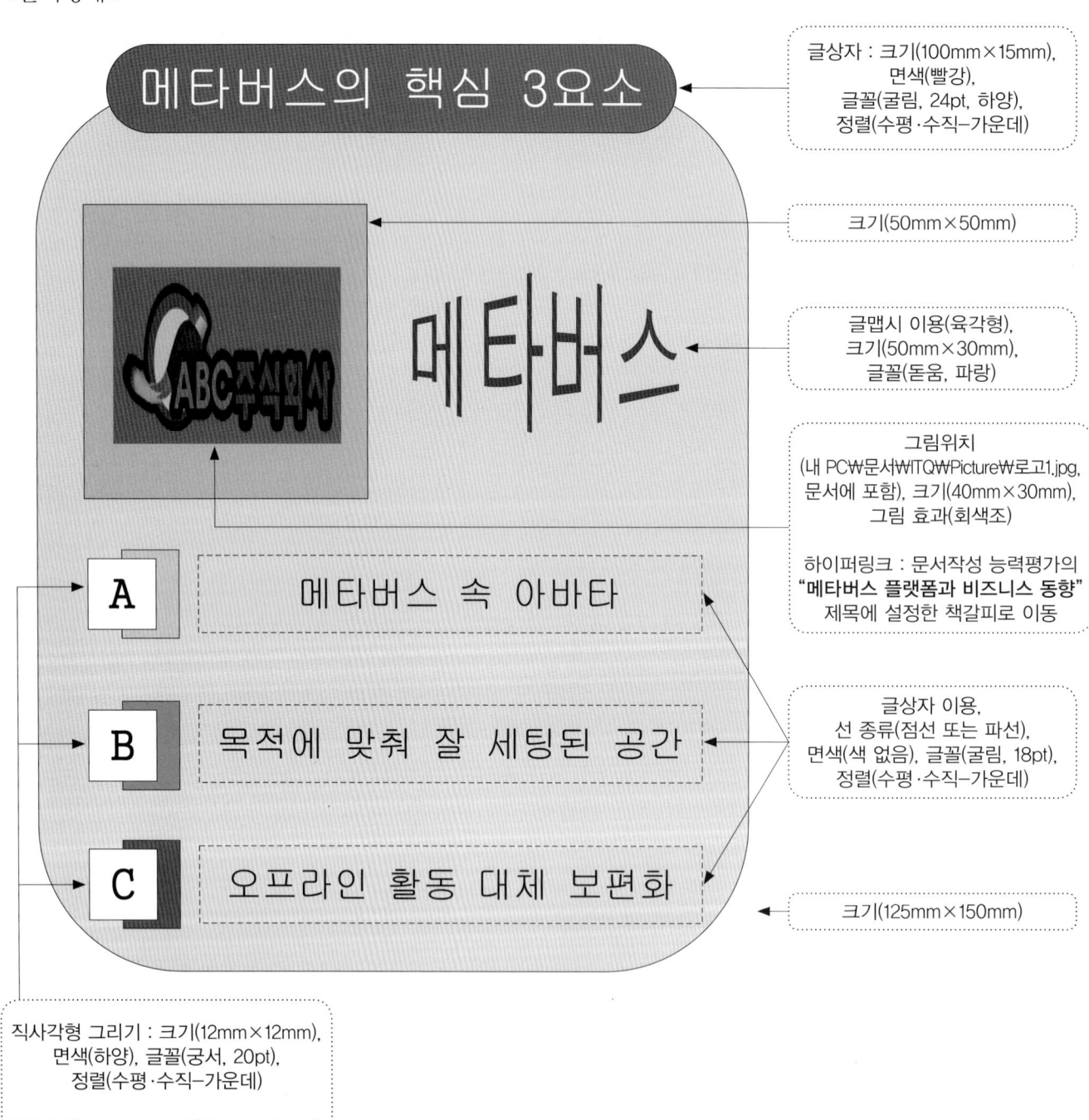

메타버스 플랫폼과 비즈니스 동향

코로나19의 영향으로 비대면 서비스의 수요가 높아지고 있다. 줌, MS팀스 등의 원격(遠隔) 회의 플랫폼이 활성화되고, 오프라인 공간이 필수였던 콘서트와 공연 등이 온라인에서 열리고 있다. 어느새 우리는 온라인 공간에서의 만남에 익숙해졌다. 코로나19가 앞당긴 '디지털 대전환 시대'의 중심에는 메타버스가 있다.

메타버스의 인기에는 '부캐'의 유행도 한 몫이 있다. 최근 방송 미디어계에서는 부캐⊙가 인기있는 콘텐츠 소재로 자리잡기 시작했다. 부가 캐릭터는 실제 본인이 아닌 다른 인격의 캐릭터를 생성하고 페르소나를 부여하여 해당 캐릭터에 본인을 투영(投影)시키는 개념이다. 이러한 부가 캐릭터의 개념은 디지털 기반 서비스에서도 쉽게 확인할 수 있다. 최근 주목받고 있는 메타버스 서비스의 핵심 요소 중 하나인 아바타도 가세계에 존재하는 부캐와 같은 개념이다. 사용자들은 본인의 아바타를 생성하고 아이디를 부여하여 메타버스 세계관 내에서 다른 이용자들과 소통하고 활동한다. 사람들의 이목이 메타버스에 쏠리게 되면서 메타버스 내에서 일어날 수 있는 경제 활동, 그리고 메타버스 역할 자체에서 오는 사업적 가치가 화두에 오르고 있다.

※ 메타버스 플랫폼 구축과 활용 방안

가) 메타버스 관련 기술 유기적으로 연결
  a) 데이터, 네트워크, 인공지능 기술
  b) 디지털 트윈과 가상, 증강현실 플랫폼 구축
나) 메타버스 소셜 미디어 플랫폼 활용 방안
  a) 물리적 이동수단 최소화해도 높은 수준의 경제활동 가능
  b) 다양한 유형의 사회, 환경 문제 극복에 기여

※ 메타버스형 비즈니스 모델

비즈니스 모델	대표기업	관련 사례 정리
콘텐츠 제작 및 판매	로블록스	유저가 콘텐츠 제작 및 판매, 유통, 콘텐츠 거래수수료 취하는 형식
	제페토	디지털 광고매출, 가상공간 글로벌 기업들의 입점 수수료 취하는 형식
미디어 중개 및 마케팅 수수료	포트나이트	포트나이트 게임 안에서 트래비스 스콧은 12회 공연 수입
	동물의 숲(닌텐도)	제페토 내 주요 브랜드 입점 수수료 취하는 형식
구독료		팬 활동 라이프로그 서비스, AI 기반 가상 통화서비스 등 매월 구독료

→메타버스경영지원단

⊙ 본래 게임에서 사용되던 용어로, 부가 캐릭터의 줄임말

제 14 회 정보기술자격(ITQ) 시험

한컴오피스

과목	코드	문제유형	시험시간	수험번호	성명
아래한글	1111	D	60분		

수험자 유의사항

- 수험자는 문제지를 받는 즉시 문제지와 **수험표상의 시험과목(프로그램)이 동일한지 반드시 확인**하여야 합니다.
- 파일명은 본인의 "수험번호-성명"으로 입력하여 답안폴더(내 PC\문서\ITQ)에 하나의 파일로 저장해야 하며, 답안문서 파일명이 "수험번호-성명"과 일치하지 않거나, 답안파일을 전송하지 않아 미제출로 처리될 경우 실격 처리합니다(예:12345678-홍길동.hwp).
- 답안 작성을 마치면 파일을 저장하고, '답안 전송' 버튼을 선택하여 감독위원 PC로 답안을 전송하십시오. 수험생 정보와 저장한 파일명이 다를 경우 전송되지 않으므로 주의하시기 바랍니다.
- 답안 작성 중에도 **주기적으로 저장하고, '답안 전송'**하여야 문제 발생을 줄일 수 있습니다. 작업한 내용을 저장하지 않고 전송할 경우 이전에 저장된 내용이 전송되오니 이점 유의하시기 바랍니다.
- 답안문서는 지정된 경로 외의 다른 보조기억장치에 저장하는 경우, 지정된 시험 시간 외에 작성된 파일을 활용할 경우, 기타 통신수단(이메일, 메신저, 네트워크 등)을 이용하여 타인에게 전달 또는 외부 반출하는 경우는 부정 처리합니다.
- 시험 중 부주의 또는 고의로 시스템을 파손한 경우는 수험자가 변상해야 하며, 〈수험자 유의사항〉에 기재된 방법대로 이행하지 않아 생기는 불이익은 수험생 당사자의 책임임을 알려 드립니다.
- 문제의 조건은 한컴오피스 2020 버전으로 설정되어 있으며 한컴오피스 NEO는【 】에 표기되어 있습니다. 이와 관련하여 작성한 답안의 출력형태가 문제지와 다를 수 있습니다.
- 시험을 완료한 수험자는 답안파일이 전송되었는지 확인한 후 감독위원의 지시에 따라 문제지를 제출하고 퇴실합니다.

답안 작성요령

- 온라인 답안 작성 절차
  수험자 등록 ⇒ 시험 시작 ⇒ 답안파일 저장 ⇒ 답안 전송 ⇒ 시험 종료
- 공통 부문
  ○ 글꼴에 대한 기본설정은 함초롬바탕, 10포인트, 검정, 줄간격 160%, 양쪽정렬로 합니다.
  ○ 색상은 조건의 색을 적용하고 색의 구분이 안될 경우에는 RGB 값을 적용합니다
    (빨강 255,0,0 / 파랑 0,0,255 / 노랑 255,255,0).
  ○ 각 문항에 주어진 ≪조건≫에 따라 작성하고 언급하지 않은 조건은 ≪출력형태≫와 같이 작성합니다.
  ○ 용지여백은 왼쪽·오른쪽 11mm, 위쪽·아래쪽·머리말·꼬리말 10mm, 제본 0mm로 합니다.
  ○ 그림 삽입 문제의 경우「내 PC\문서\ITQ\Picture」폴더에서 지정된 파일을 선택하여 삽입하십시오.
  ○ 삽입한 그림은 반드시 문서에 포함하여 저장해야 합니다(미포함 시 감점 처리).
  ○ 각 항목은 지정된 페이지에 출력형태와 같이 정확히 작성하시기 바라며, 그렇지 않을 경우에 해당 항목은 0점 처리됩니다.
    ※ 페이지구분 : 1페이지 - 기능평가 Ⅰ (문제번호 표시 : 1. 2.),
                    2페이지 - 기능평가 Ⅱ (문제번호 표시 : 3. 4.),
                    3페이지 - 문서작성 능력평가
- 기능평가
  ○ 문제와 ≪조건≫은 입력하지 않으며 문제번호와 답(≪출력형태≫)만 작성합니다.
  ○ 4번 문제는 묶기를 했을 경우 0점 처리됩니다.
- 문서작성 능력평가
  ○ A4 용지(210mm×297mm) 1매 크기, 세로 서식 문서로 작성합니다.
  ○ ▭ 표시는 문서작성에 대한 지시사항이므로 작성하지 않습니다.

kpc 한국생산성본부

기능평가 I (150점)

1. 다음의 ≪조건≫에 따라 스타일 기능을 적용하여 ≪출력형태≫와 같이 작성하시오. (50점)

≪조건≫
(1) 스타일 이름 – climate
(2) 문단 모양 – 왼쪽 여백 : 10pt, 문단 아래 간격 : 10pt
(3) 글자 모양 – 글꼴 : 한글(굴림)/영문(돋움), 크기 : 10pt, 장평 : 105%, 자간 : -5%

≪출력형태≫

Climate change is one of the greatest challenges facing humanity. To address climate change, countries adopted the Paris Agreement to limit global temperature rise to well below 2 degrees Celsius.

온실효과란 태양으로부터 지구로 유입되었다가 대기 중 온실기체에 의해 다시 우주로 방출되는 열의 일부를 온실가스가 흡수하여 대기를 따뜻하게 유지시켜 지구가 마치 온실의 유리처럼 보온되는 것을 말한다.

2. 다음의 ≪조건≫에 따라 ≪출력형태≫와 같이 표와 차트를 작성하시오. (100점)

≪표 조건≫
(1) 표 전체(표, 캡션) – 굴림, 10pt
(2) 정렬 – 문자 : 가운데 정렬, 숫자 : 오른쪽 정렬
(3) 셀 배경(면색) : 노랑
(4) 한글의 계산 기능을 이용하여 빈칸에 평균(소수점 두 자리)을 구하고, 캡션 기능 사용할 것
(5) 선 모양은 ≪출력형태≫와 동일하게 처리할 것

≪출력형태≫

분야별 온실가스 배출량 및 흡수량(단위 : 백만톤 CO2eq)

구분	2016년	2017년	2018년	2019년	평균
에너지	602	616	636	612	
산업공정	54	57	56	52	
농업	21	21	21	21	
폐기물	17	18	18	17	

≪차트 조건≫
(1) 차트 데이터는 표 내용에서 연도별 에너지, 산업공정, 농업의 값만 이용할 것
(2) 종류 – 〈묶은 세로 막대형〉으로 작업할 것
(3) 제목 – 궁서, 진하게, 12pt, 속성 – 채우기(하양), 테두리, 그림자(대각선 오른쪽 아래)
【궁서, 진하게, 12pt, 배경 – 선 모양(한 줄로), 그림자(2pt)】
(4) 제목 이외의 전체 글꼴 – 궁서, 보통, 10pt
(5) 축제목과 범례는 ≪출력형태≫와 동일하게 처리할 것

≪출력형태≫

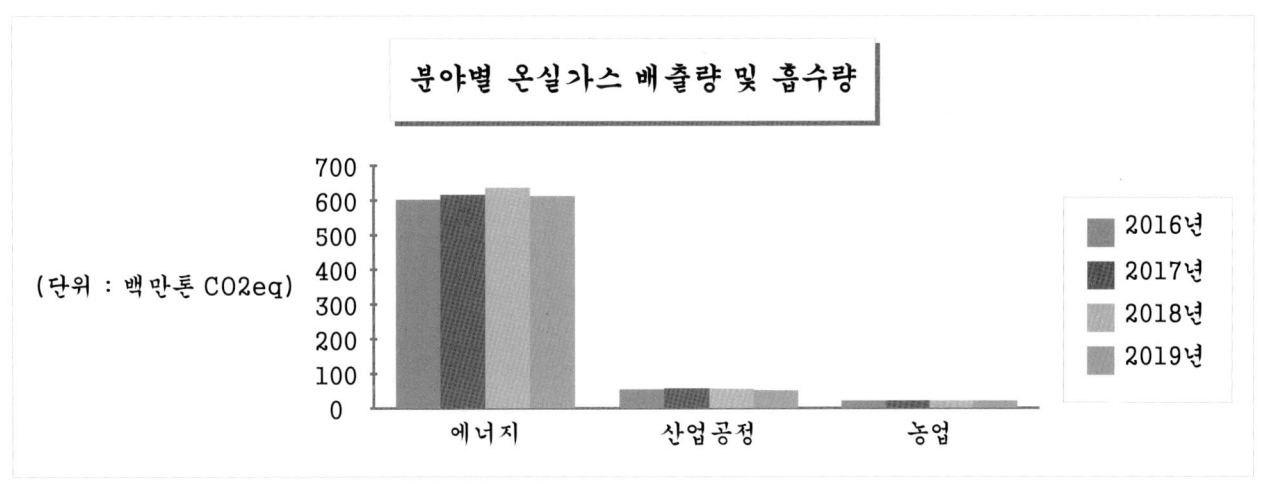

기능평가 Ⅱ (150점)

3. 다음의 (1), (2)의 수식을 수식 편집기로 각각 입력하시오. (40점)

≪출력형태≫

(1) $Y = \sqrt{\dfrac{gL}{2\pi}} = \dfrac{gT}{2\pi}$

(2) $\dfrac{A}{B} \div \dfrac{C}{D} = \dfrac{A}{B} \times \dfrac{D}{C} = \dfrac{E^2}{F^3}$

4. 다음의 ≪조건≫에 따라 ≪출력형태≫와 같이 문서를 작성하시오. (110점)

≪조건≫
(1) 그리기 도구를 이용하여 작성하고, 모든 도형(글맵시, 지정된 그림 포함)을 ≪출력형태≫와 같이 작성하시오.
(2) 도형의 면색은 지시사항이 없으면 색 없음을 제외하고 서로 다르게 임의로 지정하시오.

≪출력형태≫

온실가스와 지구 온난화

자연과 인간을 위한 환경

대기를 구성하는 여러 가지 기체들 가운데 지구 온난화를 일으키는 기체가 온실가스이다. 태양으로부터 지구로 유입(流入)되었다가 다시 우주로 방출되는 열의 일부를 온실가스가 흡수(吸收)하여 대기를 따뜻하게 유지시켜 지구가 마치 온실의 유리처럼 보온되는 것을 온실효과라고 한다. 온실효과를 유발하는 기체로는 수증기, 이산화탄소, 메탄, 아산화질소(일산화이질소)㉮, 염화불화탄소 등이 대표적이다.

온실가스의 대기 중 농도는 꾸준히 증가되어 왔다. 특히 이산화탄소의 양은 매년 1.5ppm씩 증가하고 있으며, 1980년대 이후로 그 속도가 현저히 빨라지고 있다. 온실가스의 기체 가운데 자연적 온실효과의 가장 큰 원인은 수증기이지만 세계기상기구와 국제연합환경계획은 1985년 이산화탄소가 지구 온난화의 주범이라고 공식적으로 선언하였다. 지구 표면의 평균온도가 상승하는 온난화 현상은 해수면의 상승 등 여러 가지 문제로 이어져 심각한 환경 파괴를 초래하고 있다. 이산화탄소는 화석연료의 연소 과정에서 주로 발생하며, 총 인위적 온실가스 배출량(2004년 기준)의 77%를 차지하는 것으로 나타났다.

♠ 생활 속 탄소중립 실천수칙

A. 에너지 및 자원순환
  Ⓐ 세탁기 사용 횟수 줄이기, LED 조명 사용하기
  Ⓑ 종이타월 대신 손수건 사용하기, 장바구니 이용하기
B. 소비생활 및 수송 교통
  Ⓐ 음식물 쓰레기 줄이기, 저탄소 제품 구매하기
  Ⓑ 인근 거리는 걸어가거나 자전거 이용하기

♠ 배출권거래제 계획 기간별 운영

구분	2015-2017년	2018-2020년	2021-2025년
주요 목표	경험 축적 및 거래제 안착	상당 수준의 온실가스 감축	적극적인 온실가스 감축
제도 운영	상쇄 인정 범위 등 제도의 유연성 제고, 정확한 MRV 집행을 위한 인프라 구축	거래제 범위 확대 및 목표 상향 조정, 배출량 보고, 검증 등 각종 기준 고도화	신기후체제 대비 자발적 감축 유도, 제3자 거래제 참여 등 유동성 공급 확대
비고	우리나라 배출권거래제도는 2015년부터 시행		

탄소중립추진위원회

㉮ 질산암모늄을 열분해하여 얻는 무색의 기체로 방부제나 마취제 등에 사용하는 산화물

제15회 정보기술자격(ITQ) 시험

한컴오피스

과목	코드	문제유형	시험시간	수험번호	성명
아래한글	1111	E	60분		

수험자 유의사항

- 수험자는 문제지를 받는 즉시 문제지와 **수험표상의 시험과목(프로그램)이 동일한지 반드시 확인**하여야 합니다.
- 파일명은 본인의 "수험번호-성명"으로 입력하여 답안폴더(내 PC\문서\ITQ)에 하나의 파일로 저장해야 하며, 답안문서 파일명이 "수험번호-성명"과 일치하지 않거나, 답안파일을 전송하지 않아 미제출로 처리될 경우 실격 처리합니다(예:12345678-홍길동.hwp).
- 답안 작성을 마치면 파일을 저장하고, '답안 전송' 버튼을 선택하여 감독위원 PC로 답안을 전송하십시오. 수험생 정보와 저장한 파일명이 다를 경우 전송되지 않으므로 주의하시기 바랍니다.
- 답안 작성 중에도 **주기적으로 저장하고, '답안 전송'**하여야 문제 발생을 줄일 수 있습니다. 작업한 내용을 저장하지 않고 전송할 경우 이전에 저장된 내용이 전송되오니 이점 유의하시기 바랍니다.
- 답안문서는 지정된 경로 외의 다른 보조기억장치에 저장하는 경우, 지정된 시험 시간 외에 작성된 파일을 활용할 경우, 기타 통신수단(이메일, 메신저, 네트워크 등)을 이용하여 타인에게 전달 또는 외부 반출하는 경우는 부정 처리합니다.
- 시험 중 부주의 또는 고의로 시스템을 파손한 경우는 수험자가 변상해야 하며, 〈수험자 유의사항〉에 기재된 방법대로 이행하지 않아 생기는 불이익은 수험생 당사자의 책임임을 알려 드립니다.
- 문제의 조건은 한컴오피스 2020 버전으로 설정되어 있으며 한컴오피스 NEO는 【 】에 표기되어 있습니다. 이와 관련하여 작성한 답안의 출력형태가 문제지와 다를 수 있습니다.
- 시험을 완료한 수험자는 답안파일이 전송되었는지 확인한 후 감독위원의 지시에 따라 문제지를 제출하고 퇴실합니다.

답안 작성요령

- 온라인 답안 작성 절차
  수험자 등록 ⇒ 시험 시작 ⇒ 답안파일 저장 ⇒ 답안 전송 ⇒ 시험 종료
- 공통 부문
  ○ 글꼴에 대한 기본설정은 함초롬바탕, 10포인트, 검정, 줄간격 160%, 양쪽정렬로 합니다.
  ○ 색상은 조건의 색을 적용하고 색의 구분이 안될 경우에는 RGB 값을 적용합니다
    (빨강 255,0,0 / 파랑 0,0,255 / 노랑 255,255,0).
  ○ 각 문항에 주어진 ≪조건≫에 따라 작성하고 언급하지 않은 조건은 ≪출력형태≫와 같이 작성합니다.
  ○ 용지여백은 왼쪽·오른쪽 11mm, 위쪽·아래쪽·머리말·꼬리말 10mm, 제본 0mm로 합니다.
  ○ 그림 삽입 문제의 경우 「내 PC\문서\ITQ\Picture」 폴더에서 지정된 파일을 선택하여 삽입하십시오.
  ○ 삽입한 그림은 반드시 문서에 포함하여 저장해야 합니다(미포함 시 감점 처리).
  ○ 각 항목은 지정된 페이지에 출력형태와 같이 정확히 작성하시기 바라며, 그렇지 않을 경우에 해당 항목은 0점 처리됩니다.
    ※ 페이지구분 : 1페이지 - 기능평가 Ⅰ (문제번호 표시 : 1. 2.),
    　　　　　　　　2페이지 - 기능평가 Ⅱ (문제번호 표시 : 3. 4.),
    　　　　　　　　3페이지 - 문서작성 능력평가
- 기능평가
  ○ 문제와 ≪조건≫은 입력하지 않으며 문제번호와 답(≪출력형태≫)만 작성합니다.
  ○ 4번 문제는 묶기를 했을 경우 0점 처리됩니다.
- 문서작성 능력평가
  ○ A4 용지(210mm×297mm) 1매 크기, 세로 서식 문서로 작성합니다.
  ○ ▭ 표시는 문서작성에 대한 지시사항이므로 작성하지 않습니다.

kpc 한국생산성본부

기능평가 I (150점)

1. 다음의 ≪조건≫에 따라 스타일 기능을 적용하여 ≪출력형태≫와 같이 작성하시오. (50점)

   ≪조건≫
   (1) 스타일 이름 - solution
   (2) 문단 모양 - 왼쪽 여백 : 15pt, 문단 아래 간격 : 10pt
   (3) 글자 모양 - 글꼴 : 한글(궁서)/영문(돋움), 크기 : 10pt, 장평 : 95%, 자간 : 5%

≪출력형태≫

Support for male parental leave, which allows men and women to work together and resolve gender discrimination in the labor market are solutions for the recovery of the fertility rate.

남녀가 함께 일하며 함께 돌볼 수 있게 하는 남성 육아휴직 지원, 사회적 돌봄 확대, 노동시장에서의 성차별 해소가 출산율 회복에 중요한 해결책이다.

2. 다음의 ≪조건≫에 따라 ≪출력형태≫와 같이 표와 차트를 작성하시오. (100점)

   ≪표 조건≫
   (1) 표 전체(표, 캡션) - 굴림, 10pt
   (2) 정렬 - 문자 : 가운데 정렬, 숫자 : 오른쪽 정렬
   (3) 셀 배경(면색) : 노랑
   (4) 한글의 계산 기능을 이용하여 빈칸에 평균(소수점 두 자리)을 구하고, 캡션 기능 사용할 것
   (5) 선 모양은 ≪출력형태≫와 동일하게 처리할 것

≪출력형태≫

2022년 세계 노인 복지지표(단위 : 점)

구분	한국	스위스	독일	멕시코	미국
소득보장	24.7	77.3	80.9	73.4	76.3
건강상태	58.2	81.3	75.6	64.5	70.1
역량	47.8	75.1	68.4	28.7	65.7
평균					

≪차트 조건≫
(1) 차트 데이터는 표 내용에서 구분별 한국, 스위스, 독일, 멕시코의 값만 이용할 것
(2) 종류 - 〈묶은 세로 막대형〉으로 작업할 것
(3) 제목 - 돋움, 진하게, 12pt, 속성 - 채우기(하양), 테두리, 그림자(대각선 오른쪽 아래)
    【돋움, 진하게, 12pt, 배경 - 선 모양(한 줄로), 그림자(2pt)】
(4) 제목 이외의 전체 글꼴 - 돋움, 보통, 10pt
(5) 축제목과 범례는 ≪출력형태≫와 동일하게 처리할 것

≪출력형태≫

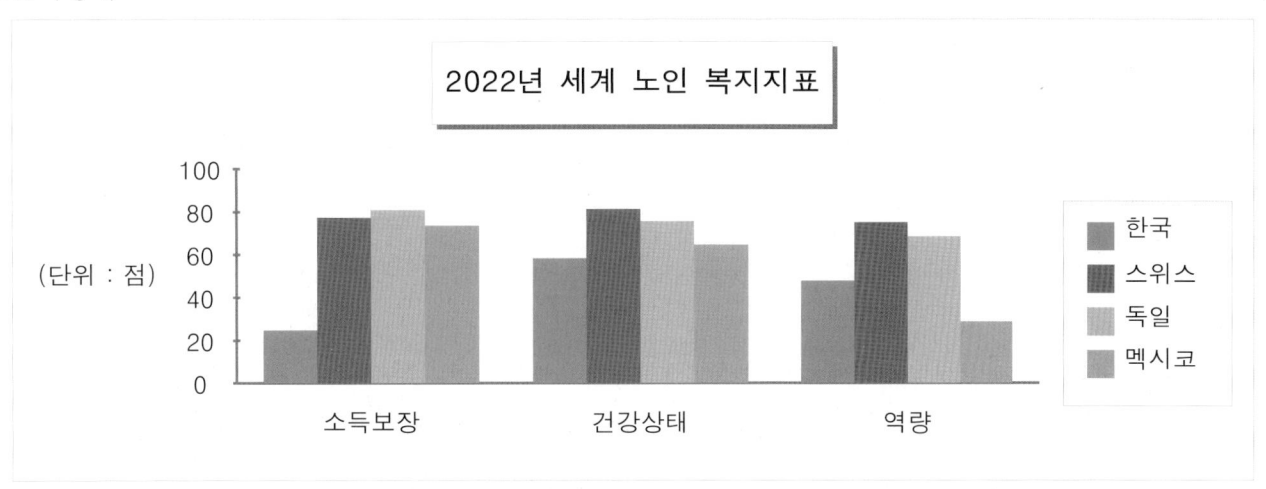

기능평가 Ⅱ (150점)

3. 다음의 (1), (2)의 수식을 수식 편집기로 각각 입력하시오. (40점)
≪출력형태≫

(1) $1+\sqrt{3}=\dfrac{x^3-(2x+5)^2}{x^3-(x-2)}$

(2) $\Delta W=\dfrac{1}{2}m(f_x)^2+\dfrac{1}{2}m(f_y)^2$

4. 다음의 ≪조건≫에 따라 ≪출력형태≫와 같이 문서를 작성하시오. (110점)
≪조건≫
(1) 그리기 도구를 이용하여 작성하고, 모든 도형(글맵시, 지정된 그림 포함)을 ≪출력형태≫와 같이 작성하시오.
(2) 도형의 면색은 지시사항이 없으면 색 없음을 제외하고 서로 다르게 임의로 지정하시오.

≪출력형태≫

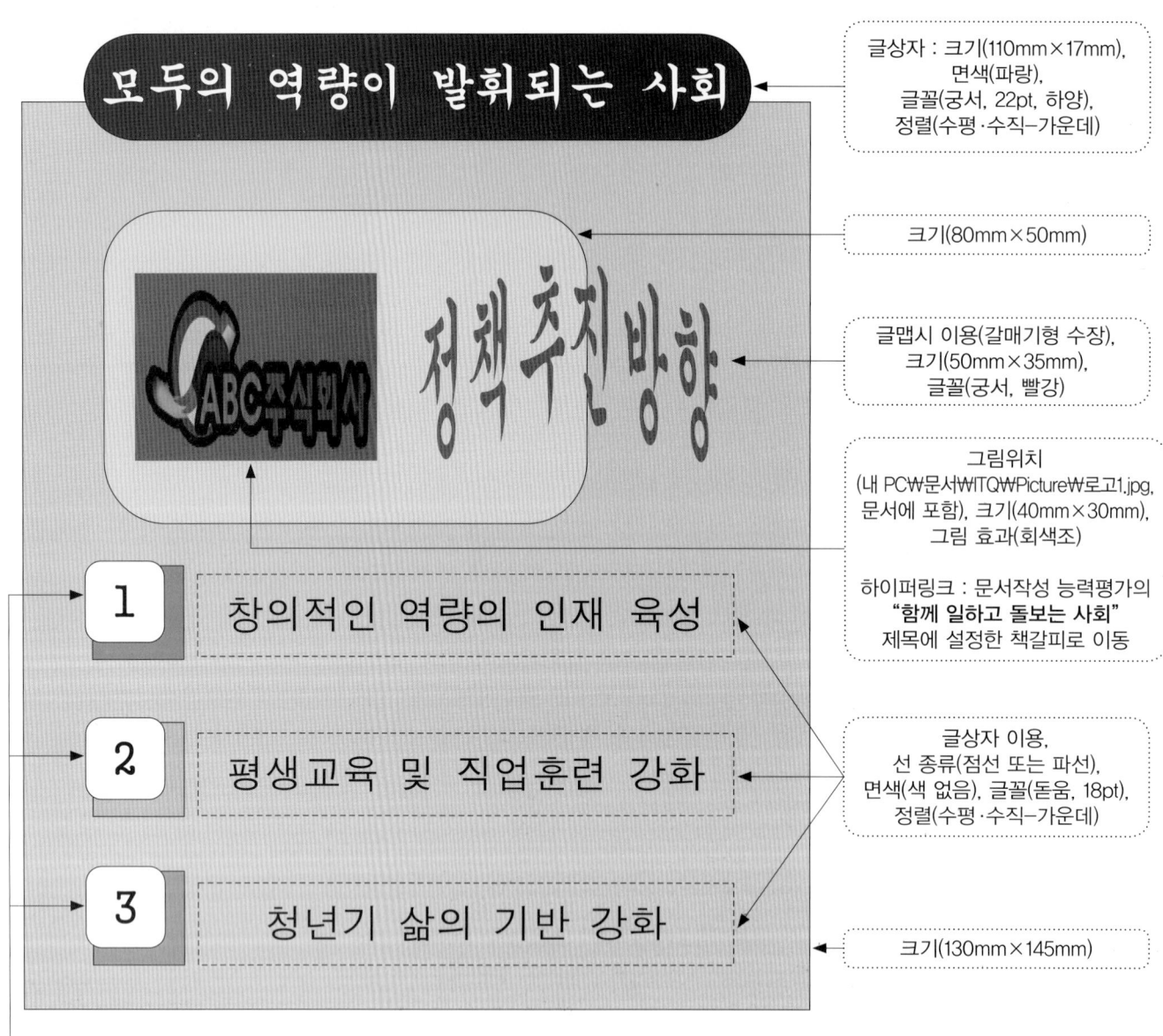

함께 일하고 돌보는 사회

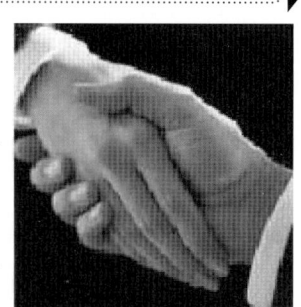

우리나라 인구구조에서 2017년 고령인구는 유소년인구 규모를 추월했다. 1,700만 명에 해당하는 1955년생이 2020년 고령층으로 진입을 시작하면서 20년간 고령인구(高齡人口)는 급속도로 증가하여 2040년 전체 인구의 34.4%에 이를 전망이다. 따라서 노인 주거복지의 변화가 요구되며 주택과 거주환경에서의 복지 강화가 추진되어야 하며, 우리나라 고령자를 포함하는 베이비붐 세대㉮의 다양한 특성을 고려하여 안전한 재가 생활을 지원하는 고령자 주거복지정책이 필요하다.

불안정 고용과 높은 주거 비용, 과도한 경쟁 하에 일과 육아(育兒)를 병행할 수 없는 사회구조로 많은 청년 세대들이 결혼과 출산에 어려움을 겪고 있다. 특히, 20대엔 여성의 고용률이 높았음에도 출산 및 육아 양육으로 인한 경력단절로 여성 고용률이 남성보다 30%나 떨어졌다. 과거와 달리 남성 생계 부양이 어려워진 현실에서 여성에게 쏠린 육아 부담과 경력단절 등은 결국 남녀 모두 비혼이나 비출산을 선택하는 경향이 심해지고 있다. 따라서 남녀가 함께 일하며 함께 돌볼 수 있게 하는 남성 육아휴직 지원, 사회적 돌봄 확대, 노동시장에서의 성차별 해소가 출산율도 회복하고 노령화사회의 문제점도 해결하는 방법이 될 것이다.

♠ 인구 연령구조 및 지역별 인구 격차

    A. 인구 연령구조 변화 가속화
        ⓐ 유소년인구 감소로 인한 저출산 현상이 장기간 지속
        ⓑ 기대수명 증가로 급속하게 고령화되고 있는 상황
    B. 수도권과 비수도권 사이 지역별 인구 격차 심화
        ⓐ 2020년 기점 수도권이 비수도권 인구를 추월
        ⓑ 직업으로 인한 젊은 층 수도권 유입 증가

♠ 성별 고용현황 공시

	공시대상		공시방법
공공	공공기관	340개소	공공기관 경영정보시스템(알리오)
	지방공사, 공단	151개소	지방공공기관 통합공시시스템(클린아이)
	지방출자, 출연기관	725개소	
민간	상장법인	대기업집단 64개소 등	금융감독원 전자공시시스템
	금융권	국내은행 18개소 등	당해 은행, 전국은행연합회 홈페이지

저출산고령사회위원회

㉮ 아기를 갖고 싶은 시기의 공통된 사회적 경향으로, 출생률이 급격히 증가하는 현상

제16회 정보기술자격(ITQ) 시험

한컴오피스

과목	코드	문제유형	시험시간	수험번호	성명
아래한글	1111	A	60분		

수험자 유의사항

- 수험자는 문제지를 받는 즉시 문제지와 **수험표상의 시험과목(프로그램)이 동일한지 반드시 확인**하여야 합니다.
- 파일명은 본인의 "수험번호-성명"으로 입력하여 답안폴더(내 PC\문서\ITQ)에 하나의 파일로 저장해야 하며, 답안문서 파일명이 "수험번호-성명"과 일치하지 않거나, 답안파일을 전송하지 않아 미제출로 처리될 경우 실격 처리합니다(예:12345678-홍길동.hwp).
- 답안 작성을 마치면 파일을 저장하고, '답안 전송' 버튼을 선택하여 감독위원 PC로 답안을 전송하십시오. 수험생 정보와 저장한 파일명이 다를 경우 전송되지 않으므로 주의하시기 바랍니다.
- 답안 작성 중에도 **주기적으로 저장하고, '답안 전송'**하여야 문제 발생을 줄일 수 있습니다. 작업한 내용을 저장하지 않고 전송할 경우 이전에 저장된 내용이 전송되오니 이점 유의하시기 바랍니다.
- 답안문서는 지정된 경로 외의 다른 보조기억장치에 저장하는 경우, 지정된 시험 시간 외에 작성된 파일을 활용할 경우, 기타 통신수단(이메일, 메신저, 네트워크 등)을 이용하여 타인에게 전달 또는 외부 반출하는 경우는 부정 처리합니다.
- 시험 중 부주의 또는 고의로 시스템을 파손한 경우는 수험자가 변상해야 하며, 〈수험자 유의사항〉에 기재된 방법대로 이행하지 않아 생기는 불이익은 수험생 당사자의 책임임을 알려 드립니다.
- 문제의 조건은 한컴오피스 2020 버전으로 설정되어 있으며 한컴오피스 NEO는 【 】에 표기되어 있습니다. 이와 관련하여 작성한 답안의 출력형태가 문제지와 다를 수 있습니다.
- 시험을 완료한 수험자는 답안파일이 전송되었는지 확인한 후 감독위원의 지시에 따라 문제지를 제출하고 퇴실합니다.

답안 작성요령

- 온라인 답안 작성 절차
  수험자 등록 ⇒ 시험 시작 ⇒ 답안파일 저장 ⇒ 답안 전송 ⇒ 시험 종료
- 공통 부문
  - 글꼴에 대한 기본설정은 함초롬바탕, 10포인트, 검정, 줄간격 160%, 양쪽정렬로 합니다.
  - 색상은 조건의 색을 적용하고 색의 구분이 안될 경우에는 RGB 값을 적용합니다
    (빨강 255,0,0 / 파랑 0,0,255 / 노랑 255,255,0).
  - 각 문항에 주어진 ≪조건≫에 따라 작성하고 언급하지 않은 조건은 ≪출력형태≫와 같이 작성합니다.
  - 용지여백은 왼쪽·오른쪽 11mm, 위쪽·아래쪽·머리말·꼬리말 10mm, 제본 0mm로 합니다.
  - 그림 삽입 문제의 경우 「내 PC\문서\ITQ\Picture」 폴더에서 지정된 파일을 선택하여 삽입하십시오.
  - 삽입한 그림은 반드시 문서에 포함하여 저장해야 합니다(미포함 시 감점 처리).
  - 각 항목은 지정된 페이지에 출력형태와 같이 정확히 작성하시기 바라며, 그렇지 않을 경우에 해당 항목은 0점 처리됩니다.
    ※ 페이지구분 : 1페이지 - 기능평가 Ⅰ (문제번호 표시 : 1. 2.),
    　　　　　　　 2페이지 - 기능평가 Ⅱ (문제번호 표시 : 3. 4.),
    　　　　　　　 3페이지 - 문서작성 능력평가
- 기능평가
  - 문제와 ≪조건≫은 입력하지 않으며 문제번호와 답(≪출력형태≫)만 작성합니다.
  - 4번 문제는 묶기를 했을 경우 0점 처리됩니다.
- 문서작성 능력평가
  - A4 용지(210mm×297mm) 1매 크기, 세로 서식 문서로 작성합니다.
  - ☐ 표시는 문서작성에 대한 지시사항이므로 작성하지 않습니다.

kpc 한국생산성본부

기능평가 I (150점)

1. 다음의 ≪조건≫에 따라 스타일 기능을 적용하여 ≪출력형태≫와 같이 작성하시오. (50점)

≪조건≫
(1) 스타일 이름 – firefighter
(2) 문단 모양 – 왼쪽 여백 : 15pt, 문단 아래 간격 : 10pt
(3) 글자 모양 – 글꼴 : 한글(궁서)/영문(돋움), 크기 : 10pt, 장평 : 95%, 자간 : 5%

≪출력형태≫

A firefighter(also fireman and firewoman) is a rescuer extensively trained in firefighting, primarily to extinguish hazardous fires that threaten life, property or the environment.

조선시대의 소방제도는 조선경국전에서 정비되어 1426년에 금화도감이 방화업무를 담당하기 시작하였고, 같은 해 6월에 하천을 관리하는 일을 겸하였다.

2. 다음의 ≪조건≫에 따라 ≪출력형태≫와 같이 표와 차트를 작성하시오. (100점)

≪표 조건≫
(1) 표 전체(표, 캡션) – 굴림, 10pt
(2) 정렬 – 문자 : 가운데 정렬, 숫자 : 오른쪽 정렬
(3) 셀 배경(면색) : 노랑
(4) 한글의 계산 기능을 이용하여 빈칸에 평균(소수점 두 자리)을 구하고, 캡션 기능 사용할 것
(5) 선 모양은 ≪출력형태≫와 동일하게 처리할 것

≪출력형태≫

연도별 화재 발생 건수(단위 : 천 건)

구분	2017년	2018년	2019년	2020년	2021년
부산광역시	2.61	2.47	2.44	2.49	2.27
대구광역시	1.61	1.44	1.32	1.23	1.18
인천광역시	1.61	1.62	1.49	1.36	1.27
평균					

≪차트 조건≫
(1) 차트 데이터는 표 내용에서 구분별 2017년, 2018년, 2019년, 2020년의 값만 이용할 것
(2) 종류 – 〈묶은 세로 막대형〉으로 작업할 것
(3) 제목 – 돋움, 진하게, 12pt, 속성 – 채우기(하양), 테두리, 그림자(대각선 오른쪽 아래)
【돋움, 진하게, 12pt, 배경 – 선 모양(한 줄로), 그림자(2pt)】
(4) 제목 이외의 전체 글꼴 – 돋움, 보통, 10pt
(5) 축제목과 범례는 ≪출력형태≫와 동일하게 처리할 것

≪출력형태≫

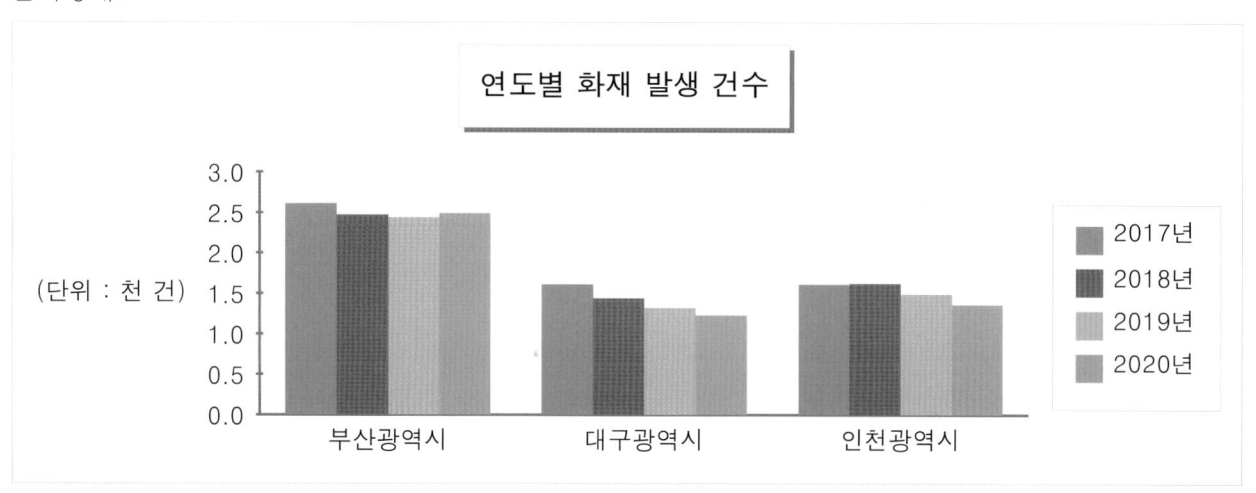

기능평가 Ⅱ (150점)

3. 다음의 (1), (2)의 수식을 수식 편집기로 각각 입력하시오. (40점)

≪출력형태≫

(1) $A(1+r)^n = \dfrac{a((1+r)^n - 1)}{r}$

(2) $P_A = P \times \dfrac{V_A}{V} = P \times \dfrac{V_A}{V_A + V_B}$

4. 다음의 ≪조건≫에 따라 ≪출력형태≫와 같이 문서를 작성하시오. (110점)

≪조건≫
(1) 그리기 도구를 이용하여 작성하고, 모든 도형(글맵시, 지정된 그림 포함)을 ≪출력형태≫와 같이 작성하시오.
(2) 도형의 면색은 지시사항이 없으면 색 없음을 제외하고 서로 다르게 임의로 지정하시오.

≪출력형태≫

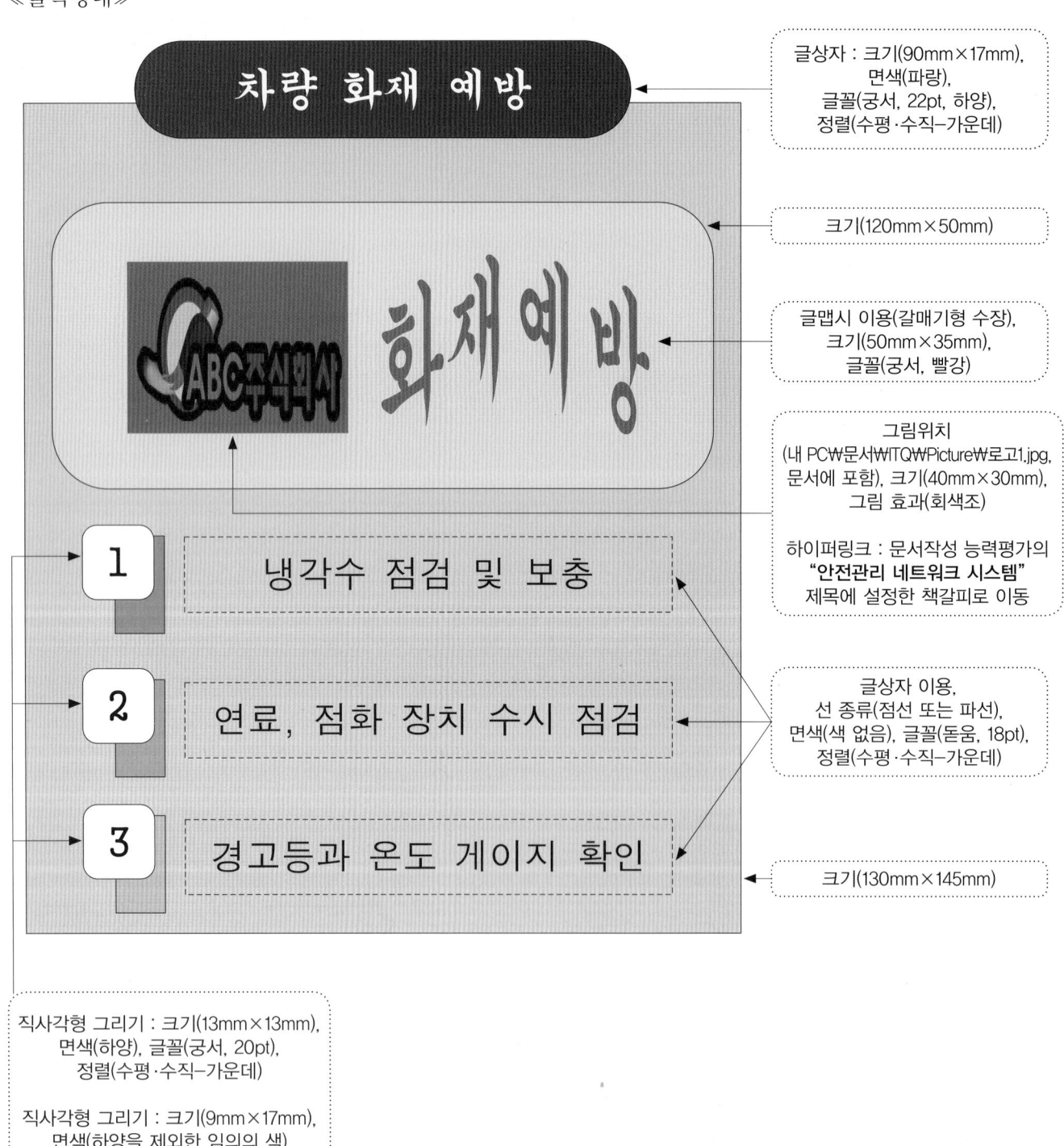

안전관리 네트워크 시스템

국가화재정보시스템은 대국민 서비스를 통해 화재정보 및 화재 관련 지식을 공유함으로써 궁극적으로 국민의 생명과 재산을 화재로부터 안전하게 보호함에 그 목적을 둔 범국가적 안전관리 네트워크 시스템이다. 국민에게는 화재의 원인, 발화(發火), 발견, 통보 및 연소 확대 등의 화재 발생부터 피난 상황, 소방 설비의 작동 등 화재진압까지 화재의 메커니즘과 관련한 화재정보와 이를 통계화한 정보를 국민에게 제공함으로써 화재에 의한 피해를 알리고 유사 화재 방지 및 화재 예방 홍보를 위한 시스템이다. 또한, 소방청을 중심으로 유관기관 및 산, 학, 연 전문기관 간에 지식 공유 및 정보 제공의 장으로서 급속한 사회변화에 신속히 대응(對應)할 수 있는 합리적인 소방정책대안을 형성하고자 하는 지식네트워크 시스템이다.

구축 배경으로는 시스템을 통해서 소방관계자뿐만 아니라 개개인이 예보된 기상조건 및 화재 발생 인자 분석정보에 따라 지역별 화재발생위험도㉮를 확인하고 예방할 수 있는 프로그램의 구축이 필요하였으며, 화재발생 주요 인자 감지 및 지역별 화재발생위험도 정보를 실시간 제공하고자 한다. 또한, 실시간 이상 징후 감지 및 모니터링 기능을 통해 국민 및 유관 기관에게 화재 위험 경보를 함으로써 화재 예방 및 대응자료로 활용하고자 한다.

♥ 발화요인 분류

A. 전기적 요인
  1. 누전 및 지락, 접촉 불량에 의한 단락
  2. 트래킹에 의한 단락, 압착 및 손상에 의한 단락
B. 기계적 요인
  1. 과열, 과부하, 연료누설, 자동 제어 실패
  2. 수동 제어 실패, 정비 불량, 노후, 역화

♥ 유관 기관 네트워크 현황

구분	기관명	주소
소방학교	광주소방학교	광주광역시 광산구 소촌로 152번길 53-84
	인천소방안전학교	인천광역시 서구 심곡로 100번길 8-13
	경기소방학교	경기도 용인시 처인구 남사면 청덕산로 11번길 42
소방 관련 협회	소방과학연구실	충청남도 천안시 동남구 태조산길 269
	방재시험연구원	경기도 여주시 가남읍 경충대로 1030

국가화재정보시스템

㉮ 도시에서 화재가 얼마나 자주 발생하는가를 평가한 지표

제 17 회 정보기술자격(ITQ) 시험

한컴오피스

과목	코드	문제유형	시험시간	수험번호	성명
아래한글	1111	B	60분		

수험자 유의사항

- 수험자는 문제지를 받는 즉시 문제지와 **수험표상의 시험과목(프로그램)이 동일한지 반드시 확인**하여야 합니다.
- 파일명은 본인의 "수험번호-성명"으로 입력하여 답안폴더(내 PC\문서\ITQ)에 하나의 파일로 저장해야 하며, 답안문서 파일명이 "수험번호-성명"과 일치하지 않거나, 답안파일을 전송하지 않아 미제출로 처리될 경우 실격 처리합니다(예:12345678-홍길동.hwp).
- 답안 작성을 마치면 파일을 저장하고, '답안 전송' 버튼을 선택하여 감독위원 PC로 답안을 전송하십시오. 수험생 정보와 저장한 파일명이 다를 경우 전송되지 않으므로 주의하시기 바랍니다.
- 답안 작성 중에도 **주기적으로 저장하고, '답안 전송'**하여야 문제 발생을 줄일 수 있습니다. 작업한 내용을 저장하지 않고 전송할 경우 이전에 저장된 내용이 전송되오니 이점 유의하시기 바랍니다.
- 답안문서는 지정된 경로 외의 다른 보조기억장치에 저장하는 경우, 지정된 시험 시간 외에 작성된 파일을 활용할 경우, 기타 통신수단(이메일, 메신저, 네트워크 등)을 이용하여 타인에게 전달 또는 외부 반출하는 경우는 부정 처리합니다.
- 시험 중 부주의 또는 고의로 시스템을 파손한 경우는 수험자가 변상해야 하며, 〈수험자 유의사항〉에 기재된 방법대로 이행하지 않아 생기는 불이익은 수험생 당사자의 책임임을 알려 드립니다.
- 문제의 조건은 한컴오피스 2020 버전으로 설정되어 있으며 한컴오피스 NEO는 【 】에 표기되어 있습니다. 이와 관련하여 작성한 답안의 출력형태가 문제지와 다를 수 있습니다.
- 시험을 완료한 수험자는 답안파일이 전송되었는지 확인한 후 감독위원의 지시에 따라 문제지를 제출하고 퇴실합니다.

답안 작성요령

- 온라인 답안 작성 절차
  수험자 등록 ⇒ 시험 시작 ⇒ 답안파일 저장 ⇒ 답안 전송 ⇒ 시험 종료
- 공통 부문
  ○ 글꼴에 대한 기본설정은 함초롬바탕, 10포인트, 검정, 줄간격 160%, 양쪽정렬로 합니다.
  ○ 색상은 조건의 색을 적용하고 색의 구분이 안될 경우에는 RGB 값을 적용합니다
  (빨강 255,0,0 / 파랑 0,0,255 / 노랑 255,255,0).
  ○ 각 문항에 주어진 ≪조건≫에 따라 작성하고 언급하지 않은 조건은 ≪출력형태≫와 같이 작성합니다.
  ○ 용지여백은 왼쪽·오른쪽 11mm, 위쪽·아래쪽·머리말·꼬리말 10mm, 제본 0mm로 합니다.
  ○ 그림 삽입 문제의 경우 「내 PC\문서\ITQ\Picture」 폴더에서 지정된 파일을 선택하여 삽입하십시오.
  ○ 삽입한 그림은 반드시 문서에 포함하여 저장해야 합니다(미포함 시 감점 처리).
  ○ 각 항목은 지정된 페이지에 출력형태와 같이 정확히 작성하시기 바라며, 그렇지 않을 경우에 해당 항목은 0점 처리됩니다.
    ※ 페이지구분 : 1페이지 – 기능평가 Ⅰ (문제번호 표시 : 1. 2.),
      2페이지 – 기능평가 Ⅱ (문제번호 표시 : 3. 4.),
      3페이지 – 문서작성 능력평가
- 기능평가
  ○ 문제와 ≪조건≫은 입력하지 않으며 문제번호와 답(≪출력형태≫)만 작성합니다.
  ○ 4번 문제는 묶기를 했을 경우 0점 처리됩니다.
- 문서작성 능력평가
  ○ A4 용지(210mm×297mm) 1매 크기, 세로 서식 문서로 작성합니다.
  ○ ▭ 표시는 문서작성에 대한 지시사항이므로 작성하지 않습니다.

kpc 한국생산성본부

기능평가 I (150점)

1. 다음의 ≪조건≫에 따라 스타일 기능을 적용하여 ≪출력형태≫와 같이 작성하시오. (50점)

≪조건≫
(1) 스타일 이름 – farm
(2) 문단 모양 – 왼쪽 여백 : 15pt, 문단 아래 간격 : 10pt
(3) 글자 모양 – 글꼴 : 한글(궁서)/영문(돋움), 크기 : 10pt, 장평 : 95%, 자간 : 5%

≪출력형태≫

A farm stay is any type of accommodation on a working farm. Some are family-focused, offering children opportunities to feed animals, collect eggs and learn how a farm functions.

농촌체험은 농가에서 숙식하면서 농사, 생활, 문화체험과 주변 관광지 관광 및 마을 축제 등에 참여하며 가족여행, 단체 모임 등 다양한 형태로 활용되고 있다.

2. 다음의 ≪조건≫에 따라 ≪출력형태≫와 같이 표와 차트를 작성하시오. (100점)

≪표 조건≫
(1) 표 전체(표, 캡션) – 굴림, 10pt
(2) 정렬 – 문자 : 가운데 정렬, 숫자 : 오른쪽 정렬
(3) 셀 배경(면색) : 노랑
(4) 한글의 계산 기능을 이용하여 빈칸에 평균(소수점 두 자리)을 구하고, 캡션 기능 사용할 것
(5) 선 모양은 ≪출력형태≫와 동일하게 처리할 것

≪출력형태≫

연도별 팜스테이 참가 학생 수(단위 : 천 명)

지역	2017년	2018년	2019년	2020년	2021년
대전	2.74	2.18	3.44	4.97	4.23
인천	3.54	3.75	4.86	5.24	3.89
부산	5.78	6.37	7.57	8.07	6.54
평균					

≪차트 조건≫
(1) 차트 데이터는 표 내용에서 지역별 2017년, 2018년, 2019년, 2020년의 값만 이용할 것
(2) 종류 – 〈묶은 세로 막대형〉으로 작업할 것
(3) 제목 – 돋움, 진하게, 12pt, 속성 – 채우기(하양), 테두리, 그림자(대각선 오른쪽 아래)
【돋움, 진하게, 12pt, 배경 – 선 모양(한 줄로), 그림자(2pt)】
(4) 제목 이외의 전체 글꼴 – 돋움, 보통, 10pt
(5) 축제목과 범례는 ≪출력형태≫와 동일하게 처리할 것

≪출력형태≫

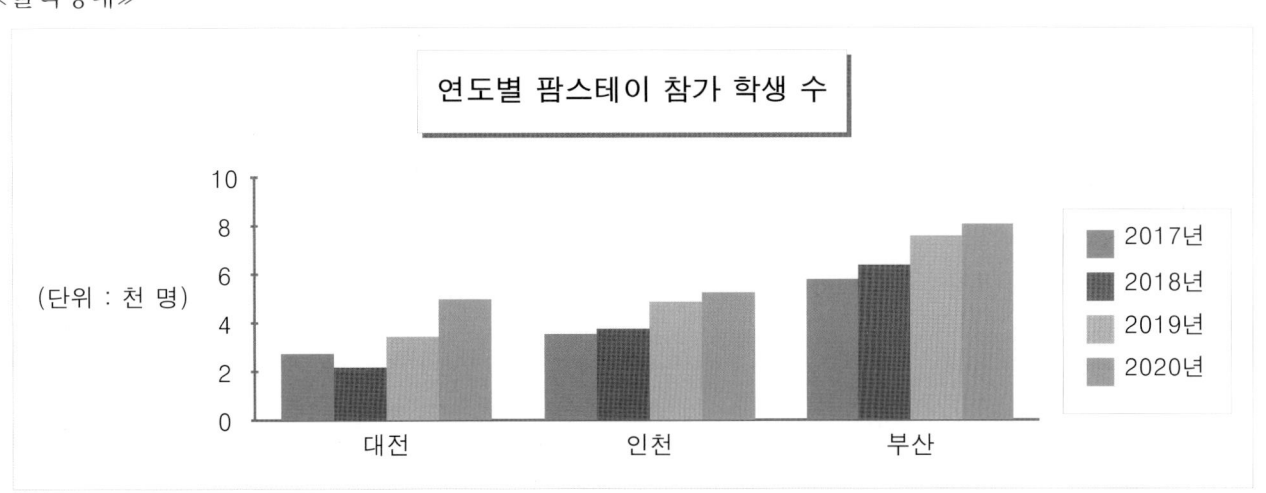

기능평가 Ⅱ (150점)

3. 다음의 (1), (2)의 수식을 수식 편집기로 각각 입력하시오. (40점)

≪출력형태≫

(1) $\dfrac{1}{2}mf^2 = \dfrac{1}{2}\dfrac{(m+M)^2}{b}V^2$

(2) $F = \dfrac{4\pi^2}{T^2} - 1 = 4\pi^2 K \dfrac{m}{r^2}$

4. 다음의 ≪조건≫에 따라 ≪출력형태≫와 같이 문서를 작성하시오. (110점)

≪조건≫
(1) 그리기 도구를 이용하여 작성하고, 모든 도형(글맵시, 지정된 그림 포함)을 ≪출력형태≫와 같이 작성하시오.
(2) 도형의 면색은 지시사항이 없으면 색 없음을 제외하고 서로 다르게 임의로 지정하시오.

≪출력형태≫

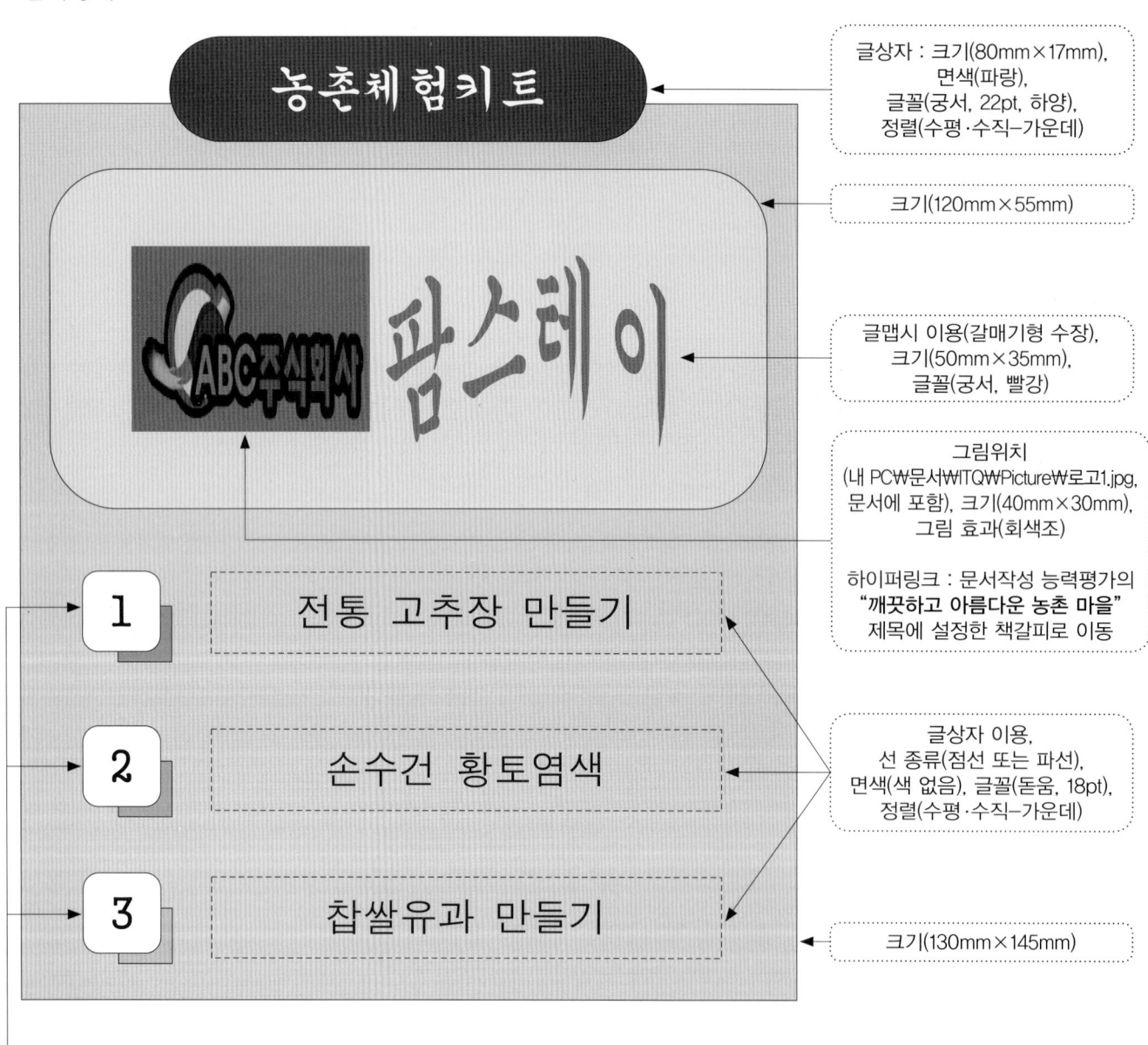

농촌 체험

깨끗하고 아름다운 농촌 마을

도시 대부분 길은 우레탄과 아스팔트 등으로 포장되어 있다. 도시에서 사는 사람들은 편리함을 얻은 대신 흙을 밟을 수 있는 일이 좀처럼 없다. 과거에는 유명 관광지에서 복잡하고 경비 지출이 많은 관광 유람(遊覽)을 선호했으나, 최근의 관광 문화는 가족 단위의 체험 관광 및 놀이에 참여하는 복합적인 관광으로 변화하고 있다. 농협에서는 이러한 변화에 부응하여 도시민에게 건전하고 알뜰한 휴가 및 휴양 자원 제공과 더불어 농촌의 이해를 도모하고자 팜스테이 사업을 추진하고 있다. 팜스테이는 농협의 도농 교류 사업의 일환으로 농가에서 숙식하면서 농사, 생활, 문화를 체험하고 마을 축제에 참여할 수 있는 '농촌, 문화, 관광'이 결합(結合)된 일거양득형 농촌 체험 관광상품이다.

도시에서는 주 5일 근무에 따른 여가 수요가 증가하고, 가족여행은 물론 학생들의 농촌체험 현장학습과 단체 모임 등 다양한 형태로 활용되면서 농업과 농촌의 다원적 기능에 대한 인식 확산과 더불어 안전한 먹거리에 대한 관심이 증대되어 농촌을 이해하고 찾아가는 사회적 붐이 조성되고 있으며, 농촌에서는 전통문화와 자연경관 등이 도시민의 여가에 대한 욕구를 충족하고 체험, 휴양, 관광의 기능을 확대하기 위해 팜스테이 마을ⓐ을 활성화하고 있다.

★ 추천 팜스테이

가) 단양 도깨비마을
    a) 600여 년 전부터 시작한 전통 도자기 생산지
    b) 도예전시관 견학 - 물레 시연 - 도예 체험
나) 철원 두루미평화마을
    a) 두루미, 독수리 등이 서식하는 철새 도래지
    b) 두루미평화관 체험, 안보 지역 탐방

★ 팜스테이 마을 이용 방법

구분	방법	팜스테이 1박 2일 주요 체험 코스	
마을 선택	홈페이지 또는 농촌 체험 여행책자	둘러보기	마을 소개, 인사
마을 예약	홈페이지 또는 전화	체험1	전통 및 문화 체험
찾아가기	내비게이션, 인터넷 등	체험2	농사
체험하기	계절별 다양한 체험 프로그램	체험3	모닥불, 다과회
계산은 농촌사랑상품권 또는 무통장입금		체험4	전통 놀이

농촌팜스테이

ⓐ 농가가 집단적으로 거주하고 있으며 10호 이상의 농가가 참여하는 자연 마을

제18회 정보기술자격(ITQ) 시험

한컴오피스

과목	코드	문제유형	시험시간	수험번호	성명
아래한글	1111	C	60분		

수험자 유의사항

- 수험자는 문제지를 받는 즉시 문제지와 **수험표상의 시험과목(프로그램)이 동일한지 반드시 확인**하여야 합니다.
- 파일명은 본인의 "수험번호-성명"으로 입력하여 답안폴더(내 PC₩문서₩ITQ)에 하나의 파일로 저장해야 하며, 답안문서 파일명이 "수험번호-성명"과 일치하지 않거나, 답안파일을 전송하지 않아 미제출로 처리될 경우 실격 처리합니다(예:12345678-홍길동.hwp).
- 답안 작성을 마치면 파일을 저장하고, '답안 전송' 버튼을 선택하여 감독위원 PC로 답안을 전송하십시오. 수험생 정보와 저장한 파일명이 다를 경우 전송되지 않으므로 주의하시기 바랍니다.
- 답안 작성 중에도 **주기적으로 저장하고, '답안 전송'**하여야 문제 발생을 줄일 수 있습니다. 작업한 내용을 저장하지 않고 전송할 경우 이전에 저장된 내용이 전송되오니 이점 유의하시기 바랍니다.
- 답안문서는 지정된 경로 외의 다른 보조기억장치에 저장하는 경우, 지정된 시험 시간 외에 작성된 파일을 활용할 경우, 기타 통신수단(이메일, 메신저, 네트워크 등)을 이용하여 타인에게 전달 또는 외부 반출하는 경우는 부정 처리합니다.
- 시험 중 부주의 또는 고의로 시스템을 파손한 경우는 수험자가 변상해야 하며, 〈수험자 유의사항〉에 기재된 방법대로 이행하지 않아 생기는 불이익은 수험생 당사자의 책임임을 알려 드립니다.
- 문제의 조건은 한컴오피스 2020 버전으로 설정되어 있으며 한컴오피스 NEO는 【 】에 표기되어 있습니다. 이와 관련하여 작성한 답안의 출력형태가 문제지와 다를 수 있습니다.
- 시험을 완료한 수험자는 답안파일이 전송되었는지 확인한 후 감독위원의 지시에 따라 문제지를 제출하고 퇴실합니다.

답안 작성요령

- 온라인 답안 작성 절차
  수험자 등록 ⇒ 시험 시작 ⇒ 답안파일 저장 ⇒ 답안 전송 ⇒ 시험 종료
- 공통 부문
  ○ 글꼴에 대한 기본설정은 함초롬바탕, 10포인트, 검정, 줄간격 160%, 양쪽정렬로 합니다.
  ○ 색상은 조건의 색을 적용하고 색의 구분이 안될 경우에는 RGB 값을 적용합니다
    (빨강 255,0,0 / 파랑 0,0,255 / 노랑 255,255,0).
  ○ 각 문항에 주어진 ≪조건≫에 따라 작성하고 언급하지 않은 조건은 ≪출력형태≫와 같이 작성합니다.
  ○ 용지여백은 왼쪽·오른쪽 11mm, 위쪽·아래쪽·머리말·꼬리말 10mm, 제본 0mm로 합니다.
  ○ 그림 삽입 문제의 경우 「내 PC₩문서₩ITQ₩Picture」 폴더에서 지정된 파일을 선택하여 삽입하십시오.
  ○ 삽입한 그림은 반드시 문서에 포함하여 저장해야 합니다(미포함 시 감점 처리).
  ○ 각 항목은 지정된 페이지에 출력형태와 같이 정확히 작성하시기 바라며, 그렇지 않을 경우에 해당 항목은 0점 처리됩니다.
    ※ 페이지구분 : 1페이지 - 기능평가 I (문제번호 표시 : 1. 2.),
                2페이지 - 기능평가 II (문제번호 표시 : 3. 4.),
                3페이지 - 문서작성 능력평가
- 기능평가
  ○ 문제와 ≪조건≫은 입력하지 않으며 문제번호와 답(≪출력형태≫)만 작성합니다.
  ○ 4번 문제는 묶기를 했을 경우 0점 처리됩니다.
- 문서작성 능력평가
  ○ A4 용지(210mm×297mm) 1매 크기, 세로 서식 문서로 작성합니다.
  ○ ▭ 표시는 문서작성에 대한 지시사항이므로 작성하지 않습니다.

kpc 한국생산성본부

기능평가 I (150점)

1. 다음의 ≪조건≫에 따라 스타일 기능을 적용하여 ≪출력형태≫와 같이 작성하시오. (50점)

   ≪조건≫
   (1) 스타일 이름 – hydrogen
   (2) 문단 모양 – 왼쪽 여백 : 15pt, 문단 아래 간격 : 10pt
   (3) 글자 모양 – 글꼴 : 한글(굴림)/영문(돋움), 크기 : 10pt, 장평 : 95%, 자간 : 5%

   ≪출력형태≫

   The H2 MEET is the largest exhibition and conference for the hydrogen industry in Korea that will be jointly hosted by KAMA, H2KOREA, and the Hydrogen Energy Network.

   수소모빌리티쇼는 한국자동차산업협회, 한국수소산업협회, 수소에너지네트워크가 공동으로 주최하는 국내 최대 규모의 수소 산업 전시회이자 콘퍼런스이다.

2. 다음의 ≪조건≫에 따라 ≪출력형태≫와 같이 표와 차트를 작성하시오. (100점)

   ≪표 조건≫
   (1) 표 전체(표, 캡션) – 돋움, 10pt
   (2) 정렬 – 문자 : 가운데 정렬, 숫자 : 오른쪽 정렬
   (3) 셀 배경(면색) : 노랑
   (4) 한글의 계산 기능을 이용하여 빈칸에 합계를 구하고, 캡션 기능 사용할 것
   (5) 선 모양은 ≪출력형태≫와 동일하게 처리할 것

   ≪출력형태≫

   2021 수소모빌리티쇼 성과 만족도(단위 : %)

구분	매우 만족	만족	보통	불만족	매우 불만족
수출 상담	11	26	61	2	0
계약 체결	7	27	59	6	1
파트너십	29	53	17	1	0
합계					

   ≪차트 조건≫
   (1) 차트 데이터는 표 내용에서 구분별 매우 만족, 만족, 보통, 불만족의 값만 이용할 것
   (2) 종류 – 〈묶은 세로 막대형〉으로 작업할 것
   (3) 제목 – 궁서, 진하게, 12pt, 속성 – 채우기(하양), 테두리, 그림자(대각선 오른쪽 아래)
   【궁서, 진하게, 12pt, 배경 – 선 모양(한 줄로), 그림자(2pt)】
   (4) 제목 이외의 전체 글꼴 – 궁서, 보통, 10pt
   (5) 축제목과 범례는 ≪출력형태≫와 동일하게 처리할 것

   ≪출력형태≫

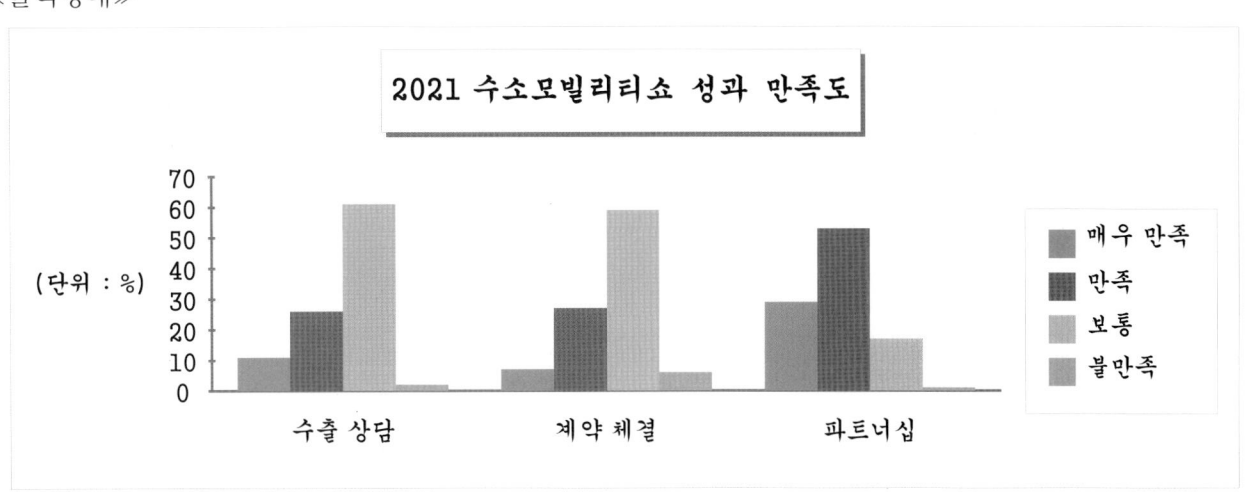

기능평가 II (150점)

3. 다음의 (1), (2)의 수식을 수식 편집기로 각각 입력하시오. (40점)

≪출력형태≫

(1) $F = 1 - \dfrac{9(9n-1)(9n-2)}{10(10n-1)(10n-2)}$

(2) $\vec{s} = \dfrac{\vec{r_2} - \vec{r_1}}{t_2 - t_1} = \dfrac{\triangle \vec{r}}{\triangle t}$

4. 다음의 ≪조건≫에 따라 ≪출력형태≫와 같이 문서를 작성하시오. (110점)

≪조건≫
  (1) 그리기 도구를 이용하여 작성하고, 모든 도형(글맵시, 지정된 그림 포함)을 ≪출력형태≫와 같이 작성하시오.
  (2) 도형의 면색은 지시사항이 없으면 색 없음을 제외하고 서로 다르게 임의로 지정하시오.

≪출력형태≫

탄소중립의 핵심 수소 산업 활성화
2022 수소모빌리티쇼

수소 산업계의 기술 혁신을 선도하는 기술 전시회인 수소모빌리티쇼는 수소모빌리티, 수소 충전 인프라, 수소에너지 분야의 세계 각국 기업과 기관이 참가하여 수소 생산, 저장, 운송(運送)에서 모빌리티까지 국내외 수소 산업 생태계 전반을 한눈에 살펴볼 수 있는 자리로 마련된다. 전시장은 출품 품목에 따라 수소모빌리티 존, 수소 충전 인프라 존, 수소에너지 존, 인터내셔널 존, 총 4개의 테마관으로 구성된다.

 2022 수소모빌리티쇼는 수소가 탄소중립 실현에 필수 불가결한 요소라는 국제적 공감대를 형성하고 기술 혁신의 기반 확대라는 성과를 내고 있다. 수소 경제 활성화를 위한 국제 협력 강화 및 네트워크 구축(構築)과 글로벌 수소 협력 단체를 통하여 국가별 수소 산업 현황 및 비전, 전략을 공유하는 국제 수소 콘퍼런스와 참가업체의 우수기술을 알리기 위한 신제품, 신기술 발표회가 함께 개최된다. 또한 공동 주관기관인 KOTRA@는 전시 참가기업과 해외 바이어 간 화상 상담을 전시 기간 진행하며, 일상생활에서 쉽게 접하기 어려운 수소 동력/기반의 건설기계 시연 행사도 진행된다.

■ 2022 수소모빌리티쇼 전시 개요

  가. 일시 및 후원기관
    ① 일시 : 2022년 8월 31일(수) - 9월 3일(토)
    ② 후원기관 : 산업통상자원부, 환경부, 국토교통부
  가. 전시 품목
    ① 수소모빌리티 분야 : 수소차, 수소 드론, 수소 선박, 수소 철도 등
    ② 수소에너지 분야 : 연료전지, 신재생에너지

■ 참여기업 및 주요 전시 품목

품목	기업명	주요 전시 품목
수소모빌리티	루프 에너지	수소 연료전지 모듈, 청정 기술, 상업용 전기 운송 솔루션
	디엠	수소충전기, 수소세이프티밸브
수소 충전 인프라	비엠티	피팅(프리포밍 피팅, 중고압 피팅) 및 밸브
	레오닉코리아	고압수소 질량유량계, 수소 충전 노즐 세트
수소에너지	오씨아이(OCI)	질소, 메탄올 등 관련 기술 소개

수소모빌리티쇼조직위원회

@ 수출 진흥을 위하여 국내 상품의 소개, 수출입 거래 업무 등을 담당